Helmut Utzschneider
Stefan Ark Nitsche

Arbeitsbuch literaturwissenschaftliche Bibelauslegung

**Eine Methodenlehre
zur Exegese des Alten Testaments**

Gütersloher Verlagshaus

Bibliografische Information der Deutschen Nationalbibliothek

Die Deutsche Nationalbibliothek verzeichnet diese Publikation in der Deutschen Nationalbibliografie; detaillierte bibliografische Daten sind im Internet über http://dnb.d-nb.de abrufbar.

Unveränderter Nachdruck der 3. Auflage 2008
Copyright © 2001 by Chr. Kaiser/Gütersloher Verlagshaus, Gütersloh,
in der Verlagsgruppe Random House GmbH, München

Dieses Werk einschließlich aller seiner Teile ist urheberrechtlich geschützt. Jede Verwertung außerhalb der engen Grenzen des Urheberrechtsgesetzes ist ohne Zustimmung des Verlages unzulässig und strafbar. Das gilt insbesondere für Vervielfältigungen, Übersetzungen, Mikroverfilmungen und die Einspeicherung und Verarbeitung in elektronischen Systemen.

Umschlaggestaltung: Init GmbH, Bielefeld
Satz: SatzWeise, Föhren
Druck und Einband: Books on Demand GmbH, Norderstedt
Printed in Germany
ISBN 978-3-579-00409-9

www.gtvh.de

Inhalt

Vorwort 13

§ 1 **Worum es geht (Einleitung)** 15

1. Bibellesen und Auslegung 15
2. Die wissenschaftliche Auslegung und der Standort dieses Arbeitsbuches 17
3. Aufbau und Gebrauch dieses Arbeitsbuches 23
3.1 Der inhaltliche Aufriß 23
3.2 Das Arbeitsbuch als Anleitung zur Exegese 26
4. Textausgaben und grundlegende Literatur 28
4.1 Textausgaben 28
    4.1.1 Faksimilierte Handschriften der Hebräischen Bibel 28
    4.1.2 Moderne Druckausgaben der Hebräischen Bibel 28
    4.1.3 Sonstige Ausgaben hebräischer biblischer Texte 28
    4.1.4 Antike Bibelübersetzungen und deren Übersetzungen . . 29
    4.1.5 Deutsche Übersetzungen der Hebräischen Bibel (mit »Apokryphen«) 29
    4.1.6 Sonstige Texte und Quellen 29
4.2 Literatur zu Theorie und Methodik 30
    4.2.1 Darstellungen für das Alte Testament 30
    4.2.2 Linguistische und literaturwissenschaftliche Darstellungen 30
    4.2.3 Nachschlagewerke 30
4.3 Hilfsmittel 30
    4.3.1 Grammatiken, Lexika 30
    4.3.2 Konkordanzen 31
    4.3.3 Theologische Wörterbücher 31
    4.3.4 Historisch-archäologische Nachschlagewerke 32
4.4 Bibliographien 32

§ 2 **Arbeitsübersetzung** 33

1. Ziele und Methoden 33
2. Beispiele und Anwendung 34

§ 3 Textkritik 35

1.   Zur Theorie der Textkritik 35
1.1 Warum Textkritik? Die Voraussetzungen der Textkritik in der
     »Textgeschichte« 35
     1.1.1 Die Epoche der End- und Urtexte (4. Jh. v. Chr.-2. Jh. n. Chr.)   35
     1.1.2 Die Epoche der Differenzierung und Konsolidierung der
            handschriftlichen Bibelüberlieferung (3.-11. Jh. n. Chr.) . .   40
1.2 Gegenstand, Problemstellung und Ziele der Textkritik   43

2.   Beschreibungen 44
2.1 Die Entstehung von Varianten in der Textgeschichte   44
     2.1.1 Lese- und Schreibfehler 46
     2.1.2 »Textverderbnis« 48
     2.1.3 Interpretationen 49
2.2 Die textkritische Arbeit 50
     2.2.1 Sichtung der bezeugten Lesarten 50
     2.2.2 Äußere Kritik 52
     2.2.3 Innere Kritik 53
     2.2.4 Entscheidung für die mutmaßlich älteste Textgestalt
            (»Urtext«) 54

3.   Anwendung 55
3.1 Begrifflichkeit 55
3.2 Arbeitsschritte 56
3.3 Arbeitsfragen 56

§ 4 Textanalyse 59

1.   Zur Theorie der Textanalyse 59
1.1 Worum es geht (Gegenstand und Ziele auf einen Blick) 59
1.2 Was ist ein Text? (Gesichtspunkte zur Theorie) 61
     1.2.1 Kommunikation, Sprache und Text 61
     1.2.2 Der Primat der Thematik 62
     1.2.3 Sprecher- und Textintention oder: Der Text als »literarisch-
            ästhetisches Subjekt« 63
     1.2.4 Kohärenz und Kohäsion als Kriterien der Texthaftigkeit . .   65
            Textoberfläche und Kohäsion 65 – Texttiefenstruktur und
            Kohärenz 67 – Der Zusammenhang von Kohäsion und Ko-
            härenz 70
     1.2.5 How to do Things with Words oder: Die Textpragmatik . .   73

2.	Beschreibungen	76
2.1	Beschreibungsmöglichkeiten der Textoberfläche (»Form«)	77
	2.1.1 Lautebene	77
	2.1.2 Wort-(Morphem-)ebene	77
	2.1.3 Satzebene	80

Satztyp 80 – Formation 81 – Satzfunktion, Parataxe und
Hypotaxe 83

2.1.4 Textebene 84

Satzverbindungen und Satzreihen 84 – Die »Phorik« 85 –
Textgliedernde Elemente 88 – Diskursarten (Rede- bzw. Beschreibungsabschnitte) im Textverlauf 90

2.2 Die Beschreibungsmöglichkeiten der Texttiefenstruktur (»Inhalt«) 90

2.2.1 Laut- und Wortebene 90

2.2.2 Satzebene: Die Parallelismen 95

2.2.3 Textebene 97

Der Text und die thematische Organisation: Propositionen,
Makropropositionen, Teilthemen, Textthema 97

2.3 Der Text als Handlung: Pragmatische Ebene 100

3. Anwendung.. 102

3.0 Das Vorgehen im Überblick 102

3.1 Die Analyse der Textoberfläche (»Form«) 103

3.1.1 Einrichten der Arbeitsübersetzung 103

3.1.2 Arbeitsschritte Oberflächenanalyse 104

3.1.3 Arbeitsfragen zur Analyse der Textoberfläche ... 105

3.2 Die Analyse der Texttiefenstruktur 107

3.2.1 Arbeitsschritte Tiefenstrukturanalyse 107

3.2.2 Arbeitsfragen zur Analyse der Texttiefenstruktur ... 107

3.3 Der Text als Handlung: Pragmatische Ebene 108

3.4 Das Ziel der Textanalyse im Kontext der anderen exegetischen
Fragestellungen: Die synoptische Gliederung und ihre Interpretation 109

3.4.1 Synoptische Gliederung 109

3.4.2 Auswertung der Gliederung, Zusammenfassung der Ergebnisse, weiterführende Fragen 110

§ 5 Gattungskritik 113

1.	Zur Gattungstheorie	113
1.0	Gattungskompetenz und Gattungsbegriffe	113
1.1	Gattungen der institutionellen Kommunikation und der »Sitz im Leben«	116
	1.1.1 Institutionen und institutionelle Welten: Sitz im Leben . .	116
	1.1.2 Gattungen: Institutionalisierte Kommunikation und Kommunikation in Institutionen	117
	1.1.3 Das Gattungsformular und der gattungshaft geprägte Text .	118
	1.1.4 Verfremdete Gattungen, Gattungszitate	120
1.2	Gattungen der poetisch-literarischen Kommunikation und literarische Genres	122
	1.2.1 Was ist »Poesie«?	123
	1.2.2 Poetische Gattungen im Alten Testament	124
2.	Beschreibungen	125
2.1	Zur Methodik der Gattungskritik und -geschichte am Einzeltext .	125
	2.1.1 Die Gattungskritik	125
	2.1.2 Die Gattungsgeschichte	129
2.2	Gattungen der prophetischen Literatur	131
	2.2.1 Genuine und »geliehene« Gattungen in der prophetischen Literatur	131
	2.2.2 Formeln prophetischen Redens	135
	Die Botenformel 135 – Die Schluß- oder Überleitungsformel »Ausspruch JHWHs« 137 – Die Wortereignisformel 137	
	2.2.3 Redegattungen in der prophetischen Literatur	137
	Das prophetische Gerichtswort 137 – Der prophetische Mahnspruch 140 – Das Disputationswort 141 – Die prophetischen Heilsworte 141	
	2.2.4 Erzählende Gattungen in der prophetischen Literatur . . .	143
	Einsetzungsbericht/Berufungserzählung 143 – Die Visionserzählung 144 – Die Prophetische Zeichenhandlung 145	
3.	Anwendung	147
3.1	Begrifflichkeit	147
3.2	Arbeitsschritte	148
3.3	Arbeitsfragen	148

§ 5a Die alttestamentliche Erzählung 150

1. Elemente einer Erzähltheorie 150
1.1 Grundbegriffe: Story, Erzähltext, Plot, Narration 150
1.2 Erzähler und Leser 153
    1.2.1 Erzähler 153
    1.2.2 Autor 154
    1.2.3 Leser/Hörer 155
1.3 Narrative Kommunikation 157

2. Beschreibungen 161
2.1 Der Erzähltext 161
    2.1.1 Erzählen und Zeit 161
    2.1.2 Schauplatz 166
    2.1.3 Die Figuren 167
    2.1.4 Perspektive, Fokalisierung, Point of View 170
    2.1.5 Plot und Typen von Plots 173
2.2 Der Erzähler 176
2.3 Hörer und Leser 178

3. Anwendung 180
3.1 Begrifflichkeit 181
3.2 Arbeitsschritte 182
3.3 Arbeitsfragen 183

§ 6 Traditionskritik und -geschichte 187

1. Zur Theorie der Traditionskritik und -geschichte 187
1.0 Traditionen und Gattungen 187
1.1 Traditionsgestalten und Trägergruppen 189
1.2 Die Traditionsgeschichte – Traditionen als »Denkmodelle« . . . 192
1.3 Zur Methodik der Traditionskritik und -geschichte 195
    1.3.1 Traditionskritik 195
    1.3.2 Traditionsgeschichte 195

2. Beschreibungen 196
2.1 Die Traditionskritik und ihre Kriterien 196
2.2 Traditionsgeschichte 200
    2.2.1 Die Geschichte einer Tradition 200
    2.2.2 Traditionsgeschichte und Einzeltext 204

3. Anwendung 209
3.1 Begrifflichkeit 209
3.2 Arbeitsschritte 209
3.3 Arbeitsfragen 210

§ 7 Die Geschichte des Textes 213

1.	Theorie	213
1.1	Die Fragestellung »Geschichte des Textes«	213
1.2	Neuzeitliche Interessen an der »Geschichte des Textes«, ihre Voraussetzungen und Probleme	214
1.3	Die Geschichte des Textes in Modellen	219
1.3.1	Die Modell-Geschichte eines modernen Buchtextes (F. Dürrenmatt, Der Pensionierte)	219
1.3.2	Die Modellgeschichte eines alttestamentlichen Textes (Die Baruchrolle und das Jeremia-Buch – Jer 36)	222
1.3.3	Vergleich der Geschichte des Textes bzw. Textgeschichte für biblische und moderne Texte	227
1.4	Grundsätzliches zur Methodik des Arbeitsbereiches »Geschichte des Textes«	229
1.4.1	Der literarisch-analytische Arbeitsgang der »Geschichte des Textes«: Die Literarkritik	229
1.4.2	Die synthetischen Arbeitsgänge der »Geschichte des Textes«: Überlieferungsgeschichte und Literargeschichte . . .	231
2.	Beschreibungen	233
2.1	Die Literarkritik und ihre Kriterien	233
2.1.1	Abgrenzung zum literarischen Kontext	233
2.1.2	Innere Einheitlichkeit oder Uneinheitlichkeit	235
2.2	Zur Überlieferungsgeschichte – Die Rekonstruktion der Geschichte eines Textes im Stadium der mündlichen Überlieferung	241
2.3	Zur Literargeschichte – Die Rekonstruktion der Geschichte eines Textes im Stadium der schriftlichen Überlieferung	247
2.3.1	Die Grundvorgänge im Überblick	247
2.3.2	Die Urkunden-Kompilation	249
2.3.3	Die Fortschreibung	255
2.3.4	Redaktionelle Bearbeitungen	257
2.3.5	Komposition	261
	Exkurs: Dreimal die Geschichte des Textes von Ex 14 im Vergleich . .	263
2.4	Rekonstruktion des Historischen Ortes	268
2.5	Realien	271
3.	Anwendung	273
3.1	Begrifflichkeit und Methoden im Überblick	273
3.1.1	Begrifflichkeit	273
3.1.2	Die Methoden im Überblick	274

3.2 Literarkritik	276
3.2.1 Arbeitsschritte	276
3.2.2 Arbeitsfragen	276
3.3 Überlieferungsgeschichte	279
3.3.1 Arbeitsschritte	279
3.3.2 Arbeitsfragen	280
3.4 Literargeschichte und Historischer Ort	281
3.4.1 Arbeitsschritte	282
3.4.2 Arbeitsfragen	283

§ 8 Resümierende und weiterführende Interpretation — 286

1. Die Interpretation als Ziel der exegetischen Arbeit	286
1.0 Zwei Fragerichtungen der Interpretation	286
1.1 Resümierende Interpretation	288
1.2 Rezeptionsgeschichte	289
1.3 Weiterführende Interpretation	289
2. Beschreibungen	290
3. Anwendung	294
3.1 Resümierende Interpretation	294
3.2 Rezeptionsgeschichte	295
3.3 Weiterführende Interpretation	295

§ 9 Exegese in Studium, Examen und Beruf — 296

1. Eine kleine Praxis-Theorie der Exegese	296
1.1 Exegese und Zeit	296
1.2 Exegese des Alten Testaments ohne Hebräischkenntnisse	297
1.3 Klärungen	298
2. Beschreibung und Anwendung	300
2.1 Exegesen ohne Zeitdruck	300
2.1.1 »Standards« wissenschaftlicher Exegesen: Der Umgang mit Quellen und Sekundärliteratur	300
2.1.2 Die Proseminararbeit	303
Ziel und Durchführung 303 – Exegetisches Arbeiten und Proseminararbeit 304	
2.1.3 Hauptseminararbeit und wissenschaftliche Hausarbeit	305
2.2 Exegesen unter Zeitdruck	307
2.2.1 Die exegetische Examensklausur	307

2.2.2 Aufbau und Zeitplan einer exegetischen Klausur 309
2.2.3 Exegese im Studium 313
2.2.4 Exegese in der Berufspraxis (Predigt, Unterricht, Bildungs-
arbeit) 314

Verzeichnisse

Verzeichnis der Beispiele und ihrer Themen 315

Schlagwortregister 321

Bibelstellenregister 326

Vorwort

Das vorliegende Lehr- und Arbeitsbuch hat – noch bevor es erschienen ist – eine gut 25-jährige Geschichte hinter sich. An seiner Entstehung mitgewirkt und damit indirekt an ihm mitgeschrieben haben jene Generationen von Studierenden, die seit dem WS 1974/75 die alttestamentlichen Proseminare, Seminare und Repetitorien der unterzeichneten »realen Autoren« in München, Bethel und Neuendettelsau besucht haben und ihnen in den Examina gegenübergesessen sind. All jene Studierenden haben durch ihre Fragen und Antworten in den Lehrveranstaltungen, durch die kritische Lektüre der »Arbeitsblätter«, der frühesten Vorstufen dieses Buches, die Unterzeichneten herausgefordert, ihren Blick für die Texte des Alten Testaments zu schärfen, ihre Sprache zu präzisieren und (so weit möglich) zu vereinfachen. Als Zeichen des Dankes dafür, aber auch als Signal für die künftigen Leserinnen und Leser ist dieses Buch jenen Studierenden gewidmet.

Die Orientierung an den Erfordernissen des Studiums und den Bedürfnissen der Studierenden bedeutet nun allerdings nicht, daß wir die berechtigte Forderung nach »Elementarisierung« als Aufruf zur »Fast-Food-Exegese« verstehen. Dies wäre auch dem großen Gegenstand und Thema gegenüber unangemessen. Dieses Buch mutet seinen Lesern, so diese sich dem auszusetzen bereit sind, durchaus Einiges an theoretischer Reflexion und an Begegnung mit großen, aber eben auch schwierigen Texten zu. Der Dreischritt von theoretischer Reflexion (»Theorie«), kompaktem Ausweis dieser Reflexion an Beispieltexten (»Beschreibungen«)und didaktisch aufbereiteter Kurzform der exegetischen Handlungsanweisung (»Anwendung«) in jedem Abschnitt ist denn auch das didaktisch Neue dieses Buches.

Dazu bemüht es sich auch, im wissenschaftlich-exegetischen Sinne innovativ zu sein. Es basiert auf neueren text- und literaturwissenschaftlichen Ansätzen. Darin ist es – dem Kenner oder der Kennerin wird dies nicht entgehen – keineswegs zeitlos. Wir haben Ansätze der vergangenen 25-30 Jahre aufgenommen und auf die Exegese des Alten Testaments hin übersetzt, so etwa T. van Dijks Verständnis des Textes als Propositionenkomplex für die beschreibende Textanalyse (§4). Für die Gattungs- und Traditionskritik (§§5 und 6) hat die Wissenssoziologie P. L. Bergers und T. Luckmanns Pate gestanden – ästhetisch ausbalanciert durch R. Jakobsons Poesiebegriff. Die Erzähltextanalyse verdankt ihr theoretisches Fundament G. Genette (§5a). Allenthalben – gerade auch dort, wo wir im Grunde »konservativ« geblieben sind, nämlich in der diachronen Welt der Literarkritik und -geschichte (§7) – durchzieht die Rezeptionsästhetik und mit ihr die Neubewertung der Leserinstanz unsere Darstellung. Einen weiteren Grundton setzt unsere Annahme, daß Grundprobleme und Grundmuster der literarischen Kommunikation überzeitlicher Natur sind. Deswegen sind – manchem dem Alten Orient verpflichteten Alttestamentler mag dies ungewohnt sein – viele unserer Beispiele im Bereich der Theorie aus der zeitgenössischen deutschen Literatur gewählt. Gewiß wären auch andere Theorie-Mixe denkbar gewesen, sicher auch modernere. Aber die Übersetzung neuerer Theorien in die gewachsenen Strukturen der Exegese hinein braucht Bewährung und mithin Zeit. Wir hoffen, lange genug »gewartet« zu haben.

Die gemeinsame Autorschaft der Unterzeichneten implizierte auch eine gewisse Arbeitsteilung. Schwerpunktmäßig sind die Abschnitte 1 (»Theorie«) überwiegend von H. Utzschneider, die Abschnitte 3 (»Anwendung«) überwiegend von A. Nitsche erarbeitet und geschrieben worden. Die Abschnitte 2 (»Beschreibung«) verdanken sich meistenteils der akademischen Unterrichtspraxis und einem intensiven Austausch über die dabei gemachten Erfahrungen beider Unterzeichneter. Die Abfassung aller Teile des Buches geschah gleichzeitig immer unter Mitarbeit und kritischer Begleitung des jeweils anderen.

Wir haben zu danken: Assistentin Trix Gretler, Zürich, die uns – zunächst ohne es zu wissen – zu diesem Buch ermutigt hat, Dr. Stefan Seiler, dem Nachfolger von A. Nitsche auf der Neuendettelsauer alttestamentlichen Assistentur, der weite Teile des Manuskripts fachkundig, mit geduldiger Akribie und kritischer Solidarität vor-gelesen und korrigiert hat, Frau Andrea Siebert und Herrn cand. theol. Stefan Gehrig für sach- und sprachkundige Hilfe bei der Schlußkorrektur und der Erstellung der Register, Herrn Diedrich Steen vom Gütersloher Verlagshaus für Ermutigung und kompetente Begleitung sowie last but not least Herrn Dr. Andres und der Fa. SatzWeise für ihre Geduld bei der nicht einfachen Herstellung.

Neuendettelsau/München im Frühjahr 2001   *H. Utzschneider, A. Nitsche*

§ 1 Worum es geht (Einleitung)

Dieses Buch ist ein Arbeitsbuch, mit dessen Hilfe Studierende der Theologie und andere interessierte Leserinnen und Leser lernen können, das »Alte Testament« wissenschaftlich zu lesen und auszulegen. Im akademischen Unterricht geschieht dies in der Regel in alttestamentlichen Proseminaren und Seminaren, aus denen dieses Buch hervorgegangen und auf die hin es geschrieben ist. Das Buch will aber auch darüber hinaus für Studierende und Lehrende aller Fachrichtungen sowie für das Selbststudium seine guten Dienste als Begleiter und Nachschlagewerk anbieten.

Die Textbasis dieses Arbeitsbuches ist die »Hebräische Bibel«. Deshalb werden die biblischen Textbeispiele in aller Regel auf hebräisch (in Quadrat- oder Umschrift[1]) zitiert. Sie werden aber immer auch ins Deutsche übersetzt und so erläutert, daß sich die Sprach- und Textwelt des Alten Testaments auch jenen erschließt, denen das Hebräische nicht geläufig ist (vgl. dazu auch § 9 – 1.1.2). Wo immer möglich, werden wir auch Beispiele aus der gegenwärtigen deutschsprachigen Text- und Literaturwelt heranziehen, um so den gar nicht so breiten, geschweige denn »garstigen« Graben zwischen den alten Texten und ihren modernen Lesern zu überbrücken.

1. Bibellesen und Auslegung

Die Bibel ist zum Lesen da: Laut und vernehmlich werden biblische Texte gesprochen oder gesungen: im Gottesdienst durch die Gemeinde oder Liturginnen und Liturgen, in der Predigt, im Unterricht, im Lied, am Weihnachtsabend in häuslicher Feier, im Konzert durch einen Chor und durch Solisten. Leise oder »stumm« gelesen werden sie mit der neugierigen Frage »Wo steht denn das?« (z. B. die »Zehn Gebote« – Ex 20; Dtn 5), im persönlichen Studium, als Psalm am Krankenbett. All diese Les-Arten stiften eine Beziehung zwischen den biblischen Texten und ihren Lesern und Leserinnen. In der hörenden oder lesenden Aneignung der Texte, ihrer Rezeption, beginnt ein Prozeß des Verstehens.

Rezeption ist ein Prozeß auf Gegenseitigkeit. Die Texte teilen etwas mit und lösen damit etwas aus: Glaube oder Widerspruch, Verständnis oder Unverständnis, Hoffnung oder Depression, Interesse oder Langeweile. Die Texte machen bestimmte Verstehensangebote, bieten bestimmte Anstöße. Sie

---

1. Die Umschrift folgt meist den Transliterationsregeln der »Zeitschrift für die atl. Wissenschaft«. Bisweilen wird auch vereinfacht umschrieben.

erfüllen Erwartungen oder enttäuschen sie. Die Leser gehen auf die Texte mit jeweils bestimmten Fragen und Interessen zu, sie nehmen bestimmte »Anstöße« des Textes wahr, andere lassen sie kalt.

Rezeption ist auf Text- und Leserseite von mancherlei Faktoren und Bedingungen abhängig. Auf der Textseite sind die sprachliche Kunstfertigkeit, die Mitteilungs- und Handlungsabsicht der Autoren wichtige Faktoren. Texte sind aber auch lesbar, ohne daß wir von ihren Autoren wissen; gerade auch biblische Texte sprechen für sich selbst. Oft bekommen sie dazu aber keine wirkliche Chance – etwa wenn sie eingeschlossen sind in Leseroutinen und -situationen, in denen sie mehr schmückendes Beiwerk als eigenständige Größen der Kommunikation sind, oder wenn fremdartige Namen, komplizierte Argumentationen, befremdende Themen die Lesenden vor den Texten kapitulieren lassen.

Auch auf der Leserseite gibt es Faktoren und Bedingungen. Der Leser kann und soll sich und seine Voraussetzungen, seine Erwartungen und Befürchtungen aus der Begegnung mit dem Text nicht heraushalten. In Kriegszeiten z. B. werden biblische Texte anders gelesen als in Friedenszeiten; ein Hauskreis frommer Christen hat andere Zugänge als ein kirchlich ungebundener Hörer der Bach'schen Matthäus-Passion. Ein erwachsener, historisch gebildeter und interessierter Leser hört die Texte anders als Kinder.

Daß Rezeption Bedingungen hat und an »Lesergemeinschaften« gebunden ist, gilt grundsätzlich für jede Lektüre von Texten. Die Lektüre der Bibel ist darüber hinaus bestimmt von Grundannahmen über ihre Geltung und »Wahrheit«. Diese Grundannahmen sind durchaus nicht einheitlich, sondern mannigfach, und zum Teil konkurrieren sie miteinander: Sind die Texte zu lesen als inspirierte Gottesworte, als »Christuszeugnisse«, als Glaubens*normen*? Oder sie sind als Niederschlag der Erfahrungen gläubiger Menschen mit ihrem Gott, als Dokumente einer antiken Literatur oder als historische Quellen zu verstehen? Schließen diese Annahmen einander aus oder können sie nebeneinander bestehen? Ergänzen und befruchten sie sich möglicherweise sogar gegenseitig?

Auslegung ist mehr als Lektüre, bleibt aber immer Rezeption. Zunächst ist Auslegung ein fundamentaler, universaler Vorgang der Lebenswelt, insofern Zeichen, Sprache und Kommunikation in ihr überhaupt eine Rolle spielen. Schon wer seinem Kind die Bedeutung der Lichterfolge einer Verkehrsampel erklärt, betätigt sich als Ausleger, als Interpret. Um wieviel mehr gilt dies, wenn wir in einer Predigt, einer Unterrichtsstunde, einer Meditation, einer Vorlesung, einem Bild, einem Gedicht unser Verständnis eines biblischen Textes zum Ausdruck bringen! Dabei sind dem Text gegenüber unterschiedliche Haltungen denkbar: Man kann ihn kühl und distanziert betrachten und beobachten wie ein Arzt das Röntgenbild eines ihm persönlich fremden Patienten oder ein »Analyst« an der Börse die Gewinnerwar-

tungen eines Unternehmens. Hoffentlich häufiger jedoch werden Interpretinnen und Interpreten mit dem Text, wenn sie ihn in Vorbereitung auf eine Predigt, eine Unterrichtsstunde, eine Seminar-Arbeit, eine Vorlesung wieder und wieder lesen, »zusammenwachsen« wie mit einem alten Bekannten. Der Text wird »ihr« Text, eine Beziehung mit Höhen und Tiefen wird aufgebaut. Nach »außen«, in Richtung auf die Hörerinnen und Hörer der Auslegung, werden die Intepretierenden zum »Fürsprecher« des Bibeltextes: Sie sprechen *für* den Text; nicht selten auch *anstelle* des Textes.
Auslegung bringt Rezeption zur Sprache. Sie gibt – mündlich oder schriftlich, aber auch in den »Sprachen« von Musik oder bildender Kunst – Auskunft über die hörende oder lesende Rezeption biblischer Texte. Auslegung bringt Texte über Texte hervor: Dabei werden die Begegnungen zwischen Text und Leser, die »Beziehung« zwischen ihnen, protokolliert. Es wird »übersetzt« im engeren wie im weiteren Sinne des Wortes. Neue Begegnungen sollen initiiert, erleichtert oder auch normiert werden.

2. Die wissenschaftliche Auslegung und der Standort dieses Arbeitsbuches

Die wissenschaftliche Auslegung ist eine unter einer Vielzahl möglicher Rezeptions- und Auslegungsweisen biblischer Texte. Mit den Les-Arten, wie wir sie gerade skizziert haben, ist sie nicht unbedingt identisch und auch nicht immer verträglich. Sie hat vielmehr ihre spezifischen Voraussetzungen, Interessen und Ziele und stellt an den Leser besondere Anforderungen. Wer von »wissenschaftlicher Bibelexegese« hört, wird zumeist an die »historisch-kritische Auslegung« denken. Diese Gleichung stimmt aber – wie wir nun sehen werden – nur bedingt.
Die historisch-kritische Auslegung des Alten Testaments ist nicht am grünen Tisch beschlossen worden, sondern hat eine Geschichte, die sich auch in diesem Arbeitsbuch widerspiegelt. Diese wissenschaftliche Les-Art ist in ständiger Auseinandersetzung mit den biblischen Texten, den Nachbardisziplinen der Theologie und den nicht-theologischen Wissenschaften (etwa der Geschichtswissenschaft, der Orientalistik, den Sprach- und Literaturwissenschaften sowie den Gesellschaftswissenschaften) erwachsen. Ansätze zu dieser Auslegungsweise gibt es bereits in der christlichen Antike und im Mittelalter; beispielsweise haben der Kirchenvater Augustinus im 5. Jh. n. Chr. oder auch M. Luther zu Beginn der Neuzeit Texte durchaus schon historisch ausgelegt. Ihre eigentliche Dynamik und auch eine je länger je mehr beherrschende Stellung in der akademischen Welt gewann die historische Kritik aber erst mit der europäischen Aufklärung vor etwa 250 Jah-

§1 Worum es geht (Einleitung)

ren. Diese Dynamik speiste sich aus einem kritischen Impuls gegen die damalige dogmatische, buchstäbliche Lektüre der Schrift und zugleich aus der Wahrnehmung, daß biblische Texte nicht nur theologisch, sondern auch poetisch und historisch lesbar sind (vgl. dazu auch §7 – 1.2).
Dabei hat sich die Annahme zur Gewißheit gesteigert, daß die alttestamentlichen Texte in sehr viel komplizierteren Prozessen entstanden sind, als dies die traditionell-kanonischen, theologisch motivierten Verfasserangaben der Bücher nahelegen. Die Fünf Bücher, die traditionell dem Mose als Verfasser zugeschrieben wurden, werden nun als eine Kompilation aus älteren Texturkunden verstanden, die hypothetischen Autoren mit den hypothetischen Bezeichnungen »Jahwist«, »Elohist« und »Priesterschrift« zugeschrieben werden (sog. *Urkundenhypothese*). An die Stelle der Vorstellung von den göttlich inspirierten Autoren trat die Vorstellung eines Prozesses der Überlieferung, der sich in den biblischen Texten niedergeschlagen hat, nun aber unter oder hinter dem End-Text der vorliegenden Hebräischen Bibel verborgen ist. Die historische Kritik setzt alles daran, diesen End-Text zu hintergehen und entdeckt so immer neue Texte, die als »Quellen«, »Schichten« oder »Redaktionen« Teil jenes Prozesses der Überlieferung gewesen sein könnten. Dabei lernte man, daß die Überlieferung der Schriften insgesamt ein Prozeß der Auslegung ist. Bibeltexte sind entstanden aus der Lektüre und aktuellen Auslegung der ihnen jeweils vorangehenden Texte. Ihre Autorinnen und Autoren waren immer auch Leserinnen und Leser.

Zur Vertiefung

Die historisch-kritische Auslegung hat eine Reihe von Fragestellungen entwickelt und daraus »Methoden« der Auslegung abgeleitet. Jede dieser Fragestellungen und Methoden – die wir hier im Vorgriff auf die ausführlichere Darstellung in späteren Kapiteln einbringen – kann als Antwort auf eine theologische Herausforderung gelten, der sich die Auslegung gegenüber sah. Dabei spielte die Frage nach der »Wahrheit« biblischer Texte immer die Rolle des Hauptmotivs – auf beiden Seiten: bei der Anfrage an die Auslegung und in deren Versuch, dieser Herausforderung wissenschaftlich zu begegnen.
Knapp und vereinfacht gesagt:
(1) Die Wahrnehmung biblischer Texte als historische Größen birgt das Problem der Veränderung derselben. Wurde die »Schriftwahrheit« durch die mehr als zwanzig Jahrhunderte während Überlieferung der Handschriften und Drucke der biblischen Texte – absichtlich oder unabsichtlich – verfälscht? Aus dieser Fragestellung entstand der Impuls, den authentischen »Ur«-Text« möglichst präzise zu ermitteln und dadurch den Vorwurf zu entkräften, man lese einen durch die Überlieferung der Schriften verfälschten Text.

→ In diesem Zusammenhang stehen Fragestellung und Methodik der *Textkritik* (vgl. unten § 3).

(2) Als Ausweis von »Schriftwahrheit« konnte es verstanden werden, früheste, dem Ur-Text vorausliegende, noch frühere Fassungen des Textes zu ermitteln. In diesen Fassungen habe sich die Intention der ursprünglichen Autoren am reinsten bewahrt. Man suchte Zugang zu den »Originalen«, etwa zur »ipsissima vox« (ureigensten Stimme) der Propheten.

→ In diesem Zusammenhang stehen Fragestellung und Methodik von *Literarkritik* und – mit Bezug auf noch nicht schriftlich niedergelegten Text – *Überlieferungskritik* (vgl. unten § 7).

(3) Man erkannte, daß sich Texte nicht nur den Intentionen ihrer Autoren verdanken, sondern auch in bestimmten soziohistorischen Rahmenbedingungen und Funktionszusammenhängen entstehen, die Form und Inhalte der Texte mitprägen.

→ So entstanden *Form- und Gattungskritik, mit der* die *Frage nach dem* »*Sitz im Leben*« als der Kommunikationsweise, durch die ein Text geprägt wird, und die *Traditionskritik* als die Rekonstruktion der geistigen Welt der Entstehungszeiten (vgl. unten §§ 5 und 6).

(4) Zunehmend wurde man sich bewußt, daß nicht nur die älteste Fassung eines Textes, sondern auch deren spätere Erweiterungen, Fortschreibungen und Redaktionen »Schriftwahrheiten« enthalten, insofern sie die Erfahrungen zum Ausdruck bringen, die die nachfolgenden Generationen an ihren jeweiligen *historischen Orten* gemacht haben:

→ So wurde die Literarkritik zur Redaktions- und Kompositionsgeschichte entfaltet (vgl. unten § 7).

Der kritische Impuls der Aufklärungszeit ist in der historischen Kritik heute viel weniger drängend, ja er ist nahezu gegenstandslos geworden. Die Dogmatik – jedenfalls die an Universitäten und Hochschulen gelehrte und in den Großkirchen rezipierte – hat den historischen Zugang zur Bibel akzeptiert und aufgenommen. Ja, der historische Zugang zu den Texten ist selbst quasi normativ geworden; und gewisse historisch-literarische Erklärungsmuster biblischer Texte und ihrer Geschichte (etwa die schon erwähnte »Urkundenhypothese«) haben – zumindest in der Universitäts- und Hochschulexegese – zeitweise einen wenn nicht dogmatischen, so doch paradigmatischen Charakter angenommen.

So konnte nicht ausbleiben, daß sich die klassische historische Kritik heute ihrerseits kritischen Fragen gegenübersieht:

(a) Zwar bezweifelt kaum jemand die Geschichtlichkeit der alttestamentlichen Überlieferung als solche. Die Frage nach den Ursprungssituationen, nach den ersten Autoren und deren Intentionen bleibt für das Verständnis der Texte wesentlich. Die historische Kritik bringt nun aber seit geraumer Zeit immer neue und z. T. miteinander kaum zu vereinbarende Hypothesen über die Entstehung und Datierung biblischer Texte und ihrer Vorstufen hervor, bisweilen kommen auch alte Hypothesen wieder zu neuen Ehren.

§ 1 Worum es geht (Einleitung)

Ist dies ein Indiz dafür, daß Programmatik und Methodik der kritischen Auslegung an Grenzen gestoßen sind und der Revision bedürfen?
(b) Müssen die Texte so ausschließlich als historische, vergangenheitliche Größen gelesen werden, wie dies in der historischen Kritik geschieht? Kann, ja, muß dieses »diachrone« – am historischen Werdegang der Texte orientierte – Interesse nicht durch eine »synchrone« – an der vorliegenden, literarisch-poetischen Gestalt orientierte – Auslegung ergänzt werden?
(c) Wie steht es mit der »Rezeption« der alttestamentlichen Texte in der kirchlichen und unterrichtlichen Praxis, aber auch dort, wo man in der bildenden Kunst, in der Literatur und in der Philosophie auf sie Bezug nimmt? Sollten diese Beziehungen zwischen den alttestamentlichen Texten und ihren Lesern nicht ebenso Gegenstand wissenschaftlicher Exegese sein wie die Frage nach ihren ersten Autoren und deren Intentionen?

Zur Vertiefung

Das Begriffspaar »Diachronie« und »Synchronie« ist der neueren Sprachwissenschaft entlehnt, hat in der biblischen Exegese aber ein Eigenleben entwickelt: »Diachron« wird jede Exegese genannt, die die Entstehungsverhältnisse und -geschichte (Literargeschichte) eines vorliegenden Textes im Auge hat. »Synchron« kann zunächst jede Exegese heißen, die irgendeinen Text ohne Rücksicht auf seine literargeschichtliche Genese in einem bestimmten – synchronen – Kommunikationskontext untersucht. Ein noch spezielleres, aber verbreitetes Verständnis des Begriffes »synchroner Exegese« setzt für »Text« den vorliegenden »End-«text und ist mehr am »synchronen« Zusammenspiel seiner sprachlichen und literarischen Elemente interessiert. Von diesem mehr literarischen, »endtext-orientierten« Verständnis des Begriffes der »Synchronizität« gehen wir im folgenden aus.

Man kann allerdings fragen, ob diese »eingebürgerte« begriffliche Zweiheit »diachron« – »synchron« den Texten gerecht wird. Differenzierter ist eine begriffliche »Dreiheit«, die dem italienischen Sprach- und Literaturwissenschaftler (und Romanautor) Umberto Eco zu verdanken ist. Ihm zufolge kann Interpretation in dreierlei Hinsicht verstanden werden: »als Suche nach der *intentio auctoris*, ..., als Suche nach der *intentio operis*« und ... »als Aufzwingen der *intentio lectoris*.«[2] Der Begriff der intentio operis (wörtlich: »Intention des Werkes«) bringt zum Ausdruck, daß Texte für sich genommen allein kraft ihrer sprachlich-literarischen Form und ihres thematischen Gehaltes sprechen. Allerdings ist mit diesem Sprechen nicht der volle Bedeutungsgehalt eines Textes realisiert; hinzu kommen kann – insbesondere in der Alltagskommunikation – die Kenntnis der Absicht, die die realen Sprecher oder Autoren mit ihren Texten verbinden (die intentio auctoris, nach der die historische Exegese vor allem sucht). Hinzu kommen kann und muß aber auch der Leser oder die Leserin, die an Texten Bedeutungen entdecken

---

2. U. Eco, Die Grenzen der Interpretation, (ital. 1990) München 1992, 35 ff.

und realisieren (intentio lectoris), die den Autorinnen und Autoren nicht bewußt waren. Selbstverständlich sind diese drei »Intentionen«, nach denen die Interpretation fragen kann, nicht unabhängig voneinander, aber eben auch nicht einfach identisch. Wer nach der Intention des Autors fragt, braucht dazu den Text; auch die Leser können ihre Intention nur am Text entwickeln, brauchen dazu aber nicht notwendigerweise den Autor.

Angestoßen durch diese Fragen und nicht zuletzt auch angeregt durch die außertheologische Literatur und Literaturwissenschaft, beginnt man die biblischen Texte des Alten Testaments in ihrer literarisch-ästhetischen und poetischen Qualität und ihrer vorliegenden (»End-«)Gestalt neu zu lesen. Dafür stehen aus den nicht-theologischen Wissenschaften (besonders der Textlinguistik und der Literaturwissenschaft) Zugänge, Fragestellungen und Methoden bereit.

Diese Zugänge haben im vorliegenden Buch großes Gewicht, ja, sie spielen eine Schlüsselrolle. Allerdings sollen die traditionellen historisch-kritischen Fragestellungen dadurch keineswegs verdrängt werden. Daß sich die Hebräische Bibel (wie das Neue Testament) einem historischen Prozeß der Überlieferung verdankt, dessen Bedingungen, Motive und Verlauf für das Verständnis der Texte bedeutsam ist, bleibt – wie gesagt – eine unverlierbare Erkenntnis. Sie soll hier jedoch um die Einsicht bereichert werden, daß die historische, vergangenheitsbezogene Perspektive nicht der *allein* maßgebende Gesichtspunkt der Lektüre und der wissenschaftlichen Auslegung der Hebräischen Bibel sein kann.

Das vorliegende Arbeitsbuch versucht mithin eine Verbindung, eine Synthese, aus textbezogener (»synchroner«) und überlieferungsbezogener (»diachroner«) Auslegung der Hebräischen Bibel: Sie soll – synchron – so gelesen werden, wie sie uns heute vorliegt: als hebräisches Sprach- und Literaturwerk, das als Ganzes und in seinen Teiltexten nun gleichsam mit einer Stimme und einer Intention zu seinen Leserinnen und Lesern spricht. Und sie soll – diachron – gelesen werden als Dokument der Überlieferung, in das die Stimmen und Intentionen einer Vielzahl von Autoren und Autorinnen aus allen Epochen der Geschichte des Alten Israel und des frühen Judentums eingegangen sind. Selbstverständlich sollen die beiden Zugänge nicht unvermittelt nebeneinander stehen, sondern als Perspektiven auf ein und denselben Text aufeinander bezogen sein und sich gegenseitig ergänzen.

§1 Worum es geht (Einleitung)

Zur Vertiefung

Was heißt »wissenschaftlich« – »historisch« – »kritisch« – »literarisch«?
Die zentralen Begriffe, die die hier vorgestellte Form wissenschaftlichen Bibellesens und -auslegens kennzeichnen, sind ihrerseits auslegungsfähig und -bedürftig. Viele Urteile, aber auch Vorurteile, sind damit verknüpft; deshalb folgen hier einige weiterführende und pointierte »Auslegungen« der Begriffe.

»Wissenschaftlich«
»Ich will in der Gemeinde lieber fünf Worte reden mit verständlichem Sinn, auf daß ich auch andere unterweise, als zehntausend Worte in Zungen« (1 Kor 14,19).
»Wissenschaftlich« heißt nicht, eine Deutung eines Textes als die einzig wahre behaupten und beweisen zu wollen, sondern die Texte so auszulegen, daß andere Leserinnen und Leser – auch solche aus anderen Wissenschaften – nachvollziehen können, wie ich zu meinen Deutungen gekommen bin. Dazu ist es nötig,
(a) deutlich zu machen, was meine Prämissen (Voraussetzungen, Erklärungsmodelle) sind,
(b) meine Fragestellungen zu benennen (was will ich wissen?),
(c) die Befunde aufzunehmen, d. h. vor allem: die Texte sorgfältig zu beschreiben,
(d) meinen Argumentationsweg überschaubar und meine Schlußfolgerungen kenntlich zu machen.
»*Wissenschaftlich*« ist diese Art der Interpretation also deshalb, weil sie Wert darauf legt, ihre Fragestellungen und Kategorien explizit und definiert einzubringen, sowie den Weg von der Fragestellung zum Ergebnis transparent zu halten. Dadurch soll eine möglichst weitgehende – auch über die christliche Rezeptionsgemeinschaft hinausreichende – Kommunikabilität der Aussagen über die Texte erreicht werden. Zweifellos ist die wissenschaftliche Deutung von ihrem Grundansatz her rational, vernunftgemäß. Nicht-rationale, »geistliche« oder »mystische« Wahrnehmungen der Texte sollen dadurch aber nicht ersetzt, geschweige denn verdrängt werden; es sollen jedoch Möglichkeiten der »Übersetzung« unserer Bibelauslegung geschaffen werden.
→ *Wissenschaftlich* auslegen heißt: gesprächsfähig werden!

»Historisch«
Ein Text »fällt nicht einfach vom Himmel«. Jeder Text ist in einem bestimmten Kontext entstanden. Theologische, religiöse, politische, gesellschaftliche, sprachliche und andere sich im Verlauf der Geschichte verändernde Faktoren spielten dabei eine Rolle. Biblische Texte sind nicht nur vertraute Lebensbegleiter, sondern auch Fremde aus der Ferne des historischen Raumes. Die historischen Entstehungsbedingungen sollen bei der Auslegung berücksichtigt werden, um dem Text nicht vorschnell aktuelle Absichten und Meinungen zu unterstellen, dafür aber seinen (oft verborgenen) Reichtum zu entdecken.
Die wissenschaftliche Exegese ist an der geschichtlichen Bedingtheit von Formen und Inhalten der Texte interessiert, insofern ist sie »*historisch*«. Dieses Interesse ist mit der Einsicht verbunden, daß Texte, auch biblische Texte, der Verständigung dienen und ihre Bedeutungen immer im Zusammenhang mit bestimmten Kommunikationssituationen entwickeln. Die »historische Ursprungssituation« der

Texte ist von allen anderen Rezeptionszusammenhängen dadurch unterschieden, daß sie auf Form und Inhalt der Texte, so wie sie uns jetzt vorliegen, unmittelbar eingewirkt hat.

→ *Historisch* auslegen heißt: den Kontext der Texte ernst nehmen!

»Kritisch«

Das »Schriftprinzip« funktioniert nur, wenn die Texte auch wirklich zu Wort kommen – auch gegen ihre Leser. Die Texte selbst sollen die Chance haben, sich Gehör zu verschaffen. Insofern steht die Rezeption von den Texten her in der Kritik.

Jeder Exeget und jede Exegetin lebt und arbeitet in einem konkreten Kontext. Dieser wird bestimmt durch die allgemeine gesellschaftliche und politische Realität, durch die eigene Biographie und durch die speziellen Regeln der Kommunikationsgemeinschaft, der sie jeweils angehören (z.B. der Religionsgemeinschaft, aber auch der Forschungstradition). Von diesen Kontexten und den durch sie vorgegebenen und bedingten »Vorverständnissen« kann ich mich nicht beliebig verabschieden, aber ich kann mir ihrer bewußt werden und kritisch damit umgehen. Insofern sollen die Rezipierenden sich selbst gegenüber kritisch sein. Unkritisch ist ein Umgang mit den biblischen Texten dann, wenn diese aktuellen Zwecken und Interessen ausgeliefert werden.

Leserinnen und Leser, die sich selbst der Kritik der Texte aussetzen, sind dann allerdings auch ihrerseits berechtigt, die Text kritisch zu befragen, d.h. nach deren Kontexten und Vorverständnissen zu forschen und sie von daher auch zu beurteilen.

→ *Kritisch* auslegen heißt: sich von den Texten her in Frage stellen lassen!

»Literarisch«

Biblische Texte sind literarische Texte. Die Erzväter und Erzmütter, die guten und die bösen Könige sind nicht rein historisch zu verstehende Gestalten, soziale oder theologische Typen, sondern Figuren in Gedichten und Epen. Die Erzählungen des Alten Testaments, allen voran die Exoduserzählung, sind nicht auf Geschichtsberichte oder theologische Lehrstücke reduzierbar. Es sind Menschheitserzählungen, die sich ihre Leser und Bedeutung je und je suchen. Dies können sie nur, wenn wir sie in ihrer poetischen Mehrdeutigkeit wahr- und ernstnehmen. Es sind begehbare, aus Sprache erbaute Räume.

→ *Literarisch* auslegen heißt: die Poesie der Texte wahrnehmen!

3. Aufbau und Gebrauch dieses Arbeitsbuches

3.1 Der inhaltliche Aufriß

In seinem inhaltlichen Aufbau ist unser Arbeitsbuch in seinem Kernbereich (§§3-7) an der oben skizzierten Synthese von textbezogenen, »synchronen« (§§4, 5 zum Teil) und überlieferungsbezogenen, »diachronen« Zugängen (§§3, 5 zum Teil; §§6, 7) orientiert. Dazu kommen Abschnitte,

§1 Worum es geht (Einleitung)

die auf die Praxis der exegetischen Arbeit in Studium, Examen und Beruf bezogen sind (§§ 2, 8, 9). (Es empfiehlt sich übrigens, § 9 kurz zu »überfliegen«, um Ihre Lektüreschwerpunkte vorab zu klären.)

Der erste praktische Schritt der Exegese eines alttestamentlichen Textes ist seine Übersetzung aus der Hebräischen Bibel. Diese erste Übersetzung ist noch ganz vorläufig und stellt doch entscheidende Weichen für die weitere Arbeit. Deshalb wird dieser Schritt in

§ 2 Arbeitsübersetzung

begleitet.

Der Text der Hebräischen Bibel, der auch der Arbeitsübersetzung zugrunde liegt, ist nicht notwendigerweise die älteste und einzige hebräische Textgestalt. Jedenfalls ist sie auf dem Hintergrund der Handschriftenüberlieferung, die sich z. B. in den antiken Übersetzungen der Hebräischen Bibel niedergeschlagen hat, einer kritischen Betrachtung zu unterziehen. Darum geht es in dem »diachron« orientierten Zugang

§ 3 Textkritik.

Die textbezogenen, synchronen Zugänge sind zusammengefaßt in

§ 4 Textanalyse,

dessen leitende Gesichtspunkte in dem Basis-Satz »*Alttestamentliche Texte sagen* etwas *in einer bestimmten sprachlichen* Form *und* lösen *damit etwas* aus« zusammengefaßt werden können.

Die Abschnitte

§ 5 Gattungskritik

und

§ 5a Die alttestamentliche Erzählung

führen in die Welt der geprägten Formen ein, denen die meisten alttestamentlichen Texte in der einen oder anderen Weise ihre Gestalt verdanken. Dabei hat § 5 die Gattungen der alltäglichen, institutionellen Kommunikation zum Gegenstand. § 5a führt anhand der alttestamentlichen Erzählungen in die Welt der poetischen Kommunikation des Alten Testaments ein.

Der Abschnitt

§ 6 Traditionskritik

befaßt sich mit den geprägten Vorstellungen, die in den Texten des Alten Testaments in immer neuen Gestalten thematisiert worden sind. Die §§ 5, 5a und 6 können als ein Bereich zusammengesehen werden. Es geht darin um die *Welt des Textes* insofern, als nach den Prägungen gefragt wird, die der Text durch die soziale und geistige Lebenswelt des Alten Israel empfangen hat. Die Perspektive dieses Arbeitsbereiches ist synchron, insofern zunächst der »Endtext« und nicht eine seiner Vorstufen (§ 7) die Textgrundlage bildet. Sie ist diachron, insofern die textlichen Befunde aus der Lebenswelt des alten Israel heraus erklärt werden.

§ 7 Geschichte des Textes

hat zum Ziel geht es darum, in konsequent diachroner Perspektive die Geschichte der Überlieferung des Textes von seinen mündlichen Vorstufen bis hin zum vorliegenden, schriftlichen Endtext zu rekonstruieren.

In

§ 8 Interpretation

geht es um die Frage einer integrierten Darstellung der Ergebnisse der Exegese. Die Vielfalt der Perspektiven, die auf den Text eröffnet wurde, soll zu einer Interpretation zusammengefaßt werden, in der die wissenschaftliche Auslegung sich dem weiteren Horizont aktueller und geistlicher Fragestellungen öffnet.

§ 9 Exegese in Studium, Examen und Beruf

geht auf je unterschiedliche »Sitze im Leben« der Exegese biblischer Texte ein und gibt praktische Hinweise, wie die Exegese in diesen unterschiedlichen Situationen sachgemäß, zielstrebig und mit jeweils angemessenem Arbeitsaufwand geleistet werden kann.

Die Reihenfolge der exegetischen Schritte und Arbeitsbereiche, die sich in der Paragraphenfolge dieses Buches widerspiegelt, unterscheidet sich von der Reihenfolge, die bisher in Lehrbüchern zur Exegese bevorzugt wurde. In unserem Arbeitsbuch ist vor allem die Vorordnung der Textanalyse vor die überlieferungsorientierten Arbeitsbereiche gewollt und programmatisch. Allerdings wird der aufmerksame und vorinformierte Leser bemerken, daß *ein* überlieferungsorientierter Gesichtspunkt, die »Textkritik«, davon ausgenommen ist und sich an der üblichen Stelle am Anfang der exegetischen »Schritte« findet. Dies hat rein pragmatische Gründe. Die Exegese soll sich auf eine Textgrundlage beziehen können und diese während der Arbeit nicht ändern müssen; theoretisch-methodisch gesehen hätte die Textkritik ihren angemessenen Platz eher im Anschluß an die Textanalyse, vielleicht sogar erst am Ende aller überlieferungsgeschichtlichen Arbeitsgänge. Ungewohnt ist vielleicht auch die Plazierung der Gattungs- und Traditionsgeschichte (§§ 5 und 6). In der exegetischen Praxis zeigt sich allerdings immer wieder, daß die Kenntnis der formalen und thematischen Prägungen eines Textes die Rekonstruktion seiner individuellen Überlieferungsgeschichte erleichtert.

Insgesamt ist die Reihenfolge und die Gewichtung der Arbeitsbereiche kein »Gesetz der Meder und Perser, das unaufhebbar ist« (Dan 6,8). Wichtig ist, daß die Reihenfolge und Gewichtung der exegetischen Schritte sinnvoll, praktikabel und vor allem den Problemen des Einzeltextes angemessen ist. Maßstab und Kontrolle einer gelungenen Exegese ist allemal, ob sie sich jeweils zu einer plausiblen und weiterführenden Gesamtinterpretation (§ 8) bündeln läßt. Dazu gehört auch, daß die wissenschaftliche Auslegung offen ist für eine vom biblischen Text her verantwortete Stellungnahme des Exegeten oder der Exegetin. Auch eine wissenschaftliche Exegese soll und

§ 1 Worum es geht (Einleitung)

kann nicht verleugnen, daß biblische Texte für den Glauben, das Leben und die Frömmigkeit ihrer Leserinnen und Leser leitend gewesen sind und weiterhin sein wollen. Wenn die Auslegung dies in ihrem Schlußteil deutlich macht, reiht sie sich ein in die offene Geschichte der Rezeption des biblischen Textes, die sich innerhalb und außerhalb der jüdischen und christlichen Lesergemeinschaften, innerhalb und außerhalb von Synagoge und Kirche entfaltet hat und weiterhin entfaltet. Auch dieser Gesichtspunkt der *Rezeptionsgeschichte* könnte und sollte noch Gegenstand der exegetischen Reflexion sein. Er würde indessen den Rahmen dieses Arbeitsbuches überschreiten (vgl. aber die Bemerkungen in § 8 – 1.2).

3.2 Das Arbeitsbuch als Anleitung zur Exegese

Innerhalb der §§ 2-7 folgt dieses Buch einem gleichbleibenden Gliederungsschema, das durch die Stichworte

(1) Theorie
(2) Beschreibungen
(3) Anwendung

gekennzeichnet ist. Damit hat es folgende Bewandtnis:

(1) Im Abschnitt »*Theorie*« geht es vor allem darum, die in der Exegese verwendeten Begriffe zu begründen und zu erläutern. So muß eine »Textanalyse« selbstverständlich eine allgemeine Vorstellung davon haben, was ein Text eigentlich ist, in welcherlei Hinsichten man ihn analysieren und beschreiben kann (§ 4 – 1.). Wer nach den Prägungen von Texten durch die sie umgebende Lebenswelt fragt, muß Vorstellungen über die Beziehungen von Sprache, Literatur und Gesellschaft haben (§ 5 – 1.), auch die Überlieferung ist ein allgemeineres Phänomen und somit theoretischer Reflexion zugänglich (§ 7 – 1.). In der exegetischen Praxis in Studium und Beruf wird man nicht jeden Tag von neuem theoretische Reflexionen und Diskussionen führen können und wollen. Man muß aber auf geklärte und definierte Begriffe zurückgreifen können. Die Theorieabschnitte sollen dieses Bedürfnis nach Klärung der Grundbegriffe erfüllen, wann immer es besteht. Die theoretischen Reflexionen sind übrigens mit vielen Textbeispielen erläutert. Diese Beispiele sind mit Bedacht nicht nur der Hebräischen Bibel entnommen, sondern häufig auch der deutschsprachigen Literatur, nicht zuletzt um zu zeigen, daß alttestamentliche Texte *auch* mit modernen text- und literaturwissenschaftlichen Kategorien gelesen werden können.

(2) In den Abschnitten »*Beschreibungen*« wird an vielen – nun fast immer der Hebräischen Bibel entnommenen – Textbeispielen gezeigt, daß und wie die exegetischen *Begriffe* bei der Beschreibung und Auslegung alttestamentlicher Texte *greifen*. Es handelt sich also um eine theoretisch begründete

Beispielsammlung, die nach der Systematik der exegetischen Begriffe geordnet ist. Damit ist nicht die Erwartung oder die Zumutung verbunden, daß alttestamentliche Texte immer nach dem systematischen Schema oder in der Ausführlichkeit der Beispielsammlung auszulegen seien. Die »Beschreibungen« wollen vielmehr zeigen, womit zu rechnen ist und welche Erträge zu erwarten sind. D. h. auch, daß die beschriebenen Möglichkeiten keineswegs für jeden auszulegenden Text gleichermaßen einschlägig sind.

(3) Unter der Gliederungsrubrik »*Anwendung*« finden die Leserinnen und Leser dann Hinweise, die ihnen dabei behilflich sein sollen, die für die Auslegung »ihres« Textes »richtigen« – also theoretisch-methodisch begründeten – Fragen zu stellen und die für »ihren« Text angemessene Beschreibungsmöglichkeit zu finden. Dies geschieht jeweils in zweifacher Hinsicht: Zum einen wird das Vorgehen unter der Überschrift »Arbeitsschritte« möglichst knapp und übersichtlich zusammengestellt. Zum anderen bieten wir unter »Arbeitsfragen« jeweils einen Katalog von Fragen, die sich in der Praxis als hilfreich erwiesen haben, um unter dem Gesichtspunkt der jeweiligen methodischen Fragestellung den Text zu erschließen. Wo nötig, wird die einschlägige Begrifflichkeit, die im Theorieteil breiter erläutert wurde, noch einmal in aller Knappheit erklärt.

Insgesamt will der Dreischritt »Theorie«, »Beschreibungen«, »Anwendung« zu einer Exegese anleiten, die auf den jeweils gegebenen Text zugeschnitten ist, die die Vielfalt der alttestamentlichen Textwelt im Auge (und im Ohr) hat und auf – soweit möglich – geklärten Begriffen und Methoden beruht. Nicht zu vergessen ist schließlich auch, daß das Auslegen biblischer Texte in verschiedenen »Sitzen im Leben« steht. Es ist etwas anderes, die Möglichkeiten wissenschaftlicher Exegese im universitären Bereich, für ein Examen oder für eine Predigt nutzen zu wollen. Auf diese unterschiedlichen Rahmenbedingungen für die Exegese geht § 9 ein, der – wiewohl er das Arbeitsbuch insgesamt voraussetzt – auch vorab »gut und nützlich zu lesen« ist.

Je nach dem konkreten Interesse und den Vorkenntnissen kann der Einstieg in die Lektüre der Paragraphen an jedem der drei Hauptabschnitte »1. Theorie«, »2. Beschreibungen«, »3. Anwendung« erfolgen:

Suchen Sie eine kurze Vergewisserung, dann empfiehlt sich 3. für den Einstieg.

Suchen Sie nach einem Überblick über die Palette der Möglichkeiten, mit Hilfe einer methodischen Fragestellung einen bestimmten Text zu analysieren, empfiehlt sich 2.

Sind sie an den grundlegenden theoretischen Voraussetzungen einer Fragestellung interessiert empfiehlt sich 1.

4. Textausgaben und grundlegende Literatur

Dieses Arbeitsbuch enthält aus Platzgründen kein umfassendes Literaturverzeichnis. Die Literatur wird an drei Stellen vollständig bibliographiert und nachgewiesen: 1. im vorliegenden Verzeichnis. 2. in den »Kästen« mit grundlegender Literatur jeweils am Beginn der §§ 3-7.3. bei »lokal«, d. h. innerhalb eines Paragraphen, zitierter Literatur jeweils in der Anmerkung, in der der Titel erstmals erscheint.

4.1 Textausgaben

4.1.1 Faksimilierte Handschriften der Hebräischen Bibel

The Aleppo Codex, ed. M. GOSHEN-GOTTSTEIN, Jerusalem 1976.
The Leningrad Codex. A Facsimile Edition, ed. D. N. FREEDMAN, Grand Rapids/Leiden 1998.

4.1.2 Moderne Druckausgaben der Hebräischen Bibel

Biblia Hebraica (BHK), hg. von R. KITTEL, Stuttgart ^{3}1937, zahlreiche Neuauflagen und Nachdrucke.
Biblia Hebraica Stuttgartensia (BHS), hg. von K. ELLIGER/W. RUDOLPH, Stuttgart 1967-1977.
Demnächst erscheint: Biblia Hebraica quinta (BHQ), hg. von A. SCHENKER, Stuttgart 1998 ff. (verfügbar ist ein Probedruck der Übersetzung des Buches Ruth mit Listen der in der BHQ verwendeten Siglen).
Im Erscheinen begriffen: Hebrew University Bible, ed. M. GOSHEN-GOTTSTEIN.
W. RICHTER, Biblia hebraica transcripta. Das ist das ganze Alte Testament transkribiert, mit Satzeinteilungen versehen und durch die Version tiberisch-masoretischer Autoritäten bereichert, auf der sie gründet (BH^t), ATS 33, 1-16, St. Ottilien 1991-1993.

4.1.3 Sonstige Ausgaben hebräischer biblischer Texte

A. FREIHERR V. GALL, Der hebräische Pentateuch der Samaritaner, Bde. I-V, Gießen 1924-1918 (Nachdruck 1966).
Die Bibeltexte der Qumranbibliothek sind zugänglich über: U. GLESSMER, Liste biblischer Texte aus Qumran, RdQ 62 (1983), 153-192.

4.1.4 Antike Bibelübersetzungen und deren Übersetzungen

Septuaginta, id est Vetus Testamentum graece iuxta LXX Interpretes, ed. A. RAHLFS, Stuttgart 1935 (zahlreiche Neuauflagen und Nachdrucke)

Septuaginta, Vetus testamentum Graecum auctoritate Academiae Scientarum Gottingensis editum, Göttingen 1931 ff.

Biblia Sacra iuxta Vulgatam Versionem, recensuit R. WEBER, OSB, Stuttgart ²1975

Eine Übersetzung der LXX ins Deutsche ist in Vorbereitung: W. KARRER/W. KRAUS (Hg.), Die Septuaginta deutsch. Das Griechische Alte Testament in Übersetzung (Arbeitstitel)

A. SPERBER, The Bible in Aramaic, Bde. I-IV, Leiden 1959-1973, Neuaufl. 1992

M. MCNAMARA u. a., The Aramaic Bible, The Targums, Edinburgh 1987 ff.

4.1.5 Deutsche Übersetzungen der Hebräischen Bibel (mit »Apokryphen«)

Brauchbar sind die neueren Ausgaben der »Lutherbibel«, der »Zürcher Bibel«, der »Einheitsübersetzung«, sowie der »Elberfelder Bibel«

E. KAUTZSCH/A. BERTHOLET, Die Heilige Schrift des Alten Testaments, 2 Bde., Tübingen ⁴1922

M. BUBER, Die Schrift, verdeutscht von Martin Buber gemeinsam mit Franz Rosenzweig, 4 Bde., Heidelberg 1985-1987

4.1.6 Sonstige Texte und Quellen

W. BEYERLIN (Hg.), Religionsgeschichtliches Textbuch zum Alten Testament, 2., durchges. Aufl. Göttingen 1985

K. GALLING, Textbuch zur Geschichte Israels, 3., durchges. Aufl. Tübingen 1979

O. KAISER u. a., Texte aus der Umwelt des Alten Testaments, Gütersloh 1982 ff.

W. G. KÜMMEL/H. LICHTENBERGER (Hg.), Jüdische Schriften aus hellenistisch-römischer Zeit, Gütersloh 1973 ff. (JHRSZ)

J. B. PRITCHARD, Ancient Near Eastern Texts Relating to the Old Testament, 2nd ed., corrected and enlarged, 3rd print, Princeton 1966

J. B. PRITCHARD, The Ancient Near East in Pictures Relating to the Old Testament. Supplementary Texts and Pictures Consisting of Supplementary Materials for: The Ancient Near East in Pictures and Ancient Near Eastern Texts, 2nd ed. Princeton 1969

J. RENZ/W. RÖLLIG, Handbuch der althebräischen Epigraphik, 3 Bde., Darmstadt 1995

§1 Worum es geht (Einleitung)

4.2 Literatur zu Theorie und Methodik

4.2.1 Darstellungen für das Alte Testament

G. FISCHER, Wege in die Bibel. Leitfaden zur Auslegung, unter Mitarbeit von B. REP-SCHINSKI und A. VONACH, Stuttgart 2000

G. FOHRER u. a., Exegese des Alten Testamentes, Heidelberg/Wiesbaden [6]1993

S. KREUZER/D. VIEWEGER/J. HAUSMANN/W. PRATSCHER, Proseminar I, Altes Testament. Ein Arbeitsbuch, Stuttgart 1999

W. RICHTER, Exegese als Literaturwissenschaft. Entwurf einer alttestamentlichen Literaturtheorie und Methodologie, Göttingen 1971

O. H. STECK, Exegese desAlten Testaments. Leitfaden der Methodik, Neukirchen-Vluyn, 13., überarb. u. erw. Aufl. 1993

4.2.2 Linguistische und literaturwissenschaftliche Darstellungen

R. A. DE BEAUGRANDE/W. DRESSLER, Einführung in die Textlinguistik, Tübingen 1981

T. A. VAN DIJK, Textwissenschaft. Eine interdisziplinäre Einführung, dtv-Wissenschaft, München 1980

W. DRESSLER, Einführung in die Textlinguistik, Tübingen [2]1972

P. VON POLENZ, Deutsche Satzsemantik. Grundbegriffe des Zwischen-den-Zeilen-Lesens, Sammlung Göschen 2226, Berlin/New York [2]1988

M. KLARER, Einführung in die neuere Literaturwissenschaft, Darmstadt 1999

4.2.3 Nachschlagewerke

I. BRAAK/M. NEUBAUER, Poetik in Stichworten. Literaturwissenschaftliche Grundbegriffe. 7. überarb. u. erw. Aufl. Unterägeri 1990

A. NÜNNING, Metzler Lexikon Literatur- und Kulturtheorie. Ansätze – Personen – Grundbegriffe, Stuttgart 1998

H. STAMMERJOHANN (Hg.) Handbuch der Linguistik. Allgemeine und angewandte Sprachwissenschaft, München 1975

W. ULRICH, Wörterbuch Linguistische Grundbegriffe, Kiel [3]1981

4.3 Hilfsmittel

4.3.1 Grammatiken, Lexika

R. BARTELMUS, Einführung in das Biblische Hebräisch, Zürich 1994

H. BAUER/P. LEANDER, Historische Grammatik der hebräischen Sprache des Alten Testaments. Einleitung – Schriftlehre – Laut- und Formenlehre, Hildesheim 1965 (1922)

W. Gesenius, Hebräische Grammatik, völlig umgearbeitet von E. Kautzsch, Nachdruck der 28. Auflage 1909, Hildesheim/New York 3. Nachdruckaufl. 1977 (GesK)

W. Gesenius, Hebräisches und aramäisches Handwörterbuch über das Alte Testament, bearbeitet von F. Buhl, Leipzig [17]1921 (GesL). (Von der 18. Auflage Berlin 1987 sind 2 Bde. erschienen.)

E. Jenni, Lehrbuch der hebräischen Sprache, Basel [2]1981

P. Joüon/T. Muraoka, A Grammar of Biblical Hebrew, subsidia biblica 14, 2 Bde., Rom 1991

L. Köhler/W. Baumgartner, Lexicon in Veteris Testamenti Libros, Leiden [2]1958 (KBL[2])

Dies., Hebräisches und Aramäisches Lexikon zum Alten Testament, 5 Bde., Leiden [3]1967-1995 (KBL[3])

G. Krinetzki, Bibelhebräisch. Eine Einführung in seine grammatischen Charakteristika und seine theologisch relevanten Begriffe, Passau 1981

R. Meyer, Hebräische Grammatik, Bde. 1-4, Berlin 1966 ff. (Neuaufl.)

J. Lust/E. Eynikel/K. Hauspie, A Greek-English Lexicon of the Septuagint, 2 Bde., Stuttgart 1992-1996

4.3.2 Konkordanzen

A. Even-Shoshan, A New Concordance of the Bible: Thesaurus of the Language of the Bible, Hebrew and Aramaic Roots, Words, Proper Names, Phrases and Synonyms, Jerusalem 1993

E. Hatch/H. A. Redpath, A Concordance to the Septuagint and other Greek Versions of the Old Testament, 3 Bde., Nachdruck Graz 1975. Dazu: E. C. dos Santos, An Expanded Hebrew Index for the Hatch-Redpath Concordance of the Septuagint, Jerusalem 1973

S. Mandelkern, Veteris Testamenti Concordantiae Hebraicae atque Chaldaica (1937), Graz 1978

G. Lisowsky, Konkordanz zum Hebräischen Alten Testament, Stuttgart 1958 ff.

Computerkonkordanzen: »Accordance« (für Apple Macintosh); »Bible Works« (für Windows); Quest 2, Stuttgarter elektronische Studienbibel, Stuttgart 2001

4.3.3 Theologische Wörterbücher

G. Kittel/G. Friedrich, Theologisches Wörterbuch zum Neuen Testament, 11 Bde., Stuttgart 1933-1979 (ThWNT)

E. Jenni/C. Westermann (Hg.), Theologisches Handwörterbuch zum Alten Testament, 2 Bde., München/Zürich 1971 ff. (THAT)

G. J. Botterweck/H. Ringgren (Hg.), Theologisches Wörterbuch zum Alten Testament, Bd. I ff, Stuttgart/Berlin/Köln/Mainz 1970 ff. (ThWAT)

§1 Worum es geht (Einleitung)

4.3.4 Historisch-archäologische Nachschlagewerke

B. REICKE/L. ROST (Hg.), Biblisch-Historisches Handwörterbuch, 4 Bde., Göttingen 1962 ff. (BHH)

K. GALLING, Biblisches Reallexikon, HAT I 1, Tübingen ²1977 (BRL)

M. GÖRG/B. LANG (Hg.), Neues Bibel-Lexikon, Zürich 1991 ff. (NBL)

4.4 Bibliographien

ATLA, Index to Religious Periodical Literature, CD-ROM Editionen

Biblische Literaturdatenbank Innsbruck (BILDI), J. OESCH (AT), K. HUBER (NT), URL: http://starwww.uibk.ac.at/theologie/theologie-de.html

Elenchus Bibliographicus Biblicus (ab 1 [1920] Teil, ab 4 [1923] Beilage der Zeitschrift »Biblica«

Internationale Zeitschriftenschau für Bibelwissenschaft und ihre Grenzgebiete (IZBG), Bd. 1 Stuttgart 1951/52; Bd. 2 ff., Düsseldorf 1975 ff.

Zeitschrifteninhaltsdienst Theologie, Universitätsbibliothek Tübingen 1975 ff.

§ 2 Arbeitsübersetzung

1. Ziele und Methoden

Die erste »Bekanntschaft« mit dem auszulegenden Text schließt der Exeget oder die Exegetin, wenn er oder sie die Hebräische Bibel aufschlägt – in der Regel wird es die »Biblia Hebraica Stuttgartensia« oder deren Neubearbeitung, die »Biblia Hebraica Quinta« (vgl. § 1 – 4.1.2) sein. Unter Zuhilfenahme einer modernen Übersetzung, eines wissenschaftlichen (!) Lexikons und einer Grammatik (§ 1 – 4.3.1) wird er oder sie im hebräischen Text zu lesen beginnen.

Auch »Nichthebräer« müssen auf dieses Leseerlebnis nicht völlig verzichten. Ein Blick in die Übersetzung von Buber/Rosenzweig (§ 1 – 4.1.5) kann einen gewissen Eindruck vom hebräischen Sprachduktus des Textes vermitteln.

Für des Hebräischen Kundige ist die erste »Frucht« dieser Lektüre eine »Arbeitsübersetzung«, die bei allen weiteren Schritten der Exegese als persönliche Arbeitsgrundlage dienen wird. Diese Übersetzung ist gewissermaßen das Dokument des ersten, intensiveren Leseeindrucks und als solches von nicht zu unterschätzender Bedeutung, auch wenn sie am Ende der Exegese von einer »endgültigen Übersetzung« (vgl. § 8) als dem konzentriertesten Ergebnis der Exegese abgelöst wird und – wie das Arbeitsgerüst einer Baustelle – ausgedient hat. Es ist der Bedeutung dieses Arbeitsschrittes durchaus angemessen, wenn man dafür einige Gesichtspunkte beachtet:

(a) Die Arbeitsübersetzung sollte sich darum bemühen, möglichst nah an der hebräischen Sprachgestalt des Textes zu bleiben. Dabei ist ein guter deutscher Stil nicht immer möglich und erforderlich (dies ist Aufgabe und Anspruch der »endgültigen Übersetzung«); es sollte aber keine Wort-für-Wort-Wiedergabe im Sinne einer »Interlinear-Übersetzung« dabei herauskommen. Übersetzen heißt *immer*, von einem Sprachsystem in ein anderes überwechseln. Das kann bedeuten, daß bestimmte Eigenheiten der Ausgangssprache nicht in die Zielsprache umsetzbar sind. So haben beispielsweise die deutschen Kasus in der hebräischen Sprache keine unmittelbaren Äquivalente.

(b) Für die weiteren Schritte der Exegese ist es hilfreich, den hebräischen Text und die Arbeitsübersetzung nach hebräischen Sätzen zu gliedern und vielleicht sogar in einer Synopse aus hebräischem Text, Arbeitsübersetzung und Syntax (vgl. § 4, Beispiele 27 und 48) zu arrangieren. Dabei sollte jedem hebräischen Satz eine eigene Zeile eingeräumt werden.

(c) Es sollte »konkordant« übersetzt werden, d.h. hebräische Worte sollten jeweils mit *einem* deutschen Ausdruck wiedergegeben werden. Dies gilt auch für die hebräischen »Tempora«. In der deutschen Übersetzung sollte konsequent zwischen »Narrativen« und Formen der Afformativ- bzw. der Präformativkonjugation unterschieden werden, auch wenn die Übersetzungen diese »Tempora« nicht selten mit einheitlichem Präsens oder einheitlichem Präteritum wiedergeben. Entscheidend für die Wiedergabe hebräischer »Tempora« ist die hebräische Grammatik (hilfreich ist dafür R. Bartelmus, Einführung, siehe §1 – 4.3.1).

(d) Die hebräische Wortstellung sollte, soweit möglich, erhalten bleiben.

Soweit Sprachkenntnisse, Zeit und Voraussetzungen dafür vorhanden sind, kann es sinnvoll und erhellend sein, bereits jetzt die griechische und u.U. auch die lateinische Version des Textes mitzuübersetzen. Sie werden gleich im folgenden Schritt gebraucht werden.

2. Beispiele und Anwendung

Siehe unter §4 – 3.1.1.

§3 Textkritik

Literatur:
BHS, Prolegomena und »Sigla et Compendia Apparatuum«
G. FISCHER, Art. Bibelhandschriften, RGG⁴, Bd. I, Sp. 1455-1459
H. STEGEMANN, Die Essener, Qumran, Johannes der Täufer und Jesus, Freiburg 1993
E. TOV, Der Text der Hebräischen Bibel. Handbuch der Textkritik, Stuttgart 1997
R. WONNEBERGER, Leitfaden zur Biblia Hebraica Stuttgartensia, Göttingen 1984
E. WÜRTHWEIN, Der Text des Alten Testaments. Eine Einführung in die Biblia Hebraica, Stuttgart, ⁵1988 (vgl. besonders Abschnitt D 116-132 und 253-58: Liste der textkritischen Siglen der BHK und BHS mit deutscher Übersetzung)

1. Zur Theorie der Textkritik

1.1 Warum Textkritik? Die Voraussetzungen der Textkritik in der »Textgeschichte«

Die Hebräische Bibel ist das Produkt einer langen Geschichte, in deren erster Phase eine große Zahl von Einzeltexten zu einem zusammenhängenden Korpus gefügt wurde, eben der Hebräischen Bibel in der heute vorliegenden Gestalt, der sogenannten »Endgestalt« (darauf geht §7 »Die Geschichte des Textes« ein). Der Begriff »Textgeschichte« bezeichnet eine zweite Phase in dieser Geschichte, und zwar jene, in der die Hebräische Bibel, ihre Teiltexte und ihre Übersetzungen in Handschriften, später auch in Drucken, in der Endgestalt oder einer ihr nahen Gestalt überliefert wurden (vgl. auch das Schaubild S. 45). Die Einflüsse und Vorgänge, denen der Text der Hebräischen Bibel in jener Epoche der Textgeschichte ausgesetzt war und ist, sind Gegenstand der »Textkritik«. Dabei ist mit unserer Vorstellung von der »Textgeschichte« eine bestimmte »Theorie der Textkritik« verbunden, wie wir nun sehen werden.

1.1.1 Die Epoche der End- und Urtexte (4. Jh. v. Chr.-2. Jh. n. Chr.)

Die Textgeschichte beginnt mit jenem Stadium der umfassenderen Geschichte der Überlieferung, in dem »das produktive Wachstum der Texte sukzessive zum Abschluß« kommt. Der Begriff »Abschluß« ist differenziert zu verstehen: Zunächst ist mit ihm gemeint, daß die Texte nicht mehr weiter ergänzt und »fortgeschrieben« wurden – etwa durch Redaktionen (§ 7, vgl. auch unten 2.). *Nicht* abgeschlossen ist dagegen die sprachliche Gestalt der Texte, denn sie werden in der Spätantike in ihrem Konsonantenbestand, also ohne Vokalzeichen, überliefert. Weiterhin bedeutet »Abschluß« *nicht*, daß der Text der Hebräischen Bibel bereits standardisiert gewesen wäre, daß es also nur *eine* buchstabengetreu weitergegebene, in Handschriften »vervielfältigte« Fassung gegeben hätte. Es ist durchaus mit mehreren Texttypen, zahlreichen Fassungen und einer Vielzahl von Handschriften zu rechnen, die sich in mehr oder weniger gravierender Weise voneinander unterscheiden. Gleichwohl: Gegenüber den vorhergehenden Stadien der Überlieferung kann von einem abgeschlossenen Text, einem Text in seiner »Endgestalt«, die Rede sein. Den besten Eindruck von einem in diesem Sinne abgeschlossenen Text vermitteln die Bibeltexte, die man in der berühmten Qumran-Bibliothek aus den beiden Jahrhunderten vor der Zeitenwende gefunden hat (vgl. die Abbildung aus der Jesaja-Rolle auf S. 37).

Dieses Endtext-Stadium der Überlieferung wurde von den verschiedenen Teilen der Hebräischen Bibel zu unterschiedlichen Zeiten erreicht:

Die »Tora« (die fünf Bücher Mose, der Pentateuch) dürfte bereits zu Beginn des 4. vorchristlichen Jahrhunderts in obigem Sinne abgeschlossen gewesen sein. Von dieser abgeschlossenen Tora existierten dann – soweit wir sehen – zwei Fassungen oder Typen: Die eine Fassung ist die des sogenannten »samaritanischen Pentateuch«, sie ist durch die kleine – noch heute auf dem Berg »Garizim« hoch über Nablus existierende – Gemeinde der »Samaritaner« bewahrt worden. Die andere Fassung liegt in der »Biblia Hebraica« vor, deren sogenannter »masoretischer Text« (s. dazu unten 1.1.2) auf die Mehrheitstradition des rabbinischen Judentums zurückgeht.

Die hebräischen Prophetenbücher (von Josua bis Maleachi) haben dieses Stadium wohl erst im 3. oder 2. Jh. v. Chr. erreicht, und manche Texte des Kanonteils der »Schriften« (z. B. das Buch Kohelet) noch später.

In eben jener Epoche etwa ab dem 3. Jh. v. Chr. beginnt auch eine rege Übersetzungstätigkeit an den Texten der Hebräischen Bibel. Sie wird getragen von den jüdischen Exilsgemeinden außerhalb des Landes Israel. Dabei ist insbesondere an die Gola im Ägypten der Ptolemäer zu denken. Von dort, genauer: aus der Stadt Alexandria, stammte die wichtigste dieser Übersetzungen, die sogenannte »Septuaginta« (LXX). Der Name Septuaginta, »Siebzig«, geht auf die Entstehungslegende dieser hochbedeutenden Übersetzung zurück. Nach der »Aristeas-Legende« seien auf Einladung des ptolemäischen Königs siebzig Gelehrte aus Jerusalem nach Alexandria gekommen und hätten dort die Hebräische Bibel, genauer: den Pentateuch, ins Griechische übersetzt. Wie die hebräischen Endtexte ist auch diese Überset-

aus: 1QIs[a], Kolumne XXXII-XXXIII Jes 39,8b-40,26; vgl. unten §7, Beispiel 4

zung, beginnend mit dem Pentateuch, ab dem 3. Jh. v. Chr. sukzessive entstanden. Man kann annehmen, daß die hebräischen Vorlagen dieser Septuaginta neben dem masoretischen und dem samaritanischen einen weiteren, dritten Typus hebräischer Endtexte repräsentieren.
Von diesen Endtext-Typen existierten in jener Zeit vom vierten vor-christlichen bis zum zweiten nach-christlichen Jahrhundert zahlreiche handschriftliche Texturkunden, also Papyri, Schriftrollen oder Kodizes. Die meisten dieser frühen Handschriften jedoch mußten lange Zeit als – physisch – fast vollständig verloren gelten; die aus organischem Material, aus Pflanzenfasern oder Tierhäuten bestehenden »Datenträger« waren den Umwelteinflüssen und dem »Zahn der Zeit« nicht gewachsen; die frühen Quellen der Textgeschichte konnten nur im Rückschluß aus späteren Handschriften, d. h. als »Texturkundentradition« erschlossen werden. Erst der Bibliotheksfund von Qumran seit dem Jahr 1947, der hunderte von hebräischen und auch einige griechische Bibelhandschriften zu Tage gefördert hat, hat die Quellenlage signifikant verbessert, zugleich aber auch verkompliziert. Wir besitzen nun »physische« Bibelhandschriften aus jener frühen Phase der Textgeschichte, und sie zeigen, daß die Quellenlage vermutlich noch vielfältiger ist, als man sich dies bis zum Qumranfund vorgestellt hatte.

Zur Vertiefung

Zur Unterscheidung von Texturkunden und Texttraditionen
Für die Textgeschichte und -kritik wesentlich ist die Unterscheidung zwischen als Ostrakon (beschriebene Tonscherbe), Inschrift, Papyrus, Rolle oder Kodex *vorliegenden* »*physischen*« *Texturkunden* einerseits und aus solchen Urkunden zu erschließenden *Text(-urkunden)traditionen* andererseits. Eine Texturkundentradition kann sehr viel älter sein als die sie erstmals »physisch« bezeugenden Texturkunden. Texturkundentraditionen der hebräischen Bibel bilden z. B. der Masoretische Text und der Samaritanische Pentateuch. Zur hebräischen Texturkundentradition können auch die aus Übersetzungen z. B. der »Septuaginta« durch Rückübersetzung erschlossenen hebräischen Vorlagen zählen.
Die Unterscheidung von Texturkunden und Texturkundentraditionen, sowie die Bedeutung dieser Unterscheidung läßt sich gut an den in Qumran gefundenen biblischen Texturkunden verdeutlichen.
Bis zur Entdeckung der Schriftrollen in den Höhlen am Toten Meer im Jahre 1946/7 waren die frühesten und einzigen Texturkunden größeren Umfangs, in denen die hebräische Bibel »physisch« vorlag, die frühmittelalterlichen masoretischen Urkunden (vgl. dazu unten 1.1.2). Man hat allerdings angenommen, daß zumindest der Konsonantenbestand dieser Urkunden über viele Jahrhunderte hinweg zuverlässig bewahrt wurde, daß m. a. W. die Textgestalt der Masoreten auf eine lange urkundliche Tradition zurückblicken konnte. Diese rückschließende Annahme einer Texturkundentradition hat sich mit dem Handschriftenfund am Toten Meer

glänzend bestätigt. In der Tat weicht etwa der Jesaja-Text des Kodex Petropolitanus von dem der Jesaja-Rolle aus Höhle 1 (1QIs^a) nur unwesentlich ab. Diese Abweichungen sind in der Biblia Hebraica (ed. Kittel, 3. Aufl., vgl. 609 ff., leider nicht mehr in der BHS) in einem gesonderten Apparat zum Großteil dokumentiert. Weiterhin ließ sich mit dem Schriftenfund von Qumran die Vermutung bestätigten, daß hinter der »Septuaginta« eine eigene hebräische Texttradition stand. Was man bis zu den Funden von Qumran nur vermutungsweise durch Rückübersetzungen postulieren konnte, hat sich durch bestimmte Funde bestätigt: Es haben sich »neben dem uns vertrauten Text der Biblia Hebraica auch andere Textfassungen von Büchern der hebräischen Bibel im vor-rabbinischen Judentum Palästinas herausgebildet« (H. STEGEMANN, Die Essener, 125 f.). M. a. W.: Das griechische Alte Testament ist nicht nur ein Zeuge der griechischen, sondern mittelbar auch der hebräischen Urkundenüberlieferung des Alten Testaments.

Bis zum Fund von Qumran konnte man der Meinung sein, es habe im wesentlichen die erwähnten drei Typen hebräischer »Endtexte« gegeben: den masoretischen Typus, den Typus des samaritanischen Pentateuch und den Typus der hebräischen Septuaginta-Vorlage. Nun wird immer deutlicher, daß von einer größeren Vielzahl von Endtext-Typen auszugehen ist (E. Tov). In dieser Vielfalt und Unübersichtlichkeit der Anfangsepoche der Textgeschichte gibt es allerdings zwei Fixpunkte für die Exegese:
Der eine dieser Fixpunkte ist durchaus »handfest« und an physischen Texturkunden aufweisbar: Die Textgestalt der Biblia Hebraica Stuttgartensia bzw. Quinta, die unter Vermittlung einer bedeutenden »masoretischen« Handschrift des Mittelalters, des Codex Petropolitanus (vormals: Leningradensis, vgl. § 1 – 4.1.1) auf uns gekommen ist, entspricht *in ihrem Konsonantenbestand* weitgehend dem der bedeutenden Qumran-Handschriften. Wir können also darauf vertrauen, daß unsere »Hebräische Bibel« – im großen und ganzen, nicht in den Einzelheiten – eine alte und zuverlässige Textfassung repräsentiert.
Der zweite Fixpunkt ist hypothetisch-theoretischer Natur, ja ein theoretisches Konstrukt, aber für die Exegese nicht weniger grundlegend. Trotz der empirisch anzunehmenden Vielfalt der Textfassungen in den frühen Stadien der Textgeschichte geht die Mehrzahl der Forscher davon aus, daß am Beginn dieser Geschichte für jede Teilschrift der Hebräischen Bibel *ein* Endtext stand, der zum Ur- oder Muttertext vieler physischer Texturkunden und Texttypen wurde. Mit den Worten Emanuel Tovs, eines führenden Textkritikers: »Am Ende des Kompositionsprozesses eines biblischen Buches stand eine Texteinheit (in Form eines einzelnen Textexemplars oder einer Texttradition), die – wenn auch u. U. nur von einer kleinen Gruppe – auf literarischer Ebene als abgeschlossen betrachtet wurde und die gleichzeitig am Anfang des Abschreibe- und Textüberlieferungsprozesses

§ 3 Textkritik

39

stand.«[1] M. a. W.: Der Endtext, das Ergebnis der vorhergehenden »produktiven« Stadien der Überlieferung entspricht dem »Urtext«, dem Ausgangspunkt der Textgeschichte der Hebräischen Bibel.

Diese textgeschichtliche Gleichung »End-Text = Ur-Text« ist die theoretische Basis der Textkritik. Es ist eine empirisch kaum beweisbare, auch keine selbstevidente, sondern eine höchst diskussionswürdige, ja angreifbare Theorie. Gleichwohl legen wir sie hier zugrunde und werden aus ihr heraus Problemstellung und Ziel der »Textkritik« formulieren (1.2).

1.1.2 Die Epoche der Differenzierung und Konsolidierung der handschriftlichen Bibelüberlieferung (3.-11. Jh. n. Chr.)

Die Zeit des Ausgangs der Antike und des frühen Mittelalters bedeutete für die Überlieferung der Hebräischen Bibel in Handschriften eine Epoche der Differenzierung und der Konsolidierung. Beides hing mit der z. T. schmerzhaften und konfliktbeladenen Trennung von Synagoge und christlicher Kirche mittelbar zusammen. Beide Gemeinschaften bildeten in jener Zeit je für sich »kanonisierte« Bibeln aus, d. h. sie bemühten sich, Zahl und Reihenfolge der in »ihren Bibeln« jeweils enthaltenen Schriften, sowie auch deren Wortbestand im einzelnen festzulegen und zu standardisieren.

Die Geschichte der Hebräischen Bibel wurde in jener Epoche vor allem von den sogenannten »Masoreten« bestimmt. Das Wort bezeichnet eher eine Funktion als eine fest umrissene Gruppe von Menschen. »Masora« (wahrscheinlich von hebräisch: מסורה »Überlieferung«) bezeichnet jede Tätigkeit, die den Bibeltext in seinem Verständnis und Gebrauch sichert, ihn erklärt und tradiert. Und eben dies war in jener Epoche ein wesentliches Anliegen der jüdischen Bibelgelehrsamkeit. Auf diese Masoreten geht unter anderem zurück:

(1) Die Einteilung des Textes in (gottesdienstliche) Lese- und Sinnabschnitte, etwa mit Hilfe der »Petucha« (im hebräischen Text mit פ signalisiert) und »Setuma« (im hebräischen Text mit ס gekennzeichnet).

(2) Die Unterscheidung von »Ketib« und »Qere« in ca. 1300 Fällen. Ein »Qere«, das in der BHS als Randnotiz mit dem Zeichen ק erscheint, schlägt für ein bestimmtes Bezugswort im Text eine andere Lesung oder ein anderes Verständnis vor. Die Unterscheidung zeigt, daß man einerseits den überlieferten Konsonantentext nicht antasten und daß man andererseits auch nicht vor schwer verständlichen Textpassagen kapitulieren wollte.

(3) Die Vokalisierung der bis dahin unvokalisiert überlieferten hebräischen Texte. Dafür wurden eigene Vokalzeichen entwickelt, die über und unter die

---

1. E. Tov, Text, 145.

seit Jahrhunderten gebräuchlichen Konsonantenzeichen der »Quadratschrift« gesetzt wurden. Dies war eine nicht hoch genug einzuschätzende sprach- und auslegungswissenschaftliche Leistung, da sie das in Vergessenheit geratende Sprachsystem des »Biblisch-Hebräischen«, seine Grammatik, gewissermaßen »neu« erfand.

(4) Die »Akzente"[2] im Text der Hebräischen Bibel, die (a) den Wortton bezeichnen, die (b) wohl auch musikalische Bedeutung für die gottesdienstliche Rezitation der Texte hatten und die (c) Texte in Sinnabschnitte (Verse, Satzgruppen und Sätze) einteilen. Diese masoretische Sinn- und Satzeinteilung ist noch heute gebräuchlich. Der »soph pasuq« schließt einen Vers ab. Der »Atnach« teilt den Vers in zwei oder auch drei Teile, die in der modernen exegetischen Fachliteratur (in der Regel nicht in diesem Arbeitsbuch!) dann z. B. mit Vers 1a bzw. 1b bezeichnet werden. Weitere Akzente, insbesondere der »zaqef qaton« oder der »Rebi'a« können die Versteile 1a und 1b weiter unterteilen in 1aα/1aβ/1aγ sowie 1bα/1bβ usw. (Gen 3,1):

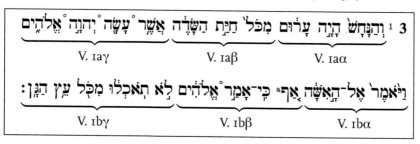

Masoreten waren in der Spätantike und im Frühmittelalter sowohl im vormaligen Babylon wie im Land Israel, und hier vor allem in der Stadt Tiberias am See Genezareth tätig. Dort bekommen die Masoreten auch für uns Namen, und zwar die Namen von Familien. Es waren die Gelehrten-Familien Ben Naphtali und Ben Ascher, die im frühen Mittelalter von etwa 800 – 1000 n. Chr. in Tiberias wirkten und dort den Text der Hebräischen Bibel vokalisierten und akzentuierten, um ihn auf diese Weise verständlich und lesbar zu halten. Die von diesen Familien bearbeiteten und hervorgebrachten Texte meinen wir, wenn wir vom »Masoretischen Text« (abgekürzt MT oder 𝔐) sprechen. Ein masoretischer Text aus der »Werkstatt« der Ben Ascher-Familie ist der »Kodex Aleppo« aus dem Jahr 925. Er liegt der »Hebrew University Bible« zugrunde, einer neuen sehr ausführlichen, von M. H. Goshen-Gottstein herausgegebenen kritischen Ausgabe der Hebräi-

---

2. Vollständige Listen und Erklärungen der masoretischen Akzente in H. BAUER/P. LEANDER, Historische Grammatik, §9 II oder bei J. P. LETTINGA, Grammatik des biblischen Hebräisch, Riehen/Basel-Stadt 1992, 18-21.

schen Bibel, von der 1995-1997 zwei Faszikel (das Buch Jeremia und das Buch Jesaja) erschienen sind. Der schon erwähnte »Kodex Petropolitanus« (Leningradensis B19^A) geht auf das Jahr 1009 zurück; er wurde in Anlehnung an eine Ben Ascher Handschrift korrigiert und liegt – als einziger nahezu vollständiger masoretischer Bibeltext – der Stuttgarter Biblia Hebraica zugrunde. Mit diesen beiden Kodizes sind wir bereits in der textgeschichtlichen Gegenwart der »Hebräischen Bibel« in ihrer masoretischen Fassung angelangt.

Zur Vertiefung
(vgl. auch die eingangs dieses § genannte Literatur)

Die hebräische Urkundentradition hat in den auf die Blütezeit der Masoreten im 10. Jh. folgenden Jahrhunderten, ausgehend von den Texten der Familie Ben Naphtali, noch einen weiteren an den masoretischen angelehnten Texttyp, den sogenannten »textus receptus« hervorgebracht. Auf ihm basieren die ersten Druckausgaben der kommentierten Hebräischen Bibel, die sogenannten »Rabbinerbibeln« (z. B. die Bibel des Gerschom ben Mosche Soncino, Brescia 1488, oder die Bibel des Jakob ben Chajim, Venedig 1524/25). Auch die Übersetzung des Alten Testaments durch Martin Luther und seine Mitarbeiter basiert auf der »Rabbinerbibel«; allerdings hat das reformatorische Übersetzerteam immer auch auf die Septuaginta und die lateinische Übersetzung der »Vulgata« (siehe unten) zurückgegriffen.
Die christliche Bibel mit dem Doppelkanon aus Altem und Neuem Testament knüpft in ihrem alttestamentlichen Teil zunächst fast ausschließlich an die alte jüdische Übersetzung ins Griechische, die Septuaginta, an. Die Septuaginta wurde zunächst zur »Bibel des Urchristentums« und dann zur »Mutter« zahlreicher Tochterübersetzungen in die Sprachen der spätantiken Ökumene (so z. B. die altlateinische oder die koptische Übersetzung). Aus dieser Epoche sind uns dann auch immer reichlicher »physische« Texturkunden überliefert, wie die bedeutenden Unzialhandschriften (d. h. in griechischen Großbuchstaben ohne Wortzwischenräumen geschrieben) des Codex Vaticanus, des Codex Alexandrinus (4. Jh.) und des Codex Sinaiticus. Am Beginn jener Epoche steht auch das erste – allerdings nur bruchstückhaft überlieferte – Werk der christlichen Bibelgelehrsamkeit, die sog. »Hexapla« des alexandrinischen Gelehrten Origines (ca. 240 n. Chr.). In ihr wurde in sechs synoptischen Kolumnen nebeneinandergestellt: der hebräische Text, dessen Transkription in griechische Buchstaben, zwei jüdische Übersetzungen ins Griechische aus dem 2. Jh. (Aquila und Symmachus), ein Septuaginta-Text sowie eine Kolumne mit weiteren griechische Übersetzungen.
Die Bedeutung dieser christlichen Septuagintaüberlieferung für die Hebräische Bibel besteht darin, daß diese christlichen Handschriften die immer noch breiteste Brücke zu den hebräischen Vorlagen der Septuaginta darstellen und mithin für Rückgriffe auf die Epoche der Ur- und Endtexte der Hebräischen Bibel unentbehrlich sind. Es gibt zwar auch griechische Bibelhandschriften aus vorchristlicher Zeit, darunter eine »Zwölfprophetenrolle« aus dem Naḥal Ḥever in der Wüste Juda

(wahrscheinlich aus dem 1. Jh. v. Chr.), aber diese Texturkunden sind nur mehr oder weniger bruchstückhaft erhalten.

Im 4. und 5. Jh. n. Chr. übersetzte der Kirchenvater Hieronymus mit Hilfe jüdischer Gelehrter die Hebräische Bibel ins Lateinische. Dabei benutzte er eine hebräische Vorlage, die dem masoretischen Text sehr nahe war. Im Umfang und in der Gliederung seiner – viel später Vulgata, d. h. die »Verbreitete« genannten – Übersetzung orientierte er sich jedoch an der Septuaginta-Tradition. Dennoch waren sich Hieronymus und seine Mitwelt durchaus bewußt, daß es ein »revolutionäres« Unterfangen war, eine christliche Bibel von einer hebräischen Textgrundlage her neu zu übersetzen. Davon zeugt ein Briefwechsel zwischen Hieronymus und seinem Zeitgenossen Augustinus, in dem die beiden Kirchenväter um das Gewicht der »Hebraica Veritas« gegenüber der inzwischen zum kirchlichen Traditionsgut gewordenen »Griechischen Bibel« diskutierten. Dabei hat letztlich Hieronymus den Sieg davongetragen und mit ihm die »Hebraica Veritas«. Zu einer vergleichbaren Weichenstellung kam es erst wieder mit Luthers Rückgriff auf die Rabbinerbibeln für seine Übersetzung des Alten Testaments.

Weitere textgeschichtliche Traditionsstränge sind in den »Targumim«, also den spätantiken aramäischen Übersetzungen der Hebräischen Bibel, der syrischen »Peschitta« sowie der arabischen Übersetzung überliefert. Diese drei Übersetzungen stehen vor allem dem masoretischen Typus nahe.

1.2 Gegenstand, Problemstellung und Ziele der Textkritik

Der *Gegenstand* der Textkritik ist die Überlieferung der Hebräischen Bibel in schriftlichen Texturkunden (Handschriften) von der Zeit des »End- bzw. Urtextes« an. Die *Problemstellung* der Textkritik ergibt sich daraus, daß die Texturkunden und – wo es diese Urkunden »physisch« nicht mehr gibt – ihre Traditionen keine einheitliche Textgestalt überliefern, sondern unterschiedliche Lesarten (»Varianten«). Daraus ergeben sich für die Arbeit der Textkritik vor allem zwei *Fragestellungen* und *Ziele*:

(1) Welche der überlieferten Varianten repräsentiert die mutmaßlich älteste Textgestalt nach Abschluß des »produktiven Wachstums«, also den End-/ Ur-Text (vgl. oben §3 – 1.1.1) oder kommt ihm wenigstens nahe? Ziel ist es, diejenigen Varianten der Textüberlieferung zu bestimmen, die den mutmaßlichen hebräischen Urtext repräsentieren. Dabei geht es – das ist hervorzuheben – immer um die *hebräische* Variante. Wenn also z. B. die Septuaginta eine vom masoretisch-hebräischen Text abweichende Variante bietet, so kommt diese griechische Variante als potentielle Urtext-Lesart nur in Betracht, wenn sie auf einen hebräischen Vorlagentext zurückgeführt werden kann und zurückgeführt wird. Dabei geht es vor allem um den *Konsonanten*bestand der hebräischen Textüberlieferung. Die masoretische Vokalisierung ist schon nicht mehr Bestandteil der ältesten hebräischen Textgestalt

§ 3 Textkritik

und in Zweifelsfällen als Interpretation dieser Textgestalt (und damit als Teil der Rezeptionsgeschichte) anzusehen.

(2) Die zweite Fragestellung knüpft an die erste an: Wie sind diejenigen Varianten, die als Urtextvarianten nicht in Frage kommen und in der Textkritik als solche verworfen wurden, nach ihrer Herkunft und Intention zu erklären? Dies ist nach unserem Verständnis die weitaus interessantere Fragestellung der Textkritik. Sie führt auf das weite Feld der Interpretationen, die sich in den antiken Bibelübersetzungen niedergeschlagen haben. Textkritik und Textgeschichte werden so zum »Sprungbrett« in die Rezeptions- und Auslegungsgeschichte der Hebräischen Bibel. Als Dokumente einer solchen frühen »Auslegung« sind nämlich nicht wenige der textkritischen Varianten zu verstehen (vgl. unten 2.1.3).

Zur Vertiefung
Die nachstehende Graphik (s. S. 45) faßt das zur Textgeschichte und Textkritik Gesagte zusammen (obere, dunkel gehaltenen Linien!) und setzt es in Beziehung zur »Geschichte des Textes (= »Literargeschichte«), die wir in §7 behandeln (graue Linien!). Aus der Graphik insgesamt geht hervor: Die Geschichte der Überlieferung alttestamentlicher Texte ist zu unterteilen in
(a) eine Phase des »produktiven Wachstums« der Texte, in denen sich die Auslegungsarbeit in einem neuen Kontext direkt im Text niedergeschlagen hat (graue Linien – vgl. §7 »Geschichte des Textes«, dort auch noch einmal diese Graphik s. S. 275);
(b) eine Phase, in der die urkundlich fixierten und für verbindlich erklärten (»kanonisierten«) Texte tradiert wurden (»Textgeschichte«). In dieser zweiten Phase wird die Auslegung getrennt vom biblischen Text aufgeschrieben und weitergegeben, z. B. in der Form von Kommentaren. Nur auf diese zweite Phase bezieht sich die klassische Methode der »Textkritik«.

2. Beschreibungen

2.1 Die Entstehung von Varianten in der Textgeschichte

Die Textkritik geht zunächst aus von der Textgestalt der masoretisch-hebräischen Bibel und vergleicht sie mit anderen überlieferten Lesarten (Varianten). Diese Lesarten können
(a) in tatsächlichen Texturkunden überliefert sein (»echte« Varianten) oder
(b) auf Vermutungen moderner Textkritiker zurückgehen (»Konjekturen«).
Aus dem Varianten-Bestand der Textgestalten wird der »Urtext« textkritisch rekonstruiert. Dabei spielt immer auch die Frage eine Rolle, aus welchen Gründen eine Variante zum rekonstruierten Urtext entstanden ist, bzw.

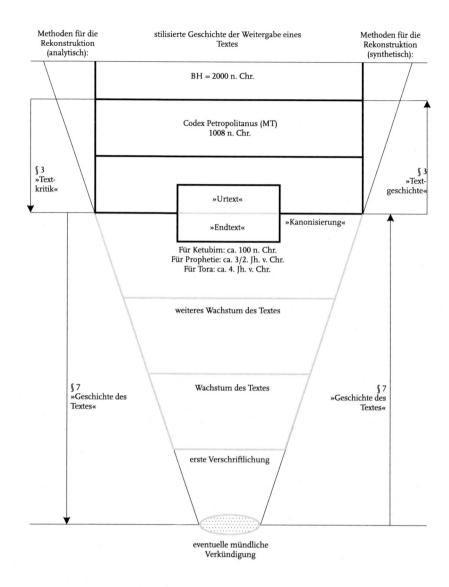

wie sie erklärt werden kann (vgl. die zweite Fragestellung der Textkritik!). M. a. W.: eine Textgestalt sollte nur dann als »ur-textlich« angesehen werden, wenn erklärbar ist, daß und wie die anderen »Varianten« aus dem vermuteten Urtext entstanden sind. Dabei lassen sich zunächst grob drei Hauptgründe unterscheiden, nach denen Varianten entstehen:
Textvarianten sind erklärbar
(a) als Lese- oder Abschreibfehler, gleichsam als technische Pannen bei der

Übermittlung von Texten von einem »Datenträger« (Rolle, Papyrus, Kodex) zum andern (2.1.1);

(b) als »Textverderbnis«. Eine »echte« Textverderbnis ist dann gegeben, wenn Varianten am besten dadurch erklärt werden können, daß mit einem »Datenträger« etwas nicht stimmte, daß etwa »Blätter« eines Kodex verlorengegangen oder durch Feuchtigkeit und sonstige Umwelteinflüsse beschädigt und in diesem Sinne »verdorben« worden sind (2.1.2);

(c) als absichtliche, interpretierende Eingriffe der Tradenten (2.1.3).

Varianten dieser drei Typen werden wir nun beschreibend darstellen.

2.1.1 Lese- und Schreibfehler

Lese- und Schreibfehler werden angenommen, wenn der Konsonantenbestand des überlieferten Textes Anlaß zu Mißverständnissen gibt. Die folgenden Beispiele sind häufig dem Buch Jesaja entnommen, da hier die Möglichkeit besteht, zwischen der Textgestalt der BHS und 1QIs[a] (einer antiken Handschrift des Buches Jesaja aus Qumran) zu vergleichen. Dabei zeigen die Qumranbeispiele, mit welchen Phänomenen man bei der Textüberlieferung rechnen muß.

Verwechslung ähnlich aussehender Buchstaben

In der vermutlich ab dem 3. Jh. v. Chr. üblich werdenden Quadratschrift konnten folgende Buchstaben leicht verwechselt werden: ב und כ; ד und ר; ה und ח; ה und ת; ו und י; ע und צ; כ und נ.

Beispiel 1: Jes 9,8

MT: *Und es* wurde inne *das Volk in seiner Gesamtheit ...*   וְיָדְעוּ הָעָם כֻּלּוֹ 8

1QIs[a]: *Und es* war böse *das Volk in seiner Gesamtheit ...*   וירעו העם כלו 8

MT liest ד, die Jesajarolle aus Qumran ר.

In der althebräischen Schrift muß damit gerechnet werden, daß י und ה, א und ת, כ und נ, ע und ד, ב und ר, ה und ח, sowie מ und נ verwechselt wurden.

Beispiel 2: Ps 19,5

MT: *Der Sonne gab er ein Zelt in ihnen* (sc. den Himmeln).   לַשֶּׁמֶשׁ שָׂם־אֹהֶל בָּהֶם

Weiser, ATD 14, 133 und BHK: *Der Sonne gab er ein Zelt im Meer.*   לַשֶּׁמֶשׁ שָׂם־אֹהֶל בַּיָּם

In der hebräischen Textüberlieferung findet sich בהם »unter ihnen«, gleichwohl ist die von einigen Kommentaren vorgeschlagene urtextliche Lesung בים »im Meer« möglich, wenn auch nicht wahrscheinlich. Textkritische Entscheidungen können durchaus kontrovers sein!

Haplographie

Unter »Haplographie« (= Einfachschreibung) versteht man die versehentliche Auslassung eines Buchstabens oder Wortes bei zwei gleichen oder ähnlichen Buchstaben oder Worten, die unmittelbar in Kontakt zueinander stehen.

Beispiel 3a: Auslassung eines Buchstaben in der Qumranhandschrift 1QIs^a – Jes 5,8

MT: *Wehe! Sie reihen Haus an Haus*   8 הוֹי מַגִּיעֵי בַיִת בְּבַיִת

1QIs^a: *Wehe! Sie reihen Haus Haus*   8 הוי מגיעי בית בית

Die Präposition ב fehlt an dem zweiten בית (»Haus«) in der Qumranhandschrift.

Beispiel 3b: Auslassung von zwei gleichen oder ähnlichen Wörtern in der Qumranhandschrift 1QIs^a – Jes 26,3b-4a

MT: *... weil es auf dich vertraut ...*   3 ... כִּי בְךָ בָּטוּחַ:

Vertraut auf JHWH für immer.   4 בִּטְחוּ בַיהוָה עֲדֵי־עַד

1QIs^a (vgl. LXX): *Fürwahr, in dich haben sie vertraut,*   כי בכה בטחו

in JHWH für immer.   ביהוה עדי עד

In der Handschrift aus Qumran fehlt einmal das Verbum בטח. Durch diese Auslassung ergeben sich neue Satzgrenzen und damit auch die Möglichkeit, בטחו nicht mehr als imp. plur., sondern (wie LXX) als AK 3. m. plur zu verstehen.

Dittographie

Unter »Dittographie« (= Doppelschreibung) versteht man die versehentliche Doppelschreibung von Buchstaben oder Wörtern.

Beispiel 4: Doppelschreibung eines Wortes in der Qumranhandschrift 1QIs^a – Jes 30,30

MT: *Und es wird hören lassen*   וְהִשְׁמִיעַ יְהוָה אֶת־הוֹד קוֹלוֹ

JHWH seine herrliche Stimme.

1QIs^a: *Hören, ja hören ließ*   השמיע השמיע יהוה את הוד קולו

JHWH seine herrliche Stimme.

Die Doppelschreibung der Verbalwurzel שמע in der Qumranhandschrift zwingt dazu, diese als »figura etymologica« mit verstärkendem Sinn sowie als Vergangenheitsform zu lesen.

Ausfall durch Homoioteleuton, bzw. Homoioarkton

»Homoioteleuton« (= gleiches Wortende), bzw. »Homoioarkton« (= gleicher Wortanfang): Dem Abschreiber konnte es passieren, daß er versehent-

§ 3 Textkritik

lich von einem Wort zu einem weiter unten stehenden gleichen oder sehr ähnlichen Wort überging (»Augensprung«). Dadurch konnten dann dazwischen Worte, ja selbst Satzteile oder Sätze ausfallen. Wenn sich dadurch ein Text ergibt, der sinnvoll ist, muß natürlich hier gefragt werden, ob dem Abschreiber nicht ein solcher kürzerer Text bereits vorlag.

Beispiel 5: Ausfall eines Wortes in der Qumranhandschrift 1QIs[a], bei dem nicht klar auszumachen ist, ob Q nicht doch ein kürzerer Text vorlag – Jes 4,5-6

MT: Und es wird erschaffen JHWH ... eine Wolke am Tage	5 עָנָן יוֹמָם ... וּבָרָא יְהוָה
und Rauch und Feuerglanz in der Nacht.	וְעָשָׁן וְנֹגַהּ אֵשׁ לֶהָבָה לָיְלָה
Fürwahr, über aller Herrlichkeit wird ein Schutz sein	כִּי עַל־כָּל־כָּבוֹד חֻפָּה:
und eine Hütte wird sein zum Schutz	6 וְסֻכָּה תִּהְיֶה לְצֵל־יוֹמָם מֵחֹרֶב
*am Tage vor **der Hitze***	
und als Zuflucht und Versteck vor Wetter und Regen	וּלְמַחְסֶה וּלְמִסְתּוֹר מִזֶּרֶם וּמִמָּטָר:

1QIs[a]: Und es wird erschaffen JHWH ...	ויברא יהוה ...
eine Wolke am Tage ***wegen der Hitze***	ענן יומם מחרב
und als Zuflucht und Versteck vor Regen und Wetter	ולמחסה ולמסתור מזרם וממטר

Qumran bietet hier einen kürzeren Text: Alles, was in der Übersetzung des MT kursiv gedruckt ist, fehlt in der Qumranhandschrift. Möglicherweise ist das Auge des Abschreibers vom ersten יוֹמָם zum zweiten gesprungen. Bei der Entscheidung über den Urtext müßte hier nach der textkritischen Regel der lectio brevior, der »kürzeren Lesart« (vgl. dazu unten 2.2.4), eigentlich der Textgestalt der Qumranhandschrift der Vorzug gegeben werden. Indessen liegt hier wohl doch ein Irrtum des Schreibers vor. Eine Wolke kann – wie es im Qumrantext dann heißen müßte – kaum Zuflucht vor Regen bieten.

2.1.2 »Textverderbnis«

Unter »Textverderbnis« versteht man das Zustandekommen einer Variante durch die mechanische Zerstörung eines Teils des Schreibuntergrundes (»Datenträgers«) und damit des Textes. Textverderbnis wird nicht selten dann angenommen, wenn der überlieferte Text grammatisch und/oder inhaltlich schwer verständlich ist. Man vermutet (»konjiziert«) dann graphisch und inhaltlich ähnliche, aber texturkundlich meist nicht belegte Textgestalten. Dieses Verfahren wurde früher gerne und häufig angewandt, so daß man von einer »maximal-invasiven« Textkritik sprechen kann[3].

3. Zum Beispiel vermutete K. ELLIGER, Die Heimat des Propheten Micha, ZDPV 57 (1934), 84, daß der komplizierte MT-Text des sogenannten »Städtegedichts« in Mi 1,10-16 durch eine rein mechanisch bedingte Zerstörung des rechten Randes einer frühen Texturkunde bedingt ist. Heute ist man von dieser Deutung wieder abgerückt (vgl. dazu auch H. UTZSCHNEIDER, Michas Reise in die Zeit, SBS 180, Stuttgart 1999, 80, Anm. 219).

Heute ist man damit zurückhaltender. Wenn es für die Annahme einer Textverderbnis keine texturkundlichen Hinweise gibt, sollte man mit Korrekturen des MT auf dieser Basis sehr behutsam sein.

Beispiel 6: Mechanische Verderbnis (des Schreibuntergrundes) als Ursache einer Variante – Jes 14,21b

MT: *Nicht sollen sie hochkommen und sollen sie erobern die Erde.*   בַּל־יָקֻמוּ וְיָרְשׁוּ אָרֶץ
1QIs[a]: *Nicht soll er hochkommen und sollen sie erobern die Erde.*   בל יקם וירשו ארץ
In der Qumranrolle ist in der Kolumne XII ein Riß im Material zu erkennen, der genäht wurde. Dadurch sind eine Reihe von Buchstaben unleserlich geworden. In einigen Fällen ergibt sich dadurch ein leicht veränderter Text. In unserem Fall wurde durch den Ausfall eines Buchstabens, des ו, aus einer 3. pers. plur. (»sollen sie hochkommen«). eine 3. pers. sing. (»soll er hochkommen«). Denkbar ist hier allerdings auch die Annahme einer »Haplographie«.

2.1.3 Interpretationen

Varianten können auch dadurch verursacht sein, daß der Text noch in seiner urkundlichen Überlieferung interpretiert wurde. Als Orte und Motive, den Urkundentext interpretatorisch zu ändern, kommen insbesondere in Frage: (a) Übersetzungsvorgänge, bei denen spezifische Verständnisprobleme zu lösen sind (z. B. Erklärung anachronistischer Termini technici u. ä.), und (b) Aktualisierungen, durch die der überlieferte Text auf zeitgenössische, kulturelle, religiöse oder theologische Vorstellungen und Problemstellungen hin interpretiert wird. Interpretatorisch zu erklärende Varianten kommen kaum als Urtext-Varianten in Frage. Sie sollten deshalb nicht als »Fehler« bezeichnet werden. Sie sind – wie gesagt – bedeutsame Zeugnisse der Rezeptionsgeschichte des Textes.

Beispiel 7

Sowohl der MT als auch 1QIs[a] bieten in Jes 19,25b zum Thema »Israel und Völker« eine außergewöhnliche Formulierung: Ägypten und Assur, die feindlichen Gegenmächte in der Geschichte des Gottesvolkes Israels, werden als Volk JHWHs bzw. als seine Schöpfung bezeichnet und mit Gottes »Erbbesitz« Israel geradezu gleichgestellt.
Gesegnet sei mein Volk Ägypten   בָּרוּךְ עַמִּי מִצְרַיִם
und das Werk meiner Hände Assur   וּמַעֲשֵׂה יָדַי אַשּׁוּר
und mein Erbbesitz Israel.   וְנַחֲלָתִי יִשְׂרָאֵל

Die LXX bietet hier einen anderen, theologisch »entschärften« Text, in dem die Einmaligkeit der Beziehung zwischen JHWH und Israel »erhalten« bleibt.
Gesegnet sei mein Volk, das in Ägypten   εὐλογημένος ὁ λαός μου ὁ ἐν Αἰγύπτῳ
und das in Assyrien ist   καὶ ὁ ἐν Ἀσσυρίοις

---

§ 3 Textkritik

und mein Erbbesitz Israel.	καὶ ἡ κληρονομία μου Ισραηλ.
Rückübersetzung ins Hebräische:	ברוך עמי במצרים oder ברוך עמי אשר במצרים
	ובאשור oder: ואשר באשור
	ונחלתי ישראל

Gesegnet ist nach der LXX nur Israel. Es ist das alleinige Gottesvolk sowohl im eigenen Land als auch im Exil *in* Ägypten und *in* Assyrien. Dies kontrastiert mit dem masoretischen Text (MT), nach dem Ägypten, Assur und Israel Gottes Volk, bzw. Schöpfung und Eigentum sind. Der Unterschied zwischen den Varianten ist sicher theologisch-interpretatorisch bedingt.

Unabhängig davon, ob die LXX hier einer hebräischen Vorlage folgt, die einen leicht anderen Konsonantenbestand als der MT bietet, oder ob die Veränderung auf das Konto der Übersetzer geht – nach der textkritischen Regel »lectio difficilior probabilior« (siehe unten 2.2.4) ist der MT wohl der ältere Text, die Urtextvariante. Der Septuagintatext zeigt aber, daß um die Frage, wer Gottes wahres Volk ist, in der Zeit der Septuaginta-Übersetzung theologisch gerungen wurde.

2.2 Die textkritische Arbeit

Die Textkritik geht in vier Schritten vor:
  1. Sichtung und sprachliche Erschließung der bezeugten Lesarten
  2. Äußere Kritik
  3. Innere Kritik
  4. Entscheidung

2.2.1 Sichtung der bezeugten Lesarten

Die Textkritik eines bestimmten Textes geschieht aufgrund der Lesarten, die im textkritischen Apparat der jeweils verfügbaren Ausgabe der Biblia Hebraica (BHS, BHK oder BHQ; vgl. §1 – 4.1.2) erwähnt sind. Da diese Apparate den Variantenbestand in der Regel nicht vollständig und vor allem ohne den jeweiligen Kontext der Variante darbieten, empfiehlt es sich, die gängigen Textausgaben des Samaritanus sowie der antiken Übersetzungen, u. U. auch der Qumranurkunden in deren kritischen Ausgaben, heranzuziehen. Die Lesarten, die aus diesen Quellen erkennbar sind, werden aufgelistet, jeweils sprachlich analysiert und übersetzt.

Zur Vertiefung
Typen kritischer Textausgaben
Die antike Texturkunden-Überlieferung wird für den modernen, wissenschaftlichen Leser durch *kritische Ausgaben* erschlossen. Dabei sind zwei Grundtypen zu unterscheiden:
(1) der *»diplomatische« Typ*. Er bietet die Textgestalt, die den *modernen Herausgebern* als die mutmaßlich älteste, dem Urtext am nächsten stehende, erscheint und registriert die abweichenden Lesarten mehr oder minder vollständig im textkritischen »Apparat«. Eine »diplomatische Ausgabe« ist also bereits das Ergebnis einer wissenschaftlichen Textkritik. Diesem Typus gehören an: die »Göttinger Septuaginta« und die Septuaginta-Ausgabe von RAHLFS für den ältesten Text der Septuaginta und auch das NT Graece von NESTLE-ALAND.
(2) der *»eklektische« Typ*. Er bietet die Textgestalt einer bestimmten, als besonders zuverlässig geltenden Texturkunde (so etwa bietet die BHS/BHQ den Kodex Petropolitanus) und registriert mehr oder weniger vollständig abweichende Lesarten im textkritischen Apparat. Dieser Typ beruht also nicht auf einer wissenschaftlichen Textkritik, will sie aber mittels seines Variantenapparates ermöglichen.

Bei der Arbeit mit den textkritischen Apparaten ist es nötig, den Bezug der jeweiligen Anmerkung im Apparat zum Text sowie die dabei eingesetzten Siglen und Abkürzungen aufzulösen. Anleitungen dazu finden sich bei R. WONNEBERGER (33 ff.) und vor allem E. WÜRTHWEIN (1988, 253 ff.). Der textkritische Apparat der BHS bietet eine besondere Schwierigkeit: Neben »echten« Varianten und Konjekturen finden sich in ihm Anmerkungen der Herausgeber, die nicht textgeschichtlich, sondern literarhistorisch bedingt sind. Solche Anmerkungen gehören nicht in den Gegenstandsbereich der Textkritik und bleiben außer Betracht, sie können aber in der Literarkritik diskutiert werden (siehe unten §7).
An einem Beispiel sei das Zusammenspiel von Text und textkritischem Apparat der BHS demonstriert:

Beispiel 8: Text und Apparat der BHS in Gen 32,23

Der Text hat folgende Gestalt:

23 וַיָּ֣קָם ׀ בַּלַּ֣יְלָה ה֗וּא[a] וַיִּקַּ֞ח אֶת־שְׁתֵּ֤י נָשָׁיו֙ וְאֶת־שְׁתֵּ֣י שִׁפְחֹתָ֔יו
וְאֶת־אַחַ֥ד עָשָׂ֖ר יְלָדָ֑יו וַֽיַּעֲבֹ֔ר אֵ֖ת מַעֲבַ֥ר יַבֹּֽק׃[b]

Der Buchstabe »b« hinter יַבֹּק bezieht sich auf die Anmerkung 23b im textkritischen Apparat (dem zweiten Textblock unter dem Haupttext).
Sie lautet unaufgelöst:
»23 [a] ... [b] ᴡ הי׳«;
Aufzulösen ist die Anmerkung b wie folgt:
Der samaritanische Pentateuch bietet statt der masoretischen Form יַבֹּק (»Jabboq« – der Name des Flüßchens, an dem die folgende Erzählung spielt) die Form היבק (»der Jabboq«). In Text und Apparat der BHS sind hier zwei Lesarten dokumentiert. Zur sprachlichen Erschließung siehe unten Beispiel 9.

§ 3 Textkritik

Zieht man zur Textkritik unserer Beispielstelle Gen 32,23 die kritischen Textausgaben des Samaritanus, der Septuaginta und der Vulgata heran, so ergibt sich – über die aus dem Apparat der BHS zu erhebenden Varianten hinaus – ein vollständigeres Bild der überlieferten Textgestalten:

Beispiel 9: Gen 32,23 und die Bezeugung in den kritischen Textausgaben

MT: מַעֲבַר יַבֹּק
»die Jabboqfurt«

Samaritanus: מעבר היבק
»Übergang des Jabboq«

Septuaginta: καὶ διέβη τὴν διάβασιν τοῦ Ιαβοκ
»und er überschritt den Übergang des Jabboq«

Vulgata: et transivit vadum Iaboc
»und er überschritt den Übergang des Jabboq«

Der Unterschied zwischen MT einerseits sowie Samaritanus und der Septuaginta andererseits besteht darin, daß der Name des Flusses Jabboq mit Artikel angeschlossen wird. Das Lateinische, die Sprache der Vulgata, hat keinen Artikel, gleichwohl muß er in der Übersetzung stehen. Der Unterschied ist sprachlich (und sachlich) minimal. Auch der MT ist im Deutschen mit Artikel zu übersetzen. Der Samaritanus determiniert doppelt und ist damit sprachlich schwierig. Die Textgestalten der Übersetzungen können sowohl Wiedergaben der Textgestalt des MT wie der des Samaritanus sein.

2.2.2 Äußere Kritik

Unter »äußerer Kritik« versteht man die textgeschichtliche Gewichtung der Lesarten entsprechend dem Gewicht der texturkundlichen Zeugen, auf die sie zurückgehen. Texturkundlich nicht bezeugte Varianten (»Konjekturen« – vgl. 2.1) haben nur in Ausnahmefällen Gewicht.

Für die Gewichtung der jeweiligen texturkundlichen Bezeugung hat sich durch den Konsens der alttestamentlichen Forschung so etwas wie eine »Rangliste« herausgebildet, nach der bewertet wird, welcher Textzeuge dem zu rekonstruierenden Urtext am nächsten kommt. Die nachstehende Liste ist »absteigend« zu lesen.

𝔐 der masoretische Text
𝔪 der Samaritanus (nur für den Pentateuch)
𝔔 Qumran (innerhalb der Qumrantexte gibt es Unterschiede)
𝔊 Septuaginta (auch hier gibt es Unterschiede, die sich anhand des textkritischen Apparates der LXX erschließen lassen)
α' Aquila
σ' Symmachus
θ' Theodotion

ⵚ Die syrische Peschitta
𝔗 Das Targum (eine aramäische Übersetzung)
𝔙 Die Vulgata des Hieronymus
𝔏 Frühe Lateinische Übersetzungen

Wie es der textgeschichtlichen Bedeutung des masoretischen Texttyps entspricht (vgl. oben 1.1), hat das größte textkritische Gewicht der MT, ihm folgt der Samaritanus, die Septuaginta usw. Einer durch den MT bezeugten Variante kann mit Argumenten der äußeren Kritik der Anspruch, die Urtext-Variante zu sein, nur streitig gemacht werden, wenn mehrere andere Bezeugungen (also etwa Samaritanus *und* Septuaginta) dagegen in die Waagschale geworfen werden können. Selbstverständlich sind textkritische Entscheidungen nicht rein schematisch zu treffen, sondern in Abwägung innerer und äußerer Argumente; dennoch fällt durch die Gewichtung der Varianten in der »äußeren Kritik« schon eine gewisse Vorentscheidung über die Frage nach dem mutmaßlichen Urtext.

Beispiel 10a: Lesarten von Gen 32,29b sowie ihre Klassifikation und Gewichtung

MT: כִּי־שָׂרִיתָ עִם־אֱלֹהִים וְעִם־אֲנָשִׁים וַתּוּכָל
»denn du hast mit Gott und Menschen gekämpft und überwunden«

Septuaginta: ὅτι ἐνίσχυσας μετὰ θεοῦ καὶ μετὰ ἀνθρώπων δυνατός.
»denn du warst stark bei Gott und bei Menschen überlegen«

Vulgata: quoniam si contra Deum fortis fuisti quanto magis contra homines praevalebis.
»denn wenn du gegen Gott stark gewesen bist, um wieviel mehr wirst du Menschen überwinden!«

Klassifikation und Gewichtung:
In allen drei Fällen handelt es sich um »echte«, texturkundlich bezeugte Varianten. Nach der »Rangliste« der Textzeugen ist die Gewichtung (und damit auch schon die Entscheidung in diesem Fall) klar: Die Textgestalt des MT repräsentiert den mutmaßlichen Urtext. Das erste Ziel der Textkritik (1.2) ist damit erreicht. Die textgeschichtlich späteren Lesarten der LXX und der Vulgata sind nach 2.1.3 als interessante theologische Interpretationen des »Urtextes« zu klassifizieren (dazu siehe gleich Beispiel 10b im Rahmen der »inneren Kritik«).

2.2.3 Innere Kritik

Bei der inneren Kritik geht es darum, die überlieferten Varianten sachlich zu erschließen, zu vergleichen und zu erklären (dies setzt eine sprachliche Erschließung, vgl. 2.1.1, voraus). Bei Varianten, die durch die alten Übersetzungen (vor allem die LXX) bezeugt sind, sollte nach der hebräischen

§ 3 Textkritik

Vorlage der Übersetzung gefragt werden (Rückübersetzung ins Hebräische!).

Sachlich geht es darum, das Verhältnis der Varianten eines Textes zueinander zu erklären. Zu prüfen ist, ob eine Variante als Schreib- oder Lesefehler einer anderen (2.1.1), als »verderbter« Text (2.1.2) oder als Interpretation einer vorgegebenen Textgestalt (2.1.3) erklärbar ist. Dabei spielen beide Fragestellungen eine Rolle: die nach dem Urtext und die nach der Entstehung der davon abhängig zu denkenden »sekundären« Varianten. Auch zusätzliche historische oder theologiegeschichtliche Gesichtspunkte können von Bedeutung sein.

Beispiel 10b: »Innere Kritik« von Gen 32,29b

LXX und Vulgata interpretieren den hebräischen Text. Sie stellen klar, daß Jakob Gott nicht überwunden hat! Der MT spricht – ohne weitere Abstufung – davon, daß Jakob Gott und Menschen überwunden hat. Er läßt dabei noch offen, ob der geheimnisvolle »Mann«, der Jakob angegriffen hatte, ein Gott oder ein Mensch war. Septuaginta und Vulgata nehmen Abstufungen vor: Jakob hat sich jetzt als starker Streiter gegen Gott erwiesen und er wird sich weiterhin – als Einzelperson wie als Gruppe (vgl. Gen 34!) – als noch stärkerer Streiter gegen andere Menschen erweisen. In der Vulgata wird auch der Einfluß spätantiker jüdischer Schriftauslegung spürbar. Im »großen Midrasch zur Genesis« (Midr. BerR 77,3) wird unsere Stelle so kommentiert: »Wenn die Völker der Erde kommen, um die Israeliten anzufeinden, dann ruft Gott ihnen zu: Euer (Esaus = Roms) Schutzengel konnte Israel nicht beikommen, um wieviel weniger werdet ihr es können.« Im Midrasch wird der Gegner Jakobs aus Gen 32,23 ff. als Schutzpatron einer Israel gegenüber feindlichen Macht – der Römer – interpretiert. Er habe Jakob-Israel nicht überwinden können und so werden es künftige Völker auch nicht vermögen.[4]

2.2.4 *Entscheidung für die mutmaßlich älteste Textgestalt (»Urtext«)*

Es werden alle Beobachtungen und Gesichtspunkte noch einmal gegeneinander abgewogen. In erster Linie maßgebend sind textgeschichtliche Argumente der »äußeren Kritik« (2.2.2): Meist ist die vom MT gebotene hebräische Textgestalt die älteste.

Varianten der LXX, des Samaritanus und der Vulgata kommen für den »Urtext« vor allem dann in Betracht, wenn aus ihren Lesarten ein hebräischer Vorlagentext zu erschließen ist, der nicht als Aufnahme oder Weiterführung aus dem MT zu erklären ist. Bei textgeschichtlich gleichwertiger Be-

---

4. Vgl. dazu H. UTZSCHNEIDER, Das hermeneutische Problem der Uneindeutigkeit biblischer Texte – dargestellt an Text und Rezeption der Erzählung von Jakob am Jabbok (Gen 32,23-33), EvTh 48 (1988), 182-198.

zeugung oder in Zweifelsfällen der »äußeren Kritik« können – zusätzlich zur »inneren Kritik« – die folgenden beiden *Faustregeln* hilfreich sein:

---

(1) »*Lectio difficilior probabilior.*« D. h.: Die schwierigere Lesart ist die vermutlich ältere Lesart. Diese Faustregel beruht auf der Überlegung, daß im Laufe der Textgeschichte eher sachlich oder grammatikalisch schwierigere Lesarten vereinfacht worden sind als umgekehrt.

(2) »*Lectio brevior probabilior.*« D. h.: die kürzere Lesart ist die vermutlich ältere Lesart. Diese Faustregel beruht auf der Überlegung, daß im Laufe der Textgeschichte die Texte eher erklärend ergänzt, als daß sie – bei zunehmender Dignität – verkürzt wurden.

»Konjekturen«, also vermutungsweise Änderungen des überlieferten Konsonantenbestandes, die keinen Anhalt in der Texturkundenüberlieferung haben, sind ultimae rationes, die nur im äußersten Falle vorgenommen werden dürfen und selbst dann nur vertretbar sind, wenn der Verdacht auf technisch bedingte Textverderbnis naheliegt.

Beispiel 10c: Textkritische Entscheidung von Gen 32,29b

In unserem *Beispiel 10b* (Gen 32,29b) liegen die Verhältnisse – wie gesagt – klar. Von der texturkundlichen Bezeugung her ist die Lesart des MT zweifellos der »Urtext«. Für das Verhältnis von masoretischer Überlieferung und Vulgata kann man auch auf die Regel der »lectio brevior« verweisen, nach der wiederum der MT als ältere Textgestalt anzusehen wäre. Septuaginta und Vulgata sind interessante interpretatorische Rezeptionen des MT, in denen dieser auf das Verhältnis des Volkes Israel zu der sie umgebenden feindlichen Völkerwelt hin aktualisiert wird.

---

3. Anwendung

3.1 Begrifflichkeit

Geschichte des Textes	Die Rekonstruktion der Wachstumsgeschichte eines Textes von seiner ältesten (mündlichen oder schriftlichen Gestalt) bis in die vorliegende »Endgestalt«; vgl. §7.
»*Endtext*«/»*Urtext*«	Jene Textgestalt, die am Ende der Wachstumsphase erreicht ist; in der Regel identisch mit dem »Urtext«.

§ 3 Textkritik

Textgeschichte	Die Rekonstruktion der Geschichte der Weitergabe eines Textes nach Abschluß der Wachstumsphase (= Texttransmission).
Texturkunden	Noch materiell existierende Textausgaben (Handschriften, Drucke) eines Textes mit einer bestimmten Textgestalt.
Texttraditionen	Die aus Texturkunden rekonstruierte Gestalt eines Textes.
Varianten	Voneinander abweichende Text*gestalten* eines Textes.
Lesarten	= Varianten.
»Äußere Kritik«	Bestimmung und Gewichtung der Varianten nach dem »Wert« (dem »Gewicht«) der Texturkunde oder Texttradition.
»Innere Kritik«	Gewichtung der Varianten nach textinternen Kriterien.

3.2. Arbeitsschritte

Apparat der BH	(1a)	Sichten, Entschlüsseln und Übersetzen der Angaben des Apparates
antike Übersetzungen und Qumran	(1b)	Sichten und Übersetzen der Varianten in den Übersetzungen (in der Praxis oft nur exemplarisch möglich, wo aber Sprachkenntnisse und Texte vorhanden, ist es empfehlenswert und lohnend).

Wenn (1) keine Ergebnisse erbringt, dann ist die Fragestellung hier an ihr Ziel gekommen: Wo keine Varianten sind, braucht es auch – in der Regel – keine Textkritik. Wenn aber Ergebnisse erzielt werden, dann folgen die weiteren Schritte:

Varianten Literatur	(2)	Gewichtung der Varianten nach ihrer Bezeugungen *»Äußere Kritik«*
Varianten Literatur	(3)	Erklärung und Gewichtung der Varianten nach textgeschichtlichen Kriterien *»Innere Kritik«*
Varianten	(4)	Entscheidung für den mutmaßlichen »Urtext«

3.3 Arbeitsfragen

Vorbemerkung: Häufig finden sich dort Varianten, wo auch Sie beim Übersetzen Schwierigkeiten hatten!

Zu (1a): Textkritischer Apparat

- Für welche Verse, Versteile oder Worte sind im textkritischen Apparat der Biblia Hebraica, mit der Sie arbeiten, Varianten angegeben?

- Wie lautet die exakte Übersetzung der Variante?
- Wenn es sich um eine Übersetzung handelt, läßt sie sich ins Hebräische zurückübersetzen; hier helfen oft die Kommentare, besonders die Reihen »Biblischer Kommentar« (BK) und »Kommentar zum Alten Testament« (KAT)?
- Werden diese Varianten durch Texturkunden bezeugt?
- Handelt es sich um Vorschläge des Herausgebers der Hebraica (den Namen finden Sie im Vorwort der Hebraica)?

Zu (1b): Antike hebräische Handschriften (v. a. Qumran) und antike Übersetzungen

- Für welche Verse, Versteile oder Worte finden sich in den antiken Handschriften Varianten zum Text der von Ihnen verwendeten Hebraica?
  - Wie lautet die exakte Übersetzung der Variante?
  - Wenn es sich um eine Übersetzung handelt, läßt sie sich ins Hebräische zurückübersetzen (hier helfen oft die Kommentare)?
  - Welche Texturkunden bezeugen diese Variante?

Wenn Sie Varianten gefunden haben, dann folgen jetzt die weiteren Schritte:

Zu (2): Äußere Kritik

Vorbemerkung: Im Unterschied zur Textkritik bei neutestamentlichen Texten bietet der Apparat der Hebraica nur die Abweichungen vom Text des Kodex Petropolitanus. D. h. alle antiken mittelalterlichen Texturkunden, die nicht erwähnt sind, lesen wie der Kodex Petropolitanus!

- Lassen sich mit Hilfe der oben 2.2.2 aufgeführten Liste die Bezeugungen der einzelnen Varianten deutlich gewichten?
  - Haben Sie dabei berücksichtigt, daß manche Texturkunden für bestimmte biblische Bücher eher einen Einblick in die Wachstums-Geschichte (§ 7) des Textes bieten (z. B. LXX für I und II Sam und Jer)?
  - Ist mit Hilfe der Gewichtung der Zeugen bereits eine Entscheidung möglich? (wenn ja, dann dient der 4. Arbeitsschritt der Überprüfung und Bestätigung Ihrer Entscheidung)?

Zu (3): Innere Kritik

Vorbemerkung: Bevor Sie die beiden »Faustregeln« der Textkritik anwenden, müssen Sie prüfen, ob eine kompliziertere oder kürzere Lesart durch unabsichtliche Fehler entstanden sein könnte.

§ 3 Textkritik

- Läßt sich ein Lese- oder Schreibfehler feststellen?
  - Liegt vermutlich eine Verwechslung ähnlich aussehender Buchstaben vor?
  - Liegt eine Haplographie vor?
    - Ist versehentlich ein Buchstabe, der zweimal hintereinander steht, ausgefallen?
    - Ist versehentlich ein Wort, das zweimal nacheinander im Text steht, ausgefallen?
  - Liegt eine Dittographie vor?
    - Wurde versehentlich ein Buchstabe doppelt geschrieben?
    - Wurde versehentlich ein Wort doppelt geschrieben?
  - Liegt ein Homoioteleuton oder Homoioarkton vor?
    - Sprang ein Abschreiber versehentlich von einem Wort zu einem weiter unten im Text stehenden und übersprang er dadurch einen Teil des Textes?
- Könnte eine »Textverderbnis« vorliegen?
- Handelt es sich um eine Interpretation des Textes, die im historischen oder theologischen Kontext der Entstehung der Variante zu erklären ist?
- Ist eine der zur Auswahl stehenden Varianten eine sinnvolle, aber kompliziertere Lesart *(lectio difficilior)*?
- Ist eine der zur Auswahl stehenden Varianten eine sinnvolle, aber kürzere Lesart, die nicht durch Haplographie oder Homoioteleuton oder Homoioarkton entstanden ist?

Jetzt können Sie eine begründete und nachvollziehbare Entscheidung treffen (4.).

§ 4 Die Textanalyse

Grundlegende Literatur: siehe § 1 – 4.2
Weitere Literatur:
R. BARTELMUS, HYH. Bedeutung und Funktion eines Hebräischen ›Allerweltswortes‹ – zugleich ein Beitrag zur Frage des Hebräischen Tempussystems, ATS 17, St. Ottilien 1982
K. BÜHLER, Sprachtheorie. Die Darstellungsfunktion der Sprache (1934), Frankfurt a. M. 1978
W. BÜHLMANN/K. SCHERER, Stilfiguren der Bibel, BiBe 10, Fribourg 1973
U. ECO, Die Grenzen der Interpretation, München 1992
H. IRSIGLER, Einführung in das Biblische Hebräisch, Bd. I, ATS 9, St. Ottilien 1981, 159-161
Exemplarische Durchführungen:
S. A. NITSCHE, David gegen Goliath. Die Geschichte der Geschichten einer Geschichte – Zur fächerübergreifenden Rezeption einer biblischen Story, Altes Testament und Moderne 4, Münster 1998
H. UTZSCHNEIDER, Das Heiligtum und das Gesetz. Studien zur Bedeutung der sinaitischen Heiligtumstexte, OBO 77, Freiburg(Schweiz)/Göttingen 1988, 15-17; 134-184; 185-235
DERS., Künder oder Schreiber? Eine These zum Problem der Schriftprophetie auf Grund von Maleachi 1,6-2,9, BEAT 19, Frankfurt a. M. 1989

1. Zur Theorie der Textanalyse

1.1 Worum es geht (Gegenstand und Ziele auf einen Blick)

Der Gegenstand der Textanalyse ist ein provisorisch abgegrenzter, beliebig umfangreicher, vokalisierter Einzeltext der Hebräischen Bibel in seiner vorliegenden Gestalt. Die masoretischen Akzente oder Textzeichen (wie etwa »Setuma« und »Petucha« – vgl. § 3 – 1.1.2), die mittelalterliche Vers- und Kapiteleinteilung sowie das vom Herausgeber der BH gewählte Druckbild können für die Abgrenzung berücksichtigt werden, sind aber nicht Gegenstände der Analyse.
Die Textanalyse kann *jeden* Text der Hebräischen Bibel zum Gegenstand haben, gleichviel ob es sich um einen erzählenden Text aus der Tora oder den »Propheten«, einen Psalm oder einen anderen »poetischen« Text aus

den Sprüchen oder den »Propheten« oder auch einen Rechtstext handelt.[1]
Die Textanalyse ist also so etwas wie ein Universalschlüssel der Exegese, der
zunächst bei allen Textsorten der Hebräischen Bibel »sperrt« und dadurch
den Zugang zu weiteren Türen eröffnet, die dann freilich auch weiterer,
speziellerer Schlüssel bedürfen. Diese »Spezialschlüssel« sind dann etwa
auf die jeweilige »Textsorte«, das »Genre« oder die »Gattung« abgestimmt
(vgl. dazu §§5 und 5a) oder eröffnen Zugänge zur (»diachronen«) Entstehungsgeschichte des jeweiligen Textes (vgl. dazu §7).
Das Ziel der Analyse ist es, den gewählten Textausschnitt so wie er ist, »synchron« (vgl. §1 – 2.) wahrzunehmen und zu beschreiben. Die Bedeutung
dieser Beschreibung für die Praxis der Exegese liegt vor allem in folgendem:

- Die Textanalyse erschließt die »Gliederung« des Textes nach dessen eigenen Si-
  gnalen auf einer breiten und methodisch gesicherten Beobachtungsbasis. Sie
  bringt damit – soweit dies irgend möglich ist – den Text selbst zur Sprache.
- Die Textanalyse erschließt den »Stil« des Textes, d. h. die Art und Weise, in der er
  von den Ausdrucksmitteln der hebräischen Sprache Gebrauch macht und eröffnet damit den Zugang zum Text als Sprachkunstwerk.
- Die Textanalyse erschließt auch sprachliche oder gedankliche »Brüche« im Text
  und bereitet damit die »Literarkritik« vor (vgl. dazu besonders unten die Gesichtspunkte »Kohäsion/Inkohäsion; Kohärenz/Inkohärenz«; vgl. 1.2.4).

Die Wahrnehmung und Beschreibung von Texten ist zunächst ein ganz
gewöhnlicher, alltäglicher Vorgang. Wer aus einer Vorlesung, einer Predigt
oder einem Gespräch kommt und auf die Fragen »Was hat er bzw. sie gesagt?«, oder einfach: »Wie war's?« antwortet, beschreibt seine Textwahrnehmung – etwa so: »Er hat wieder so genuschelt.«, oder: »Lange komplizierte
Sätze und viele Fremdwörter!«, oder: »Sie hat über den Frieden gepredigt!«,
oder: »Langweilig«. Ganz ähnlich können beschreibende Auskünfte über
gedruckte Texte ausfallen.
In der Textanalyse findet – übertragen auf die hebräisch-alttestamentlichen
Texte – grundsätzlich nichts anderes statt, allerdings in einer theoretisch-
wissenschaftlich begründeten und methodisch nachvollziehbaren Weise.
Dazu werden wir unser menschliches Sensorium, Texte wahrzunehmen,
etwas systematisieren: Wir nehmen einen Text zunächst als eine Folge laut-
licher bzw. graphischer Zeichen wahr (z. B. »genuschelt«, »komplizierte
Sätze«), wir interessieren uns für seine Inhalte und Themen (z. B. »Frieden«), und schließlich sind wir oder fühlen wir uns durch Texte unterschiedlich betroffen (z. B. »gelangweilt« oder »herausgefordert«). Entspre-

---

1. Grundsätzlich könnte auch ein – gleichviel ob antik oder modern – übersetzter Bibeltext, ja sogar irgendein anderer geschriebener oder sonstwie aufgezeichneter Text Gegenstand der Textanalyse sein. Freilich müßte sie in diesem Fall an die jeweilige Sprache angepaßt werden, in der der Text abgefaßt ist.

chend diesen Ebenen der Textwahrnehmung haben wir die Textanalyse in drei Ebenen aufgeteilt, auf denen der gewählte Textausschnitt der BH jeweils betrachtet und beschrieben werden kann:

(1) *Die Ebene der Zeichen (oder auch der Form oder des Ausdrucks)*, auf der beschrieben wird, in welche sprachliche Formen die Inhalte gefaßt sind. Die Art und Weise, in der der Text seine Zeichen arrangiert, nennen wir die *»Oberflächenstruktur«*. Den Grad der Stimmigkeit und Konsistenz, die der Text dabei erzielt, bezeichnen wir mit *»Kohäsion«* bzw. *»Inkohäsion«*.

(2) *Die Ebene der Inhalte (oder auch der Thematik)*, auf der beschrieben wird, wovon im Text die Rede ist. Die Art und Weise, in der der Text seine Inhalte entfaltet und darbietet, nennen wir die *»Tiefenstruktur«*. Den Grad der Stimmigkeit und Konsistenz, die der Text dabei erzielt, bezeichnen wir mit *»Kohärenz«*, bzw. *»Inkohärenz«*.

(3) *Die Ebene der Wirkung (oder auch der Pragmatik oder Handlungsgehalte)*. Auf dieser Ebene wird beschrieben, welche Einstellungen und Absichten im Text zum Ausdruck kommen oder hervorgerufen werden, und zwar in bezug auf den Inhalt, den Sprecher und den Hörer.

Die drei Betrachtungsebenen sind durch die Textwissenschaft eingeführt und an die Texte herangetragen als ein Ordnungssystem, das gleichsam wie ein Gerüst an einem Bau genaueres und methodisch nachvollziehbares Arbeiten ermöglicht. Im Endergebnis der Textanalyse kann und soll dieses Gerüst wieder abgebaut und die Ergebnisse der Betrachtung zu einem Gesamteindruck integriert werden. Letztlich geht es immer um den ganzen Text, auch wenn die Beschreibung »analytisch« (zergliedernd) vorgeht.

Im folgenden (§ 4 – 1.2) werden wir das Gesagte theoretisch noch vertiefen und exemplifizieren. In § 4 – 2. werden wir die wichtigsten Erscheinungen, denen man in der Betrachtung der Texte der BH begegnet – geordnet nach den Beschreibungsebenen – vorstellen. Und schließlich werden wir in § 4 – 3. Hinweise zur Anwendung in der konkreten textanalytischen Arbeit geben.

1.2 Was ist ein Text? (Gesichtspunkte zur Theorie)

1.2.1 *Kommunikation, Sprache und Text*

Am Beginn jeden Nachdenkens über Texte steht die Einsicht, daß sie der Kommunikation dienen: Texte gehen aus Ereignissen von Kommunikation hervor, in denen sich Menschen in bestimmten Situationen und Kontexten ihrer »natürlichen« Sprache bedienen, mithin sprechen und hören, schrei-

§4 Die Textanalyse

ben und lesen. Meist wird die kommunikative Funktion von Texten mitsamt ihrem Bedingungsfeld in einer Graphik des folgenden Typus dargestellt:

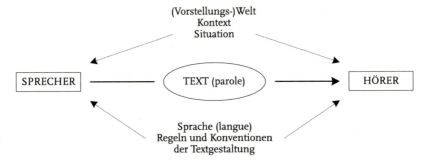

Die Graphik zeigt zunächst den grundlegenden Unterschied zwischen Sprache und Text.
Der Text ist die hör- oder lesbare Manifestation des »Sprechens«, das Gesprochene (»parole«). Ein Text ist grundsätzlich immer Teil eines oder mehrerer je einzigartiger Kommunikationsereignisse. »Sprechen« kann mündliche und schriftliche Gestalt haben. Allerdings ist das mündliche Sprechen primär, die schriftliche Gestalt sekundär und – zumindest grundsätzlich – vom mündlichen Sprechen abgeleitet.
Die Sprache (»langue«) dagegen ist der Inbegriff der Regeln und Konventionen, nach denen gesprochen wird. Sprache legt Sprechen in seinen Möglichkeiten und Strukturen durch Grammatik und Lexikon regelhaft fest; darüber hinaus sind die Möglichkeiten der Textbildung und der Textrezeption durch weitere Konventionen des Sprechens vorgegeben. In den Sprechereignissen wird von diesen Regeln und Konventionen jeweils selektiv Gebrauch gemacht. Die Textanalyse ist primär am Text, am »Gesprochenen« oder »Geschriebenen«, interessiert, an der Sprache nur insoweit, als sie die Regeln enthält, nach denen gesprochen wird. Textanalyse ist also keine »sprachliche Analyse«, etwa in dem Sinne, daß sie Texte auf sprachliche Regeln hin untersucht oder fragt, ob Texte sprachlich »korrekt« sind oder nicht.

1.2.2 Der Primat der Thematik

Eine kommunikationsorientierte Texttheorie geht sinnvollerweise davon aus, daß ein Sprecher einem Hörer *etwas* sagen, ein Hörer von einem Sprecher *etwas* hören will und räumt damit der Thematik bzw. der Tiefenstruktur des Textes einen gewissen Primat ein. Die anderen Aspekte des Textgeschehens, d.h. vor allem die formale Zeichengestalt des Sprechens und sein Handlungsgehalt, verdanken sich letztlich jener Absicht (Intention) der Sprechenden/Schreibenden, den Hörenden/Lesenden etwas mitteilen zu wollen. Von den Sprechern aus gesehen kann man den »obersten« Vorstellungsgehalt das »Textthema« nennen; für die Hörenden ist dieses Textthema »das, wovon die Rede ist«. Der Textwissenschaftler T. v. DIJK nennt es die »Makrostruktur« des Textes. Durch dieses Thema löst der Sprechende auch Wirkungen beim Hörenden aus, in dem er z. B. eine bestimmte Einstellung zu dem von ihm Gesagten kundtut (»Sprechereinstellung«) oder eine bestimmte Handlung oder Haltung auslöst (»Sprecherhandlung«).

Der thematische und pragmatische Gehalt des Textes wird im Textgeschehen in lautliche oder graphische Zeichengestalt, eben als Textoberfläche »zum Ausdruck« gebracht. Die Lesenden und Hörenden nehmen dann zuerst die Oberfläche des Textes, seine Zeichengestalt, wahr und entschlüsseln sie sukzessive. D. h., sie dringen von der Oberflächenstruktur in die Tiefenstruktur der Aussagegehalte vor bis zu dem, »wovon die Rede ist«. Man kann sich den Zusammenhang an folgender Graphik verdeutlichen:

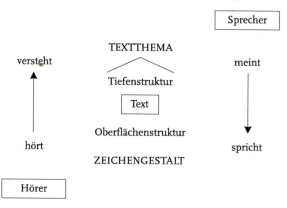

1.2.3 Sprecher- und Textintention oder: Der Text als »literarisch-ästhetisches Subjekt«

Das kommunikationsorientierte Textmodell »funktioniert« so recht und einigermaßen problemlos allerdings nur in der Alltagskommunikation. Bei Texten wie denen der Hebräischen Bibel ist es mit Komplikationen behaftet, die dazu zwingen, das kommunikative Grundmodell zu modifizieren.

In der alltäglichen Kommunikation von Mensch zu Mensch sind die Kommunikationsteilnehmer einander bekannt und gleichzeitig anwesend. Der Hörer sieht und hört den sprechenden Partner. Der Hörer/Leser geht in der

Regel davon aus, daß das Thema des Textes in der Aussageabsicht des Sprechers liegt. In Zweifelsfällen gestattet die Gleichzeitigkeit von Hörer und Leser eine klärende Nachfrage. Für biblische wie für viele andere »literarische« Texte ist eben diese Gleichzeitigkeit von Sprecher und Hörer nicht unmittelbar gegeben, ja oft nicht einmal intendiert.

Die Autoren-Angaben der alttestamentlichen Bücher oder Texte (etwa 1. Buch »Mose« oder »Jesaja« oder »ein Psalm Davids«) sind für den gesamten so bezeichneten Text oder doch dessen größtem Teil fiktiv. Zwar kann man versuchen, die »realen Autoren« und deren »reale Leser« hypothetisch zu rekonstruieren. Eben dies geschieht in der Literarkritik und -geschichte (vgl. §7). Nimmt man jedoch – und dies gehört ja zur Zielbeschreibung der Textanalyse – den hebräischen Text in seiner vorliegenden Gestalt, so kann man über dessen Sprecher/Autor und seine Intentionen kaum etwas sagen. Dies ist weniger »prekär«, als es auf den ersten Blick scheinen mag.

Biblische Texte und manche anderen bedeutenden Texte der Alten Welt (man denke etwa an das Gilgamesch-Epos, aber auch das Nibelungenlied) werden seit langem ohne Kenntnis ihrer »realen« Autoren gelesen. Auch für moderne literarische Texte gilt, daß die Kenntnis ihres realen Autors und dessen Intention für das Verständnis des Werkes nicht unbedingt erforderlich ist. Ja, man weiß, daß das literarische Werk in aller Regel »größer« ist als seine Verfasser. Das bedeutet, daß die Texte der Hebräischen Bibel auch für sich selbst sprechen können und müssen. Ihre Texthaftigkeit ist nicht notwendig und unbedingt an ihre realen Autoren oder Autorinnen und deren Intentionen gebunden.

Aus diesem Grund fassen wir die Texte hier als »literarisch-ästhetische Subjekte« auf. Subjekthaft ist der Text, weil er ein selbständiges Gegenüber ist, das die Hörenden oder Lesenden in deren Wahrnehmung (darauf hebt der Begriff »ästhetisch« ab) unmittelbar – auch ohne Sprecher oder Autor – betrifft und anspricht. An die Stelle der für den biblischen End-Text oft schwer oder gar nicht erhebbaren Autorenintention tritt die »Werkintention«, die »intentio operis« (Umberto Eco – vgl. oben §1 – 2.). Sie ist ein Inbegriff dessen, was die Textanalyse erheben kann.

Allerdings ist die »intentio operis« ebensowenig wie die Autorenintention mit der Bedeutung eines Textes gleichzusetzen. Bedeutungen von Texten kommen immer durch die »Mitarbeit« der Hörer bzw. Leser der Texte zustande. Erst wenn der Text bei seinem Leser je und je »angekommen« ist, wissen wir, was er jeweils in dieser konkreten Situation bedeutet. Da die Textanalyse dies nicht mehr verfolgt, kann sie in der Benennung des Textthemas nicht die Bedeutung des Textes beschreiben, sondern nur dessen Bedeutungspotentialien, d. h. eine ganze Bandbreite von Bedeutungsmöglichkeiten.

64 §4 Die Textanalyse

1.2.4 Kohärenz und Kohäsion als Kriterien der Texthaftigkeit

1.2.4.1 Textoberfläche und Kohäsion

Die Oberfläche umfaßt – wie gesagt – die hör- oder lesbaren Sprachzeichen in der im jeweiligen Text realisierten Konstellation. Die »Kohäsion« (das »Aneinanderkleben«) dieser Zeichen macht wesentlich die Struktur dieser Oberfläche aus.

Beispiel 1

Grundsätzlich ist diese Oberfläche durchaus auch ohne Einsicht in die Bedeutung der Zeichen als sprachliche Äußerung erkennbar und beschreibbar. Ein Beispiel für einen Text, der ausschließlich aus »Oberfläche« besteht und völlig ohne thematische Tiefenstruktur auskommt, ist das Gedicht »Das große Lalula« von C. MORGENSTERN. Es handelt sich hier um ein Kunstprodukt, an dem aber gut beobachtbar ist, was die Oberfläche eines Textes ist und wie ihre Kohäsion »funktioniert«:

Das große Lalula

(A,1) *Kroklokwafzi? Sememi!*
(2)   *Seiokronto – prafriplo:*
(3)   *Bifzi, bafzi; hulalemi:*
(4)   *quasti basti bo ...*
(5)   *lalu lalu lalu lalu la!*

(B,1) *Hontraruru miromente*
(2)   *zasku zes rü rü?*
(3)   *Entepente, leiolente*
(4)   *klekkwapufzi lü?*
(5)   *lalu lalu lalu lalu la!*

(C,1) *Simarar kos malzipempu*
(2)   *silzuzankunkrei!*
(3)   *Marjomar dos: Qempu Lempu*
(4)   *Siri Suri Sei!*
(5)   *Lalu lalu lalu lalu la!*

Man hat diesem Gesang bisher zuviel unterlegt. Er verbirgt einfach ein – Endspiel. Keiner der Schachspieler ist, wird ihn je anders verstanden haben. ...
(Christian Morgenstern, Gesammelte Werke, 226. Die Zeilennumerierung ist hinzugefügt)

Der Text des Gedichts ist nahezu inhaltslos, nur das Eigenschaftswort »groß« in der Überschrift bringt einen Hauch von Inhalt in den Text. Gleichwohl ist diese Oberfläche als sprachliche Äußerung erkennbar strukturiert und kohäsiv durch ihre Gliederung (Leerzeile und Refrain!) in drei fünfzeilige Strophen, die in sich nach der Reimstruktur 1-3/2-4 aufgebaut sind.

---

§4 Die Textanalyse

Die »Kohäsion« der Oberfläche wird dadurch erzielt, daß sich die Form des Textes – was in unserem Gedicht gewissermaßen entfällt – an die Regeln der Grammatik und/oder – wie es im »großen Lalula« durchaus der Fall ist – an bestimmte Konventionen der Textgestaltung hält. Diese Konventionen der Textgestaltung folgen bei der Hervorbringung der Textoberfläche vor allem drei Prinzipien:

(1) Dem *Prinzip der Rekurrenz* (Wiederholung): Eine oder mehrere sprachliche Zeichen eines Textes werden immer wieder laut- bzw. sichtbar. Der Hörer kann mit Hilfe der rekurrierenden Zeichen über die Strecke ihrer Wiederholung hinweg erkennen: Es ist immer noch vom gleichen die Rede. Rekurrenz kann sich in jeder Art von Lautwiederholungen manifestieren. Einen ganz einfachen Fall vom Kohäsion zeigt das folgende

Beispiel 2

Hans ist mein Bruder. *Hans* studiert Jura.

Rekurrenz kann aber auch sehr kunstvolle Formen annehmen wie Reime, Reimmuster oder auch die Refrains. Alle diese Kunstformen der Rekurrenz sind in Morgensterns »Lalula« versammelt.

(2) Dem *Prinzip der »Junktion«* (Gliederung): Bestimmte sprachliche Zeichen haben – auch von ihrer lexikalischen Bedeutung her – die Funktion, das Verhältnis von Textteilen zueinander zu signalisieren. Sie markieren Einschnitte im Textablauf, grenzen Textteile gegeneinander ab und verbinden sie zugleich. Elemente der Junktion haben also immer zugleich kohäsive und inkohäsive Funktionsanteile, so etwa die Teilüberschrift

Beispiel 3

Kapitel 2.

Sie signalisiert, daß der folgende Textabschnitt zugleich in sich abgeschlossen *und* Teil eines größeren Ganzen ist. Indikatoren von »absoluter« Inkohäsion sind vor allem sichere Textanfangs- bzw. Schlußsignale.

(3) Dem *Prinzip der »Phorik« oder der »Deixis«* (Verweis). Unter »phorischen« oder – gebräuchlicher – »deiktischen« Elementen verstehen wir sprachliche Zeichen, die für den Hörer einen Verweis auf anderes enthalten. Solche Verweise sind in mehrerlei Richtung und auf mehrerlei Ebenen denkbar:

(a) Textintern: Verweise auf bereits Gesagtes (»Anaphora« – Verweis nach »oben«) oder noch zu Sagendes (»Kataphora« – Verweis nach »unten«).

(b) Textextern: Verweise, die keinen »Anker« im Text haben, verweisen auf die Sprechsituation, also auf »textexterne« Größen. Vor allem solche Verweise werden »deiktisch« genannt.

> **Beispiel 4**
>
> Textinterner Verweis (anaphorisch):
> *Hans* ist mein Bruder. *Er* studiert Jura.
> Pronomina dienen, ebenso wie oft auch der bestimmte Artikel, dem textinternen, anaphorischen Verweis.
> Textexterner Verweis:
> *Der da* ist mein Bruder.
> Wenn von der Person im Text bisher nicht die Rede war, dann bezieht sich das Demonstrativpronomen »der da« auf eine textexterne Person, die beim Sprechen als gegenwärtig zu denken ist.

1.2.4.2 Texttiefenstruktur und Kohärenz

Die Tiefenstruktur eines Textes wird durch seine Thematik und deren Aufbau und Konstellation im jeweiligen Text bestimmt. Anders als die Textoberfläche kann die Tiefenstruktur nicht für sich bestehen; sie bedarf der »Zeichenoberfläche« zu ihrer Repräsentanz. Von »*Kohärenz*« im textanalytischen Sinne sprechen wir dann, wenn die einzelnen Gehalte des Textes untereinander kompatibel sind, d.h. eine, wenn auch komplexe innere Struktur oder Ordnung aufweisen. Auch die Bildung von Kohärenz läßt sich auf einige wenige Prinzipien zurückführen. Die wichtigsten dieser Prinzipien sind:

(1) Das *Prinzip der thematischen Entfaltung bzw. Reduzierbarkeit.* Der Sprecher bzw. der Text bietet sein Thema (das, wovon die Rede ist) nicht in einem »Satz«, einer Aussage dar, sondern entfaltet es in Einzelaussagen (»Propositionen«). Diese Einzelaussagen können und müssen auf Hörerseite zu übergeordneten »Makropropositionen«, Teilthemen, und gegebenenfalls auch zu einem Textthema reduziert werden, um dem Duktus und dem Gehalt des Textes auf die Spur zu kommen. Je klarer die Thematik des Textes auf *ein* Thema zurückführbar ist, desto höher ist der Grad der Kohärenz im fraglichen Text.

Die Reduktion geht von den Einzelaussagen (Propositionen) des Textes aus und reduziert sie sukzessive durch Auslassung, Generalisierung und Zusammenfassung (T. VAN DJIK) zu höheren thematischen Einheiten, wie »Makropropositionen« und »Teilthemen« bis zum »Textthema« – wenn es denn *ein* solches Thema gibt. Ein Beispiel für einen in Propositionen und Makropropositionen entfalteten biblischen Text (Ex 2,23-3,8) findet sich unten (Beispiel 44).

Der Vorgang der thematischen Reduktion ist nach folgender »Baum«-Graphik vorstellbar:

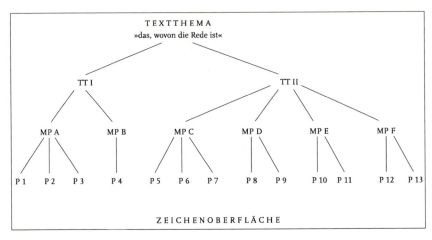

TT = Teilthema   MP = Makroproposition   P = Proposition

Die Bildung von Makropropositionen oder Teilthemen ist ein höchst verbreitetes, manchmal allzu selbstverständliches Mittel der Beschreibung von und der Orientierung über Texte. Wenn in deutschen Bibelausgaben oder auch biblischen Kommentaren die Teilüberschriften sorgfältig und themenbezogen formuliert sind, dann ergeben diese Teilüberschriften einen Begriff der thematischen Tiefenstruktur des jeweiligen Textes.

Beispiel 4a

So läßt sich das Inhaltsverzeichnis des Kommentars von R. Kessler zum Michabuch[2] als Darstellung der Tiefenstruktur des Michabuches auf der Ebene von Makropropositionen und Teilthemen verstehen:

Teil I: Micha 1-3 »Herabgefahren ist Unheil von JHWH«	Mi 1,2-16	Der Schlag gegen Samaria und Juda
	Mi 2,1-11	Die Schuld der Grundbesitzer
	Mi 2,12-13	Erste Hoffnung für Verbannte und Vertriebene
	Mi 3	Die Schuld der politischen und geistigen Führung
Teil II: Micha 4-5 »Der Rest Jakobs unter den Völkern«	Mi 4,1-5	Welt-weiter Friede
	Mi 4,6-7	Israel unter den Völkern – Rückkehr
	Mi 4,8-5,5	Jetzt-Zeit und Wende
	Mi 5,6-8	Israel unter den Völkern
	Mi 5,9-14	Friede durch Ausrottung der gottfeindlichen Mächte

2. R. Kessler, Micha, übersetzt und ausgelegt, HThK.AT, Freiburg 1999, 8f.

Teil III: Micha 6-7 »Was gut ist und was JHWH von dir fordert«	Mi 6,1-8	JHWHs Streit mit seinem Volk
	Mi 6,9-16	Erneute Bedrohung der Stadt
	Mi 7,1-7	Klage über das Zerwürfnis aller Beziehungen
	Mi 7,8-20	Sündenbekenntnis und Sündenvergebung

Auf die Formulierung eines Textthemas für das gesamte Michabuch hat R. Kessler bewußt verzichtet, da »die Schlußredaktion keine ›klare‹ und ›eindeutige‹ Struktur hergestellt« (38) habe. Textanalytisch gesprochen: Die Tiefenstruktur ist letztlich inkohärent. Hier deutet sich an, daß und in welchem Sinne die Textanalyse für die weiteren Schritte der Exegese von Bedeutung ist (vgl. §7: »Die Geschichte des Textes«).

(2) Das *Prinzip der thematischen Progression*: Einzelaussagen stehen zueinander in einer fortlaufenden Verbindung oder Verkettung. Diese thematische Progression kann sich von Proposition zu Proposition, aber auch von Makroproposition zu Makroproposition erstrecken (vgl. Beispiel 14b und die Graphik zu 1.). Dabei kann man davon ausgehen, daß jede thematische Einheit aus einem bekannten Element (»Thema«) und einem neu hinzukommenden Element (»Rhema«) besteht. Verkettung oder Progression entsteht dadurch, daß Rhemata zu Themen der jeweils folgenden Aussageeinheiten werden.

So entsteht z. B. eine

(a) »lineare thematische Progression«, deren Muster graphisch so darstellbar ist:

(b) »Progression mit durchlaufendem Thema« (zu einem Thema T_1 werden eine Reihe von Rhemata R_n angeführt):

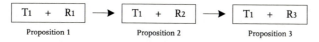

Beispiel 5: Das Märchen vom gestiefelten Kater in Teilthemen

Im folgenden Beispiel, einer Teilthemen-Reihe des Märchens vom gestiefelten Kater, sind die Einzelaussagen (Propositionen und Makropropositionen) des Märchens bereits reduziert. Überprüfen Sie diese Reduktion am Volltext des Märchens!

I. Ein armer Müllersohn läßt dem einzigen, was er von seinem Vater geerbt hat, einem Kater, Stiefel machen.
II. Der geschickte Kater versorgt einen geschmäcklerischen König mit den ersehnten, aber schwer zu jagenden Rebhühnern und gibt sie als Geschenk seines Herrn, vorgeblich eines Grafen, aus. Damit erwirbt er ihm Geld und Gunst beim König.

III. Der listige Kater bringt den König dazu, den armen Müllersohn mit seinen eigenen Kleidern einzukleiden, und führt diesen so als vornehmen Grafen beim König und seiner Tochter ein.

IV. Der listige, ja skrupellose Kater übertölpelt einen reichen Zauberer, indem er ihn unter Ausnutzung seiner Eitelkeit eliminiert. Er bringt dessen Land- und Schloßbesitz für seinen Herrn an sich.

Der Müllersohn wird ein reicher Schloßherr und empfängt den König und seine Tochter als Gäste.

V. »Da ward die Prinzessin mit dem Grafen versprochen, und als der König starb war er König, der gestiefelte Kater aber sein erster Minister.«

Die »Gliederung« des Märchens gibt dessen »thematische Reduktion« wieder: Die Einzelaussagen sind zu Teilaussagen (Teilthemen I-V) zusammengefaßt, in denen die wesentlichen Gehalte der Einzelaussagen »aufgehoben« sind:

Die »thematische Progression« erweist sich im Erzählfluß des Märchens: Die Teilthemen II-IV sind »Erzählphasen«, die nach dem Prinzip der Steigerung fortschreiten (es liegt also schon in diesem kurzen, leicht faßlichen Text nicht eine einfache, lineare Progression vor!): Der Kater wird von Phase zu Phase listiger und »frecher«, der arme Müllersohn kommt – fast ohne eigenes Zutun – näher und näher in die Sphäre von Reichtum und Macht. Die Teilthemen I und V sind antithetisch aufeinander bezogen: Aus dem hoffnungslos armen Müllersohn (I) ist ein reicher und mächtiger König geworden (V).

Der Übergang von einem Teilthema zum anderen ist übrigens auch am Oberflächentext des Märchens markiert. Der Textanteil, der das Teilthema II einleitet, ist durch eine »Verzeitungsformel« (vgl. Beispiel 42) und die Einführung des Königs als Akteur markiert: »*Dazumal* regierte *ein König* im Land, der aß die Rebhühner so gern.« Entsprechend heißt es zu Beginn des Textabschnittes, der zu Teilthema III überleitet: »*Einmal* stand der Kater in der Küche des Königs ... da kam der Kutscher und fluchte ...« Der *Kutscher* repräsentiert ein wichtiges Erzählelement der folgenden Erzählphase, die eine Kutschfahrt des Königs zum Hintergrund hat. Auch der Textanteil, der zum Teilthema IV gehört, ist hinreichend klar markiert und zwar durch einen im Plusquamperfekt gehaltenen Erzählrückgriff, sowie durch die Einführung neuer Sachverhalte, die für das folgende wichtig sind: »Der Kater aber war vorausgegangen und zu einer großen Wiese gekommen, wo über hundert Leute Heu machten.«

1.2.4.3 Der Zusammenhang von Kohäsion und Kohärenz

Im Idealfall eines einfachen, gewissermaßen »wohlgeformten« Textes stimmen Kohäsion der *Textoberfläche* und Kohärenz der *Texttiefenstruktur* zusammen (vgl. Beispiel 14b). Allerdings sind Texte, die völlig kohäsiv und kohärent oder völlig inkohäsiv oder inkohärent sind, höchst selten, sie existieren eigentlich nur als Zufalls- oder Kunstprodukte. Wir werden gleich sehen, daß auch Inkohärenz und Inkohäsion keineswegs nur als Indizien von Unachtsamkeit und Inkompetenz von Verfassern oder als »Unfälle«

§4 Die Textanalyse

der Überlieferung aufzufassen sind, sondern durchaus auch Kunstmittel sein können.
Durch Zufall oder technische, bzw. sprachliche Unachtsamkeit inkohärent-inkohäsive Texte sind in der Alltagskommunikation leicht erkennbar, wie das folgende Beispiel zeigt:

> Beispiel 6
>
> *Der Innenminister äußerte sich über gierten Länder auch wegen der im Versor- die Verweigerungshaltung der SPD-re gungsbericht aufgezeigten Belastungen der Etats durch die Beamtenpensionen verwundert.*
> (SZ 12.9.96, S. 1; bearbeitet)

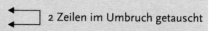
2 Zeilen im Umbruch getauscht

In antiken, auch alttestamentlichen, Texten sind Inkohäsionen oder Inkohärenzen, die auf »technischen« Übermittlungsfehlern beruhen, viel weniger leicht erkennbar. Allerdings gab es in der Übermittlung dieser Texte mancherlei Gelegenheiten für solche »Pannen«: Versehen der Abschreiber, Verderbnis der Texturkunden u.a.m. (vgl. dazu oben: Textkritik § 3 – 2.1 mit Beispielen).
In Kunstprodukten sind Inkohärenz bzw. Inkohäsion bisweilen gewollt und haben daher einen »pragmatischen« Sinn: Auch MORGENSTERNS »Großes Lalula« (Beispiel 11), ein scheinbar völlig »sinnloser«, inkohärenter (aber nicht inkohäsiver) Text, gehört in diesen Zusammenhang. Morgensterns Erläuterung zu seinem Gedicht (»Man hat diesem Gesang ...«) zeigt, daß der Dichter mit dem inhaltslosen Gedicht eine pragmatische Wirkabsicht verbunden hat. Er wollte damit wohl die auf Eindeutigkeit bedachte Interpretationssucht seiner Leser ironisieren und den Eigenwert des sprachlichen Kunstwerks betonen. Gewollt und im Sinne des Textgenres können Inkohärenz und Inkohäsion also »Kunstgriffe« sein, die beim Leser Aufmerksamkeit und Spannung hervorrufen:

> Beispiel 7
>
> *Wir vom Archiv nannten ihn Fonty; nein, viele, die ihm über den Weg liefen sagten: »Na, Fonty, wiedermal Post von Friedlaender? Und wie geht's dem Fräulein Tochter? Überall wird von Metes Hochzeit gemunkelt, nicht nur auf dem Prenzlberg. Ist da was dran, Fonty?«*
> *Selbst sein Tagundnachtschatten rief: »Aber nein, Fonty! Das war Jahre vor den revolutionären Umtrieben, als Sie ihren Tunnelbrüdern bei Funzellicht was Schottisches, ne Ballade geboten haben ...«*
> *Zugegeben: es klingt albern, wie Honni oder Gorbi, dennoch muß es bei Fonty bleiben. Sogar seinen Wunsch nach dem abschließenden Ypsilon müssen wir mit einem hugenottischen Stempel beglaubigen.*

Seinen Papieren nach hieß er Theo Wuttke ...
(G. GRASS, Ein weites Feld, Romananfang)

Die Inkohäsion des Textes besteht darin, daß anaphorische Pronomina eingesetzt werden, bevor die Akteure, auf die sie sich beziehen, näher bestimmt werden, so z. B.: »Wir« – »vom Archiv«, »ihn« – »Fonty« – »Theo Wuttke«. Manche Akteure werden inhaltlich nicht oder nicht hinreichend bestimmt, z. B.: »als Sie ihren Tunnelbrüdern ...«. Mit den »Tunnelbrüdern« sind die Mitglieder des konservativ-reaktionären literarischen Sonntagsvereins »Tunnel über der Spree« gemeint, deren Mitglied Theodor Fontane (Fonty) zeitweise gewesen ist. Die inhaltliche Unbestimmtheit einzelner Textelemente erzeugt zunächst Inkohärenz, ist aber als Aufforderung an den Leser zu verstehen, seine Kenntnis über die heimliche Hauptperson des Romans zu aktivieren oder – falls nötig – zu erwerben und sich so »aktiv« Zutritt in die Welt des Romans zu verschaffen.

In alttestamentlichen Texten ist Inkohäsion und Inkohärenz nicht selten – aber keineswegs immer – dadurch bedingt, daß an den Texten mehrere Autoren aus unterschiedlichen Zeiten und Kontexten mitgeschrieben haben. In dieser »Geschichte des Textes« treffen unterschiedliche Vorstellungswelten und Sprachstile aufeinander. Das Ergebnis sind komplexe Texte, die bei den Lesern den Eindruck von Inkohärenz und Inkohäsion hervorrufen.

Beispiel 8

»(10) *Weint nicht um einen, der tot ist und beklagt ihn nicht!*
Weint, ja weint um einen, der davongeht!
Denn er kehrt nie mehr wieder, und das Land seiner Geburt sieht er nicht mehr.
(11) Ja, so hat JHWH gesprochen von Schallum, dem Sohne Josias, dem König von Juda,
der anstelle seines Vaters König wurde: ›Er, der wegzog von diesem Ort, wird nicht mehr
dahin zurückkehren, (12) sondern an dem Orte, wohin sie ihn in Verbannung führten,
wird er sterben, und dieses Land wird er nicht mehr sehen.‹«
(Jer 22,10-12)

Die Inkohärenz in V. 10 liegt in der Unbestimmtheit der Akteure. Die Partizipien »einer, der tot ist« und »einer, der davongeht« und die darauf zu beziehenden verbalen Prä- und Suffixe sind unbestimmt. Sie haben keinen »befriedigenden« textinternen »Referenten« (Bezugspunkt): Wer ist »einer, der tot ist« – jeder, irgendein beliebiger oder ein bestimmter Toter?
Es kann sein, daß zeitgenössische Hörer in einer bestimmten Situation in der Lage waren, die Referenzpersonen textextern zu identifizieren, etwa dadurch, daß der Text in Gegenwart eines bestimmten Toten gesprochen wurde. Für spätere Leser ist dieser Bezug dann nicht mehr nachvollziehbar.
Hier tritt nun V. 11 ein und stellt die Bezüge her: Der, »der davongeht«, wird als »König Schallum« identifiziert; der, »der tot ist« als sein Vater Josia. Alles spricht dafür, daß V. 11 eine nachgetragene Erklärung für den – außerhalb des unmittelbaren zeitgenössischen Kontextes – unverständlichen Spruch Jer 22,10 ist. Die Inkohäsion ist hier Indiz für einen literargeschichtlichen Vorgang (vgl. §7).

Ein berühmtes Beispiel für eine Inkohäsion/Inkohärenz, die literarge-schichtlich erklärt werden, aber durchaus auch ein besonders »raffiniertes« literarisches Stilmittel mit theologischen Obertönen sein kann, ist die Dar-stellung des Ringkampfes Jakobs mit dem »Mann« in Gen 32,25 f.

> **Beispiel 9: Wer schlägt wen? (Gen 32,25 f.)**
>
> 25 וַיִּוָּתֵר יַעֲקֹב לְבַדּוֹ   *Da blieb Jakob allein*
> וַיֵּאָבֵק אִישׁ עִמּוֹ עַד עֲלוֹת הַשָּׁחַר: *und ein Mann rang mit ihm bis die*
>   *Morgenröte heraufzog.*
> 26 וַיַּרְא כִּי לֹא יָכֹל לוֹ   *Und als er sah, daß er ihn nicht überwand,*
> וַיִּגַּע בְּכַף־יְרֵכוֹ   *schlug er auf seine Hüfte.*
> וַתֵּקַע כַּף־יֶרֶךְ יַעֲקֹב   *Und es verrenkte sich die Hüfte Jakobs,*
> בְּהֵאָבְקוֹ עִמּוֹ:   *als er mit ihm rang.*
>
> Die Inkohäsion/Inkohärenz besteht darin, daß in V. 25 und in den ersten beiden Sätzen von V. 26 nicht klar ist, wer wen auf die Hüfte schlägt. Von der pronominalen »Phorik« her ist eher der Mann der Empfänger des Schlages und Jakob der Schla-gende (das Suffix an עִמּוֹ im zweiten Satz von V. 25 muß sich auf Jakob beziehen und ist zugleich die letzte Referenzstelle für die Subjekte der Verben in V. 26). Erst im dritten Satz von V. 26 wird unmißverständlich klargestellt, daß sich Jakobs Hüfte verrenkte, mithin der Mann den Schlag geführt hatte.
> In der literarhistorischen Auslegung wurden unterschiedliche Lösungen für die Er-klärung dieser Inkohärenz/Inkohäsion erwogen. Die klassische »Urkundenhypothe-se« (vgl. dazu schon oben § 1 – 2.) nahm an, daß V. 25b und V. 26 unterschiedlichen Quellen angehört haben. Mithin kam die Unklarheit durch die spätere Zusam-menfügung der beiden Quellen zustande. Die »überlieferungsgeschichtliche« Ex-egese (vgl. dazu unten § 7 – 2.2) ging von einer mündlichen Vorform der Geschichte aus, in der ein menschlicher Held (noch nicht Jakob) einen übermenschlichen Geg-ner überwand. Als im weiteren Verlauf der Geschichte des Textes der menschliche Held mit Jakob und der übermenschliche Gegner mit Gott identifiziert wurde, konn-te Jakob nicht mehr der Schlagende sein.
> Indessen kann man aber durchaus auch annehmen, daß die Unklarheit literarisch gewollt ist und gewissermaßen die unklare Kampfsituation darstellt, bis sich dann nach dem Kampf herausstellt, wer die Verletzung davongetragen hat.

1.2.5 *How to do Things with Words oder: Die Textpragmatik*

Texte haben nicht nur eine inhaltlich-*darstellende* Funktion, sondern *geben* auch Einstellungen und Haltungen des Sprechers zum und im Gesagten *kund* und *lösen* beim Hörer Reaktionen *aus* (K. Bühler, Sprachtheorie, auch: Ausdruck, Appell, Darstellung), kurz gesagt: Texte sind auf Wirkung im Bereich der Emotionen und des Handelns bedacht. Um diese Dimen-sion des Sprechens und damit der Texte geht es in der Textpragmatik.

§4 Die Textanalyse

Zur Vertiefung
Die Einsicht in diese Dimension des Sprechens ist nicht neu; bereits die antiken Rhetoriker wußten um die »seelenwendende« Kraft des Sprechens (Cicero), amerikanische Alttestamentler (J. MUILENBURG) und Alttestamentlerinnen (P. TRIBLE) haben einen Zweig der Auslegungswissenschaft entwickelt, den »rhetorical criticism«, der die Dimension der »Kundgabe« in alttestamentlichen Texten besonders zur Geltung bringen soll. Die systematische, textwissenschaftliche Pragmatik ist den Anstößen der »Sprechakttheorie« (J. L. AUSTIN, J. R. SEARLE) zu verdanken, deren Programmschrift den vielsagenden Titel trägt »How to do things with words« (AUSTIN 1962). Jeder, der spricht, sagt nicht nur etwas, sondern sagt etwas über sich und bewirkt etwas beim Hörer, indem er etwas sagt.

Versucht man diese »handlungshaltige« Dimension der Sprache zu klassifizieren, kann man grob zu einer doppelten Unterscheidung kommen:
(1) *Illokutionen*: Sprechakte, in denen sich der Sprecher selbst ausdrückt, etwa indem er etwas verspricht oder verweigert, ein Gefühl oder einen Wunsch ausdrückt, lobt oder tadelt.
(2) *Perlokutionen*: Sprechakte, in denen der Sprecher auf den Hörer einwirken, eine Reaktion hervorrufen will, etwa indem er etwas fragt (und eine Antwort erwartet), um etwas bittet (und die Erfüllung erhofft), grüßt (und die Beachtung und Erwiderung des Grußes erwartet).
Illokution und Perlokution sind in sprachliche Oberflächen eingebunden und fast immer mit Inhalten verbunden; nur bestimmte kurze Partikel wie *Au!*, *Oh!* oder *Wehe!* sind »inhaltslos«. Schon wer seine Mißbilligung mit dem Schimpfwort »*Mist!*« zum Ausdruck bringt, verbindet die Illokution mit einem Gehalt (er ruft beim Hörer eine Assoziation mit einer bestimmten »unangenehm riechenden« Substanz hervor).
Gewiß gibt es sprachliche Oberflächenmuster, die Illokution und Perlokution unmittelbar enthalten, so der Frage- oder der Aufforderungssatz, wie überhaupt die direkte Ich-Rede oder direkte Du-Anrede in nichterzählenden Kontexten. Illokutionen oder Perlokutionen, die Fragen oder Aufforderungen enthalten, sind jedoch keineswegs an diese Oberflächen gebunden. Wer morgens zu einem noch schläfrigen Kind sagt: »*Die Schule fängt bald an*«, dem kommt es weniger auf den propositionalen Gehalt dieses – der Form und dem Gehalt nach völlig »distanzierten« – Aussagesatzes an, als vielmehr auf die Perlokution: »*Ich will, daß du jetzt bitte ganz schnell aufstehst!*« Also gilt es, die Intention, die Absicht, mit der der Satz gesprochen wird, zu rekonstruieren. Das kann, wenn man keinen Tonbandmitschnitt hat, nur aus dem Kontext oder aus Satzzeichen (!, ?, ...) erschlossen werden.

Beispiel 10

*Zur Verdeutlichung der pragmatischen Dimension des Sprechens wählen wir ein Beispiel,
in dem Illokution und Perlokution sehr deutlich und zugleich sehr differenziert sind in der
Wahl der sprachlichen Mittel:*

*SCHREIBTISCH AM FENSTER,
UND ES SCHNEIT*

*Vögel sichern länger als sie
futter aufnehmen*

*Und wieder verharre ich
reglos*

*Euren Tadel daß ich zeit vergeude
weise ich zurück*

*Stille häuft sich um mich,
die erde fürs Gedicht*

*Im Frühling werden wir
Verse haben und Vögel.*

(Reiner KUNZE, auf eigene Hoffnung, Gedichte, Frankfurt a. M. ²1981, 55)

Das Gedicht ist – mit einiger Aufmerksamkeit gelesen – ein kleines formales und
thematisches Meisterwerk. Es ist mit je zwei Eckstrophen zentriert auf die eine mittlere Strophe »Euren Tadel ...«, in der Illokution und Perlokution schon aus dem
Gehalt der verwendeten Worte »Tadel« und »weise ich zurück« hervorgehen und
besonders intensiv spürbar sind. Tadel wird mit Gegentadel beantwortet. In den
Eckstrophen wird dann präzise beschrieben und erklärt, welche Bewandtnis es mit
dem Inhalt des Tadels »Zeitvergeudung« aus der Sicht des Dichters hat: Wie Vögel
im Winter mit Vorsicht und ohne Hast Nahrung aufnehmen (vielleicht um einer
lauernden Katze nicht zum Opfer zu fallen), so braucht der Dichter Stille, die ein
Betrachter mit Untätigkeit verwechseln mag, um Stoffe und Kraft zu sammeln für
seine Verse, die er im Frühling mit den Vögeln singt. Wer denn überhaupt Gedichte
haben will, der muß dem Dichter dafür Zeit und Ruhe (»Erde«) geben. Was in der
Zentralstrophe direkt und hart gesagt wird, das wird in den Eckstrophen mit Hilfe
der Vogel- und Jahreszeitenmetapher ruhig und um Verständnis werbend (»wir« in
der letzten Strophe!) erklärt. Gewiß hat KUNZES Gedicht nicht nur die Rechtferti-
gung der Arbeitsweise des Dichters zum Ziel, sondern auch die Kritik an einer Da-
seinshaltung für die – zur Zeit und im Kontext der Entstehung des Gedichts – die
Vokabel »Planerfüllung« stand und für die heute eher der Begriff »Produktivitäts-
zuwachs« kennzeichnend ist. Man könnte noch weitere Kontextassoziationen an
die thematischen und die pragmatischen Gehalte des Gedichts knüpfen (z. B. an
die möglichen politischen Konnotationen des Wortes »sichern«). Dies zeigt, daß
pragmatisch intensive, wirk-»mächtige« Texte Kontexte brauchen, aber keineswegs
nur den Entstehungskontext.

§4 Die Textanalyse

2. Beschreibungen

Zur besseren Übersicht werden wir die Textphänomene der Textoberfläche und der Texttiefenstruktur nach den Grundelementen sprachlicher Kommunikation geordnet darstellen, d. h. jeweils verteilt auf
- die Laut-,
- die Wort-,
- die Satz- und
- die Textebene.

Vorbemerkung
Im folgenden wird eine Palette von Möglichkeiten geboten, einen Text der Hebräischen Bibel auf der oben (1.) entfalteten theoretischen Basis zu beschreiben. Dabei soll immer beachtet werden:
- Selten werden *alle* Beschreibungsmöglichkeiten auf *einen* Text anwendbar sein; es wird also jeweils Aufgabe der Exegetin oder des Exegeten sein, aus den Möglichkeiten der Beschreibung jene auszuwählen, die für den gegebenen Text zutreffen.
- Die manchmal vielleicht etwas künstlich anmutende Unterscheidung der verschiedenen Beschreibungsebenen dient vor allem dazu, die Beschreibungsmöglichkeiten besser zu differenzieren. In der exegetischen Praxis wird man diese Ebenengliederungen nicht immer mitvollziehen (z. B. läßt sich die Analyse der Satz- und Textebene der Oberfläche häufig in einem Arbeitsschritt behandeln; bei der Analyse der Wortebene kann man in der Regel Beobachtungen der Oberfläche und der Tiefenstruktur zusammennehmen ...).
- Auch der praktische Kontext, in dem die Exegese steht, wird mitbestimmen, welche der Beschreibungsmöglichkeiten »abgerufen« werden. Sowohl die thematische Fragestellung, als auch die Gattung der Auslegung (z. B. Predigt, Unterrichtsentwurf, Vorbereitung für ein Bibelgespräch ...) spielen dabei eine Rolle; nicht zu vergessen die zeitlichen Rahmenbedingungen (z. B. Examensexegese, zur Verfügung stehende Vorbereitungszeit im Beruf ...). Vgl. unten 3. und in §9 – 2.2: »Exegesen unter Zeitdruck«.

2.1 Beschreibungsmöglichkeiten der Textoberfläche (»Form«)

(vgl. oben 1.2.4.1)

2.1.1 Lautebene

Kohäsion kann durch lautliche Erscheinungen, etwa: Alliterationen, Assonanzen, Reime[3] hergestellt werden. Dies gilt auch für schriftliche Texte, insbesondere, wenn diese für den mündlichen Vortrag gedacht sind. Die durch
solche lautliche Erscheinungen erzielte Kohäsion beruht auf deren Rekurrenz und kann sich von Wort zu Wort, aber auch über größere Textabschnitte hin erstrecken.

Beispiel 11: Alliterationen (Ps 122,6 f.)

a^alû e lôm y^erû ālāyim yi lāyû 'oh^abāik –

yehî ālôm b^ehêlek alwâ b^earm^enôtāik –

Wünscht Frieden Jerusalem:
Ruhe sollen haben, die dich lieben,
Friede sei in deinem Bollwerk,
Sorgenfreiheit in deinen Wohnquartieren.

Diese kurzen Zeilen enthalten insgesamt drei Formen der Alliteration: die Alliteration im Wortanlaut mit »schal/schel« (Homoioarkton), in der Wortmitte und am
Wortende (»Homoioteleuton«) sowie am Zeilenende (Endreim), vgl. auch noch
einmal das »Große Lalula« – Beispiel 1.

2.1.2 Wort-(Morphem-)ebene

Für die Textkohäsion signifikant kann zunächst das *gehäufte, regelmäßige
oder an Mustern orientierte Auftreten bestimmter Wortarten* (Nomina, Verben,
Partizipien) sein.

**Beispiel 12: Gehäuftes und an Mustern orientiertes Auftreten von Partizipien (Ps
104,1-5)**

(1) Preise, meine Seele, JHWH	‏1 בָּרֲכִי נַפְשִׁי אֶת־יְהֹוָה‎
JHWH, mein Gott, du bist sehr groß;	‏יְהֹוָה אֱלֹהַי גָּדַלְתָּ מְּאֹד‎
mit Hoheit und Pracht bist du angetan:	‏הוֹד וְהָדָר לָבָשְׁתָּ׃‎
(2) Einer der sich in Licht hüllt, wie in einen Mantel,	‏2 עֹטֶה־אוֹר כַּשַּׂלְמָה‎
einer, der die Himmel ausspannt wie eine Zeltbahn,	‏נוֹטֶה שָׁמַיִם כַּיְרִיעָה׃‎
(3) der verankert im Wasser sein Obergemach,	‏3 הַמְקָרֶה בַמַּיִם עֲלִיּוֹתָיו‎
der Wolken nimmt als seinen Wagen,	‏הַשָּׂם־עָבִים רְכוּבוֹ‎
der einhergeht auf Windesflügeln,	‏הַמְהַלֵּךְ עַל־כַּנְפֵי־רוּחַ‎
(4) der macht zu seinen Boten Winde,	‏4 עֹשֶׂה מַלְאָכָיו רוּחוֹת‎
zu seinen Dienern loderndes Feuer,	‏מְשָׁרְתָיו אֵשׁ לֹהֵט׃‎
er hat die Erde auf ihre Pfeiler gegründet,	‏5 יָסַד־אֶרֶץ עַל־מְכוֹנֶיהָ‎
damit sie nicht wankt für immer und ewig.	‏בַּל־תִּמּוֹט עוֹלָם וָעֶד׃‎

---

3. Zur Definition der stilistischen Begriffe vgl.: W. BÜHLMANN/K. SCHERER, Stilfiguren
    der Bibel, Fribourg 1973.

§4 Die Textanalyse

Die Auflösung der hebräischen Partizipialformen in der deutschen Übersetzung sind fett kursiv gedruckt.

Der Passus V. 2-4 fällt auf der Textoberfläche durch das gehäufte Auftreten von Partizipialfügungen auf und ist dadurch in sich kohäsiv. Zu dieser Kohäsion trägt bei, daß in V. 4 die Partizipialformen in chiastischem (gekreuztem) Muster (vgl. die Kreuzstellung: Partizip – Nomen – Nomen // Nomen – Nomen – Partizip) angeordnet sind. So schließt der V. 4 die Partizipienreihe wirkungsvoll ab. Auch inhaltlich passen die Partizipialfügungen zusammen. Sie sind zu verstehen als feierliche »Prädikationen« JHWHs als eines Gottes, der sich mit himmlischen Erscheinungen umgibt und als solcher dann die Erde »erschafft« (V. 5). Formale Kohäsion und inhaltliche Kohärenz stimmen hier zusammen.

Beispiel 13: Regelmäßiges Auftreten bestimmter Wortgruppen (Ex 21,12-17)

Eine Übersetzung des Beispieltextes ist für das, was gezeigt werden soll, unnötig, ja eher hinderlich. Deutlich soll werden, wie auf der Ebene der lautlichen Oberfläche Kohäsion, bzw. Inkohäsion gebildet werden.

12 makkê ʾiš wāmet **môt yûmāt**
13 waʾaʿær loʾ ṣādā wehāʾælohîm ʾinnā leyādô weśamti lekā māqôm ʾaʿær yānûs ᾱmmā
14 wekî yāzid ʾi ʿal reʿehû lehārgô beʿārmā meʿim mizbeḥî tiqqāḥænnû <u>lāmût</u>
15 ûmakkê ʾābîw weʾimmô **môt yûmāt**
16 wegoneb ʾi ûmekārô wenimṣāʾ beyādô **môt yûmāt**
17 ûmeqallel ʾābîw weʾimmô **môt yûmāt**

Die Lautgestalt der Textoberfläche erzielt nicht nur Kohäsion zwischen einigen Worten oder Wortgruppen im Umkreis eines oder zweier Sätze, sondern über längere Textstrecken hinweg. Der »Endreim«, den die môt yûmāt-Zeilen bilden, signalisiert rein lautlich, daß die Teile des Textes, in denen dieser Endreim auftritt, zusammengehören. Die Alliterationen sind über die Strecke des Textes, in der sie auftreten, hinweg Kennzeichen von Kohäsion. Aber auch das Gegenteil von Kohäsion, die »Inkohäsion«, können wir an der môt yûmāt-Reihe beobachten. In den V. 12.15-17 steht die Kombination môt yûmāt jeweils am Ende ziemlich kurzer Perioden. Dies ist anders vor allem in den V. 13-14. Man kann sagen: Auf der Lautebene sind die V. 12-17 durch das Kohäsionsmoment môt yûmāt verbunden, sein Fehlen in den V. 13-14 bedeutet demgegenüber ein Moment der Inkohäsion im Bereich dieses Textes.

Kohäsion/Inkohäsion auf der Wortebene kann auch hervorgerufen werden durch die Verteilung bestimmter lexikalisch zusammengehöriger Worte, also z. B. durch das Vorherrschen von bestimmten Arten des Verbums wie transitiver oder intransitiver Verben, von Verben des Redens oder Denkens, des Fühlens oder der sinnlichen Wahrnehmung, von Nomina, die belebte oder unbelebte, menschliche oder göttliche Größen bezeichnen. Auch die statistische Verteilung von Verben und Nomina in einem Text kann bedeutsam sein.

Beispiel 14: Ex 2,23-3,8

Auffällig sind ist hier die Häufung von Verben und Nomina der sinnlichen Wahrnehmung (sehen, Erscheinung, erkennen, hören) sowie die unterschiedlichen Gottesbezeichnungen:

2,23a Im Verlauf jener langen Zeit
2,23b starb der König von Ägypten.
2,23c Da stöhnten die Israeliten wegen des Dienstes
2,23d und sie schrieen
2,23e Und es stieg hinauf ihr Hilferuf zu **Haelohim** wegen des Dienstes.
2,24a Da hörte **Elohim** ihr Stöhnen
2,24b und es gedachte **Elohim** seines Bundes mit Abraham, mit Isaak und mit Jakob,
2,25a und **Elohim** sah (Wurzel ראה) die Israeliten an,
2,25b und **Elohim** erkannte (gab sich zu erkennen).
3,1a   Mose aber hütete das Kleinvieh Jetros, seines Schwiegervaters, des Priesters von
       Midian,
3,1b   und er trieb das Kleinvieh hinter die Wüste.
3,1c   Und er kam zum Berg **Haelohims**, zum Horeb.
3.2a   Da erschien (Wurzel ראה) ihm der Bote **JHWHs** in einer Feuerflamme mitten aus
       dem Dornbusch
3,2b   Und er sah (Wurzel ראה),
3,2c   und siehe der Dornbusch brannte durch Feuer.
3,2d   Der Dornbusch wurde aber nicht verzehrt.
3,3a   Da sprach Mose:
3,3b   »Ich sollte vom Weg abweichen,
3,3c   um diese große Erscheinung zu sehen (Wurzel ראה)
3,3d   warum der Dornbusch nicht verbrennt.«
3,4a   Da sah **JHWH**,
3,4b   daß er abgewichen war, zu sehen (Wurzel ראה).
3,4c   Da rief **Elohim** ihn an mitten aus dem Dornbusch.
3,4d   Und er sprach:
3,4e   »Mose, Mose!«
3,4f   Und er sprach:
3,4g   »Hier bin ich!«
3.5a   Und er sprach:
3,5b   »Tritt nicht näher heran!
3,5c   Löse deine Sandalen von deinen Füßen,
3,5d   denn der Ort, auf dem du stehst, heiliger Boden ist er.«
3,6a   Und er sprach:
3,6b   »Ich bin der **Elohim** deines Vaters, der **Elohim** Abrahams, der **Elohim** Isaaks und
       der **Elohim** Jakobs.«
3,6c   Da verbarg Mose sein Angesicht,
3,6d   denn er fürchtete sich, zu **Elohim** hinzusehen (Wurzel נבט).
3,7a   Da sprach **JHWH**:
3,7b   »Ich habe die Demütigung meines Volkes, das in Ägypten ist, gewiß gesehen
       (Wurzel ראה)
3,7c   und ihr Geschrei habe ich gehört über ihre Bedränger.

§4 Die Textanalyse

3,7d	Ja, als ich seine Schmerzen erkannte,
3,8a	stieg ich herab es zu retten aus der Hand der Ägypter und es heraufzuführen aus diesem Land in ein gutes und weites Land, in ein Land, das von Milch und Honig fließt, an die Stätte der Kanaanäer, der Hettiter, der Amoriter, der Perisiter, der Chiwwiter und der Jebusiter ...«

2.1.3 Satzebene

Auf der Satzebene wird der Text in seine Sätze aufgegliedert;[4] er kann dann unter folgenden Fragestellungen analysiert werden: Welcher Satztyp liegt vor (2.1.3.1)? Welche Formation liegt vor (2.1.3.2)? Welche Funktion hat der Satz (2.1.3.3)?

2.1.3.1 Satztyp

Die hebräische Sprache kennt drei Satztypen: den Verbalsatz, Nominal- und den Partizipialsatz.

Als *Verbalsatz* gilt jeder hebräische Satz, der mit einem konjugierten (finiten) Verb gebildet wird:

Beispiel 15: Gen 25,24

Da waren ihre Tage erfüllt zu gebären.   וַיִּמְלְאוּ יָמֶיהָ לָלֶדֶת

Als *Nominalsatz* gilt jeder hebräische Satz, der nur durch (pro-)nominale Satzglieder gebildet wird:

Beispiel 16: Gen 25,23

Zwei Völker (sind) in deinem Leib.   שְׁנֵי גֹיִים בְּבִטְנֵךְ

Unter *Partizipialsatz* wird jeder (Nominal-)Satz verstanden, in dem ein Partizip als Prädikat steht, d. h. das Partizip alle Funktionen eines Verbes übernimmt:

Beispiel 17: Gen 25,28

Rebekka (aber) liebte Jakob.   וְרִבְקָה אֹהֶבֶת אֶת־יַעֲקֹב

---

4. Vollständig in Sätze aufgegliedert findet sich der Text der hebräischen Bibel in den Bänden von W. Richters »Biblia Hebraica transcripta« (vgl. §1 – 4.1.2).

2.1.3.2 Formation

Für Verbalsätze ist nicht nur das bloße Vorhandensein von finiten Verben, sondern auch deren Stellung zu anderen Satzgliedern von Bedeutung. Bildungs- und Beschreibungsmuster von Verbalsätzen, die auf die Stellung des Verbs im Satz abheben, werden »Formationen« genannt. Zur Kennzeichnung bedient sich die alttestamentliche Forschung einer besonderen Nomenklatur, in der das Verb durch die paradigmatischen Formen von »q a t a l« usw. vertreten werden. Die Formen sind, zur Vermeidung von קטל »töten« als Paradigma von der nichtbelegten hebräischen Verbalwurzel *קתל abgeleitet.

Im einzelnen bedeuten:
qatal	eine Verbform der AK-Afformativkonjugation (»Perfekt«)
wayyiqtol	eine PK-cons – »Imperfekt konsekutivum«, Narrativ
w^{e}qatal	eine AK-cons – »Perfekt konsekutivum«
yiqtol	eine Verbform der PK – Präformativkonjugation (»Imperfekt«)
w^{e}yiqtol	eine PK mit w-kopulativum – finale Form
q^{e}tol	eine Imperativform
qotel	ein Partizip
x	ein beliebiges nicht-verbales Satzglied
w^e-, bzw. wa-	bedeutet die Verbindungspartikel ו in ihren unterschiedlichen Funktionen.

Daraus werden die folgenden Formationsbezeichnungen gebildet:

x-qatal	Verbum in der Afformativkonjugation, nicht-verbales Satzglied geht voraus
qatal-x	Verbum in der Afformativkonjugation in erster Position im Satz
x-yiqtol	Verbum in der Präformativkonjugation, nicht-verbales Satzglied geht voraus
yiqtol-x	Verbum in der Präformativkonjugation in erster Position im Satz
w^{e}qatal-x	konsekutive Afformativkonjugation, »Perfekt konsekutivum«
wayyiqtol-x	konsekutive Präformativkonjugation, »Imperfekt konsekutivum«, Narrativ
x-qotel	Partizipialsatz
q^{e}tol –x	Aufforderungssatz.

Die Formations-Nomenklatur gibt also (implizit) Auskunft über folgende *Merkmale eines Satzes*:

- Handelt es sich um einen *verbalen* Aussage-, Aufforderungs- oder um einen Partizipialsatz?

- Ist es ein *asyndetisch* (ohne ‌ו) oder *syndetisch* (mit ‌ו) angereihter Satz?
- Steht das Verbum im Satz in Kopf*position* oder in einer Mittelstellung (Position des »x«)?
- In welchem »*Zeitlageverhältnis*«[5], bezogen auf den vom Sprecher gesetzten Relationspunkt steht der Satz? Dazu gibt es folgende Möglichkeiten:

qatal:	Vorzeitigkeit	wayyiqtol:	Progreß in der Vorzeitigkeit
w^eqatal:	Progreß;	yiqtol:	Nachzeitigkeit, genereller
	in der Nachzeitigkeit		Sachverhalt
qotel:	Gleichzeitigkeit		

Als besondere Formationen können die Konsekutiv-Formen der Wurzel היה aufgefaßt werden. Sie fungieren als »Tempusmarker« (R. Bartelmus) und signalisieren Vor- bzw. Nachzeitigkeit.
Die Form וַיְהִי – formal ein wayyiqtol – markiert Vorzeitigkeit, וְהָיָה – formal ein Konsekutivperfekt – markiert Nachzeitigkeit (vgl. 2.1.4.1 und 2.1.4.3.3).

Beispiel 18: wayyiqtol-x (Gen 25,25)

Da kam der Erste heraus, ein rötlicher ...   וַיֵּצֵא הָרִאשׁוֹן אַדְמוֹנִי ...
da nannte man ihn Esau   וַיִּקְרְאוּ שְׁמוֹ עֵשָׂו׃

Beispiel 19: (w-)x-qatal (Gen 25,26)

Danach (aber) kam sein Bruder heraus   וְאַחֲרֵי־כֵן יָצָא אָחִיו

Beispiel 20: (w-)x-yiqtol (Gen 25,23)

Und zwei Völker werden von deinem Schoß sich scheiden   וּשְׁנֵי לְאֻמִּים מִמֵּעַיִךְ יִפָּרֵדוּ

Beispiel 21: (w^e)yiqtol-x (Hos 2,1)

Man wird sie nennen: Söhne des lebendigen Gottes.   יֵאָמֵר לָהֶם בְּנֵי אֵל־חָי

Beispiel 22: w^eqatal-x (Hos 2,2)

Und dann werden sich die Judäer und Israeliten gemeinsam versammeln
וְנִקְבְּצוּ בְּנֵי־יְהוּדָה וּבְנֵי־יִשְׂרָאֵל יַחְדָּו
und sie werden ein gemeinsames Haupt über sich setzen ...   וְשָׂמוּ לָהֶם רֹאשׁ אֶחָד

---

5. Vgl. R. Bartelmus, HYH, 35ff.

Beispiel 23: qᵉtol-x (Gen 25,33)

Schwöre mir! הִשָּׁ֤בְעָה לִּי֙

Diese Fügungsmuster signalisieren zunächst als solche Kohäsion auf der Satzebene, das heißt: Sie schließen die Wörter zu einem Satz zusammen. Darüber hinaus bilden sie auch auf der Textebene Kohäsion, sofern sie in Reihen auftreten. Dies gilt insbesondere für Reihen, die aus wᵉqatal-x oder wayyiqtol-x-Formationen bestehen (vgl. unten 2.1.4.1; 2.1.4.3.2).

> **Zur Vertiefung**
> **Zur Bedeutung und Wiedergabe der Tempora und Formationen**
> yiqtol-Formationen signalisieren, daß der Sprecher das Gesagte »nachzeitig«, iterativ oder als generellen Sachverhalt verstanden wissen will. Nachzeitig gedachte Sachverhalte oder Handlungen werden meist im Futur wiedergegeben. Iterative Handlungen (»Ich gehe – gewohnheitsmäßig, jeden Mittwoch abend – in die Bar.«) oder generelle Sachverhalte (»Im Sommer scheint die Sonne.«) werden im Präsens wiedergegeben.
> wᵉqatal-Formationen signalisieren, daß an nachzeitige Sachverhalte Folgehandlungen oder Sachverhalte in Folge (Progreß) angeschlossen werden.
> wayyiqtol-(Narrativ)-Formationen deuten auf die Vorzeitigkeit und darauf, daß Handlungen in der Vorzeitigkeit Folge (Progreß) gedacht sind; die wayyiqtol-Formation ist daher das vorherrschende Bildungsmuster hebräischer Erzähltexte (vgl. unten).
> x-qatal-Formationen signalisieren im allgemeinen Handlungen in der Vorzeitigkeit, in wayyiqtol-Reihen zunächst, daß der Progreß unterbrochen ist. In diesem Rahmen können sie Begleitumstände zur Erzählhandlung oder vorzeitige Handlungen zur (vorzeitigen) Erzählhandlung bedeuten; in letzterem Fall wird mit Plusquamperfekt übersetzt. In sog. performativer Rede (»hiermit stelle ich fest ...«) wird qatal im Präsens wiedergegeben.

2.1.3.3 Satzfunktion, Parataxe und Hypotaxe

Die Satzfunktion wird bestimmt, soweit sie formal erkennbar ist; solche Satzfunktionen können sein:
- Aussage- (vgl. die Beispiele 18-22),
- Aufforderungs- (vgl. Beispiel 13),
- Fragesatz.

Beispiel 34: Fragesatz (Gen 25,22)

Wenn (das) so (ist,) warum lebe ich denn noch? אִם־כֵּ֔ן לָ֥מָּה זֶּ֖ה [חַיָּ֣ה] אָנֹ֑כִי
(vgl. BHS App., wörtlich: »... *warum denn bin ich ein lebendiges Wesen?*«)

§4 Die Textanalyse

Bestimmbar ist oft auch, ob und in welchem Sinne ein Satz dem Vorgängersatz bei- und vor allem untergeordnet ist (Parataxe und Hypotaxe). Untergeordnet (hypotaktisch) sind z. B. Objektsätze, die an Aussagesätze mit Verben des Sagens oder der sinnlichen Wahrnehmung anschließen.

Beispiel 25: Objektsatz (Gen 1,10)

Da sah Gott, daß es [sc. die Scheidung von Land und Meer] *gut (war)*.

וַיַּרְא אֱלֹהִים כִּי־טוֹב׃

Für weitere hypotaktische Satzverhältnisse vgl. die Grammatiken.

2.1.4 Textebene

Über die Satzgrenze hinausgehend wird die Textoberfläche, insbesondere ihre Gliederung sowie ihre Kohäsion und Inkohäsion, anhand folgender Gesichtspunkte beschrieben:

2.1.4.1 Satzverbindungen und Satzreihen

Satzverbindungen und Satzreihen sind immer Zeichen oberflächenhafter Kohäsion. Sie zeigt sich besonders deutlich am typischen Oberflächenmuster der hebräischen Erzählung. Die Reihe wird in der Regel durch die Formation qatal-x oder duch das »makrosyntaktische Zeichen« ויהי (den »Tempusmarker«, abgekürzt: TM) eingeleitet.

Beispiel 26: Satzreihen in Gen 25,20-26

	(Satzformation)	
20 וַיְהִי יִצְחָק בֶּן־אַרְבָּעִים שָׁנָה	TM	Als Isaak 40 Jahre war,
בְּקַחְתּוֹ אֶת־רִבְקָה		als er nahm Rebekka,
בַּת־בְּתוּאֵל הָאֲרַמִּי מִפַּדַּן אֲרָם		die Tochter Betuels, des Aramäers von Padan Aram,
אֲחוֹת לָבָן הָאֲרַמִּי		die Schwester Labans, des Aramäers,
לוֹ לְאִשָּׁה׃		für sich zur Frau,
21 וַיֶּעְתַּר יִצְחָק לַיהוָה לְנֹכַח אִשְׁתּוֹ	wayyiqtol-x	und Isaak bat JHWH für seine Frau,
כִּי עֲקָרָה הִוא	NS	denn sie war unfruchtbar.
וַיֵּעָתֶר לוֹ יְהוָה	wayyiqtol-x	Und JHWH ließ sich bitten von ihm,
וַתַּהַר רִבְקָה אִשְׁתּוֹ׃	wayyiqtol-x	und Rebekka, seine Frau, wurde schwanger.
22 וַיִּתְרֹצֲצוּ הַבָּנִים בְּקִרְבָּהּ	wayyiqtol-x	Und die Söhne stießen sich in ihrem Leib,
וַתֹּאמֶר	wayyiqtol-x	und sie sprach:
אִם־כֵּן לָמָּה זֶּה אָנֹכִי	NS	»Wenn (es) so (ist), warum geschieht mir dies?«
וַתֵּלֶךְ לִדְרֹשׁ אֶת־יְהוָה׃	wayyiqtol-x	Und sie ging, zu befragen JHWH.

---

84 §4 Die Textanalyse

23 וַיֹּאמֶר יְהוָה לָהּ	wayyiqtol-x	Und JHWH sprach zu ihr:
שְׁנֵי גֹיִים בְּבִטְנֵךְ	NS	»Zwei Völker (sind) in deinem Schoß,
וּשְׁנֵי לְאֻמִּים מִמֵּעַיִךְ יִפָּרֵדוּ	w-x-yiqtol	und zwei Nationen werden sich aussondern von deinem Mutterleib
וּלְאֹם מִלְאֹם יֶאֱמָץ	w-x-yiqtol	und eine Nation wird stärker sein als die (andere) Nation
וְרַב יַעֲבֹד צָעִיר:	w-x-yiqtol-x	und ein Älterer wird dienen einem Jüngeren.«
24 וַיִּמְלְאוּ יָמֶיהָ לָלֶדֶת	wayyiqtol-x	Und ihre Tage erfüllten sich, um zu gebären,
וְהִנֵּה תוֹמִם בְּבִטְנָהּ:	NS	und siehe: Zwillinge (waren) in ihrem Schoß.
25 וַיֵּצֵא הָרִאשׁוֹן אַדְמוֹנִי כֻּלּוֹ כְּאַדֶּרֶת שֵׂעָר	wayyiqtol-x	Und der erste kam heraus, rötlich, ganz wie ein Fellkleid.
וַיִּקְרְאוּ שְׁמוֹ עֵשָׂו:	wayyiqtol-x	Und sie nannten ihn Esau.
26 וְאַחֲרֵי־כֵן יָצָא אָחִיו	26 w-x – qatal-x	Danach aber kam heraus sein Bruder
וְיָדוֹ אֹחֶזֶת בַּעֲקֵב עֵשָׂו	w-x – qotel-x	und seine Hand hielt die Ferse Esaus.
וַיִּקְרָא שְׁמוֹ יַעֲקֹב	wayyiqtol-x	Und er nannte ihn Jakob.
וְיִצְחָק בֶּן־שִׁשִּׁים שָׁנָה בְּלֶדֶת אֹתָם:	NS	Isaak aber (war) 60 Jahre bei ihrer Geburt.

Das Textstück läßt die (text-)syntaktischen Eigenschaften hebräischer Erzähltexte genau erkennen. Es wird durch den Tempusmarker der Vorzeitigkeit eröffnet, an den eine längere Umstandsangabe angeschlossen ist, die gewissermaßen die Ausgangslage (Isaak hat Rebekka geheiratet) für die folgende Story (Rebekka schenkt Zwillingen das Leben) enthält. Die Erzählung selbst folgt dann in einer Reihe von wayyiqtol-Formationen. In diese wayyiqtol-Reihe sind, wie besondere Glieder in eine Kette, weitere Elemente eingehängt: Umstandsangaben, die als w-x-qatal-, qatal-x-Formationen oder als Nominalsätze formuliert sind, sowie Redeabschnitte, die durch formelhaftes »und er/sie sprach« (ויאמר) eingeleitet sind und an ihrer eigener Syntax (yiqtol- und weqatal-Formationen) gut erkennbar sind (vgl. unten Beispiel 47).

2.1.4.2 Die »Phorik«

Phorische Elemente sind Morpheme (bedeutungstragende Zeichenkombinationen), die innerhalb eines Textes auf vorhergehende oder nachfolgende Zeichen oder Fügungen verweisen. Solche »phorischen« Zeichen stehen anstelle von Akteuren, also handelnden, sprechenden oder angesprochenen Personen, bzw. anstelle von im Text erwähnten Sachverhalten.

> Die Voraussetzung für eine Analyse der Phorik eines Textes ist ein genauer Überblick über die im Text erscheinenden Akteure im Sinne von in ihm handelnden, sprechenden und angesprochenen Personen (»dramatis personae«), aber auch über Dinge und Sachverhalte.

Die wichtigsten phorischen Elemente, die sich auf Akteure beziehen können, sind die *Pronomina*.

§4 Die Textanalyse

Selbständige Personalpronomina und unselbständige Personalpronomina (Personalsuffixe an Verben und Nomina) haben eine rückweisende, »anaphorische« Funktion. Sie verweisen auf einen Akteur, der in der Regel im vorhergehenden Text bereits einmal erschienen sein muß, beispielsweise in einem Eigennamen oder einem nicht-determinierten Nomen. Über die erkennbare Verweisstrecke des Pronomens zum jeweiligen Bezugswort besteht insoweit Kohäsion. Nichtkohäsion ist dann anzunehmen, wenn für pronominale Elemente keine Bezugsworte auszumachen sind oder wenn unklare Beziehungsverhältnisse bestehen.

Beispiel 27: Kohäsion/Inkohäsion durch die pronominale Phorik (Mi 2,1.3-5)

(1) *Wehe!*
Die Ränkeschmiede und Übeltäter auf ihren Lagern – ...
(2) *...*
(3) *Deshalb hat* **JHWH** *so gesprochen:*
»Siehe, **ich** *plane über dieses Geschlecht Unheil.*
Eure *Hälse werdet ihr nicht daraus entfernen können*
und **ihr** *werdet nicht aufrecht gehen,*
ja, eine Unheilszeit wird dies sein.
(4) *An jenem Tag wird über* **euch** *ein Spruch aufkommen,*
und man wird wehklagen eine Klage,
gesagt werden wird ein Wort:
›Völlig ruiniert sind **wir**!‹
Den Anteil **meines** *Volkes vertauscht man.*
Ja, man entfernt (ihn) **mir**!
›Aufs neue verteilt man **unsere** *Felder.‹*
(5) *Deshalb*
wirst **du** *keinen haben, der ein Los für* **dich** *wirft über den Anteil in der Gemeinde* **JHWHs**.«

Das Stück ist in mehrerlei Hinsicht phorisch kohäsiv *und* inkohäsiv:
Die 1. P. Sg. ist kohäsiv, wenn man den Text ab V. 3b als Rede JHWHs versteht, die in V. 3a eingeleitet wird. Kohäsiv im Rahmen von Mi 2,1-5 ist die Anrede in der 2. P. Pl., wenn man V. 1 mitberücksichtigt. Die Pluralanrede bezieht sich dann auf die Großgrundbesitzer, über die in V. 1 ein Weheruf laut wird. Die 1. P. Pl. in V. 4 aber ist nur dann kohäsiv, wenn man die Worte »völlig ruiniert sind *wir*« und »aufs neue verteilt man *unsere* Felder« als Rede in der Rede, als Zitat der Klage versteht. Inkohäsiv ist dagegen die 2. P. Sg. in V. 5. Hier fehlt – jedenfalls textintern – die Bezugsgröße.[6]

Eine ähnliche Funktion wie die Pronomina hat in vielen Fällen *der Artikel*. Er kann signalisieren, daß das mit ihm versehene Nomen schon einmal genannt wurde und verweist in diesem Fall auf diese Erstnennung zurück. Die verschiedenen *Demonstrativpronomina* (הִנֵּה/הֵמָּה ;הִיא/הוּא ;אֵלֶּה ;זֹאת/זֶה) haben ebenfalls phorische (= deiktische) Funktion.

6. Vgl. dazu H. UTZSCHNEIDER, Michas Reise, 105-111.

Ein Signal der Gliederung ist gegeben, wenn ein zunächst pronominal weitergeführter Akteur unvermittelt wieder als Nomen erscheint: »*Renominalisierung*« (vgl. V. 5 in Beispiel 27).

Beispiel 28: Renominalisierung

Die Renominalisierung ist ein beliebtes Mittel zur Feingliederung von Erzählungen. Beispielsweise wird die Situation des Morgens nach dem Kampf zwischen Jakob und dem Mann durch die ausdrückliche Nennung des Subjekts »*Jakob*« signalisiert, obwohl dies von den phorischen Verhältnissen im Text her nicht notwendig wäre: Gen 32,30-31

*Da fragte **Jakob** und sprach:*	30 וַיִּשְׁאַל יַעֲקֹב וַיֹּאמֶר
»Gib mir doch deinen Namen kund.«	הַגִּידָה־נָּא שְׁמֶךָ
Da sprach er:	וַיֹּאמֶר
»Warum fragst du nach meinem Namen?«,	לָמָּה זֶּה תִּשְׁאַל לִשְׁמִי
und er segnete ihn dort.	וַיְבָרֶךְ אֹתוֹ שָׁם׃
*Da nannte **Jakob** den Ort Pniel ...*	31 וַיִּקְרָא יַעֲקֹב שֵׁם הַמָּקוֹם פְּנִיאֵל

Durch einen *kataphorischen (»vorweisenden«) Bezug* bilden Aufforderungs- und Fragesätze Kohäsion auf der Textebene, denn Fragen lassen Antworten, und Aufforderungen lassen Reaktionen erwarten. (Eine Ausnahme bilden natürlich rhetorische Fragen, deren Antworten entweder vom gleichen Sprecher sofort im Anschluß gegeben werden oder als so selbstverständlich vorausgesetzt werden, daß sie nicht im Text auftauchen.)

Beispiel 29: Kohäsion durch Frage- und Aufforderungssätze (Ps 13)

(2) HERR,
***wie lange** willst du mich so ganz vergessen?*
***Wie lange** verbirgst du dein Antlitz vor mir?*
*(3) **Wie lange** soll ich sorgen in meiner Seele*
und mich ängstigen in meinem Herzen täglich?
***Wie lange** soll sich mein Feind über mich erheben?*
*(4) **Schaue** doch*
*und **erhöre** mich, HERR, mein Gott!*
***Erleuchte** meine Augen,*
daß ich nicht im Tode entschlafe,
(5) daß nicht mein Feind sich rühme, er sei meiner mächtig geworden,
und meine Widersacher sich freuen, daß ich wanke.
(6) Ich aber traue darauf, daß du so gnädig bist;
mein Herz freut sich, daß du so gerne hilfst.
Ich will dem HERRN singen, daß er so wohl an mir tut/getan hat.

Die Reihe der vier Frage- und zwei Aufforderungssätze erweckt ein hohes Potential an Erwartung auf Antwort bzw. Reaktion. Der Leser wird so – zunächst rein formal – darauf verwiesen, Aussagesätze zu erwarten, die dieses Erwartungspotential erfüllen. Formal weisen diese Sätze auf die Schlußaussagen »Ich aber traue darauf ... Ich will singen ...« und lassen den Psalm als eine hoch kohäsive Einheit erscheinen. Selbstverständlich haben diese Beobachtungen auch für die Pragmatik des Textes Bedeutung (Ich-Kundgabe als Perlokution! – vgl. 1.2.5).

2.1.4.3 Textgliedernde Elemente

»Junktion« im Sinne von Textgliederung kann in hebräischen Texten von einer Vielzahl von Oberflächenerscheinungen ausgehen. Zu nennen sind:

2.1.4.3.1 Explizite Textanfangssätze

Sie sind häufig als Nominalsätze formuliert und enthalten literarische Termini technici:

Beispiel 30	
Sprüche Salomos (sind dies) (Spr 10,1)	מִשְׁלֵי שְׁלֹמֹה

2.1.4.3.2 Explizite oder formelhafte Textgliederungssätze

Als Textgliederungssätze als solche gelten z. B. »Refrains« oder Formeln.

Beispiel 31: Formeln als Textgliederungssätze	
So hat JHWH gesprochen *Spruch JHWHs* (vgl. zu diesen Formeln § 5 – 2.2.2 mit belegten Beispielen)	כה אמר יהוה נאם יהוה

Textgliedernde Funktion haben oft auch *Verzeitungsformeln*.

Beispiel 42: Verzeitungsformeln	
An jenem Tag ...	ביום ההוא

2.1.4.3.3 Textgliedernde Signale (וְעַתָּה ,כִּי ,וַיְהִי ,וְהָיָה)

Als textgliedernde Signale können die schon mehrfach erwähnten Konsekutiv-Formen der Wurzel היה gelten, die »Tempusmarker« וְהָיָה und וַיְהִי leiten – nicht selten in Verbindung mit Verzeitungsformeln – Satzreihen mit Konsekutivtempora ein, und zwar וְהָיָה w-qatal-Reihen und וַיְהִי wayyiqtol-Reihen.

Die Partikel כִּי ist eine textgliedernde Partikel mit ursprünglich deiktischer (zeigender) Funktion, die in bestimmten syntaktischen Verbindungen feste Bedeutungen als Konjunktion annehmen kann (z. B. *weil*, bzw. *denn* im abhängigen Kausalsatz, *daß* im Objektsatz nach verba dicendi oder sentiendi oder *wenn* im Temporalsatz, bzw. Konditionalsatz). Sie kann aber auch – ihrer ursprünglichen Funktion als »Zeigewort« (Deiktikon) entsprechend – allgemeinere textgliedernde Funktion haben und weist dann bekräftigend oder einen Gegensatz hervorhebend auf das folgende hin; die Partikel wird dann am besten mit »ja« oder »fürwahr« wiedergegeben.

Beispiel 33: Ps 33,3-4

Singt ihm ein neues Lied!	3 שִׁירוּ־לוֹ שִׁיר חָדָשׁ
Schön spielt die Saiten zum Jubel!	הֵיטִיבוּ נַגֵּן בִּתְרוּעָה׃
Ja –	כִּי־
wahrhaftig ist das Wort JHWHs	יָשָׁר דְּבַר־יְהוָה
und all sein Tun ist verläßlich	וְכָל־מַעֲשֵׂהוּ בֶּאֱמוּנָה׃

Die Partikel steht hier an einer Nahtstelle des Hymnus. Sie leitet von der Aufforderung zum Lob über zum inhaltlich bestimmten Lob. Vielleicht kann man sogar davon ausgehen, daß die Aufforderung von anderen Sprechern gesungen wurde als das Lob selbst.

Noch deutlicher ist diese textgliedernde Funktion für die Partikel וְעַתָּה *(und jetzt)*. Sie dient oft »zur Einleitung eines neuen Gedankens oder Abschnitts« (KBL 853).

Beispiel 34: Die textgliedernde Partikel וְעַתָּה im »Jetzt-Gedicht« von Mi 4,9-5,5.

וְעַתָּה bzw. עַתָּה erscheint in 4,9, 4,11 und 4,14 und entspricht auch inhaltlich bestimmten Textabschnitten: Nach den »Ausflügen« in die Zukunft wird jeweils die »Rückkehr« des Textes in die Gegenwart durch die Partikel markiert.

*(9) (עתה) **Jetzt**, warum schreist du so laut?*
Ist kein König bei dir?
Und sind deine Ratgeber alle hinweg,
daß dich die Wehen erfassen wie eine in Kindsnöten?
(10) Leide doch solche Wehen
und stöhne, du Tochter Zion, wie eine in Kindsnöten;
denn du mußt zwar zur Stadt hinaus
und auf dem Felde wohnen
und bis Babel kommen.
Aber von dort wirst du wieder errettet werden,
dort wird dich JHWH erlösen von deinen Feinden.
*(11) (עתה) **Jetzt aber** werden sich viele Nationen wider dich zusammenrotten und sprechen:*
»Sie ist dahingegeben; wir wollen auf Zion herabsehen!«
(12) Aber sie wissen JHWHs Gedanken nicht
und kennen seinen Ratschlag nicht,
daß er sie zusammengebracht hat wie Garben auf der Tenne.
(13) Darum mache dich auf und drisch, du Tochter Zion!

§4 Die Textanalyse

> *Denn ich will dir eiserne Hörner und eherne Klauen machen,*
> *und du sollst viele Völker zermalmen*
> *und ihr Gut JHWH weihen und ihre Habe dem Herrscher der Welt.*
> *(14) (וְעַתָּה) Jetzt aber zerraufe und zerkratze dich,*
> *denn man wird uns belagern*
> *und den Richter Israels mit der Rute auf die Backe schlagen.*
> (Übersetzung nach Lutherbibel)

2.1.4.4 Diskursarten (Rede- bzw. Beschreibungsabschnitte) im Textverlauf

Oberflächenhaft sind Reden an Pronomina oder Suffixen der 1. und 2. Person erkennbar, formelhaft sind Redeeinleitungen wie וַיֹּאמֶר und לֵאמֹר. Auch Aufforderungs- und Fragesätze sind oberflächenhafte Indikatoren für direkte Reden. In erzählenden Texten gehören kürzere Reden der Akteure zum »Stil« des Genres Erzählung. Sie sind Teil des Erzählfortganges. In längeren und komplexen Erzählzusammenhängen sind längere Rede- und Dialogabschnitte aber wichtige Gliederungsmittel (vgl. oben die Reden in Beispiel 26).

Prophetische Texte sind bisweilen (fast) reine Redetexte, so etwa das Hosea-, das Micha- oder das Amosbuch. Hier kommt es darauf an, die Redestücke ihren jeweiligen Sprechern bzw. den jeweils angesprochenen Adressaten zuzuordnen (vgl. oben Beispiel 27).

2.2 Die Beschreibungsmöglichkeiten der Texttiefenstruktur (»Inhalt«)
   (vgl. oben 1.2.4.2)

Ziel der Analyse der Texttiefenstruktur ist die Beschreibung der thematischen Struktur, der »inhaltlichen Gliederung« des Textes. Dabei wird auch die Kohärenz/Nichtkohärenz des Textes untersucht. Zur Erleichterung der Analyse können auch hier die Gesichtspunkte nach der Ebenengliederung Laut- und Wortebene, Satzebene und Textebene geordnet werden.

2.2.1 Laut- und Wortebene

Wenn einzelne, lautlich ähnliche und/oder in der Bedeutung verwandte Worte unter thematischen Gesichtspunkten verknüpft werden, so entstehen »Wort- und Sinnspiele«, Leitworte und ihre Verbindungen sowie Wortfelder.

Wort- und Sinnspiele, die auch »Paronomasien« genannt werden können, beruhen auf einer sinnreichen Verbindung zwischen der lautlichen Text-

90   §4 Die Textanalyse

oberfläche und dem semantischen (bedeutungshaften) Gehalt von verschiedenen Worten eines Textes. Solche Sinnspiele erstrecken sich meist über kürzere Textabschnitte und stellen in dieser Reichweite Kohärenz her. Oberflächenhaft beruhen sie auf Rekurrenz, mit der eine inhaltliche Modifikation oder Kontrastierung kombiniert sein kann.

Beispiel 35: Wort- und Sinnspiele (Num 23,7f.)

(Der König von Aram bittet:)
»Auf, verfluche mir Jakob,   לְכָה אָרָה־לִּי יַעֲקֹב
und auf, verwünsche mir Israel!«   וּלְכָה זֹעֲמָה יִשְׂרָאֵל׃
(Der »Magier« Bileam entgegnet:)
Wie soll ich fluchen, wem Gott nicht flucht,   מָה אֶקֹּב לֹא קַבֹּה אֵל
und wie soll ich verwünschen, wen JHWH nicht verwünscht?   וּמָה אֶזְעֹם לֹא זָעַם יְהוָה׃

Es wird eine lautliche Verbindung hergestellt zwischen dem Namen Ja'aqob und den Verbalformen 'äqob bzw. qabo des Verbes qbb – »fluchen«. Mit dieser Verbindung wird gewissermaßen »subkutan« eine Frage aufgeworfen: Steckt der Fluch schon in Jakobs Namen? Anders gesagt: Ist Jakobs Name ein »omen« auf seine »Fluchwürdigkeit«? Da der Spruch von einem Magier gesprochen wird, kann man vielleicht noch weiter gehen: Bewirkt das Aussprechen des Namens »Jakob« in einer Art sprachlich-realer Magie bereits den Fluch über Jakob/Israel? Der Text weist diese Möglichkeit ab, indem er – wiederum unter Verwendung des Verbums qbb – sagt: Gott flucht Jakob nicht. Der verderbliche Namenszauber ist durch die Macht Gottes abgewendet.

Beispiel 36: Jes 5,7

Er hoffte auf Recht – und siehe da war Rechtsbruch,   וַיְקַו לְמִשְׁפָּט וְהִנֵּה מִשְׂפָּח
auf Gerechtigkeit – und siehe da war Geschrei.   לִצְדָקָה וְהִנֵּה צְעָקָה׃

Die Paronomasie von mišpāt und miśpāh bzw. ṣedāqā und ṣeʿāqā ist mit den inhaltlichen Gegensätzen »Recht//Rechtsbruch« bzw. »Gerechtigkeit//Geschrei über rechtloses Verhalten« kombiniert.

Leitworte und Leitwortverbindungen

Der Begriff »Leitwort« ist durch Martin Buber in die alttestamentliche Wissenschaft eingeführt und so definiert worden: »Unter Leitwort ist ein Wort oder ein Wortstamm zu verstehen, der sich innerhalb eines Textes sinnreich wiederholt: Wer diesen Wiederholungen folgt, dem erschließt sich ein Sinn des Textes oder wird auch nur eindringlich offenbar.«[7] Leitworte können

---

7. M. BUBER, Zu einer neuen Verdeutschung der Schrift, Beilage zu: Die Fünf Bücher der Weisung (1954), 15.

§4 Die Textanalyse

große Textstrecken überspannen. Es sind – wie Wortspiele – gleichermaßen Phänomene der Zeichenoberfläche wie der thematischen Tiefenstruktur eines Textes. In ihnen schlägt gewissermaßen die thematische Tiefenstruktur des Textes unmittelbar auf die Textoberfläche durch. Ihr Funktionsprinzip auf der Textoberfläche ist wiederum die Rekurrenz. Zusammen mit anderen signifikanten Textelementen können Leitworte Gliederung und Kohäsion bzw. Inkohäsion signalisieren, sei es dadurch, daß Leitworte Textabschnitte einschließen, sei es dadurch, daß sie in regelmäßiger, gleichsam refrainhafter Rekurrenz zur inneren Kohäsion eines Textes oder Textabschnittes beitragen (dies ist insbesondere dann der Fall, wenn Leitworte Teil einer Formel sind).

Als Phänomene der thematischen Texttiefenstruktur bringen Leitworte thematische Komplexe eines Textes auf einen bestimmten Begriff. So signalisieren sie durchgehende »Teilthemen« des Textes, fassen sie aber in ein Wort. Dabei ermöglicht die hebräische Sprache eine sinnreich variierte Darstellung des jeweiligen Themas, etwa durch den Gebrauch eines verbalen Leitwortes in seinen unterschiedlichen Stammesmodifikationen oder durch den Gebrauch nominaler und verbaler Derivate eines Leitwortes. Polysemien (Mehrfachbedeutungen), Antonymien (Bedeutungsgegensatz) oder Paronomasien von bestimmten Wortwurzeln lassen vielschichtige Sinnspiele entstehen. Auch mehrere bedeutungsverwandte Lexeme können als Wortfelder leitworthafte Funktionen wahrnehmen.

Leitworte spielen beispielsweise in der Exoduserzählung[8] und in der Jakob-Esau-Erzählung eine große Rolle. In letzterer wird der Jakobsname mit anderen ähnlich klingenden Worten kombiniert:

Beispiel 37: Leitwortverbindungen in der Jakob-Esau-Erzählung

Das Leitwort-Spiel der Jakob-Esau-Erzählung beginnt mit der Geburtsgeschichte der Zwillinge Jakob und Esau in Gen 25,26 (vgl. oben Beispiel 26). Dort wird der Name Jakob aus der Situation der Zwillingsgeburt erklärt. Als Zweitgeborener folgt Jakob seinem Bruder »auf dem Fuß«; der hebräische Text drückt dies so aus:

Und seine Hand hatte die Ferse Esaus ergriffen,	וְיָדוֹ אֹחֶזֶת בַּעֲקֵב עֵשָׂו
und so hieß er Jakob.	וַיִּקְרָא שְׁמוֹ יַעֲקֹב

Jakob ist der, der seinen Bruder an der Ferse (ʿāqeb) ergreift. Möglicherweise spielt dabei bereits eine Konnotation mit, die im Bairischen mit »Wadlbeißer« ausgedrückt wird: Einer, der jemanden von hinten in die Wade beißt oder greift, ist kein besonders angenehmer Zeitgenosse.

---

8. Vgl. dazu G. Fischer, Exodus 1-15 – eine Erzählung, in: Studies in the Book of Exodus. Redaction, Reception, Interpretation, BETHL 76 (1996), 149-178, und H. Utzschneider, Gottes langer Atem, Stuttgart 1996, 17-21 (Theorie und Zusammenfassung), 21-66 (Durchführung).

Eine bedeutende Rolle spielt diese Konnotation des »Wadlbeißers«, des »Hinterhältigen«, dann in der Erzählung vom Betrug Jakobs an Esaus Erstgeburtssegen (27,36); auch dort wird sie durch ein Wortspiel mit dem zum Leitwort gewordenen Namen »Jakob« zum Ausdruck gebracht. Verzweifelt stellt Esau fest:

»Hat man ihn nicht Jakob genannt;   (27,36) הֲכִי קָרָא שְׁמוֹ יַעֲקֹב
er betrog mich (wayya'qᵉbenî) nun schon zweimal ...«

וַיַּעְקְבֵנִי זֶה פַעֲמַיִם אֶת־בְּכֹרָתִי לָקָח

Der Name Jakob wird hier durch die Wurzel ʿqb »hintergehen, betrügen« erklärt. Noch einmal schließlich wird mit den Konsonanten des Jakobsnamens in der Jakob-Esau-Erzählung gespielt und zwar in Gen 32,25, der Geschichte von Jakobs Kampf mit dem »Mann« am Flüßchen Jabboq:

Da blieb Jakob allein zurück,   וַיִּוָּתֵר יַעֲקֹב לְבַדּוֹ

und es rang ein Mann mit ihm   וַיֵּאָבֵק אִישׁ עִמּוֹ עַד עֲלוֹת הַשָּׁחַר
bis zum Aufziehen der Morgenröte.

Die Wurzel, die hier für »kämpfen, ringen« gebraucht wird, nämlich ʾbq, erscheint in der Ni-Form wayyeʾābeq; sie ist dem Namen yaʿᵃqob lautlich sehr nahe. Nur die Laute ק (q) und ב (b) sind vertauscht. Der Ringkampf am Jabboq führt bekanntlich dazu, daß Jakobs Name in »Israel« geändert wird, daß er also als (gesegneter) Ahnherr des Volkes Israel gleichsam designiert wird. So läßt sich an den Wortspielen mit dem Jakobsnamen ein leitwortgebundener Geschehensbogen der Jakob-Esau-Erzählung festmachen: die Wandlung des Jakob vom Betrüger und zum Ahnherrn des Volkes Israel. Die Leitwort-Funktion des Jakob-Namens und die Verbindungen, die er dabei eingeht, haben nichts zu tun mit der sprachgeschichtlichen Herleitung und der Bedeutung des Namens selbst (Ya'qab-el = Gott möge schützen). Wort- und Sinnspiele sind rein literarisch.

Wortfelder

Unter einem Wortfeld versteht man eine »Gruppe von Wörtern inhaltlicher Zusammengehörigkeit«, die sich in ihren Bedeutungen gegenseitig begrenzen und zusammen ein Inhaltsfeld, einen Sinnbezirk »bilden«.[9] Hinter solchen inhaltlichen »Sinnbezirken« stehen im Alten Testament meist Bereiche des täglichen sozialen und religiösen Lebens oder auch besondere geprägte, traditionale Konzepte des Denkens (vgl. §6: Traditionen). Nicht selten, insbesondere in prophetischen Texten, werden solche Wortfelder auch *metaphorisch* gebraucht.

---

9. Ulrich, Wörterbuch Linguistische Grundbegriffe, Kiel ³1981, 181.

§4 Die Textanalyse

Beispiel 38

Mi 3,5-8
Der Text, in dem es um eine Auseinandersetzung zwischen »wahren« und »falschen« Propheten geht, ist gesättigt mit Worten und Wendungen, die in den Lebensbereich der »Prophetie« innerhalb und außerhalb des Heiligtums verweisen:

(5) **So hat JHWH gesprochen** *über die* **Propheten**, כֹּה אָמַר יְהֹוָה עַל־הַנְּבִיאִים 5
die mein Volk irreleiten, הַמַּתְעִים אֶת־עַמִּי
die beißen mit ihren Zähnen הַנֹּשְׁכִים בְּשִׁנֵּיהֶם
und dann »Friede« rufen – וְקָרְאוּ שָׁלוֹם
wer aber nicht gibt auf ihr Wort, וַאֲשֶׁר לֹא־יִתֵּן עַל־פִּיהֶם
über den heiligen sie Krieg –: וְקִדְּשׁוּ עָלָיו מִלְחָמָה׃
(6) *»Deshalb* לָכֵן 6
ist die Nacht für euch ohne **Gesicht** לַיְלָה לָכֶם מֵחָזוֹן
und die Dunkelheit ist für euch ohne **Wahrsagung**.« וְחָשְׁכָה לָכֶם מִקְּסֹם
Und die Sonne wird untergehen über den **Propheten** וּבָאָה הַשֶּׁמֶשׁ עַל־הַנְּבִיאִים
und verfinstern wird sich über ihnen der Tag. וְקָדַר עֲלֵיהֶם הַיּוֹם׃
(7) *und in Schande sein werden die* **Seher** וּבֹשׁוּ הַחֹזִים 7
und beschämt sein werden die **Wahrsager** וְחָפְרוּ הַקֹּסְמִים
und verhüllen werden sie alle ihren Bart וְעָטוּ עַל־שָׂפָם כֻּלָּם
denn es gibt keine **göttliche Antwort** *mehr.* כִּי אֵין מַעֲנֵה אֱלֹהִים׃
(8) *Hingegen ich bin erfüllt von Kraft,* וְאוּלָם אָנֹכִי מָלֵאתִי כֹחַ
mit dem Geist JHWHs und von Recht und von Stärke אֶת־רוּחַ יְהֹוָה וּמִשְׁפָּט וּגְבוּרָה
zu verkündigen Jakob seine Übertretung לְהַגִּיד לְיַעֲקֹב פִּשְׁעוֹ וּלְיִשְׂרָאֵל חַטָּאתוֹ׃
und Israel seine Sünde.

Die Formel »so hat JHWH gesprochen« ist die Legitimationsformel der alttestamentlichen Propheten für das Gotteswort in Menschenmund. Der »Prophet« ist der göttlich Autorisierte, der von Gott Beauftragte und Berufene; in den Worten Seher/Gesicht klingt die Inspirationserfahrung an, die eine diskrete, nächtliche (Mi 3,6!) Situation, ein Nachdenken meint, das das Sehen einer Gestalt, und schließlich eine als Gotteswort verstandene Hör-Wahrnehmung umschließen kann. Haben jene Begriffe eine Prophetie im Auge, die auf den Empfang und die legitime Weitergabe des Gotteswortes abhebt, so steht hinter der Wortfamilie Wahrsager/Wahrsagung eher eine Prophetie, die göttliche Antworten durch Befragung Gottes aktiv herbeiführt und sich dabei auch technischer oder magischer Mittel wie des Losorakels oder der Totenbeschwörung bedient. Um eine göttliche Antwort geht es hier wie dort. So decken alle Worte des prophetischen Wortfeldes in diesem Text ein weites (wenn auch noch nicht annähernd das ganze) Feld alttestamentlicher Prophetie ab.

Beispiel 39: Wortfelder und Metaphorik

In Hos 1-3 häufen sich Worte und Wortverbindungen aus dem Bereich Mann-Frau/Liebe/Familie (z. B.: zur Frau nehmen, schwanger sein und gebären, verloben, Hure, Liebhaber, »schön tun«). Dieses Wortfeld steht im Text in verschiedener Weise metaphorisch für das Verhältnis Israels zu JHWH bzw. fremden Göttern (»Ba'alen«). Dazu Textausschnitte aus Hos 2 in der Lutherübersetzung:

*(4) Fordert von eurer **Mutter** – sie ist ja nicht meine Frau, und ich bin nicht ihr **Mann**! –, daß sie die Zeichen ihrer **Hurerei** von ihrem Angesichte wegtue und die Zeichen ihrer **Ehebrecherei** zwischen ihren Brüsten,*
(5) damit ich sie nicht nackt ausziehe und hinstelle, wie sie war, als sie geboren wurde, und ich sie nicht mache wie eine Wüste und wie ein dürres Land und sie nicht vor Durst sterben lasse!
...
*(7) Ihre **Mutter** ist eine **Hure**, und die sie getragen hat, treibt es schändlich und spricht: Ich will meinen **Liebhabern** nachlaufen, die mir mein Brot und Wasser geben, Wolle und Flachs, Öl und Trank. ... (10) Aber sie will nicht erkennen, daß ich es bin, der ihr Korn, Wein und Öl gegeben hat und viel Silber und Gold, das sie dem **Baal** zu Ehren gebraucht haben.*
... (16) Darum siehe, ich will sie locken und will sie in die Wüste führen und freundlich mit ihr reden. (17) Dann will ich ihr von dorther ihre Weinberge geben und das Tal Achor zum Tor der Hoffnung machen. Und dorthin wird sie willig folgen wie zur Zeit ihrer Jugend, als sie aus Ägyptenland zog. (18) Alsdann, spricht der HERR, wirst du mich nennen ***»Mein Mann«*** *und nicht mehr* ***»Mein Baal«****.*

Der letzte hier zitierte V. 18 enthält dazu noch ein bedeutungsvolles Wortspiel. »Ba'al« ist nicht nur der Inbegriff für den fremden Gott, sondern auch ein ganz übliches Wort für den »Ehemann«.

Bei der »Entdeckung« solcher Wortfelder helfen die Lexika und die theologischen Wörterbücher (vgl. Literaturverzeichnis, S. 31).

2.2.2 Satzebene: Die Parallelismen

Die für hebräische Texte bedeutendste »Figur«, die Kohärenz mittels inhaltlich verbundener Sätze herstellt, ist der sogenannte »Parallelismus membrorum«. Er kann auch als das sicherste Kennzeichen der hebräischen Poesie im engeren Sinne (vgl. dazu §5 – 1.2) gelten. Im klassischen Verständnis stellt der Parallelismus Kohärenz zwischen zwei »Vers-«hälften her, also zumeist zwischen zwei Sätzen, in denen »in zwei Gliedern die Dinge den Dingen, die Worte den Worten, gleichsam abgemessen und gleichartig sind« (R. LOWTH, De sacra poesia hebraeorum, 1758).

Beispiel 40: Parallelismen

Num 23,5-11 (Luthertext)
(5) Der HERR aber gab das Wort dem Bileam in den Mund und sprach: »Geh zurück zu Balak und sprich so!« (6) Und als er zu ihm kam, siehe, da stand er bei seinem Brandopfer samt allen Fürsten der Moabiter. (7) Da hob Bileam an mit seinem Spruch und sprach: »Aus Aram hat mich Balak, der König der Moabiter, holen lassen von dem Gebirge im Osten:

§4 Die Textanalyse

95

> *‹Komm (a), verfluche (b) mir Jakob (c)! ||*
> *Komm (a'), verwünsche (b') Israel (c')!*
> *(8) Wie soll ich fluchen (a), dem Gott (b) nicht flucht (c)? ||*
> *Wie soll ich verwünschen (a'), den JHWH (b') nicht verwünscht (c')?*
> *(9) Denn von der Höhe der Felsen (a) sehe ich ihn (b), ||*
> *und von den Hügeln (a') schaue ich ihn (b').*
> *Siehe, das Volk wird abgesondert wohnen (a) ||*
> *und sich nicht zu den Heiden rechnen (a').*
> *(10) Wer kann zählen den Staub Jakobs (a), ||*
> *auch nur den vierten Teil Israels (a')?*
> *Meine Seele möge sterben (a) den Tod der Gerechten (b), ||*
> *und mein Ende werde (a') wie ihr Ende (b')!‹*
> *(11) Da sprach Balak zu Bileam:*
> *»Was tust du mir an?*
> *Ich habe dich holen lassen, um meinen Feinden zu fluchen,*
> *und siehe, du segnest.«*

An Beispiel 40 kann man sehen, daß der »Parallelismus« die Einzelthemen des jeweils ersten Halbverses im zweiten Halbvers teils identisch, teils inhaltlich modifiziert reproduziert. Diese inhaltliche Modifikation ist meist so gewählt, daß sie eine Sache nahezu gleichartig ausdrückt. Man spricht dann von einem »synonymen« Parallelismus. Es kann aber auch sein, daß eine Sache gesteigert wiedergegeben wird. Ein solcher »klimaktischer« Parallelismus liegt in V. 10a vor.

Er kann auch drei Glieder aufweisen, wie z. B. in Ps 93:

Beispiel 41: Klimaktischer Parallelismus (Ps 93,4)

Mehr als das Tosen großer Wasser,
mächtiger als die Brandung des Meeres,
mächtig ist JHWH in der Höhe.

Nicht vertreten ist in Num 23 der »antithetische« Parallelismus, in dem der zweite Halbvers das genaue Gegenteil des ersten Halbverses zum Ausdruck bringt.

Beispiel 42: »Antithetischer Paralellismus« (Spr 10,1)

Ein weiser Sohn (a)   erfreut (b)   den Vater (c) ||
aber ein törichter Sohn (a') ist der Kummer (b') seiner Mutter (c').

Beispiel 43: Ein Mißverständnis bei der Rezeption eines Parallelismus Membrorum

Ein Beispiel des möglichen Mißverständnisses eines Parallelismus Membrorum ist im Neuen Testament bei der Schilderung des Einzugs Jesu in Jerusalem zu finden. Hier wird Sach 9,9 von den Evangelisten zitiert (Mt 21,5), bzw. auf diese alttestamentliche Überlieferung angespielt (Mk und Lk). Es stellt sich die Frage: Worauf reitet Jesus eigentlich?

Sach 9,9
Du, Tochter Zion, freue dich sehr (a)
und du Tochter Jerusalem jauchze! (a')
Siehe, dein König kommt zu dir (b)
ein Gerechter und ein Helfer, (b')
arm und reitet auf einem Esel, (c)
auf einem Füllen der Eselin. (c')

Jesus reitet ein

Mt 21, 7	Mk 11,7	Lk 19,35
auf einer Eselin		
und einem	*auf* einem	*auf* einem
Füllen:	Füllen:	Füllen:
... und sie (die Jünger) brachten die Eselin und das Füllen und legten ihre Kleider darauf, und er setzte sich darauf.	*Und sie führten das Füllen zu Jesus und legten ihre Kleider darauf, und er setzte sich darauf.*	*Und sie brachten's (das Füllen) zu Jesus und warfen ihre Kleider auf das Füllen und setzten Jesus darauf.*

In der klassischen Sicht des Parallelismus Membrorum war vor allem die gleichsam horizontale Kohärenzwirkung zwischen zwei Sätzen im Blick. Neuerdings sieht man die Figur des Parallelismus nicht auf die klassischen Zweierpaare beschränkt und in einem weiteren poetischen Zusammenhang (vgl. §5–1.2.1)

2.2.3 Textebene

2.2.3.1 Der Text und die thematische Organisation: Propositionen, Makropropositionen, Teilthemen, Textthema

Die thematische Organisation eines Textes – seine thematische »Gliederung« – läßt sich mit Hilfe der »thematischen Reduktion« (vgl. oben 1.2.4.2) ermitteln. Ausgangspunkt dafür sind die aus dem vorliegenden Text entwickelten und in Aussagesätzen formulierten »Propositionen«. Sie lassen sich formulieren, indem man den Oberflächentext in Aussagesätzen zusammenfaßt. Diese Propositionen lassen sich ihrerseits zu Makropropositionen zusammenfassen, diese wiederum zu Teilthemen. Schließlich läßt sich ein Textthema formulieren. Die Anzahl der Reduktionsschritte hängt vom Umfang und von der Komplexität des jeweiligen Textes ab.

Beispiel 44: Vom Text zu seinen Propositionen und Makropropositionen (Ex 2,23-3,8)

Die folgende Tabelle ist horizontal von Spalte zu Spalte zu lesen.

Text:	Propositionen:	Makropropositionen:
(2,23) Im Verlauf jener langen Zeit starb der König von Ägypten.	1. Der Ägypterkönig ist tot.	1. Die Klage der in Ägypten dienstver-
Da stöhnten die Israeliten wegen des Dienstes und sie schrien und es stieg hinauf ihr Hilferuf zu Haelohim wegen des Dienstes.	2. Die Israeliten beklagen den Dienst. 3. Ihre Klage steigt zu Gott.	pflichteten Israeliten gelangt vor Gott.
(24) Da hörte Elohim ihr Stöhnen und es gedachte Elohim seines Bundes mit Abraham, mit Isaak und mit Jakob.	4. Gott nimmt sie wahr.	
(25) Und Elohim sah die Israeliten an und Elohim erkannte (gab sich zu erkennen).		
(3,1) Mose aber hütete das Kleinvieh Jetros, seines Schwiegervaters, des Priesters von Midian, und er trieb das Kleinvieh hinter die Wüste.	5. Mose hütet das Vieh seines Schwiegervaters.	2. Mose begegnet Gott am Gottesberg bei einem Dornbusch.
Und er kam zum Berg Haelohims, zum Horeb.	6. Er gelangt dabei an den Gottesberg.	
(2) Da erschien ihm der Bote JHWHs in einer Feuerflamme mitten aus dem Dornbusch. Und er sah und siehe, der Dornbusch brannte durch Feuer.	7. Ein Bote JHWHs erscheint in einer Flamme aus einem Dornbusch. 8. Mose sieht den brennen-	
Der Dornbusch wurde aber nicht verzehrt.	den, nicht verbrennenden Busch und nähert sich ihm.	
(3) Da sprach Mose: »Ich sollte vom Weg abweichen, um diese große Erscheinung zu sehen, warum der Dornbusch nicht verbrennt.«		
(4) Da sah JHWH, daß er abge- wichen war, zu sehen.	9. JHWH nimmt Mose wahr.	
Da rief Elohim ihn an mitten aus dem Dornbusch und er sprach: »Mose, Mose!« Und er sprach: »Hier bin ich!«	10. Elohim spricht ihn an.	3. Gott will die Israe- liten aus ihrer Not in Ägypten befreien und ihnen ein gutes Land geben.
(5) Und er sprach: »Tritt nicht näher heran! Löse deine Sandalen von deinen Füßen, denn der Ort, auf dem du stehst, heiliger Boden ist er.«	11. Er weist ihn auf die Heiligkeit des Ortes hin.	

(6) Und er sprach: »Ich bin der Elohim deines Vaters, der Elohim Abrahams, der Elohim Isaaks und der Elohim Jakobs.« Da verbarg Mose sein Angesicht, denn er fürchtete sich, zu Elohim hinzusehen.

12. Er stellt sich vor als Gott der Väter.
13. Mose fürchtet sich.

(7) Da sprach JHWH: »Ich habe die Demütigung meines Volkes, das in Ägypten ist, gewiß gesehen und ihr Geschrei habe ich gehört über ihre Bedränger. Ja, als ich seine Schmerzen erkannte,

14. JHWH spricht zu Mose.
15. Er hat die Not der Israeliten und die Klage der Israeliten wahrgenommen.

(8) stieg ich herab es zu retten aus der Hand der Ägypter und es heraufzuführen aus jenem Land in ein gutes und weites Land, in ein Land, das von Milch und Honig fließt, an die Stätte der Kanaanäer, der Hettiter, der Amoriter, der Perisiter, der Chiwwiter und der Jebusiter.«

16. Er ist herabgestiegen.
17. Er will Israel aus Ägypten zu retten.
18. Er will Israel ein gutes Land geben.

Im Vergleich zum Text zeigen die Propositionen zunächst das Verfahren der thematischen Reduktion: Komplexe Aussagen werden ausgelassen oder so verallgemeinert, daß kein Akteur, keine Handlung, kein Sachverhalt verlorengeht.

Schon bei dieser ersten Reduktionsstufe zu den Propositionen (P) treten Kohärenzen, aber auch Inkohärenzen des Textes hervor. Ein deutliches Kohärenzmerkmal ist beispielsweise, daß die Thematik der Propositionen 2-3, die Wahrnehmung der Not der Israeliten in Ägypten durch Gott, in den P 14-15 wieder erscheint. Die Analyse der Wortebene sollte schon gezeigt haben, daß das Hinaufsteigen der Klage zu Gott dem Herabsteigen Gottes zu den Klagenden komplementär entspricht (Stichwortverbindungen!). Ein durchgehendes thematisches Moment ist das »Wahrnehmen«. Eher Inkohärenz signalisieren die unterschiedlichen Gottesbezeichnungen. Auffällig ist auch, daß die Not der Israeliten nach P 2 anders benannt ist als nach P 15.

Die zweite Reduktion zu Teilthemen (MP: Makropropositionen) kann sich an diesen Beobachtungen orientieren und verfährt ansonsten – nun aber ausgehend von der Propositionenreihe – analog zur ersten Reduktionsstufe. Für die MP-Einteilung können auch Beobachtungen der Textoberfläche fruchtbar gemacht werden. MP 1 entspricht auf der Textoberfläche ein deutlicher Erzählbeginn, vor MP 2 ist der Erzählzusammenhang unterbrochen, MP 3 resultiert aus einem längeren Redestück. Auch die Frage nach dem thematischen Progreß (vgl. oben 1.2.4.2) ist hier zu stellen. Ein solcher ist zweifellos gegeben. Er manifestiert sich gewissermaßen in der Bewegung der Klage der Israeliten zu Gott hin (MP 1) und in der dadurch ausgelösten Bewegung Gottes in die menschliche Sphäre (MP 2). Dabei begegnet Gott allerdings nicht den Klagenden, sondern Mose; an ihn, nicht die »eigentlich Betroffenen«, richtet Gott seine Befreiungsverheißung (MP 3). Wiederum zeigen sich auf der Stufe der MP auch Inkohärenzen: Der Text enthält z. B. nichts darüber, ob diese Verheißung die Klagenden erreicht, auch nichts darüber, ob sie eingelöst wird. Nicht recht einsichtig ist auch, weshalb Mose in MP 2 eingeführt wird. Er kommt in MP 3 nicht mehr vor.

Wir kommen zur dritten Reduktionsstufe: Läßt sich, trotz der genannten einzelnen

§4 Die Textanalyse

Inkohärenzen, für die jeweils Erklärungen zu suchen wären und trotz der torsohaften thematischen Progression, ein Textthema, eine Makrostruktur für den Text benennen (das dann als eine MP der größeren Exoduserzählung angesehen werden könnte)? Eine solche Makrostruktur läßt sich durchaus formulieren, sie ist vor allem gerechtfertigt durch die bereits benannte Korrespondenz zwischen MP 1 und MP 3 und könnte lauten:

Textthema: Gott erhört die Klage der Israeliten und verheißt Mose, einem Menschen, der ihm nahe kommt, die Rettung des Volkes.

Eine traditionsgeschichtliche Untersuchung (§ 6) kann ergeben, daß das textanalytisch rekonstruierte Textthema auch seinen Platz im theologischen Diskurs des alten Israel hatte. Mose erscheint hier als der Prophet, an den auf eine Klage des Volkes das göttliche Heilsorakel ergeht. Dies ist ein Geschehensmuster, das in den Psalmen einerseits und in der sog. Heilsprophetie andererseits erkennbar ist (den Propheten von Mi 3 – vgl. oben Beispiel 27 – wird eben dies versagt).

Die stufenweise Reduktion und Abstraktion ist ganz auf die tiefenstrukturell-thematische Perspektive konzentriert und führt zu einer thematischen Gliederung in mehreren Reduktionsstufen. Der Vorteil einer solchen Gliederung ist, daß sie die Inhalte des Textes vollständig erfaßt und doch überschaubar macht. Dabei können und sollen Gesichtspunkte aus anderen Bereichen der Textanalyse (z. B. Oberflächenstruktur) oder der Exegese eine Rolle spielen, sie sollten nur nicht »vermischt« werden. »Mischgliederungen«, die zwischen inhaltlichen und formalen und funktionalen Gesichtspunkten innerhalb einer Ebene wechseln, führen zu inhomogenen und unvollständigen Gliederungsbildern.

Beispiel 45: Eine inhomogene Gliederung

Die folgende Gliederung ist das *Negativ*-Beispiel einer nach uneinheitlichen Gesichtspunkten erstellten inhomogenen Textgliederung von Ex 2,23-3,8.

2,23-25	Einleitung	funktionaler Gesichtspunkt
3,1-8	Mose am Gottesberg	inhaltlicher Gesichtspunkt (»Überschrift« – 2. Reduktionsstufe?)
3,1-6	Der brennende Dornbusch	inhaltlicher Gesichtspunkt
3,7-8	Rede JHWHs	formaler Gesichtspunkt

2.3 Der Text als Handlung: Pragmatische Ebene

Auf der Beschreibungsebene der Textpragmatik geht es darum, solche Elemente des Textes herauszuarbeiten, die Einstellungen und Haltungen des Sprechers zum und im Gesagten kundgeben (Illokutionen), sowie solche, die Reaktionen beim Hörer auslösen sollen (Perlokutionen). Es geht – kurz gesagt – um die Handlungsdimension des Sprechens (vgl. oben 1.2.5).

Formale Hinweise auf solche »Handlungsgehalte« des Textes sind z. B. Auf-
forderungs-, Wunsch-, Frage- und Schwursätze. Ich-Reden oder Du-Anre-
den ohne erkennbare Bezugsgrößen im Text können »Kundgaben« vor bzw.
»Appelle« an »*textexterne*« Personen (also als gegenwärtig zu denkende
Hörer/Leser) darstellen. Inhaltliche Hinweise können sein: Verben, die
Sprechereinstellungen oder -handlungen zum Ausdruck bringen, wie z. B.
»mißbilligen« oder »bitten«.

Generell wird man sagen können, daß der Handlungsgehalt in nicht-erzäh-
lenden, »besprechenden« Texten des Alten Testaments (insbesondere den
Psalmen) besser identifizierbar ist als in erzählenden Texten. Deshalb wählen wir unser alttestamentliches Beispiel aus den Psalmen:

Beispiel 56: Der »Handlungsgehalt« in Ps 3,2-9

(2) JHWH, wie zahlreich sind meine Gegner,
viele erheben sich gegen mich.
(3) Viele sagen von mir: Es gibt keine Hilfe für ihn bei Gott.
(4) Aber du, JHWH, bist der Schild für mich,
du bist meine Macht und hebst mein Haupt empor.
(5) Wenn ich rufe mit meiner Stimme zu JHWH,
so erhört er mich von seinem heiligen Berge.
(6) Ich legte mich nieder und schlief;
ich erwachte, ja JHWH hält mich.
(7) Ich fürchte mich nicht vor vielen Tausenden,
die sich ringsum gegen mich aufstellen.
(8) Auf, JHWH, hilf mir, mein Gott!
Ja, du schlugst alle meine Feinde auf die Backe;
die Zähne der Übeltäter zerbrachst du.
(9) Bei JHWH ist Hilfe.
Dein Segen ist über deinem Volk!

Die kundgebende sowie die wünschende, bittende Funktion dieses Textes kommt
oberflächenhaft zum Ausdruck in dem Ausruf in V. 2 sowie in der Aufforderung an
JHWH in V. 8. Alle anderen Sätze des Psalms sind formal gesehen Aussagesätze,
die als »Beschreibungen« oder als Darstellungen gelesen werden können. Gleichwohl sind alle Aussagesätze implizite Kundgaben der Not des Sprechers, seines
Vertrauens in Gottes Hilfe und damit auch Bitten an Gott, in seiner Hilfe nicht nach-
zulassen. Diese Dimension ist wesentlich in die Thematik des Textes »einge-
woben«. Sie wird erkennbar an den Wortfeldern: Ein Wortfeld umschreibt die Bedro-
hung (Gegner, sich erheben gegen, fürchten, ringsum aufstellen gegen, Feinde,
Übeltäter), ein anderes hat mit Hilfe, Schutz und Vertrauen zu tun (Hilfe, Schild,
Macht, niederlegen, schlafen, Segen). Allein die Opposition dieser Wortfelder im
Munde *eines* Sprechers, im Aussagezusammenhang *eines* Textes, sind nicht ohne
»pragmatische« Implikationen denkbar. So genügen eben jene wenigen Signale in
V. 2 und 8, um den Text als ganzen als Notschrei und Bitte erkennbar zu machen
(vgl. übrigens die Lutherübersetzung des Psalms, in der die bittende Dimension

---

§4 Die Textanalyse

über die hebräische Vorlage hinaus oberflächenhaft verstärkt wird: V. 2: *Ach HERR, wie sind meiner Feinde so viel ...*; V. 9: Dein Segen *komme* über dein Volk!).

3. Anwendung

3.0 Das Vorgehen im Überblick

Im folgenden soll die Textanalyse in Arbeitsschritte und Arbeitsfragen für die Exegese eines Textes umgesetzt werden, die unter den Bedingungen einer »Exegese ohne Zeitdruck« (vgl. § 9) durchführbar sind. Für diese Arbeitsschritte bietet das im Abschnitt 2 (»Beschreibungen«) zusammengestellte Material jederzeit exemplarische Anschauung, für grundlegende Verständnisfragen steht der Abschnitt 1 (»Zur Theorie der Textanalyse«) bereit.

Der Ertrag dieser Arbeitsschritte hängt vor allem davon ab, daß jeweils die dem auszulegenden Text und der methodischen Fragestellung angemessenen Möglichkeiten aus dem Beschreibungsteil ausgewählt werden. Es wird also damit gerechnet, daß in der Arbeit am auszulegenden Text der Beschreibungsteil herangezogen, aber nicht in jedem seiner Gesichtspunkte sklavisch nachvollzogen wird.

Zielpunkt der Textanalyse in der exegetischen Praxis ist zunächst die Erarbeitung einer »synoptischen« *Gliederung* (3.4.1) des auszulegenden Textes, d. h. einer Gliederung, in der die wesentlichen Ergebnisse der Analyse der Oberflächen- und der Tiefenstruktur vorkommen und aufeinander bezogen sind. Diese Ergebnisse sollen dann im Blick auf Kohärenz, Inkohärenz und den wesentlichen thematischen Gehalt des Textes *ausgewertet* (vgl. 3.4.2) werden. Am Ende der Textanalyse sollen der Exeget und die Exegetin wissen, »was im Text steht«, und »wie der Text seine Aussage zur Sprache bringt«. Die Leserinnen und Leser sollen diese Ergebnisse der Exegese nachvollziehbar und im Ergebnis bündig formuliert nachlesen können.

Zum *Einstieg* in die Textanalyse sollte mit der *Analyse der Oberfläche auf der Satz- und Textebene* (vgl. 3.1.1) begonnen werden. Die Ergebnisse der Analyse auf der Satzebene können in einer besonders eingerichteten Arbeitsübersetzung (vgl. 3.1.2) festgehalten werden. So wird es möglich, gleich zu Beginn die wesentlichen Hinweise für eine formale Gliederung des Textes zu erhalten. Auf dieser Basis können dann Beobachtungen der Wort- und Lautebene der Oberfläche helfen, die vorläufige *formale Gliederung* weiter zu präzisieren. In der exegetischen Praxis muß also die systematische Gliederung des Beschreibungsteils nicht nachvollzogen werden (vgl. 3.1.1).

102 § 4 Die Textanalyse

Von der Wort- und Lautebene der Oberfläche empfiehlt es sich, auf die *Wort- und Lautebene der Tiefenstruktur* (vgl. 3.2) zu wechseln: So wird ein erster Überblick über die Themen des Textes und ihre Verteilung im Text gewonnen. Ein kurzer Blick auf die Satzebene zeigt, ob sich die Analyse im Blick auf Parallelismen lohnt (in der Regel nur bei poetischen Texten).

Danach kann die *Textebene* in ihren zwei Dimensionen analysiert werden. Zuerst die »thematische Reduktion«: Die erarbeiteten Makropropositionen und Teilthemen sind gleichzeitig Überschriften für die *inhaltliche Gliederung* des Textes.

Sowohl auf der Textoberfläche als auch für die Texttiefenstruktur sollte der *engste Kontext* des auszulegenden Textes mitberücksichtigt werden, um die (vorläufige) *Abgrenzung* des Abschnittes zu begründen bzw. zu überprüfen (vgl. dazu dann auch §7 – »Die Geschichte des Textes«).

Ergänzend kann, wenn es diesbezüglich Ergebnisse gibt, die Analyse der *pragmatischen Ebene* (3.3) vorgenommen werden.

> Zur Erklärung der Begrifflichkeit benützen Sie bitte das Schlagwortregister.

3.1 Die Analyse der Textoberfläche (»Form«)

Ziel dieser Untersuchung ist es, die Kompositions- und Gliederungsstruktur der Oberfläche des Textes zu ermitteln. Dabei wird nach der Kohäsion (Zusammenhang) und der Inkohäsion des Textes an seiner Oberfläche gefragt (es geht also noch nicht um die Inhalte!).

3.1.1 Einrichten der Arbeitsübersetzung

Hilfreich ist es, die Arbeitsübersetzung (§2) mit zwei weiteren Spalten zu kombinieren, in denen links der hebräische Text in satzweiser Gliederung und in der Mittelspalte die Satzformationen notiert werden können (vgl. dazu auch Beispiel 26 und gleich auch Beispiel 47).

Beispiel 47: Gen 25,20-28 (vgl. oben, Beispiel 26)

20 וַיְהִי יִצְחָק בֶּן־אַרְבָּעִים שָׁנָה	TM	Als Isaak 40 Jahre war,
בְּקַחְתּוֹ אֶת־רִבְקָה		als er nahm Rebekka,
בַּת־בְּתוּאֵל הָאֲרַמִּי מִפַּדַּן אֲרָם		die Tochter Betuels, des Aramäers von Padan Aram,
אֲחוֹת לָבָן הָאֲרַמִּי		die Schwester Labans, des Aramäers,
לוֹ לְאִשָּׁה׃		für sich zur Frau,
21 וַיֶּעְתַּר יִצְחָק לַיהוָה לְנֹכַח אִשְׁתּוֹ	wayyiqtol-x	und Isaak bat JHWH für seine Frau,
כִּי עֲקָרָה הִוא	NS	denn sie war unfruchtbar.
וַיֵּעָתֶר לוֹ יְהוָה	wayyiqtol-x	Und JHWH ließ sich bitten von ihm,

וַתַּהַר רִבְקָה אִשְׁתּוֹ׃	wayyiqtol-x	und Rebekka, seine Frau, wurde schwanger.
22 וַיִּתְרֹצֲצוּ הַבָּנִים בְּקִרְבָּהּ	wayyiqtol-x	Und die Söhne stießen sich in ihrem Leib,
וַתֹּאמֶר	wayyiqtol-x	und sie sprach:
אִם־כֵּן לָמָּה זֶּה אָנֹכִי	NS	»Wenn (es) so (ist), warum geschieht mir dies?«
וַתֵּלֶךְ לִדְרֹשׁ אֶת־יְהוָה׃	wayyiqtol-x	Und sie ging, zu befragen JHWH.
23 וַיֹּאמֶר יְהוָה לָהּ	wayyiqtol-x	Und JHWH sprach zu ihr:
שְׁנֵי גֹיִים בְּבִטְנֵךְ	NS	»Zwei Völker (sind) in deinem Schoß,
וּשְׁנֵי לְאֻמִּים מִמֵּעַיִךְ יִפָּרֵדוּ	w-x-yiqtol	und zwei Nationen werden sich
וּלְאֹם מִלְאֹם יֶאֱמָץ	w-x-yiqtol	aussondern von deinem Mutterleib und eine Nation wird stärker sein als die
וְרַב יַעֲבֹד צָעִיר׃	w-x-yiqtol-x	(andere) Nation und ein Älterer wird dienen einem Jüngeren.«
24 וַיִּמְלְאוּ יָמֶיהָ לָלֶדֶת	wayyiqtol-x	Und ihre Tage erfüllten sich, um zu gebären,
וְהִנֵּה תוֹמִם בְּבִטְנָהּ׃	NS	und siehe: Zwillinge (waren) in ihrem Schoß.
25 וַיֵּצֵא הָרִאשׁוֹן אַדְמוֹנִי	wayyiqtol-x	Und der erste kam heraus, rötlich,
כֻּלּוֹ כְּאַדֶּרֶת שֵׂעָר	wayyiqtol-x	ganz wie ein Fellkleid.
וַיִּקְרְאוּ שְׁמוֹ עֵשָׂו׃		Und sie nannten ihn Esau.
26 וְאַחֲרֵי־כֵן יָצָא אָחִיו	26 w-x – qatal-x	Danach aber kam heraus sein Bruder
וְיָדוֹ אֹחֶזֶת בַּעֲקֵב עֵשָׂו	w-x – qotel-x	und seine Hand hielt die Ferse Esaus.
וַיִּקְרָא שְׁמוֹ יַעֲקֹב	wayyiqtol-x	Und er nannte ihn Jakob.
וְיִצְחָק בֶּן־שִׁשִּׁים שָׁנָה בְּלֶדֶת אֹתָם׃	NS	Isaak aber (war) 60 Jahre bei ihrer Geburt.

In der Spalte »Satzformation« wird bereits eine erste Gliederung des Textes sichtbar: Die wayyiqtol-Reihe zeigt den Charakter des Textes als kohärente Erzählung an. An ihrem Beginn steht, abhängig vom Tempusmarker, eine längere eröffnende Umstandsangabe. Die beiden direkten Reden in V. 22c und 23b-e fallen durch die Redeeinleitungen, den Nominalsatz in der ersten und die nachzeitigen Tempora in der zweiten Rede sofort auf. Zwei weitere Nominalsätze (V. 21b und 24b) markieren entscheidende Informationen im Erzählverlauf. An einer weiteren Stelle (V. 26a) wird die wayyiqtol-Kette durch ein w-x-qatal-x (»invertierter Verbalsatz«) und einen Partizipialsatz unterbrochen; für einen Augenblick hält die Erzählung inne: Der Protagonist der folgenden Kapitel erscheint auf der Szene. Auch der letzte Nominalsatz, der in Subjekt und Altersangabe mit dem ersten korrespondiert, ist bemerkenswert: Die beiden Sätze bilden eine Art Klammer um die Erzählung.

3.1.2 Arbeitsschritte Oberflächenanalyse

1. Satzebene:	Notieren und markieren Sie Formation (Art und Tempus) des jeweiligen Satzes.
2. Textebene:	Notieren und markieren Sie alle Gliederungsmerkmale des Textes. Notieren und markieren Sie alle Hinweise auf die Phorik, wenn ein Wort oder Wortteil (z. B. das Suffix eines Verbes) auf ein anderes Textelement verweist (oder gerade nicht!).

3. Vorläufige formale Gliederung:	Erstellen Sie eine vorläufige Gliederung in Textabschnitte und überprüfen, präzisieren und korrigieren Sie diese dann in den folgenden beidenSchritten.
4. Wortebene:	Notieren und markieren Sie wiederholtes Auftreten von Worten oder Wortwurzeln.
5. Lautebene:	Möglicherweise gibt es im Text auch Zusammenhang auf der bloßen Lautebene (Reime, Alliterationen).
6. Formale Gliederung:	Versuchen Sie zu klären, wo der Text »zusammenhängt« (»Kohäsion«), wo es Einschnitte gibt, wo eventuell Teile des Textes sich auf etwas beziehen, das außerhalb des Textes liegt.

3.1.3 *Arbeitsfragen zur Analyse der Textoberfläche*

Berücksichtigen Sie immer auch gleich den engsten Kontext mit, um die Abgrenzung des Textes nach oben und unten beschreiben zu können.

Zu (1–2): Satz- und Textebene

- Welche Satztypen (Verbal- oder Nominalsatz) und Formationen bietet der Text?
- Welche Funktion haben die Sätze (Aussage-, Frage-, Aufforderungssätze)?
- Wie ist das Verhältnis zum vorhergehenden Satz? Sind die Sätze asyndetisch/syndetisch, parataktisch/hypotaktisch aneinandergereiht?
- Gibt es Satzreihen (z. B. eine »Narrativkette« in Erzählungen oder einen »Progress in der Nachzeitigkeit«, und haben diese einen erkennbaren Anfang oder »Kopf«: z. B. Tempusmarker וְהָיָה bzw. וַיְהִי)?
- Gibt es explizite Textanfangssätze (dazu ist ein »Übergriff« auf die Inhaltsebene erforderlich!)?
- Lassen sich bereits Rede- bzw. Beschreibungsabschnitte im Text erkennen?
  - Gibt es Markierungen von Redeeinleitungen (wie ויאמר und לאמר)?
  - Gibt es Verben, Suffixe oder Personalpronomina der 1. und 2. Person (→ Rede)?
  - Gibt es Verben, Suffixe oder Personalpronomina der 3. Person (→ Beschreibung)?
  - Gibt es Aufforderungs- und Fragesätze?
- Gibt es explizite (auch formelhafte) Textgliederungen?
  - Signale: כִּי, וְעַתָּה
  - Formeln: נאם יהוה, כה אמר יהוה
- Welche Kohäsionsnetze zeichnet die Phorik?

§4 Die Textanalyse

Zu (3): vorläufige formale Gliederung

Versuchen Sie auf der Basis der bisher erarbeiteten Befunde, eine Vorläufige formale Gliederung des Textes zu erstellen.

- Handelt es sich um einen Erzähltext mit oder ohne eingeflochtene Reden?
  Wenn ja:
  – Gibt es Hinweise für eine Auflockerung oder Unterbrechung der Erzählung?
  – Gibt es Hinweise auf die formale Gestalt der eingeflochtenen Reden?
    – Wird etwas Vergangenes erzählt?
    – Wird Zukünftiges ins Spiel gebracht?
    – Wird befohlen oder aufgefordert?
- Handelt es sich um eine oder mehrere Reden?
  Wenn ja:
  – Wird etwas Vergangenes erzählt?
  – Wird Zukünftiges ins Spiel gebracht?
  – Wird befohlen oder aufgefordert?
- In welche Abschnitte läßt sich der Text bisher gliedern?

Zu (4–5): Wort- und Lautebene

Präzisieren und überprüfen Sie nun diese vorläufige Gliederung durch Beobachtungen zur Kohäsion und Inkohäsion auf der Wort- und Lautebene.

- Treten bestimmte Wortklassen (Nomina, Verben, Partizipien) gehäuft oder regelmäßig auf?
- Erscheinen bestimmte Wortkombinationen gehäuft oder regelmäßig?
- Treten bestimmte Wurzeln (als Verben und/oder Nomina) oder Partikel mehrmals auf?
- Gibt es im geschriebenen (!) Text Hinweise auf Kohäsion durch lautliche Erscheinungen, etwa: Alliterationen, Assonanzen, Reime?

Zu (6): Formale Gliederung

Verwenden Sie nun die Ergebnisse der Wort- und Lautebene, um die bisher markierten Abschnitte des Textes

- weiter zu untergliedern,
- die Kohäsionslinien zwischen den einzelnen Abschnitten zu markieren und
- die formale Struktur des Textes zu beschreiben:
  – Sind Ringstrukturen erkennbar (z. B. durch bestimmte Phänomene am Anfang und Ende des Textes)?

- Hat der Text eine an seiner Oberfläche erkennbare Mitte oder Achse?
- Gibt es Abschnitte im Text, die nur wenig Kohäsion zu einem, mehreren oder allen anderen Teilen des Textes aufweisen?

3.2 Die Analyse der Texttiefenstruktur

Ziel dieser Untersuchung ist es, die inhaltliche Gliederungsstruktur des Textes zu ermitteln. Dazu wird nach der Kohärenz (Zusammenhang) und der Inkohärenz des Textes in seiner Tiefenstruktur gefragt (jetzt geht es um Inhalte!). Nehmen Sie immer auch den engsten Kontext mit in den Blick.

3.2.1 Arbeitsschritte Tiefenstrukturanalyse

Eine sinnvolle (aber nicht die einzig mögliche) Reihenfolge ist:

1. Lautebene:	Wenn vorhanden, dann notieren und markieren Sie »Wortspiele«.
2. Wortebene:	Notieren und markieren Sie semantische Felder und (wenn vorhanden) Leitworte und Wortfelder.
3. Satzebene:	Notieren und markieren Sie Parallelismen.
4. Textebene:	Rekonstruieren Sie stufenweise den inhaltlichen Aufbau des Textes durch »thematische Reduktion«. Welche Propositionen lassen sich zu Makropropositionen und diese wiederum zu Teilthemen zusammenfassen, welche nicht?

Versuchen Sie zu klären, wo der Text zusammenhängt, wo es Einschnitte gibt, auch wo sich eventuell Teile des Textes auf etwas beziehen, das außerhalb des Textes liegt.

3.2.2 Arbeitsfragen zur Analyse der Texttiefenstruktur

Berücksichtigen Sie immer auch gleich den engsten Kontext mit, um die Abgrenzung des Textes nach oben und unten beschreiben zu können.

Zu (1–2): Laut- und Wortebene

- Sind einzelne, lautlich ähnliche Worte unter konzeptionellen Gesichtspunkten verknüpft (»Wortspiele«)?
- Werden ein identisches oder mehrere ähnliche Konzepte (Vorstellungsbereiche) mit mehreren verschiedenen Lexemen (Wurzeln/Wörtern) signalisiert?

§4 Die Textanalyse

- Sind im Text konzeptionell zusammengehörige Worte und Wortgruppen (»semantische Felder«) erkennbar? Greifen Sie dabei auch auf die Ergebnisse der Oberflächenuntersuchung zurück. Im Zweifelsfall ist immer die hebräische Semantik entscheidend (vgl. die Wörterbücher).
- Gibt es Anzeichen für metaphorische Rede im Text?
- Welche Personen kommen im Text vor?
- Falls Sie einen größeren Textabschnitt, ein Kapitel, ein Buchteil oder ein ganzes alttestamentliches Buch untersuchen: Finden sich Leitwortsysteme?
- Bereits hier sinnvoll: Finden sich Ortsangaben (geographische, topographische, architektonische) und Zeitangaben?

Zu (3): Satzebene

- Erscheinen konzeptionell aufeinander bezogene Sätze oder Satzgruppen (»Parallelismus membrorum« – »Gedankenreime«)?

Zu (4): Textebene

- Aus welchen Propositionen, Makropropositionen (MP) und Teilthemen (TT) setzt sich der Text zusammen?
- Wie viele Schritte der thematischen Reduktion sind für den Text angemessen (hängt auch von der Länge ab)?
- Lassen sich die Teilkomplexe (MP und/oder TT) zu einem übergreifenden Textthema zusammenfassen oder ist dies nicht der Fall?
- Lassen sich bestimmten MP oder TT Funktionen im Textaufbau zuweisen?
- Stehen bestimmte MP oder TT in einem besonderen »logischen« Verhältnis zu anderen MP oder TT (Opposition, Folge, Steigerung)?

3.3 Der Text als Handlung: Pragmatische Ebene

Dieser Analyseschritt sollte nur in bestimmten Textgruppen, besonders in Psalmen, Rechts- und Weisheitstexten bedacht werden. Ziel der Analyse auf dieser Ebene ist es, die Mittel zu erkennen, in denen der Text bei seinen Hörern/Lesern Wirkung hervorrufen will.

Eine wichtige Arbeitsfrage: Wird im Text jemand angesprochen, der im Text nicht vorkommt?

- Gibt es Aufforderungs-, Wunsch-, Frage- und Schwursätze?
- Gibt es Personalpronomina der 1. und 2. Person ohne erkennbare Bezugsgrößen im Text?
- Gibt es »Kundgaben« vor bzw. »Appelle« an *textexterne* Personen, also als gegenwärtig zu denkende Hörer/LeserInnen?
- Gibt es phorische Elemente im Text, die weder in ihm, noch in seinem literarischen Kontext verankert sind, sondern in die »Welt des Textes« verweisen (z. B. Demonstrativpronomina oder Artikel)?
- Gibt es Verben, die Sprechereinstellungen oder -handlungen zum Ausdruck bringen, wie z. B. »mißbilligen« oder »bitten«, die über die textinternen Kommunikationsebenen hinausweisen?

3.4 Das Ziel der Textanalyse im Kontext der anderen exegetischen Fragestellungen: Die synoptische Gliederung und ihre Interpretation

3.4.1 Synoptische Gliederung

Ziel der Textanalyse und Arbeitsmittel für alle weiteren Schritte ist es, eine dem Text angemessene Gliederung zu erstellen. Dazu ist eine »Synopse« (Zusammenschau) der bisherigen Ergebnisse nötig, das heißt: In der Gliederung sollten Sie alle drei Beobachtungsebenen berücksichtigen: Oberflächen- und Tiefenstruktur sowie, wenn es Ergebnisse gibt, auch die Pragmatik. Wichtig ist dabei, daß die Gliederung zum einen möglichst detailliert, zum anderen aber nicht unübersichtlich ausfällt.

Was Sie an Ergebnissen festhalten wollen, die aus Gründen der Übersichtlichkeit keinen Platz mehr in der graphisch gestalteten Gliederung finden, läßt sich im angehängten Auswertungsteil »unterbringen«.

Versuchen Sie, mit allen Formulierungen so nahe wie möglich am Text zu bleiben, so wenig wie möglich zu »deuten«.

§4 Die Textanalyse

Schema für eine synoptische Gliederung

Formale Gliederung	Vers	Inhaltliche Gliederung	Pragmatik
		Thematische Organisation	
Abgrenzung des Textes: was weist über den Textrand hinaus? nach oben:		nach oben:	
/Sätze/Formationen		/Propositionen/	
/Gliederungssignale/ /Phorik/		/Makropropositionen/	
/Kohäsionsbildende Satzreihen (z.B. Narrative)		/Textthema/	
Abgrenzung des Textes: was weist über den Text hinaus? nach unten:			

3.4.2 Auswertung der Gliederung, Zusammenfassung der Ergebnisse; weiterführende Fragen

(a) Werten Sie die Gliederung aus im Blick auf:

- Kohäsion und Kohärenz
  - Versuchen Sie festzuhalten, was sich an Kompositions- und Strukturmerkmalen erkennen läßt.
  - Versuchen Sie festzuhalten, ob sich »Spannungs«bögen erkennen lassen und, wenn ja, wo und wie sie verlaufen.
  - Versuchen Sie festzuhalten, welche Funktion(en) und Intention(en) der Text erkennen läßt.
- Inkohäsion und Inkohärenz
  - Markieren Sie, welche Spannungen und Brüche formal und inhaltlich auftreten.
  - Markieren Sie, welche Themen mehrmals vorkommen, möglicherweise auf verschiedene Weise (achten Sie dabei auch auf kleinste Unterschiede).
- Das Textthema oder – für den Fall bedeutenderer Inkohärenzen – die Textthemen: Wovon ist im Text die Rede?
- Die Charakteristik der Textoberfläche: In welchen Formen bringt der Text sein Thema zur Sprache?

(b) Überlegen und formulieren Sie offene und weiterführende Fragen bzw. Perspektiven:
- Versuchen Sie, möglichst präzise festzuhalten, was bis jetzt noch ungeklärt bleibt oder jetzt plötzlich neu unklar wird.
- Versuchen Sie möglichst genau zu formulieren, was Sie wissen möchten (und müssen), um den Text über die Ergebnisse der Textanalyse hinaus interpretieren (erklären) zu können.
Unterscheiden Sie dabei zwischen Ihren, oft prinzipiell-theologischen oder praktischen Fragen und jenen, die die Gliederung aufgeworfen hat.
- Ordnen Sie diese Fragen den einzelnen historisch-kritischen Methoden zu:
  – Handelt es sich um Fragen, die eher im Bereich der §§ 5 und 6 (Welt des Textes) eine Klärung finden könnten oder
  – um Fragen, die eher in § 7 (Geschichte des Textes) zu behandeln wären?
- Notieren Sie die Fragen für die Schlußinterpretation (§ 8).

(c) Überprüfen Sie Ihre Fragen durch einen ersten Blick in die »Kommentare«. Sie gewinnen dadurch Einblicke,
- ob und wie Ihre Fragen auch in der exegetischen Literatur verhandelt werden,
- welche weiteren möglichen Fragestellungen für die Interpretation des Textes hilfreich werden könnten.

Zur Vertiefung

Ein Wort zur Lektüre von Kommentaren

Ein Kommentar ist die fortlaufende Auslegung eines biblischen Buches.
Jede Kommentarreihe hat ein eigenes, in der Forschungsgeschichte verankertes, Programm und Profil. Dazu gibt es in der Regel programmatische Aufsätze der Herausgeber, die bibliographisch unter deren Namen zu finden sind.
Kommentare sind in der Regel einer Gesamtthese verpflichtet, die in den Einleitungskapiteln entwickelt wird. Dort finden sich dann auch jene Lesehinweise, die abgekürzte Schreibweisen, verschiedene Drucktypen und ähnliches erläutert. Beachten Sie auch die manchen Kommentaren vorangestellten Inhaltsverzeichnisse; sie bieten – falls vorhanden – die Gliederung des biblischen Buches durch den jeweiligen Autor/Autorin (falls keine Gliederung existiert, erstellen Sie sich selbst eine, indem sie die Kapitelüberschriften [= Textthemen] exzerpieren [vgl. Beispiel 4a!]).
(a) Machen Sie sich vor der Lektüre klar, mit welcher *intentio* Sie lesen:
- Wollen Sie sich allgemein informieren über den Text?

§ 4 Die Textanalyse

- Haben Sie bestimmte Fragen in bezug auf eine Methode, auf einen Textteil, auf eine Übersetzungsmöglichkeit oder -unklarheit?

(b) Machen Sie sich vor der Lektüre klar, mit welcher *intentio auctoris* der Kommentar geschrieben ist. Sind das auch Ihre Fragestellungen und Problemhorizonte?

(c) Ähnliches gilt auch für Aufsätze, Lexikonartikel und Monographien (Bücher über *ein* Thema oder *eine* Fragestellung)!

Der »synchrone« Arbeitsschritt »*Textanalyse*« hat sich auf die Beschreibung von Thematik und Form des Textes sowie der Kohäsions- und Kohärenzverhältnisse im Text konzentriert. Die Textanalyse bereitet damit – auch wenn dies ursprünglich nicht zu ihren erklärten Zielen gehörte – die folgenden Schritte der Exegese vor, die sämtlich – ob sie diachron oder synchron orientiert sind – auf einer sorgfältigen Wahrnehmung der Gehalte und der Sprache des Textes beruhen.

§ 5 Gattungskritik

Literatur:
P. L. BERGER/T. LUCKMANN, Die gesellschaftliche Konstruktion der Wirklichkeit. Eine Theorie der Wissenssoziologie, Frankfurt a. M. ⁴1974; amerikanische Originalausgabe: The social Construction of Reality, New York 1966
M. GERHART, Generic Competence in Biblical Hermeneutics, Semeia 43 (1988), 29-44
S. GÜNTHNER/H. KNOBLAUCH, Forms are the Food of Faith. Gattungen als Muster kommunikativen Handelns, KZSS 46 (1994), 693-723
H. GUNKEL, Die Grundprobleme der israelitischen Literaturgeschichte in: ders., Reden und Aufsätze, 1913, 29-38
R. JAKOBSON, Linguistik und Poetik (1960) in: Literaturwissenschaft und Linguistik, Bd. 1, hg. von J. Ihwe, Frankfurt a. M. 1972, 99-135
K. KOCH, Was ist Formgeschichte? Neue Wege der Bibelexegese, Neukirchen-Vluyn ²1967
H. P. MÜLLER, Art. Formgeschichte/Formenkritik I. Altes Testament, TRE XI, 1983, 271-285
M. RÖSEL, Art. Formen/Gattungen II. Altes Testament, RGG⁴, Bd. III, Sp. 186–190
S. J. SCHMIDT, Ist ›Fiktionalität‹ eine linguistische oder eine texttheoretische Kategorie?, in: E. Gülich/W. Raible, Textsorten, Differenzierungskriterien aus linguistischer Sicht, Frankfurt a. M. 1972, 59-71
T. STAUBLI, Art. Sitz im Leben, NBL, Lief. 13 (1999), Sp. 614f.

1. Zur Gattungstheorie

1.0 Gattungskompetenz und Gattungsbegriffe

Menschen sind im allgemeinen nicht nur in der Lage, Laute zu sinnvollen Sätzen und Texten zu formen bzw. solche zu verstehen, sondern auch dazu, z. B. ein Kochrezept von einem Gedicht oder einen Zeitungsbericht von einer Novelle zu unterscheiden. Die erste der beiden genannten Fähigkeiten, nennen wir »Sprachkompetenz« (N. CHOMSKY[1]: »linguistic competence«), die zweite kann in Analogie zur ersten »Gattungskompetenz« (M. GERHART: »generic competence«) heißen. Beide Kompetenzen sind grundlegende »Systemvoraussetzungen« gelingender Kommunikation und damit auch des Textverständnisses.

»Gattungen« prägen sich in vielerlei mündlichen Äußerungen oder schriftlichen Texten des täglichen Lebens aus: in Begrüßungs- und Abschiedsfor-

---

1. Vgl. N. CHOMSKY, Aspekte der Syntax-Theorie, Frankfurt a. M. 1969, 14.

meln, in Briefen der unterschiedlichsten Art, im schon erwähnten Kochrezept, in der Todesanzeige. Für spezifischere Lebenszusammenhänge gibt es entsprechend spezifischere Gattungen, etwa die Gattung der Seminararbeit oder der Examensklausur im Hochschulleben oder die Gattung der Predigt oder des Kirchenlieds im Gemeindeleben.

Von Gattungen spricht man auch in der Literatur, also in der Welt der gedruckten und verbreiteten Texte. Man kann die literarischen Gattungen zunächst in »Non-fiction« und »Fiction« unterteilen. Zur Literatur im ersteren Sinne zählt etwa das Sachbuch, die Gesetzessammlung, die Tageszeitung, auch die wissenschaftliche Abhandlung. In der Fiction-Literatur, die man auch »schöne« oder »poetische« Literatur nennen kann, lassen sich etwa unterscheiden: der Roman (engl. »novel«), die Novelle, die Kurzgeschichte, das Sonett, die Ballade, die Komödie und viele andere Einzelformen, die – und auch dies ist ein mögliches und gängiges Verständnis von »Gattung« – zu den »höheren« Gattungen oder Genres der »Epik, Dramatik und Lyrik« zusammengefaßt werden. Bisweilen werden auch bestimmte Sprach- und Schreibstile, etwa »Poesie« oder »Prosa«, als Gattungen (vgl. dazu auch unten 1.2) bezeichnet.

Gattungskompetenz ist für das Verständnis und das »Funktionieren« konkreter Texte in der Kommunikation hilfreich, ja geradezu unerläßlich. Kraft unserer Gattungskompetenz entscheiden wir, ob eine mit »Lieber …« eröffnete Anrede »wörtlich« und »ernst« gemeint ist oder ob sie floskelhaft gebraucht ist. Wer eine wissenschaftliche Arbeit oder eine Examensklausur im Stil eines Zeitungsfeuilletons verfaßt (oder umgekehrt), wird bei den jeweiligen Adressaten nicht auf ungeteilte Zustimmung stoßen. Gedichte haben außerhalb der »schönen Literatur« auf Familienfeiern und Jubiläen ihren Platz; wer dagegen eine Bewerbung oder einen Geschäftsbericht als Gedicht abfaßt, wird damit nur in Ausnahmefällen Erfolg haben.

Beispiel 1: Bedeutung der Gattungskompetenz: Novelle oder Reportage

Wie wichtig die Gattungskompetenz für Sprecher und Hörer von Texten sein kann, zeigt ein berühmt gewordenes Experiment, das der spätere amerikanische Filmregisseur Orson Wells im Jahre 1938 durchführte. Er berichtete in einer nach der Gattung »Reportage« gestalteten Hörfunksendung von der Invasion von Marsbewohnern in New Jersey und löste damit panikartige Reaktionen bei den Hörern der Sendung aus. Ihnen war nicht erkennbar, daß Orson Wells den Stoff einer Novelle von H. G. Wells in eine andere Gattung, eben die einer Life-Reportage, umgesetzt hatte. Der Sender hatte alle Mühe, dies aufzuklären und seine Hörer zu beruhigen.

Gattungskompetenz wird für die je eigene gesellschaftliche und kommunikative Umgebung eines Individuums selbstverständlich und mehr oder minder umfassend erworben, wie ja auch die Sprachfähigkeit erworben und trainiert wird. Außerhalb des je eigenen gesellschaftlichen Umfeldes ist Gattungswissen und Gattungskompetenz viel weniger selbstverständlich, aber nicht weniger nötig für das Verständnis der Texte. Dies gilt schon für andere soziale Milieus und noch viel mehr für historische, ferne Welten, den Alten Orient, das Alte Israel und mithin auch für die Texte des Alten Testaments. Deren Gattungseigenschaften sind zusammen mit den gesellschaftlichen Kontexten, denen die Texte entstammen, regelrecht zu rekonstruieren – und eben dies ist das wissenschaftliche »Globalziel« dieses Methodenschrittes.

Beispiel 2: Die Bedeutung der Gattungsfrage für das Verständnis alttestamentlicher Texte

Das angemessene Verständnis nicht weniger historisch-erzählender Texte ist mit der Frage nach ihrer Gattung verknüpft. Dies gilt z. B. für die Überlieferungen von David. In Frage steht, ob es sich bei diesen Texten eher um eine Frühform der »Geschichtsschreibung«, in modernen Kategorien also um »Non-fiction«-Literatur, oder eher um »schöne«, »poetische« Literatur handelt. Vielleicht ist diese Alternative den alten Texten und dem Literaturverständnis des Alten Israel auch unangemessen. Für die Auslegung der Texte und die alttestamentliche Geschichtswissenschaft ist diese Frage jedoch bisweilen ebenso bedeutsam wie schwer zu entscheiden. So schreibt H. DONNER in seinem Standardwerk zur Geschichte Israels über die sog. Thronnachfolgegeschichte Davids (II Sam 6 – I Kön 2) einerseits: »In der Tat weiß der Verfasser mehr, als vernünftigerweise angenommen werden kann, daß er wissen konnte: Gedanken ... und Gefühle der Akteure, Schlafzimmergeheimnisse und dergleichen. Das eben sind die Ingredienzien der *historischen Novelle.*« Und andererseits: »In der gegebenen Lage, ohne die Möglichkeit einer Kontrolle durch zusätzliche literarische Quellen, kann der Historiker nichts anderes tun, als das *Geschichtswerk* zurückhaltend und kritisch nachzuerzählen.« (H. DONNER, Die Geschichte des Volkes Israel und seiner Nachbarn in Grundzügen 1, ATD Erg. 4,1, Göttingen 1984, 208; Hervorhebungen von H. U.)

Unsere bisherigen Überlegungen haben eine relativ deutliche Grenzlinie zwischen Gattungen der alltäglichen und institutionell gebundenen Kommunikation einerseits und den Gattungen und Genres der »schönen« Literatur, der – im weiteren Sinne – »poetischen« Gattungen andererseits, hervortreten lassen. Wir werden im vorliegenden Paragraphen den Schwerpunkt auf die alltäglichen und die institutionell gebundenen Gattungen (1.1: *Gattungen der institutionellen Kommunikation*) legen, also auf jene Gattungen, deren kommunikative Funktionen innerhalb eines bestimmten Lebenszusammenhangs des Alten Israel, etwa der Religion, des Kultes, des Staatslebens und der Sippen oder Familien, einigermaßen deutlich bestimmbar sind. Dabei wird sich allerdings zeigen, daß die poetische Dimension auch dieser Gattungen nicht einfach zu vernachlässigen ist (vgl. 1.1.4). Die *Gattungen der poetischen Kommunikation* werden wir besonders und exemplarisch behandeln (vgl. unten 1.2 und §5a).

§ 5 Gattungskritik

1.1 Gattungen der institutionellen Kommunikation und der »Sitz im Leben«

1.1.1 *Institutionen und institutionelle Welten: Sitz im Leben*

Institutionen sind traditionell begründete, von Generation zu Generation weitergegebene Typen sozialen Handelns (P. L. BERGER – T. LUCKMANN). In der alttestamentlichen Wissenschaft bezeichnet man solche Typen des sozialen Handelns im Blick auf die Gattungen der alttestamentlichen Texte als »*Sitz(e) im Leben*« (SiL).

Solche Typen sozialen Handelns sind auf größere soziale Zusammenhänge, Institutionen, bezogen, die meist mehrere traditionelle und typische Formen menschlichen Handelns in sich vereinigen. Auch Institutionen sind nicht gegeneinander isoliert, sondern bilden miteinander institutionelle Welten.

Beispiel 3: *Eheschließung* als eine in sich komplexe und in die institutionelle Welt integrierte Institution

Der komplexe »Sitz im Leben«	und seine Beziehung auf die institutionelle Welt
»*Eheschließung*«	
Verlobung	Familie, Verwandtschaft
Hochzeitsfest	Öffentlichkeit
Standesamtliche Eheschließung	Staat
Traugottesdienst	Kirche

Die Eheschließung selbst ist wiederum Teil der umfassenderen Institution Ehe.

Auch wenn Typen sozialen Handelns und die durch sie hervorgebrachten Gattungen die Tendenz haben, sich traditionell zu verfestigen, sind sie doch nicht unveränderlich, sondern einem – allerdings weniger raschen – historischen Wandel unterworfen. Dennoch sind Typen sozialen Handelns deutlich von den jeweiligen Ereignissen zu unterscheiden, in denen sich diese Typen jeweils historisch realisieren. Dementsprechend sollte auch der Begriff »Sitz im Leben« nicht mit dem »Historischen Ort« verwechselt und etwa im Zusammenhang mit der Datierung eines Einzeltextes verwendet werden (vgl. dazu §7 – 2.4).

1.1.2 Gattungen: Institutionalisierte Kommunikation und Kommunikation in Institutionen

Institutionen bringen typische Weisen sprachlicher und nichtsprachlicher Kommunikation hervor. Typische Weisen der Kommunikation, sofern sie sprachlich sind, nennt man »Gattungen«.
Nichtsprachliche bzw. komplexe, aus Sprache und Handlung bestehende Typen der Kommunikation sind »Rituale«. Rituale sind Akte symbolischer Kommunikation.[2]
Institutionen (Sitze im Leben) bringen meist mehr als nur *eine* »Gattung« hervor; diese Gattungen haben jeweils bestimmte Funktionen im Handlungsgefüge von Institutionen. In ihrer Einbindung in typische, institutionelle Handlungszusammenhänge sind Gattungen so etwas wie »Kommunikationsprogramme«, nach denen einerseits Menschen in bestimmten Lebenssituationen ihre gesprochenen Worte oder geschriebenen Texte gestalten, aus denen andererseits Leser und Hörer erkennen können, auf welche Lebenssituation ein so gestalteter Text zugeschnitten ist.

Beispiel 4: Ausgewählte Gattungen und Rituale des »Sitzes im Leben« Eheschließung

Sitz im Leben	Gattungen (Beispiele)	Funktion
Verlobung	Verlobungsanzeige	Mitteilung an Familie, Freunde, Öffentlichkeit
Hochzeitsfest	Hochzeitsanzeige	Einladung, Mitteilung
	Tischreden	signalisieren Einverständnis, Freude, Wünsche, stiften Identität
Standesamtliche Eheschließung	Aufgebot	Amtl. Mitteilung zur Feststellung, evtl. Ehehindernisse
Kirchliche Eheschließung	Ja-Wort	
	Trauspruch	Vermittelt der Handlung »transzendente Tiefe« und
Traugottesdienst	Traupredigt	Segen.

Eine Gattung ist keine vorweisbare »physische« Größe und nie mit *einem* bestimmten, vorweisbaren Text identisch, sondern Größe des kollektiven, traditionellen Wissen einer Kultur oder einer Gesellschaft. Aus diesem geistigen »Reservoir« heraus prägen sich Gattungen in konkreten, vorweisbaren Texten jeweils neu und modifiziert aus. Dieser Zusammenhang zwischen Gattung und Texten ist entscheidend für den methodischen Denkweg der alttestamentlichen Gattungskritik, wie wir nun gleich sehen werden.

---

2. W. Jetter, Symbol und Ritual. Anthropologische Elemente im Gottesdienst, Göttingen ²1986, 121.

§ 5 Gattungskritik

1.1.3 Das Gattungsformular und der gattungshaft geprägte Text

Man kann eine Gattung, wie gesagt, als ein »Kommunikationsprogramm« im Rahmen einer Institution verstehen. Ein solches Programm enthält Konventionen und Anweisungen darüber, wie in einem bestimmten institutionell vorgesehenen und geprägten Kommunikationsfall die darin getätigte mündliche Äußerung oder der dabei hervorgebrachte schriftliche Text gestaltet sein sollte. Diese Programmatik hat meist eine inhaltliche und eine formale Seite, die freilich – wie schon in der Textanalyse (vgl. oben § 4 – 1.2.4.3) – nie isoliert voneinander gesehen werden dürfen. Eine Gattung ist deshalb durch eine typische Abfolge von Themen und ein Set mehr oder weniger typischer Formelemente der Textoberfläche gekennzeichnet. Man nennt diese thematische und formale Typik einer Gattung das *»Gattungsformular«* oder auch – vor allem im Blick auf typische Oberflächenmerkmale – die *»Formensprache«* (H. GUNKEL).

Dieses Gattungsformular prägt sich in immer wieder modifizierter Weise in konkreten Texten aus. Dies sei im folgenden exemplifiziert am »Gattungsformular« einer »Einladungskarte zur Hochzeit« samt einem dadurch geprägten (fiktiven) Einzeltext einer solchen Einladung:

> Beispiel 5a: Das Gattungsformular »Einladungskarte zur Hochzeit« und ein dadurch geprägter Einzeltext
>
> Eine Einladungskarte zur Hochzeit enthält in der Regel die Namen des künftigen Ehepaares, oft mit dem Geburtsnamen der Frau (neuerdings auch des Mannes). Der Anlaß wird vermerkt, meist mit formelhaften Worten: »Wir heiraten ...«, »... in den Hafen der Ehe laufen ein ...«. Eine Einladung wird ausgesprochen. Die Daten für Ort und Zeit der Trauung und der folgenden Festlichkeiten werden angegeben. Kirchlich-christlich geprägte Brautpaare fügen manchmal den biblischen Trauspruch hinzu. Auch graphische Gestaltungselemente können dazukommen. Insgesamt könnte das »Gattungsformular« einer Hochzeitseinladung etwa so aussehen:
>
> | | | |
> |---|---|---|
> | [Anlaß] | | [Trauspruch] |
> | [Name des Mannes] | [Name der Frau] | |
> | | [Geburtsname] | |
> | [Einladungssatz] | | |
> | | | [Graphisches Element] |
> | [Ort und Zeit des Trauungsgottesdienstes] | | |
> | [Ort und Zeit der Festlichkeit] | | |
>
> In den konkreten Einzeltexten, also einer bestimmten Anzeige eines bestimmten Ehepaares, können, ja *müssen* bestimmte Gattungselemente variieren, z. B. Namen,

Orte und Zeiten, andere Elemente des Formulars *können* variieren oder ganz fehlen. Solche Variationen können zunächst bedingt sein durch den Wandel der kulturellen Gegebenheiten (Geburtsname des Mannes!) oder auch durch das spezifische Milieu der betreffenden KommunikationsteilnehmerInnen (z. B. biblischer Trauspruch).

Wir heiraten

»... wo zwei beieinander liegen, wärmen sie sich.« (Koh 4,11)

Friedemann Glückselig & Beate Glückselig geb. Fröhlich

Wir freuen uns auf Euer Kommen!

Kirchliche Trauung am 6. Mai 2000, 11:30 in der Laurentiuskirche, Festliches Mittagessen, Kaffee und Tanz ab 13:30 im Landgasthof Blumenthal

---

Wie die Institutionen selbst, sind auch die darin verwendeten Gattungen dem geschichtlichen Wandel unterworfen; dazu ist mit sozial, milieuhaft, regional bedingten Variationen des »Sitzes im Leben« und damit auch der Gattungsformulare zu rechnen:

Beispiel 5b: Heiratsanzeige einer französischen Familie in »Le Monde« (Sommer 1998)

> M. et Mme. NN beehren sich anzuzeigen,
> daß ihr Sohn NN. mit Mlle NN
> die Ehe eingehen wird.

Eine Heiratsanzeige, die nicht von den angehenden Eheleuten, sondern von deren Eltern in einer überregionalen Tageszeitung geschaltet wird, läßt auf ein spezifisches Herkunftsmilieu und ein konservatives Familienbild schließen. Der »Sitz im Leben« ist grundsätzlich der gleiche wie der in Beispiel 4 dargestellten Einladungskarte. Die Änderungen im Formular sind durch andere soziale und regionale Rahmenbedingungen bedingt.

§ 5 Gattungskritik

1.1.4 Verfremdete Gattungen, Gattungszitate

Das oben vorgestellte Beispiel einer Einladungskarte zur Hochzeitsfeier könnte in einem »bestimmungsgemäßen«, dem »Sitz im Leben« entsprechenden Kontext so gebraucht werden. D. h., der vorliegende Text ist von der Gattung und ihrem Formular so geprägt, daß man einen »funktionstypischen« oder »bestimmungsgemäßen« Gebrauch der Gattung annehmen kann.

Gattungsformulare oder auch Teile von ihnen werden aber keineswegs immer »bestimmungsgemäß« oder »funktionstypisch« gebraucht. Das Auseinandertreten der Gattungsfunktion und der Funktionen der konkreten Texte, die ganz oder teilweise durch das Formular und/oder die Elemente der Formensprache der Gattung geprägt sind, kann unterschiedliche Gründe und Intentionen haben. In den meisten Fällen wird das Gattungsformular bewußt, ja kunstvoll verfremdet. Dieser Vorgang ist bereits in der in eine Reportage hinein verfremdeten Novelle in Beispiel 1 zu beobachten. Zur Rekonstruktion dieser Verfremdung ist es hilfreich, zwischen der (eigentlichen) *Funktion* einer Gattung und der *Intention* der konkreten Verwendung dieser Gattung in dem zu untersuchenden Text zu unterscheiden.

Beispiele 6a und b: Verfremdung als Auseinandertreten der institutionellen Funktion einer Gattung und der Intention ihres Gebrauchs in einem konkreten Text

(a) Die folgende Traueranzeige von »Greenpeace Deutschland« um den »Deutschen Wald« zeigt deutlich die Inhalts- und Formelelemente einer Traueranzeige: die hervorgehobene Nennung des Verstorbenen, für den allerdings kein Name, sondern eine geographisch-botanische Bezeichnung steht, die formelhaft-euphemistische Anzeige des Todes (»Er ist nicht mehr«!) und seiner Umstände, die Nennung der trauernden Hinterbliebenen, die schwarze Umrandung. Dennoch ist der verfremdete Gebrauch dieser Anzeige ohne weiteres erkennbar. Der Wald kann zwar biologisch, nicht aber gesellschaftlich sterben wie ein Mensch. Dieser Hiatus wird dadurch, daß die Anzeige inmitten der regulären »menschlichen« Todesanzeigen erscheint, nur noch hervorgehoben.

Er ist nicht mehr

Wir trauern
um den

Deutschen Wald

Nach langem schweren Leiden muß er unverschuldet von uns gehen.
Für alle: Greenpeace Deutschland

Die Intention dieser Verfremdung ist leicht erkennbar »rhetorisch-propagandistisch« und steht gewissermaßen unter dem Motto »Vorsicht Satire!«. Der verfremdete Gebrauch des Gattungsformulars hat zum Ziel, die Aussage drastisch und aufrüttelnd darzustellen.

(b) Im Dienst literarischer Wirkung, aber auch als gezieltes Ausdrucksmittel, ist »Verfremdung« von Gattungen der institutionellen Kommunikation ein wichtiges sprachliches Mittel, eben jene Institutionen darzustellen und in der Darstellung zu hinterfragen. Ein Beispiel dafür ist C. MORGENSTERNS Gedicht »Die Behörde«.

Die Behörde

Korf erhält vom Polizeibüro
ein geharnischt Formular,
wer er sei und wie und wo.

Welchen Orts er bis anheute war,
welchen Stands und überhaupt,
wo geboren, Tag und Jahr.

Ob ihm überhaupt erlaubt,
hier zu leben und zu welchem Zweck,
wieviel Geld er hat und was er glaubt.

Umgekehrten Falls man ihn vom Fleck
in Arrest verführen würde, und
drunter steht: Borowsky, Heck.

Korf erwidert darauf kurz und rund:
»Einer hohen Direktion
stellt sich, laut persönlichem Befund,

untig angefertigte Person als nichtexistent im Eigen-Sinn
bürgerlicher Konvention vor und aus und zeichnet, wennschonhin
mitbedauernd nebigen Betreff,

Korf. (An die Bezirksbehörde in –).«

Staunend liest's der anbetroffne Chef.

Das Gedicht zitiert unterschiedliche Elemente verschiedener Gattungen der »bürokratischen Kommunikation«, z. B. die Formen- und Formelsprache des »Formulars« (»Wo geboren, Tag und Jahr«) und des Behördenbriefs (»drunter steht: Borowsky, Heck«), die gestelzte Sprache der behördlichen Kommunikation überhaupt (»mitbedauernd, betreff, anbetroffen«). In die übergeordnete poetische Gattung des Gedichts übernommen, dient die Zitatkollage aus dem Arsenal bürokratischer Gattungen der Intention eben dieses Gedichts: der kritischen Persiflage der Bürokratie und ihrer bisweilen menschenverachtenden Sprache.

§ 5 Gattungskritik

Wir werden sehen, daß im Alten Testament, in der Prophetie (vgl. unten 2.2.1), im Psalter, aber auch in anderen Textbereichen diese poetische Verfremdung von Gattungsformularen, die ursprünglich an institutionelle Sitze im Leben gebunden waren, eine erhebliche Rolle spielt. Verfremdung kann ein literarischer Kunstgriff aus dem Formenkreis der Metaphorik sein, der propagandistischen Zwecken dient und sich dabei der pragmatischen Mittel der Überraschung, der Ironie, ja der Satire bedient; die Verfremdung kann aber auch unmittelbar der thematischen Aussage des Textes dienstbar gemacht sein. Dabei werden die Gattungsformulare modifiziert (»Wald« statt Personenname in Beispiel 5b) oder auch kombiniert (vgl. Beispiel 5a: z. B. Formular und Brief in 5b) werden. Außerdem werden sie in dann übergeordnete poetische Texte integriert. In diesem verfremdenden Spiel wächst dann den Gattungen der institutionellen Kommunikation auch eine poetische Dimension zu.

1.2 Gattungen der poetisch-literarischen Kommunikation und literarische Genres

In der modernen Gattungstheorie werden Texte und Gattungen der poetisch-literarischen Kommunikation einem besonderen institutionellen Rahmen oder Sitz im Leben zugewiesen: dem der »gesellschaftlichen Institution ›Kunst‹« (S. J. SCHMIDT). In der Antike, gerade auch in der institutionellen Welt des Alten Israel, ist der Bereich der literarischen Kunst oder der schönen Literatur kaum so deutlich ein- oder ausgrenzbar, wie dies in der Moderne möglich sein mag. Dennoch wird man kaum bestreiten können, daß nicht wenige Texte des Alten Testaments, etwa die Erzählungen der »Vätergeschichten«, die Exoduserzählung, die Erzählungen über David, die Bücher Rut und Jona, die Reden des Hiobbuches und nicht wenige Psalmen in den Bereich der Schönen Literatur, der Poesie, mindestens hineinreichen, und zwar unabhängig davon, ob es im Alten Israel eine dem modernen »Literaturbetrieb« vergleichbare Institution schon gegeben hat oder nicht. Es hat jedenfalls hochbegabte, ja meisterhafte Poetinnen und Poeten in allen »Sitzen im Leben« Israels gegeben, bei Hofe, am Heiligtum und auch in den Sippen und Familien.

Darin liegt wohl das Körnchen Wahrheit, das der Vorstellung einer »Volkspoesie« oder »Volksdichtung« innewohnt, die in der Frühzeit der alttestamentlichen Gattungsforschung eine große Rolle spielte. Ihr Begründer, Hermann GUNKEL (1862-1932), hat jedenfalls nie einen grundlegenden Gegensatz zwischen institutioneller Kommunikation und Poesie gesehen; er ging davon aus, daß zumindest die alttestamentlichen Gattungen des gesprochenen Wortes (also etwa die Sagen der Genesis, wie Gunkel sie las) einer »Volksdichtung« zu verdanken sind. Gunkel stand und sah sich darin in der Tradition G. Herders und der Brüder Grimm.[3]

1.2.1 Was ist »Poesie«?

Der Begriff Poesie kann heute in einem engeren und einem weiteren Sinn gebraucht werden.

(1) Eine engere Fassung des Begriffs »Poesie« meint die rhythmisch-metrische Versdichtung im Gegensatz zur »Prosa«. Prosa wären dementsprechend alle Texte, die nicht in Verse eingeteilt sind und »denen die zahlenmäßige Regelung der Sprechphasen und der Silbenabstufung fehlt.«[4] Nach dieser eher formal-stilisitischen Definition von Poesie, die für das Alte Testament auf jeden Fall noch durch das zentrale inhaltliche Kriterium des »Parallelismus Membrorum« (vgl. §4 – 2.2.2) zu ergänzen wäre, werden im Alten Testament Texte ganz unterschiedlicher Provenienz als »poetisch« bezeichnet: das Liedgut der Psalmen oder des Hohen Liedes, vereinzelte Liedtexte in den Erzählwerken des Pentateuch und der Geschichtsbücher, das Spruchgut der Weisheit (Proverbia, Jesus Sirach), sowie zahlreiche Redetexte in den Prophetenbüchern und der Weisheitsdichtung (Hiob, Kohelet).

(2) Das weitere Verständnis des Begriffs »Poesie« wurde durch den russischen Linguisten Roman Jakobson folgendermaßen entwickelt: Poesie ist durch eine gewollte Nicht-Eindeutigkeit gekennzeichnet. Unabhängig davon, ob es sich um Prosa oder Poesie in der oben (1) genannten engeren Definition handelt, kann man im Anschluß an Jakobson also alle Texte, die die »poetische Sprachfunktion« der absichtlichen Mehrdeutigkeit aufweisen, als »poetisch« bezeichnen.

Sie unterscheiden sich in dieser Hinsicht von Texten mit anderer Funktion; z. B. von jenen, die der – möglichst eindeutigen – Bezeichnung von Dingen oder Sachverhalten dienen. In Letzteren überwiegt die »referentielle Sprachfunktion«.

Jakobson verweist für die Poesie ausdrücklich auf die Parallelismen des Alten Testaments: »Der artifizielle Teil der Dichtung ... läßt sich zurückführen auf das Problem des Parallelismus«[5]. Der Parallelismus – formaler und/oder inhaltlicher Art – stellt einen Vergleich um der Ähnlichkeit oder der Nichtähnlichkeit willen an. Solche Ähnlichkeiten (Similaritäten) bieten im-

---

3. Vgl. dazu W. Klatt, Hermann Gunkel: Zu seiner Theologie der Religionsgeschichte und zur Entstehung der formgeschichtlichen Methode, FRLANT 100, Göttingen 1969 106 ff., insbesondere 112.
4. B. Asmuth, Klang – Metrum – Rhythmus, in: Grundzüge der Literatur und Sprachwissenschaft, Bd. 1: Literaturwissenschaft, dtv WR 4226, Frankfurt a. M., ³1975, 221.
5. R. Jakobson, Poetik, 123.

§ 5 Gattungskritik

mer einen Überschuß an Verstehens- oder Deutungsmöglichkeiten: »Similarität ... verleiht der Dichtung ihre durchgehende symbolische, vielfältige, polysemantische Essenz, die so schön in Goethes ›Alles Vergängliche ist nur ein Gleichnis‹ angedeutet wird«.[6]
In eine durchaus ähnliche Richtung geht die Definition, die S. J. SCHMIDT für »literarische« Texte gibt: »Literarische Texte sind (von seiten der Rezipierenden, H. U./A. N.) polyvalent interpretierbare Textmengen ..., die an verschiedene Interpretationssysteme angeschlossen werden« können.[7]

1.2.2 Poetische Gattungen im Alten Testament

Die moderne alttestamentliche Exegese konzentriert sich in der Nachfolge H. GUNKELS weitgehend auf die Analyse von Gattungen der institutionellen Kommunikation. Sie verwendet im Blick auf poetische Gattungen den oben beschriebenen engeren Begriff von »Poesie« und deren formale Kennzeichen. Will man im Alten Testament im gerade definierten weiteren Sinne poetisch-literarische Texte und damit poetische Gattungen annehmen (was durchaus nicht unumstritten ist), so müssen diese anders beschrieben werden als Texte und Gattungen der institutionellen Kommunikation. Sie sind ja nicht in einer so engen Relation zu einem »Sitz im Leben« bzw. »Historischen Orten« zu sehen. Ihr Kennzeichen ist gerade, daß sie »nicht eindeutig auf bestimmte ... Kommunikationssituationen hin entworfen ... sind.«[8]
Von diesen veränderten Voraussetzungen her ändern und komplizieren sich auch die theoretischen und methodischen Voraussetzungen, unter denen poetisch-literarische Gattungen in alttestamentlichen Texten zu erheben und zu beschreiben sind. Deshalb stellen wir in diesem § 5 nur die übliche Analyse der Texte und Gattungen der institutionellen Kommunikation mit dem vorrangigen Ziel, den »Sitz im Leben« eines Textes zu rekonstruieren, dar.
Die literaturwissenschaftliche, »poetologische« Erforschung des Alten Testaments dagegen ist u. E. erst für ein »Genre« so weit fortgeschritten, daß ihre Ergebnisse Eingang in ein exegetisches Arbeitsbuch finden können: die alttestamentlichen Erzähltexte. Wir ziehen daraus die Konsequenz, die Poetik der alttestamentlichen Erzähl-Literatur in einem eigenen Abschnitt § 5a im gewohnten Dreischritt von Theorie, Beschreibung und Anwendung darzustellen. (Poetologisch ähnlich intensiv erforscht sind zwar auch die

6. Ebd., 126.
7. S. J. SCHMIDT, Fiktionalität, 66.
8. Ebd.

Psalmen, aber die Ergebnisse dieser Forschung sind noch uneinheitlich und komplex. Alle anderen Textbereiche, insbesondere die Redetexte der Prophetenbücher oder auch des Deuteronomiums sind als literarisch-poetische Textsorten noch kaum hinreichend gewürdigt; vgl. aber unter 2.2.1: Zur Vertiefung. Ein Genre prophetischer Literatur?)
Im Rahmen dieses vorliegenden Paragraphen kommen wir nun zur »Beschreibung« der Gattungen der institutionellen Kommunikation.

2. Beschreibungen

Diese »Beschreibungen« gattungshafter Sachverhalte und Probleme an Texten des Alten Testaments hat zwei Schwerpunkte. In einem ersten Abschnitt (2.1) werden wir die Methodik der gattungskritischen und der gattungsgeschichtlichen Arbeit an einem alttestamentlichen Einzeltext (Gen 16 – Beispiele 7a-c) ausführlich beschreiben. Im zweiten Abschnitt (2.2) werden wir die »Gattungswelt« *eines* umfassenderen Bereichs[9] der alttestamentlichen Literatur, der Prophetie, etwas eingehender entfalten und dabei auch das Phänomen der »verfremdeten« Gattungen und Gattungszitate (vgl. oben 1.1.4) genauer exemplifizieren.

2.1 Zur Methodik der Gattungskritik und -geschichte am Einzeltext

Die Gattungsanalyse ist in zwei Schritte, die Gattungskritik und die Gattungsgeschichte, aufgeteilt.

2.1.1 Die Gattungskritik

Die Gattungskritik prüft, ob und in welcher Weise die Form und die Themen konkreter Einzeltexte durch Merkmale eines Gattungsformulars geprägt sind. Sie geht dazu – unter Rückgriff auf Methoden und ggf. Ergebnisse der Textanalyse – von Form und Thematik des Einzeltextes aus und fragt, ob sich formale und thematische Eigenarten des Textes der Prägung durch bestimmte alltägliche (oder poetische) Gattungen verdanken. Dies geschieht grundsätzlich durch den Vergleich des Ausgangstextes mit anderen – ähnlich gestalteten – Texten des Alten Testaments, seiner altorienta-

---

9. Wünschenswert wäre selbstverständlich, die Gattungswelt des Alten Testaments umfassend darzustellen. Dies würde jedoch die Möglichkeiten und den in diesem Arbeitsbuch zur Verfügung stehenden Raum bei weitem übersteigen.

§ 5 Gattungskritik

lischen Umwelt und u. U. auch weiter entfernter Literaturen. Der gattungskritische Vergleich soll aufweisen, daß die fraglichen Merkmale des Einzeltextes keine Einzelerscheinungen sind, sondern allgemeinere, geprägte
und mithin gattungshafte Erscheinungen der institutionellen Kommunikation. Praktisch werden diese Kenntnisse über die Gattungshaftigkeit literarischer Merkmale auch mit Hilfe einschlägiger Sekundärliteratur erworben.

Beispiel 7a: Die Gattungskritik der Erzählung von Hagars Vertreibung (Gen 16,1-15)

(Vgl. auch § 5a – Beispiele 12a und b, in denen die V. 1-6 unter erzählanalytischen
Gesichtspunkten behandelt werden.)
Eine auf die Gattungskritik fokussierte Textanalyse von Gen 16,1-15 kann von den in
der folgenden, z.T. abgekürzten Tabelle zusammengefaßten »Daten« ausgehen.
Zu den in den Spalten und den unter ihnen genannten Kriterien können in § 4 (Textanalyse) herangezogen werden:
zu »Satztyp/Formation«: § 4 – 2.1.3; zu »Akteure«: § 4 – 2.1.4.2 (die Abkürzungen
bedeuten: S. = Sara; A. = Abram; H. = Hagar; B. = Bote JHWHs); zu »Diskursart«:
§ 4 – 2.1.4.4 (B = Beschreibung; Re = Redeeinleitung; R = Rede); »Makroproposition«: § 4 – 2.2.3.1.

	Satztyp/ Formation	Akteure	Diskursart	(Makro-)Propositionen
V. 1	w^e-x-qatal	S./A.	B	Die Umstände:
	NS	S.	B	S., A.s Frau, ist unfruchtbar.
	NS	H.	B	Sie hat eine Magd
	NS	H.	B	namens H.
V. 2	wayyiqtol/...	S./A.	Re/R	S. schlägt A. vor,
	x-qatal	H.		
	q^{e}tol	A.		
	x-yiqtol	S./[H.]		
	wayyiqtol	A.	B	an ihrer Stelle H. zu schwängern.
V. 3	wayyiqtol	S.	B	
	wayyiqtol	S.	B	S. gibt A. H. zur »Frau«.
V. 4a	wayyiqtol (2x)	A./H.	B	H. wird schwanger.
V. 4b	wayyiqtol (2x)	H.	B	Sie verachtet S.
V. 5	wayyiqtol/...	S./A.	Re/R	S. demütigt sie.
	...	R		
V. 6a	wayyiqtol/...	A./S.	Re/R	
V. 6b	wayyiqtol	S.	B	H. flieht
V. 7	wayyiqtol	B./H.	B	und begegnet in der Wüste einem B.,
V. 8a	wayyiqtol/...	B.	Re/R	der mit ihr spricht:
V. 8b	wayyiqtol/...	H.	Re/R	
V. 9	wayyiqtol/...	B.	Re/R	H. soll zu S. und A. zurückkehren.
V. 10	wayyiqtol/...	B.	Re/R	Zahlreiche Nachkommen
V. 11	wayyiqtol/...	B.	Re/R	B. verheißt H. einen
	הנה (siehe) x-qatal			Sohn; sein Name »Ismael«
	w^{e}qatal			soll zeigen: JHWH hat die
	x-qatal			Demütigung H.s gehört.

V. 12	wᵉ-x-yiqtol NSS			Ismael als »Wildesel-Mann«.
V. 13	wayyiqtol/NS כִּי (denn)-x-qatal	H.	B/R	H. gibt der göttlichen Gestalt den Namen »El, der mich sieht«.
V. 14	עַל כֵּן (deshalb) x-qatal		B	Dieser Name wird auf den Ort der Begegnung übertragen.
V. 15	wayyiqtol (2x)	H	B	H. gebiert Ismael.

Die Tabelle zeigt folgende Merkmale des Textes:

(1) *Formal* ist Gen 16 in der typischen Textsyntax der hebräischen Erzählung gestaltet. Dies verbindet den Text mit Gen 25,20-26 (§ 4 – Beispieltext 26; die Geburtsgeschichte Jakobs und Esaus kommt mithin als gattungskritischer Vergleichstext in Frage, s. u.). Weiterhin fällt der kleinräumige Wechsel zwischen den Diskursarten Beschreibung und Rede auf. Im Text erscheinen nur wenige Akteure: Sara, Hagar und der Bote JHWHs als Hauptfiguren und Abram als Nebenfigur. Das Auftreten und die Verteilung der Figuren auf Schauplätze gestattet es auch, den Text zu gliedern. In der Erzähleinleitung (V. 1) werden die für den Beginn der Handlung wichtigen Personen und ihr Verhältnis zueinander skizziert. Im folgenden läßt sich der Text in vier Segmente oder Szenen gliedern: Die ersten beiden (V. 2/3-6a) spielen am Wohnort Abrams und Saras. Die dritte Szene (V. 6b-13) spielt am Zufluchtsort Hagars in der Wüste zwischen Hagar und dem Boten. Auffällig sind die drei mit je erneuter Einleitung aneinandergefügten Reden des Boten (V. 9-11). Im vierten Teil führt V. 14 syntaktisch und inhaltlich über den Erzählzusammenhang hinaus.

(2) *Thematisch* ist die Erzählung bestimmt durch die Motive der Unfruchtbarkeit der Frau, des Verhältnisses von Herrin und Magd, der Begegnung mit einem göttlichen Wesen an einem einsamen Ort sowie der Erklärung von Namen. Der Ort und seine besonderen Eigenschaften (ein Brunnen und sein Name) werden im Anschluß an die Erzählung, aber bereits außerhalb ihrer Handlung zum Thema. Weitere Motive außerhalb des Handlungsgefüges der Erzählung sind in den beiden Reden des Boten enthalten: die Verheißung zahlreicher Nachkommenschaft an Hagar (V. 10) und die Charakteristik Ismaels als »Wildesel-Mann« (V. 12). Soweit die wichtigsten formalen und thematischen Merkmale des Textes.

(3) Die Frage, ob diese Merkmale auf die Prägung durch eine Gattung zurückgehen, ist nun an alttestamentliche *Vergleichstexte* zu richten. Als solche kommen – es hat sich uns schon im Zusammenhang mit den formalen Kennzeichen angedeutet – vor allem Texte aus den Vätererzählungen (Gen 12-36) in Frage. Orientieren wir uns an den genannten thematischen Motiven in Gen 16, so lassen sich eine Reihe von Vergleichstexten aus den Vätererzählungen namhaft machen. Das thematische Motiv der Unfruchtbarkeit der Ahnfrau findet sich in Gen 18,1-15 und 25,20-26. Die Begegnung mit einem göttlichen Wesen prägt die Erzählungen von Jakobs Traum (Gen 28,10-22) und Jakob am Jabboq (Gen 32,23-33). Das Motiv der Erklärung von Personen-, Volks- und Ortsnamen findet sich in Gen 32,23-33 ebenso wie in Gen 25,20ff., in Gen 28,10-22 und in Josua 4,1-9. Überprüft man die genannten Vergleichstexte auf die formalen Eigenschaften hin, so ergeben sich auch hier weitgehende Überstimmungen; es handelt sich um vergleichsweise kurze Erzählungen mit wenigen Personen, die szenenhaft gegliedert sind und in denen sich die Dis-

kursarten von Beschreibung und Rede mehr oder minder kleinräumig abwechseln. Meist sind die Texte mit mehreren sogenannten ätiologischen, d. h. erklärenden Elementen verknüpft. In Gen 16 wird neben dem Ortsnamen (V. 13f.) vor allem der Name und der Charakter des Volkes der Ismaeliter erklärt.

Die Gattungskritik unseres Textes Gen 16,1-15 führt also zunächst zu dem Ergebnis, daß dieser Text formal und inhaltlich durch das Gattungsformular der »ätiologischen Sage« geprägt ist. Ganz entsprechend beschreibt H. GUNKEL in seinem *Genesis-Kommentar* die Gattung der »Sage« (vgl. die Einleitung §§ 2 und 3).[10]

Eine zweite Überlegung im Rahmen der Gattungskritik gilt dem *»Sitz im Leben«*. Als Sitz im Leben haben wir jene Institution des menschlichen Zusammenlebens beschrieben, die die Gattung hervorgebracht hat und in deren Rahmen sie als »Kommunikationsprogramm« funktioniert (1.1.2). Dieser »Sitz im Leben« ist meist ebensowenig selbstverständlich gegeben wie die Gattung, d. h. er muß aus den Texten, ggf. auch mit Hilfe der Archäologie, rekonstruiert werden. In der Exegese geht man dafür meist vom Einzeltext und seinen Vergleichstexten aus und befragt sie, welche Hinweise auf ihre Funktion und ihre institutionellen Kontexte sie enthalten. Von daher wird geprüft, ob diese Hinweise zum »Sitz im Leben« der Gattung passen, durch die der Text geprägt ist. Wie schon für die Gattung, wird man auch für die Bestimmung des Sitzes im Leben ohne die einschlägige Sekundärliteratur kaum auskommen.

Beispiel 7b: Die Gattung der (ätiologischen) Sagen der Vätergeschichte und ihr Sitz im Leben

Gehen wir für die Frage nach dem Sitz im Leben der Gattung der Vätersagen von Gen 16 aus, so weist dieser Text deutlich auf das Milieu der Familie, und zwar einer einerseits wohlhabenden und wohlorganisierten Familie (die Frau des Hauses verfügt über eine ausländische Magd!) und andererseits einer Familie, die zu ihrer Fortexistenz auf sich selbst gestellt ist. Darauf weist die hohe Bedeutung, die der erstgeborene Sohn des pater familias (die Figur Abrahams!) hat. Dieses Milieu lassen alle in Beispiel 7a genannten Vergleichstexte erkennen. Man wird kaum fehlgehen, wenn man als Sitz im Leben der Sagen die Familie und die Vätersagen als »Familiensagen« bezeichnet. Dabei bleibt aber noch sehr viel offen. Z. B. ist der historische und soziale Ort der Familie noch näher zu bestimmen. Nach allem, was die Texte erkennen lassen, dürfte es sich nicht um städtische Familien handeln; es fehlt jeder Hinweis auf staatliche oder örtliche Autoritäten, weder von Königen (mit Ausnahme von Gen 14) noch von Priestern oder Richtern ist die Rede. Allerdings rechnen die Texte mit Gemeinschaften jenseits der Familien und Sippen, ja diesen Stämmen oder Ethnien gilt ihr Interesse. So geht es in Gen 16 nicht zuletzt

---

10. H. GUNKEL, Genesis, Göttingen ³1910, XXVII-LI. Vgl. neuerdings auch B. LANG, Art. Sage, NBL, Lief. 12, 1998, 402-411, sowie DERS., Art. Sagenforschung, NBL, 411-423, jeweils mit reichen Literaturangaben.

darum, den Charakter der Ismaeliten zu erklären. Die Familienerzählungen sind auf Völker hin transparent.

Um den sozialen Ort der Erzählungen noch näher einzugrenzen, kann man fragen, ob es sich um nomadische oder seßhafte Familien handelt, unter denen diese Art von Erzählungen kursierte. Die Antwort darauf fällt nicht leicht. Vieles spricht für die (halb-)nomadische Familie: Man verfügt nicht über feste Wohnsitze, man tritt in Beziehung zur ansässigen Bevölkerung (Gen 20; 23 u. ö.). Gleichwohl mehren sich in der alttestamentlichen Forschung Stimmen, die dafür plädieren, daß die Vätererzählungen bereits die Zeit der Seßhaftigkeit und damit die ansässige, bäuerliche Familie voraussetzen.[11]

Für die Funktion und die Funktionsweise der Sagenerzählung sind wir weitgehend auf Vermutungen und kulturgeschichtliche Analogien angewiesen. Jedenfalls dürfte die Gattung (nicht der Einzeltext!) der Sage die mündliche Realisierung und Überlieferung voraussetzen (vgl. unten § 7 – 2.2, Beispiel 13). »Als mündliche Überlieferer der S. sind Erzähler anzunehmen. Dies sind Männer (und Frauen?), die ein Repertoire alter S.nstoffe bei anderen Erzählern erlernt haben und aus ihrem Schatz bei uns unbekannten Gelegenheiten, vielleicht beim abendlichen Zusammensitzen der Erwachsenen in Dorf und Stadt, vorgetragen haben ...«[12] Soweit zur Rekonstruktion des »Sitzes im Leben« der Gattung Sage, durch die unser Text Gen 16 seine Prägung erfahren hat.

2.1.2 Die Gattungsgeschichte

Ihrem Begriff nach untersucht die »Gattungsgeschichte« die Veränderungen, die Gattungen – bedingt durch den sozial- und kulturgeschichtlichen Wandel, aber auch durch ihre poetischen Verfremdungen – erfahren. Das Ende der Geschichte ist erst erreicht, wenn der Sitz im Leben, also die Institution oder die Institutionen, die sie hervorgebracht haben oder in denen sie Funktionen gewonnen haben, nicht mehr existieren. Für die Gattungsgeschichte vor diesem Ende geht es darum, die Veränderungen des Gattungsformulars, soweit sie am auszulegenden Text erkennbar sind, der Geschichte der Gattung und ihres Sitzes im Leben zuzuordnen.

Beispiel 7c: Gattungsgeschichten ätiologischer Sagen

Die ätiologische Sage ist weder auf das Alte Testament noch das Alte Israel beschränkt, die Gattung ist vielmehr bis in die moderne deutschsprachige Literatur hinein lebendig. Exemplare dieser Gattung werden zumeist in heimatkundlichen Sammelbänden überliefert. So findet sich in einer solcher Sammlung, der von dem Heimatpfleger und (Schul-)Rektor Gustl EMPFENZEDER herausgegebenen »Ge-

---

11. Vgl. R. ALBERTZ, Religionsgeschichte Israels in alttestamentlicher Zeit I, ATD Erg. 8,1, Göttingen 1992, 51 f. (Lit.!). Ferner H. UTZSCHNEIDER, Patrilinearität im alten Israel – eine Studie zur Familie und ihrer Religion, BN 56 (1991), 60-97.

12. B. LANG, Art. Sagenforschung, NBL Lief. 12, 413.

§ 5 Gattungskritik

schichte der Ammersee-Heimat«[13], die »Mausinselsage«, die in ihrer Erzählung den Namen einer Insel im Wörthsee (ca. 30 km westlich von München) erklärt. Die Sage handelt von einem reichen Mann, der in Notzeiten mit Armen und Bettlern sehr grausam verfuhr und sie in ihrer Not als Ratten und Mäuse verspottete. Als er eines Tages versuchte, sich und seinen Besitz vor einer verheerenden Mäuseplage auf die Insel Wörth zu retten, wird er dort selbst mitsamt dem Rest seiner Habe auf grausame Weise ein Opfer der Nager. Die Mausinselsage ist in mancherlei Hinsicht den biblischen Sagen ähnlich und endet mit einer Formulierung, die der von Gen 16,14 durchaus vergleichbar ist:

Gen 16,14 (Luther):	Mausinselsage:
»Darum nannte man den Brunnen ›Brunnen des Lebendigen, der mich sieht‹. Er liegt zwischen Kadesch und Bered.«	»Und so nannte man den Wörthsee auch den ›Maus-See‹, und die Insel Wörth wird heute noch mit Mausinsel bezeichnet: zur Erinnerung an den Übeltäter, der wohl der Reichste, aber zugleich der Ärmste war weit und breit.«

Im Vorwort seines Werkes gibt dessen Sammler und Autor einen interessanten Einblick in die Geschichte des »Sitzes im Leben« der von ihm tradierten Texte und Gattungen. »Das Buch möchte mithelfen, das Wissen um diesen ›kleinen Flecken rings um uns‹ noch mehr zu vertiefen. In früherer Zeit war neben der schulischen Unterrichtung die mündliche Überlieferung von gleicher wichtiger Bedeutung. Der ›Hoagart‹ wurde vom Programm-Angebot des Fernsehens verdrängt, das Dieselroß ermöglicht Feldarbeit bis in die Nacht hinein, und die Sonnenbank vorm Haus, einst ›der Thron des Feierabends‹, wird kaum mehr benützt.«[14] Das skizziert den geschichtlichen Weg der Gattung dieser Institutionen: von der mündlichen Performance und Überlieferung im Familienkreis zum Feierabend über die schulische Vermittlung zur Aufnahme in ein Buch, für das Empfenzeder als staatlich bestallter »Heimatpfleger« verantwortlich zeichnet.

Die alttestamentliche Gattung der ätiologischen Sagen der Genesis kann wohl auf eine vergleichbare Geschichte zurückblicken. Zumindest ist anzunehmen, daß sie aus mündlicher Tradition heraus gesammelt und in wie immer geartete schriftliche Korpora, sei es der Jahwist oder die D-Schicht E. Blums[15] (vgl. dazu § 7 – 2.3), eingearbeitet wurden. Diese Übergänge der Gattung und der durch sie geprägten Texte hat auch das Gattungsformular erkennbar verändert. Wird ein kurzer Text Teil eines größeren literarischen Zusammenhangs, so muß er an diesen angeschlossen und entsprechend kommentiert und ergänzt werden. In Erzählungen sind gattungshafte »Einfallstore« dafür die Reden sowie kurze Kommentierungen in den Textanfängen oder -schlüssen. Für beides zeigt der vorliegende Text von Gen 16 Befunde. Bereits in der Gattungskritik ist uns die Häufung der Redeeinleitungen in der Botenszene aufgefallen. Mindestens die Teilrede Gen 16,10, in der der Bote der Hagar die Mehrung verheißt, verdankt sich dem Übergang der Gattung von einem Sitz im Leben in der Mündlichkeit in die Literatur. Die Rede und das Motiv der Mehrungsverheißung

---

13. G. EMPFENZEDER, Geschichte der Ammersee-Heimat, Herrsching ²1978, 182.
14. Ebd., 9.
15. E. BLUM, Die Komposition der Vätergeschichte, WMANT 57, Neukirchen-Vluyn 1984, 365; Gen 16,10: Volksverheißung für Hagar.

verbindet die Hagarerzählung mit anderen Verheißungsreden, die den Erzvätern Israels die Mehrung (und Volkwerdung) zusagen (vgl. etwa Gen 22,17; 32,13).

2.2 Gattungen der Prophetischen Literatur

Literatur:
Ein neuerer Überblick über die Gattungen der Prophetischen Literatur findet sich bei
A. SCHOORS, Die Königreiche Israel und Juda im 8. und 7. Jahrhundert v. Chr., BE 5, Stuttgart 1998, 108-116 (dort weitere Lit.!)
Zum »Sitz im Leben« der Prophetie vgl. den Abschnitt »Eigenart und Bedeutung der Prophetie Israels« in
E. ZENGER u. a., Einleitung in das Alte Testament, Stuttgart ³1998, 371-381, sowie
J. BLENKINSOPP, Geschichte der Prophetie in Israel, Stuttgart 1998
Ältere Standardliteratur:
H. GUNKEL, Die Propheten als Schriftsteller und Dichter, in: H. Schmidt, Die großen Propheten, SAT 2,2, Göttingen 1923, XXXV-LXX
C. WESTERMANN, Grundformen prophetischer Rede, München ⁵1978

2.2.1 Genuine und »geliehene« Gattungen in der prophetischen Literatur

In den vergangenen Jahrzehnten hat sich die Erwartung an die möglichen Ergebnisse der Gattungskritik im Blick auf Texte der prophetischen Literatur erheblich verschoben. Hatte man im Gefolge des »Erfinders« der alttestamentlichen Gattungskritik H. GUNKEL[16] noch lange angenommen, daß die »geprägten Formen« über ihren jeweiligen »Sitz im Leben« unmittelbaren Zugang zum sozialen Kontext der Prophetie gewähren, so ist mittlerweile die Einsicht gewachsen, daß es sich bei den literarischen Formen, durch die prophetische Texte geprägt sind, vor allem um literarische Darstellungsmittel handelt.[17]

---

16. Zumindest für die genuin prophetischen Gattungen gilt dies. Vgl. dazu H. GUNKEL, Die Propheten als Schriftsteller und Dichter, in: H. SCHMIDT, Die großen Propheten, SAT 2,2; Göttingen 1923, XXXV-LXX; XLVI ff.
17. So etwa: R. KNIERIM, Old Testament Form Criticism Reconsidered, Interp. 27 (1973), 435-468.

Zur Vertiefung

Ein Genre prophetischer Literatur?
Die Wahrnehmung der poetisch-literarischen Seite der Prophetenbücher steckt u. E. noch ganz in den Anfängen. Im Grunde weiß man noch nicht, welche Art, welches Genre von Literatur sie darstellen, d. h. die Frage, ob sie einem übergreifenden Textbildungsprogramm folgen und wenn ja, welchem, ist noch nicht hinreichend geklärt. In einem anderen Bereich der biblischen Literatur ist die Forschung erheblich weiter, und zwar bei den erzählenden, dem epischen Genre zugehörigen Texte. Die literarische Ästhetik der biblischen Erzähltexte ist durchaus schon eingehend analysiert und in entsprechenden Lehrbüchern dargestellt – auch wenn sie in Deutschland noch kaum bekannt sind (vgl. unten § 5a). Für die prophetischen Texte fehlen entsprechende Darstellungen, ja es fehlt – von ersten Ansätzen abgesehen – u. E. noch die Wahrnehmung der Fragestellung als solche.
Allenfalls in zwei- oder dreierlei Hinsicht bemüht man sich schon seit längerem in systematischer Weise um die Untersuchung der poetischen Qualität der prophetischen Literatur:
(1) Man geht davon aus, daß die Texte prophetischer Bücher – sofern sie nicht erzählen – als Versdichtung gestaltet sind. D. h., sie folgen in der Regel den Gesetzen der hebräischen Versbildung, also den Bildungsformen des sogenannten »Parallelismus Membrorum« und einem bestimmten Versmaß. Auch die lautlichen Mittel der hebräischen Poesie wie die Alliteration und Assonanz werden beachtet und beschrieben.
(2) Man hat immer um die Bedeutung der Metaphorik und der Bildsprache prophetischer Texte gewußt und sie auch beschrieben.
(3) Man hat in verschiedener Weise nach strukturellen »Plots« von Prophetenbüchern gesucht und ist meist bei dem »eschatologischen« Zweier- oder Dreierschema gelandet (vgl. zu Plot § 5a – 2.1.5).
U. E. kann eine Beschreibung der literarischen Eigenart der Prophetie sich auf diese wenigen und zum Teil ja auch sehr allgemeinen literarischen Stilmerkmale nicht beschränken.
Wahrscheinlich ist dieser Mangel darauf zurückzuführen, daß man bis vor kurzem eben sehr genau zu wissen glaubte, daß Prophetenbücher nichts anderes sind als »Sammlungen« und »Verschriftungen« mündlicher Orakel von Propheten ohne eigene literarische Qualität; erst allmählich wächst ein Bewußtsein dafür, daß Prophetentexte nicht so sehr verschriftete mündliche Literatur als vielmehr schriftliche Literatur sind, die sich des Stilmittels der mündlichen Rede und Anrede bedienen.
U. E. weist dieses zuletzt genannte Grundmerkmal der prophetischen Texte auf ihr Genre hin:
Kein geringerer als H. W. WOLFF hat daraus in einem seiner letzten Aufsätze (1986) – er hatte das Haggaibuch zum Thema, läßt sich aber in mancher Hinsicht auf Wolffs Prophetenverständnis beziehen – die folgende Konsequenz gezogen: »Als Vorwurf hat man notiert, ich dramatisiere die Texte. Aber sind sie in Wahrheit

etwas anderes als Momentaufnahmen eines Films, in dem die Bilder laufen lernen, zumeist auf verschiedenen Schauplätzen?«[18] M. a. W.: Wir meinen, das Genre der Prophetenbücher ist das dramatische. Prophetentexte sind danach dramatische Texte, gegliedert in Auftritte und Szenen, die untereinander durch Plots verbunden sind und die Vorstellung eines Schauplatzes in sich tragen.[19]

Trotz des hohen Grades an literarischer Verarbeitung finden sich in den Prophetenbüchern Gattungsformulare, die zu genuinen Gattungen des Sitzes im Leben »Prophetie« gehören. Zu ihnen gehört vor allem das »Gerichtswort« (vgl. 2.2.3.1), aber auch die Heilsworte (2.2.3.4). In diesen Gattungen geht es fundamental, aber nicht alleine um Erschließung der Zukunft. Selbstverständlich hat diese Grundgattung ihre Geschichte entsprechend der Geschichte der israelitischen Prophetie und ihrer Literatur. Im Verlauf dieser Geschichte haben sich dann auch andere Funktionen dieser Gattung mit der der Zukunftserschließung verbunden, ja diese überlagert (vgl. 2.2.3.1).[20]

Neben den genuinen Gattungen finden sich auch aus anderen Institutionen »geliehene« und »verfremdete«[21] Gattungsformulare (vgl. 1.1.4). Was damit gemeint ist, sei in Kürze und beispielhaft am prophetischen Weheruf erklärt; er kommt in den Büchern der klassischen Prophetie häufig vor (Am 5,18; 6,1; Jes 5,8-24; 10,1-4; 28,1 ff.).

> Beispiel 8: Der Weheruf in der Prophetie – eine »verfremdete« Gattung mit neuer Intention (Mi 2,1-2, vgl. Beispiel 6a)
>
> *(1) Wehe!*
> *Die Ränkeschmiede und Übeltäter auf ihren Lagern -*
> *im Morgenlicht führen sie es aus,*
> *denn es steht in ihrer Macht:*
> *(2) Begehren sie Felder,*
> *dann rauben sie (diese),*

---

18. H. W. Wolff, »Haggai literarhistorisch untersucht« (1986), in: ders., Studien zur Prophetie – Probleme und Erträge ThB 76, München 1987, 129.
19. Vgl. dazu H. Utzschneider, Michas Reise in die Zeit. Studien zum Drama als Genre der prophetischen Literatur des Alten Testaments, SBS 180, Stuttgart 1999.
20. Vgl. zu solchen Funktionsverbindungen immer noch W. H. Schmidt, Zukunftsgewißheit und Gegenwartskritik. Grundzüge prophetischer Verkündigung, BSt 64, Neukirchen-Vluyn 1974, oder zum Funktionswandel J. Jeremias, Ich bin wie ein Löwe für Efraim ... (Hos 5,14). Aktualität und Allgemeingültigkeit im prophetischen Reden von Gott – am Beispiel von Hos 5,8-14 (1981), in: ders., Hosea und Amos, Studien zu den Anfängen des Dodekaprophetons, FAT 13, Tübingen 1996, 104-121.
21. Den Begriff der »geliehenen« Gattung hat wohl C. Westermann, Redeformen, 143, geprägt. Mit »leihen« ist eine Indienstnahme einer Redegattung in einem anderen, hier: prophetischen, Kontext gemeint. Dies bringen wir mit dem Brecht'schen Terminus »Verfremdung« zum Ausdruck.

§ 5 Gattungskritik

(begehren sie) Häuser,
dann nehmen sie (diese).
Und sie bedrücken einen Mann und seine Familie, und einen Menschen und seinen Besitz.

(1) Christof HARDMEIER[22] hat herausgearbeitet, daß der Weheruf keine eigentliche prophetische Redeweise ist. Weherufe haben vielmehr zwei gewöhnliche Sitze im Leben:
(a) das Trauerzeremoniell der Klage um einen individuellen Toten und
(b) die Klage über die kriegerische Zerstörung eines Gemeinwesens (Untergangsklage).
Aus Schilderungen der Totenbestattung geht hervor, daß »der szenische Ort der Wehklage und der sie begleitenden Trauergebärden ... entweder im Trauerhaus bzw. auf der Gasse oder auf dem Weg zum Grab bzw. am Grab ... zu bestimmen ist«.[23] Obwohl gelegentlich von Klagefrauen (Am 5,16) die Rede ist, ist doch anzunehmen, daß alle an der Trauer Beteiligten in den Weheruf ausbrechen oder in das ihn begleitende Schreien und Weinen einstimmen und sich auch an den entsprechenden Gebärden beteiligen. Der Ausruf »Wehe« (הוֹי) selbst hat dabei »nur« die Funktion, der affektiven (emotionalen) Dimension der Trauer Ausdruck zu verleihen; er hat in dieser Verwendung keineswegs jene im Neuen Testament geläufige, appellativ-drohende Konnotation (Weh' dem, der ...).[24] In der zeremoniellen Verwendung schließt sich an den Weheruf oft ein syntaktisch nicht weiter verbundenes Nomen an. Es bezeichnet den Grund bzw. den Empfänger des Trauerausdrucks, konkret also »den Verstorbenen bzw. die zerstörte politische Größe, die Anlaß der Trauer sind und denen die Trauerveranstaltung ... gilt«.[25]

(2) In Mi 2,1 ist diese Struktur insofern vorhanden, als an die Trauer-Partikel הוֹי, Wehe!, zwei substantivische Partizipien anschließen, die in der gewöhnlichen Struktur der Totenklage[26] die »Verstorbenen« bezeichnen würden, eben: »die Ränkeschmiede und Übeltäter auf ihren Lagern«. Auf diese Partizipialkonstruktionen folgen Erweiterungen, für die ebenfalls eine geprägte Redeform namhaft zu machen ist: In der »profanen« Trauer schloß sich »an die Klagerufe ein kurzes Lob des Toten bzw. ein Lob auf die untergegangene Stadt« an, das »als Refrain zum Trauerlied dem respondierenden Chor« zugerufen wurde.[27] M. a. W.: Weheruf und das den Toten verherrlichende, seinen Verlust beklagende, die Trauer der Anwesenden »stimulierende« Leichenlied standen in einem Wechselverhältnis zueinander.

(3) Betrachtet man Mi 2,1-2 im Licht dieser Analogie, so ist klar, daß
(a) der Sprecher sich und seine Hörer in eine Trauerszene »versetzen« will, und

---

22. C. HARDMEIER, Texttheorie und biblische Exegese, Zur rhetorischen Funktion der Trauermetaphorik in der Prophetie, BEvTh 79, München 1978, bes. 236 ff. und 377 ff.
23. Ebd., 210.
24. Ebd., 169; vgl. z. B. Mt 23,13 ff.
25. Ebd., 221; vgl. I Kön 13,30; II Sam 3,31.
26. Zur strukturellen Übereinstimmung gewöhnlicher und prophetischer Verwendung vgl. ebd., 254.
27. Ebd.

(b) ferner unübersehbar ist, daß dies in einer ebenso bitteren wie bissigen Verfremdung des Gattungsformulars geschieht. Denn selbstverständlich sind die Übeltäter nach Mi 2,1a nicht tot – wie könnten sie sonst von ihren Lagern aufstehen und ihre bösen Pläne ausführen! Die Verwendung der geprägten Redeform des Weherufs in Mi 2 soll beim Hörer also vielmehr die vertrauten Lebens- und Alltagserfahrungen hervorrufen und ihn anregen, diese auf die im Text vorgestellte (imaginierte) Situation zu übertragen: Die vom Propheten angezielten Übeltäter – skrupellose Grundstücksspekulanten – werden vor der Hörerschaft in ihrem Handeln »wie Tote« dargestellt. Ihr Handeln wird sich für sie und andere als tödlich erweisen.

In literarischer Verarbeitung spiegeln Texte, die nach solchen entliehenen und verfremdeten Gattungsformularen gestaltet sind, nicht eine »reale« Situation wider, vielmehr sind sie so etwas wie »Textbausteine«, allerdings nicht im Sinne blasser Strukturelemente oder Versatzstücke: Sie bringen Farbe und Leben in die Texte, insofern sie mit ihrer Form auch bildhaft szenische Elemente ihres »Sitzes im Leben« in der Vorstellung der Leser wach werden lassen.

2.2.2 Formeln prophetischen Redens

In prophetischen Texten sind eine Reihe von Formeln zu beobachten, die als solche kein Gattungsformular bilden, sondern vor allem strukturierende Funktion haben. Allerdings gehen sie in dieser rein formalen Funktion nicht auf. Sie weisen das gesprochene oder geschriebene Wort als nicht allein im Sprecher oder Autor begründet aus und beanspruchen damit gegenüber den Hörern und Leserinnen (zu Recht oder zu Unrecht, vgl. Jer 28,11.15) eine höhere, göttliche Autorität für ihre Botschaft. Zumindest teilweise bringen diese Formeln auch bildhaft-szenische Momente in die Texte ein; dies gilt z. B. schon für die »Botenformel«.

2.2.2.1 Die Botenformel

»So hat JHWH gesprochen/spricht JHWH« (kô 'āmar yhwh כֹּה אָמַר יְהוָה)

Beispiel 9: Botenformel (Am 7,16-17: Wort des Amos an den Priester Amazja von Bethel)

(16) *Und nun höre das JHWH-Wort:*	וְעַתָּה שְׁמַע דְּבַר־יְהוָה
Du hast gesprochen:	אַתָּה אֹמֵר
»Rede nicht als Prophet über Israel	לֹא תִנָּבֵא עַל־יִשְׂרָאֵל
und geifere nicht über das Haus Isaaks.«	וְלֹא תַטִּיף עַל־בֵּית יִשְׂחָק
(17) *Deshalb: So spricht JHWH:*	לָכֵן כֹּה־אָמַר יְהוָה
»Deine Frau soll in der Stadt zur Hure werden,	אִשְׁתְּךָ בָּעִיר תִּזְנֶה

§ 5 Gattungskritik

> *und deine Söhne und Töchter sollen durchs Schwert fallen,*   וּבָנֶיךָ וּבְנֹתֶיךָ בַּחֶרֶב יִפֹּלוּ
> *und dein Erdboden soll mit der Meßschnur ausgeteilt werden.*   וְאַדְמָתְךָ בַּחֶבֶל תְּחֻלָּק
> *Du aber sollst auf unreinem Erdboden sterben,*   וְאַתָּה עַל־אֲדָמָה טְמֵאָה תָּמוּת
> *und Israel wird gewiß von seinem Erdboden*   וְיִשְׂרָאֵל גָּלֹה יִגְלֶה מֵעַל אַדְמָתוֹ
> *in Gefangenschaft gehen.«*

Die Formel ist wahrscheinlich aus dem alltäglichen Vorgang einer mündlichen Botschaftsübermittlung übernommen.

Beispiel 10a: Botenformel bei mündlicher Übermittlung (Gen 32,4 f., Übersetzung nach Luther)

> *(4) Jakob aber schickte Boten vor sich her*   וַיִּשְׁלַח יַעֲקֹב מַלְאָכִים לְפָנָיו
> *zu seinem Bruder Esau ins Land Seïr*   אֶל־עֵשָׂו אָחִיו אַרְצָה שֵׂעִיר שְׂדֵה אֱדוֹם
> *in das Gebiet von Edom,*
> *(5) und befahl ihnen und sprach:*   וַיְצַו אֹתָם לֵאמֹר
> **»So sprecht zu Esau, meinem Herrn:**   כֹּה תֹאמְרוּן לַאדֹנִי לְעֵשָׂו
> **›So hat gesprochen dein Knecht Jakob:**   כֹּה אָמַר עַבְדְּךָ יַעֲקֹב
> *Ich bin bisher bei Laban lange in der Fremde gewesen ...‹.«*   עִם־לָבָן גַּרְתִּי וָאֵחַר עַד־עָתָּה

Die Formel läßt sich auch für die schriftliche Botschaftsübermittlung im profanen Briefstil nachweisen, so z. B. im diplomatischen Verkehr der »Amarnabriefe« aus dem 14. Jh.[28] In nicht-israelitischen prophetischen Zusammenhängen ist die Botenformel in den Briefen aus der mesopotamischen Stadt Mari des 18. Jh.s belegt:

Beispiel 10b: Botenformel bei schriftlicher Überlieferung prophetischer Botschaften in Mari[29]

Zu meinem Herrn sprich: (Anweisung an den Boten und/oder Vorleser, der dem König den Brief überbringt)
   »*Folgendermaßen Schibtu, deine Magd:* (Absenderangabe; Schibtu ist wohl eine Gattin des Königs)
   Im Tempel der Annunitum (der »Palastgöttin«, eine Erscheinungsform der Ischtar)
   kam Ahatum, die Tochter Dagan-maliks, ins Rasen.
   So sprach sie: ...«
     (Es folgt das Orakel!)

Der »Sitz im Leben« dieser Formel ist die in sich vielfältige Situation der Überbringung einer Botschaft, wobei es sich nicht unbedingt um eine mündliche Kommunikationssituation handeln muß. Ihre Funktion ist die Legitimation des Boten bzw. der Briefschreiberin, die sich auf den jeweiligen Auftraggeber oder die jeweilige Auftraggeberin mit der Formel berufen.

---

28. Vgl. die Briefanfänge; TUAT I, 512ff.
29. TUAT II, 93.

2.2.2.2 Die Schluß- oder Überleitungsformel »Ausspruch JHWHs«

»Ausspruch JHWHs« (nᵉᵘm yhwh, נְאֻם יְהוָה)
Das Nomen נְאֻם bedeutet ursprünglich so etwas wie »Raunung«; in der Verbindung mit dem Gottesnamen ist es zum Terminus technicus in der prophetischen Literatur geworden und am besten mit »Ausspruch JHWHs« wiederzugeben. Die Formel kann als Schluß- (vgl. etwa Jes 56,8) oder Zwischenformel verwendet werden (Am 2,11).

2.2.2.3 Die Wortereignisformel

Beispiel 11: Wortereignisformel (Jer 1,11)

Da erging das Wort JHWHs an mich ...   וַיְהִי דְבַר־יְהוָה אֵלַי

Die Verbindung »Wort JHWHs« kommt im Alten Testament etwa 240 mal vor. Vor allem in den Büchern späterer Prophetengestalten (z. B. bei Jeremia) ist diese Formel in vielfachen Belegen das eigentliche Kennzeichen prophetischer Funktion. Sie legt diese auf den Wortempfang und die Wortvermittlung fest, von ekstatischen Phänomenen ist nicht mehr die Rede.

2.2.3 *Redegattungen in der prophetischen Literatur*

Die für die prophetische Literatur wichtigsten Gattungen sind die Gattungen der Rede. Sie erscheinen in den Prophetenbüchern in verarbeiteter und verbundener Form; nicht selten sind sie (wie für den Weheruf schon gezeigt, s.o. 2.2.1) aus anderen »Sitzen im Leben« »geliehen« und/oder verfremdet. Dies zeigt wiederum, daß sie Teil der literarischen »Kunst« der Prophetenbücher sind. Einige dieser Rede-Gattungen werden im folgenden vorgestellt.

2.2.3.1 Das prophetische Gerichtswort

Das »prophetische Gerichtswort« ist wohl eine genuine prophetische Redegattung. Das bedeutet, daß wir den Sitz im Leben der *Gattung* – nicht jedes Einzeltextes, der durch sie geprägt ist – in der mündlichen Verkündigung der Propheten suchen können. In den Büchern, die vorexilischen Propheten zugeschrieben werden, ist das »prophetische Gerichtswort« häufig belegt. Seine Adressaten sind einzelne (z.B. der Priester Amazja in Am 7,16-17, oder ein König oder hoher Beamter) oder – häufiger – das Volk als Ganzes oder auch Gruppen im Volk. Auch an fremde Völker (Fremdvölkersprüche, Fremdvölkerorakel) kann es gerichtet sein. Da aber diese

§ 5 Gattungskritik

Sprüche über fremde Völker als Adressaten häufig das eigene Volk haben, handelt es sich in diesen Fällen eigentlich um Heilsworte, denn das Gericht an fremden Völkern bedeutet oft Heil für das eigene. Zum Gattungsformular gehören die Elemente: *Anklage*; *Botenformel*, in der Regel mit לכן (darum ...) eingeleitet; *Gerichtsankündigung*, die noch einmal mit einer Begründung verknüpft werden kann. Wie immer, können auch hier einzelne Elemente selbständig auftreten.

Beispiel 12: Prophetisches Gerichtswort (Am 3,9-11)

An die reichen Bewohner Samarias, der Hauptstadt des Nordreichs, gerichtet ist das folgende Wort aus Am 3.[30] Wie andere Gerichtsworte auch, steht es nicht alleine, sondern ist in V. 9 mit einer Redeform verbunden, die man »Heroldsinstruktion« genannt hat, die uns hier aber nicht weiter beschäftigt.

(9) Laßt hören über den Palästen in Asdod,	9 הַשְׁמִיעוּ עַל־אַרְמְנוֹת בְּאַשְׁדּוֹד
und über den Palästen im Lande Ägypten	וְעַל־אַרְמְנוֹת בְּאֶרֶץ מִצְרָיִם
und sprecht:	וְאִמְרוּ
»Versammelt euch auf den Bergen Samarias!	הֵאָסְפוּ עַל־הָרֵי שֹׁמְרוֹן
Seht die große Verwirrung in ihr	וּרְאוּ מְהוּמֹת רַבּוֹת בְּתוֹכָהּ
und die Gewalttaten in ihr.«	וַעֲשׁוּקִים בְּקִרְבָּהּ
Anklage	
(10) »Sie wissen nicht, Rechtes zu tun«	10 וְלֹא־יָדְעוּ עֲשׂוֹת־נְכֹחָה
– Ausspruch JHWHs –,	נְאֻם־יְהוָה
»die Gewalttat und Bedrückung häuften in ihren Palästen.	
	הָאוֹצְרִים חָמָס וָשֹׁד בְּאַרְמְנוֹתֵיהֶם
Botenformel mit »Darum ...«	
(11) Darum, so hat der Herr, JHWH, gesprochen:	11 לָכֵן כֹּה אָמַר אֲדֹנָי יְהוִה
(Gerichts-)Ankündigung	
»Ein Feind wird das Land umgeben,	צַר וּסְבִיב[1] הָאָרֶץ
und er wird deine Stärke von dir reißen,	וְהוֹרִד מִמֵּךְ עֻזֵּךְ
und deine Paläste werden geplündert werden.«	וְנָבֹזּוּ אַרְמְנוֹתָיִךְ
	[1]Lies: יְסוֹבֵב

Das eigentliche Gerichtswort umfaßt die Verse 10 und 11.

(1) Oberflächenhaft fällt auf, daß der Spruch durch eine mit לכן (»deshalb«) eingeleitete Botenformel in zwei Teile unterteilt ist.

(2) Der erste Teil (V. 10) besteht syntaktisch gesehen aus drei Sätzen, von denen der mittlere die Gottesspruchformel darstellt und damit die Herkunft des ganzen Spruches aus dem göttlichen Bereich betont. Der erste Satz ist vom Typus w^e-x-qatal, er ist also morphologisch vorzeitig (sie erkannten nicht), semantisch aber gleichzeitig (sie wissen nicht) und damit präsentisch wiederzugeben. Der letzte Satz ist eine Partizipialverbindung; er kann als unvollständiger Nominalsatz aufgefaßt und relativ an den ersten Satz angeschlossen werden: »die häuften ...«. Niemand wird unmittelbar angesprochen, der Sprecher (JHWH?) spricht vielmehr über eine Mehrzahl von Menschen; von V. 10 her sind die Einwohner der Paläste Samarias

---

30. Weitere Belege für Gerichtsworte bei C. WESTERMANN, Grundformen, 124f.

gemeint. Ihnen werden Gewalttat und Bedrückung, also soziale Vergehen mit verheerenden Wirkungen, vorgeworfen.

(3) Das »deshalb« und die Botenformel (V. 11) setzen die folgende Gottesrede in ein kausales Folgeverhältnis zum Vorhergehenden: Weil »sie« so gehandelt haben und noch immer handeln, *deshalb* hat JHWH so gesprochen, wie es nun im zweiten Teil des Gerichtswortes, in V. 11, gesagt wird. Oberflächenhaft syntaktisch gesehen handelt es sich um wiederum drei Sätze, einer davon ist vom Typus x-yiqtol und zwei weitere vom Typus w^{e}qatal-x. Diese Satzarten machen deutlich, daß dieser zweite Teil nachzeitig/zukünftig zu verstehen ist. Den Palästen und ihren Bewohnern wird angekündigt, daß ein Feind das Land überrennen und plündern wird, und zwar als von Gott gewollte, ja herbeigeführte Folge der im ersten Teil des Gerichtswortes namhaft gemachten Untaten. Soweit die Struktur des Gerichtswortes in Amos 3,9-11.

(4) Ein Vergleich zeigt, daß nicht wenige prophetische Texte ganz oder in Teilen eine ähnliche Struktur aufweisen (vgl. Am 4,1-3; Hos 2,7-9; Jes 30,12-14): Sie wenden sich an das Volk Israel/Juda oder eine Gruppe innerhalb des Volkes; sie sind durch die Botenformel oder ein anderes Signal in zwei Teile geteilt, deren erster Teil die Adressaten eines verwerflichen Handelns in der Gegenwart und der Vergangenheit anklagen, während der zweite Teil den Adressaten als Folge ihres Handelns künftiges Unheil ankündigt.

Das prophetische Gerichtswort ist, wie gesagt, eine genuin prophetische Gattung. In welche Funktionen der Prophetie diese Redeweise hineingehört, darüber können die Meinungen erheblich auseinandergehen. Dies zeigt schon die unterschiedliche Terminologie, mit denen die beiden Teile des Gerichtswortes benannt werden:

Anklage	→ לכן (darum)	Botenformel	→ Ankündigung	(C. Westermann)
Scheltwort	→ לכן (darum)		→ Drohwort	(H. Gunkel)[31]
Lagehinweis	→ לכן (darum)		→ Weissagung	(K. Koch)

Die Termini Claus Westermanns, die wir übernommen haben, heben die ethisch-rechtliche Begründung prophetischen Handelns hervor. Das Gericht selbst wird als etwas Unbedingtes verstanden. Es gibt keine Spielräume für Umkehr oder Buße mehr. Die Bezeichnungen Hermann Gunkels lassen erkennen, daß er das prophetische Gerichtswort auf Erziehung und Umkehr hin ausgerichtet sieht. Und Klaus Koch schließlich hebt mit seiner Terminologie die prognostische Dimension prophetischen Handelns hervor.

Nach Meinung zahlreicher alttestamentlicher Exegeten ist das prophetische Gerichtswort, wie wir es bei den vorexilischen Gerichtspropheten finden, in der Regel unbedingt gemeint und nicht erzieherisch auf Verhaltensänderung zielend. Anders ist dies bei der folgenden Gattung, wie schon an der Bezeichnung erkennbar ist.

---

31. H. Gunkel, Propheten, LXII.

§ 5 Gattungskritik

2.2.3.2 Der prophetische Mahnspruch

Die Gattung des prophetischen Mahnspruches ist ihrer Herkunft und ihrem »Sitz im Leben« nach u. E. nicht ursprünglich prophetisch,[32] sondern hat Vorbilder in ganz unterschiedlichen Lebensbereichen.[33] Man kann an priesterliche Anweisungen (Torot) denken oder an den Aufruf zur Volksklage. U. E. stehen dem prophetischen Mahnspruch weisheitliche Mahnsprüche am nächsten, vgl. etwa: Spr 16,3; 22,6.10.20; 25,16 f. u. ö.; d. h., der ursprüngliche Sitz im Leben der Gattung wäre dann im weitesten Sinne im Erziehungs- und Bildungswesen des Alten Israel zu suchen.

Die Gattungsform ist ganz einfach: Der Mahnspruch wird durch einen Imperativ eröffnet und kann mit einem Imperativ oder wᵉqatal fortgeführt werden. Inhaltlich hebt dieser erste Teil des Mahnspruches darauf ab, das Verhalten der Angesprochenen zu ändern. Dazu kommt als zweiter Teil der Gattungsform ein positiver oder negativer Finalsatz hinzu, der den Gewinn der Verhaltensänderung andeutet bzw. eine Warnung vor den negativen Folgen enthält, die eintreten, wenn die Angesprochenen ihr Verhalten nicht ändern.

Beispiel 13: Am 5,4-6 (Übersetzung nach Luther)

bietet eine ganze Palette von Unterformen und Formenverbindungen des Mahnspruches:

(4) Denn so spricht JHWH zum Hause Israel: **(Botenformel)**
»Suchet mich, so werdet ihr leben.   **(einfacher Mahnspruch mit positivem Finalsatz)**
(5) Suchet nicht Bethel und kommt nicht nach Gilgal
und geht nicht nach Beerscheba;
denn Gilgal wird gefangen weggeführt werden,
und Bethel wird zunichte werden.   **(negativer Mahnspruch, verbunden mit einer Gerichtsankündigung)**
(6) Suchet JHWH, so werdet ihr leben,   **(einfacher Mahnspruch mit positivem**
daß er nicht daherfahre über das Haus Joseph   **und negativem Finalsatz)**
wie ein verzehrendes Feuer,
das niemand löschen kann zu Bethel ...«

---

32. Anders K. A. Tångberg, Die prophetische Mahnrede. Form- und traditionsgeschichtliche Studien zum prophetischen Umkehrruf, FRLANT 143, Göttingen 1987.
33. Vgl. dazu die Übersicht bei G. Warmuth, Das Mahnwort, seine Bedeutung für die Verkündigung der vorexilischen Propheten Amos, Hosea, Micha, Jesaja und Jeremia, Frankfurt a. M. 1976, 21-24.

2.2.3.3 Das Disputationswort[34]

Das »Disputationswort«, auch Diskussionswort oder Streitgespräch genannt, findet sich über die ganze prophetische Literatur verstreut, etwa bei Jesaja (28,23-29), Deutero-Jesaja (Jes 49,14-21), Jeremia bis hin zum Maleachibuch, das manche Ausleger als eine Sammlung von Disputationen verstehen wollen. Das Disputationswort ist ebenfalls eine »entliehene Gattung«, entweder aus dem Sitz im Leben des »weisheitlichen Lehrgesprächs« oder der »rechtlichen Auseinandersetzung« in der Torgerichtsbarkeit oder anderen Gerichtssituationen.

Disputationsworte sollten, wie rudimentär auch immer, eine *These* des *Propheten* enthalten, die auf eine *Gegenthese* seiner Hörer reagiert oder eine solche provoziert. Insbesondere aber sind sie durch das Streitgespräch selbst gekennzeichnet, in dem der Prophet seine Hörerschaft durch Mittel wie die rhetorische Frage und Vergleiche von seiner Position zu überzeugen versucht.

Beispiel 14: Disputationswort

Der Dreischritt *These*, *Gegenthese* und *Disput* ist (wenn auch in anderer Reihenfolge) besonders ausgeprägt in dem Disputationswort (Deutero-)Jesaja 49,14-15 (Übersetzung nach Luther).
   Gegenthese
(14) Zion aber sprach:
   »JHWH hat mich verlassen, JHWH hat meiner vergessen.«
   Disput
(15) Kann auch ein Weib ihres Kindleins vergessen,
daß sie sich nicht erbarme über den Sohn ihres Leibes?
Und ob sie seiner vergäße,
   These
so will ich doch deiner nicht vergessen.

Die Disputation ist mit ihrer lebhaften »Lexis« (Figurenrede) und der darin enthaltenen Szenik des Gegenübers von Disputanden dem dramatischen Genre (vgl. dazu S. 132) besonders nahe.

2.2.3.4 Die prophetischen Heilsworte

Die prophetischen Heilsworte sind zunächst inhaltlich dadurch bestimmt, daß sie konträr zu den Gerichtsworten und anders als die meisten Mahnsprüche eine heilvolle Zukunft ansagen, und zwar meist ohne »wenn und aber«. Adressat oder Adressatin der Heilsworte sind in aller Regel Isra-

---

34. Vgl. neuerdings: D. F. MURRAY, The Rhetoric of Disputation: Re-Examination of a prophetic Genre, JSOT 38 (1987), 95-121 (Lit.).

el, Zion oder Jerusalem. Passagen mit prophetischen Heilsworten werden meist in spätere (exilisch-nachexilische) Zeit datiert. Der Begriff »Heilswort« ist ein Sammelbegriff, der eine Mehrzahl von geprägten Redeweisen einschließen kann. Die Fülle der Möglichkeiten kann hier nicht dargestellt werden.[35] Wir beschränken uns auf ein Beispiel aus Deutero-Jesaja, das C. WESTERMANN als »Heilszusage« (Jes 41,8-13) bezeichnet hat.[36]

Die Heilszusage ist formal profiliert und vor allem auf einen Sitz im Leben zurückbeziehbar. Für viele andere »Heilsworte« in den Prophetenbüchern ist dies nicht möglich, sie erfüllen also die Kriterien der »Gattung« nicht. Das Gattungsformular dieser »Heilszusage« ist durch folgende formale Kennzeichen charakterisiert: Es wird durch eine *Du-Anrede* eröffnet, die bisweilen – so auch in unserem Beispiel 15 – stark erweitert sein kann durch weitere Bezeichnungen des Angesprochenen. Daran schließt sich ein »*Heilszuspruch*« an, der durch die singularische Formel »fürchte dich nicht« eingeleitet wird und durch eine mit כִּי (»denn«) eröffnete *Begründung* abgeschlossen wird.

Manchmal ist auch eine Schilderung des künftigen Heilszustandes (*Heilsschilderung* oder auch *Heilsankündigung*) in den Heilszuspruch integriert. Häufiger aber findet sich diese Schilderung selbständig, d.h. ohne die Gattungselemente des Heilszuspruches (z.B. Jes 41,17-20; 42,14-17; 43,16-21; 45,14-17; 49,7-12). Dann haben wir es mit dem oben beschriebenen (S. 135) Phänomen der Verwendung von Gattungselementen als Textbausteine zu tun.

Die prophetische Heilszusage ist – wenn sie auf eine kollektive Größe wie »Israel« angewandt wird – eine »geliehene« Redeform. Man nimmt an, daß sie aus der (wir würden heute vielleicht sagen: seelsorgerlichen) Praxis des Heiligtums stammt: der Verkündigung eines Heilsorakels. Die prophetische Redeweise der Heilszusage holt also gleichsam die Kulisse der individuellen Klage mit ihren Heilungs- und Hilfserwartungen aus ganz konkreten Nöten einerseits und das aus diesen Nöten erlösende Wort andererseits in den an ein Kollektiv gerichteten prophetischen Text hinein. Insofern passiert hier etwas ganz ähnliches – wenn auch mit anderer, freundlicher Tendenz – wie in der Verfremdung der Weherufe (2.2.1).

Beispiel 15: Prophetische Heilszusage (Jes 41,8-13, Übersetzung nach Luther)

Anrede
(8) Du aber, Israel, mein Knecht, Jakob, den ich erwählt habe, du Sproß Abrahams, meines Geliebten,

---

35. Vgl. die Darstellung bei C. WESTERMANN, Prophetische Heilsworte im Alten Testament, FRLANT 145, Göttingen 1987.
36. Ebd., 35f. Zur Kritik an Westermann vgl. E. W. CONRAD, Second Isaiah and the Priestly Oracle of Salvation, ZAW 93 (1981), 234-46.

(9) den ich fest ergriffen habe von den Enden der Erde her
und berufen von ihren Grenzen,
zu dem ich sprach:
  »Du sollst mein Knecht sein;
  ich erwähle dich und verwerfe dich nicht!«
   Heilszuspruch
(10) Fürchte dich nicht, ich bin mit dir;
weiche nicht, denn ich bin dein Gott.
Ich habe dich gestärkt, ich habe dir auch geholfen,   2x qatal-x
ich habe dich gehalten durch die rechte Hand meiner Gerechtigkeit.   1x qatal-x
   Heilsankündigung: yiqtol-(ggf. auch w-qatal-)Formationen
(11) Siehe, zu Spott und zuschanden sollen werden alle, die dich hassen;
sie sollen werden wie nichts,
und die Leute, die mit dir hadern, sollen umkommen.
(12) Wenn du nach ihnen fragst, wirst du sie nicht finden.
Die mit dir hadern, sollen werden wie nichts,
und die wider dich streiten, sollen ein Ende haben.
   abschließende Begründung
(13) Denn ich bin JHWH, dein Gott, der deine rechte Hand faßt und zu dir spricht:
   erneuter Heilszuspruch
Fürchte dich nicht, ich helfe dir!

2.2.4 *Erzählende Gattungen in der prophetischen Literatur*

Hier ist immer zu unterscheiden, ob es sich um einen Selbstbericht (1. P. Sg.) oder einen Fremdbericht (3. P. Sg.) handelt. Bei den erzählenden Gattungen fällt es meist schwer, einen bestimmten Sitz im Leben anzugeben, weil die Erzählung meist literarisches Produkt ist. Allerdings kann man für den erzählten Vorgang nach dem Sitz im Leben fragen (vgl. dazu auch unten 2.2.4.3).

2.2.4.1 Einsetzungsbericht/Berufungserzählung

Der Bericht von der Berufung oder Einsetzung eines Propheten enthält folgende Gattungselemente: *Berufungswort, Einwand, Ermutigungswort (Abweisung des Einwandes), Dienstanweisung (Zeichen).* Ob es sich hierbei um eine genuin prophetische Gattung handelt, ist nicht ganz eindeutig zu klären. Vieles spricht dafür, daß diese Berichte nach dem Gattungsformular der Einsetzung eines höheren Beamten gestaltet sind.[37]
Zu unterscheiden sind zwei Typen: der jeremianische und der jesajanische Typus. Letzterer setzt als Szene eine Theophanie oder Thronratsszene vor-

37. K. BALTZER, Die Biographie der Propheten, Neukirchen-Vluyn 1975.

aus, d.h. eine Situation, in der JHWH analog zu einem altorientalischen Herrscher vorgestellt wird: Er sitzt inmitten seines Rates auf seinem Thron (vgl. dazu neben Jes 6 vor allem auch I Kön 22,18 ff.). Beim jeremianischen Typus dagegen haben wir es mit einem Dialog zwischen JHWH und der berufenen Person zu tun, bei dem niemand sonst als anwesend zu denken ist.

Beispiel 16: Einsetzungsbericht/Berufungserzählung des jeremianischen Typus (Jer 1, 4-10)

Wortereignisformel
(4) Das JHWH-Wort geschah zu mir:
Berufungswort
(5) »Noch ehe ich dich im Mutterleib bereitete, habe ich dich erkannt,
noch ehe du aus dem Mutterleib ausgegangen bist, habe ich dich geheiligt.
Als Prophet für die Völker habe ich dich bestellt.«
    Einwand
(6) Ich sprach:
»Du bist der Herr JHWH.
Siehe, ich verstehe nicht zu reden, denn ich bin ein junger Mann.«
    Ermutigungswort/Abweisung des Einwandes
(7) Da sprach JHWH zu mir:
»Sage nicht: ich bin ein junger Mann!
Gewiß, überall, wohin ich dich senden werde, wirst du gehen,
und alles, was ich dir befehlen werde, wirst du sagen.
    Heilszuspruch/Heilsorakel
(8) Fürchte dich nicht vor ihnen, denn ich bin mit dir, dich zu retten.«
    Schlußformel
Ausspruch JHWHs.
    Dienstanweisung/Zeichen
(9) Da streckte JHWH seine Hand aus und ließ sie meinen Mund berühren;
Und JHWH sprach zu mir:
(10) »Siehe, meine Worte habe ich in deinen Mund gelegt.
Siehe, heute habe ich dich verordnet über Völker und Königreiche,
    auszureißen und einzureißen,
    zu zerstören und zu verderben,
    zu bauen und zu pflanzen.«

Eine weitere Berufungserzählung, die breit ausgebaut alle Elemente der Gattung dieses Typus ein- oder mehrfach enthält, ist die Erzählung von der Berufung des Mose (Ex 3,9-12).

2.2.4.2 Die Visionserzählung

Hier handelt es sich um eine genuin prophetische Gattung, die folgende Elemente enthält: *Einführung, Visionsbild, göttliche Vergewisserungsfrage, ausdrückliche Bestätigung durch den Propheten, deutender Gottesspruch.*

§ 5 Gattungskritik

Beispiel 17: Visionsbericht mit Wortspiel (Jer 1,11-12)

Wortereignisformel
(11) Das JHWH-Wort erging an mich:
    göttliche Vergewisserungsfrage
»Was siehst du, Jeremia?«
    ausdrückliche Bestätigung durch den Propheten
Ich sprach:
»Einen Mandelzweig (erwachenden Zweig) sehe ich.«
    deutender Gottesspruch
(12) Da sprach JHWH zu mir:
»Du hast richtig gesehen.
Denn ich wache über mein Wort, es zu tun.«

11 וַיְהִי דְבַר־יְהוָה אֵלַי לֵאמֹר

מָה־אַתָּה רֹאֶה יִרְמְיָהוּ

וָאֹמַר

מַקֵּל שָׁקֵד אֲנִי רֹאֶה׃

וַיֹּאמֶר יְהוָה אֵלַי

הֵיטַבְתָּ לִרְאוֹת

כִּי־שֹׁקֵד אֲנִי עַל־דְּבָרִי לַעֲשֹׂתוֹ׃

Das Bild, das der Prophet schaut, wird nicht eigens geschildert. Vielmehr wird, literarisch kunstvoll, verknappt. Erst aus dem Dialog wird ersichtlich, was er sieht. Die Verbindung zwischen dem, was der Prophet sieht, und dem, was ihm damit gesagt werden soll, wird über ein Bild-Wortspiel, also gewissermaßen multimedial, hergestellt: Der hebräische Begriff für Mandelzweig in V. 11 wird von der Verbalwurzel שׁקד (wachen) abgeleitet – M. BUBER übersetzt denn auch botanisch falsch, aber inhaltlich treffend: »Wacholder«. Die JHWH-Rede greift die Verbalwurzel und mit ihr die Vorstellung des Wachens zur der Deutung des Geschauten auf. Ähnliche Wortspiel-(Assonanz-)Visionen vgl. auch Am 7,7-9; 8,1-3.

Andere Typen der Gattung Visionsbericht sind die Anwesenheitsvision (der Prophet spielt selbst eine passive oder aktive Rolle im Geschauten; z. B. Jes 6, Ez 1-3) oder auch die Geschehnisvision (Jer 4,23-26: der Prophet sieht unmittelbar das angekündigte Geschehen). In späten Texten des Alten Testaments kann auch ein »Deuteengel« die Rolle Gottes übernehmen (vgl. etwa Sach 1,9 u. ö.) und der Prophet Rückfragen zum Verständnis stellen (Sach 2,2 u. ö.).

2.2.4.3 Die Prophetische Zeichenhandlung

Eine besonders interessante Gattung innerhalb der prophetischen Literatur stellen die Berichte von den sogenannten Zeichen- oder auch Symbolhandlungen dar. Sie machen deutlich, in welcher Weise prophetische Verkündigung erfolgte. Sie zeigen den Propheten in einer Rolle, in der er Gegenwärtiges oder Zukünftiges vor Augen stellt. B. LANG spricht von »Straßentheater«; für ihn handelt es sich um »auf Publikum berechnete und Publikum beeinflussende Agitation«[38].

---

38. B. LANG, Kein Aufstand in Jerusalem. Die Politik des Propheten Ezechiel, Stuttgart 1978, 169.

§ 5 Gattungskritik

Die Elemente dieser Gattung sind:

(a) *Eine Gottesrede*, die durch Imp. eingeleitet und durch wᵉ-qatal fortgeführt wird. Sie enthält den *Befehl* zur Ausführung einer symbolischen Handlung;

(b) der *Bericht über die Ausführung*;

(c) *die Deutung*.

Für die Frage nach dem Sitz im Leben der Gattung »Zeichenhandlung« ist es wichtig, die Unterscheidung zwischen dem erzählenden Bericht über die Zeichenhandlung und der Handlung selbst im Auge zu behalten. Möglicherweise ist die Erzählung der Zeichenhandlung von vornherein ein literarisches Produkt, das die dramatische Performance, das »Straßentheater« als eine Art prophetisches Ritual (vgl. oben 1.1.2) voraussetzt. Die Gattung *Erzählung* einer Zeichenhandlung hätte dann keinen selbständigen Sitz im Leben.

Beispiel 18: Erzählung einer Zeichenhandlung (Jes 20,1-6, Übersetzung nach Luther)

(1) Im Jahr, da der Tartan nach Aschdod kam, als ihn gesandt hatte Sargon, der König von Assyrien, und er gegen Aschdod kämpfte und es eroberte -

Gottesrede

(2) zu der Zeit redete JHWH durch Jesaja, den Sohn des Amoz,
und er sprach:

Befehl

»Geh hin und tu den härenen Schurz von deinen Lenden
und zieh die Schuhe von deinen Füßen.«

Ausführung

Und er tat so und ging nackt und barfuß.

Deutung

(3) Da sprach JHWH:
»Gleichwie mein Knecht Jesaja nackt und barfuß geht drei Jahre lang
als Zeichen und Weissagung über Ägypten und Kusch,
(4) so wird der König von Assyrien wegtreiben die Gefangenen Ägyptens
und die Verbannten von Kusch, jung und alt, nackt und barfuß,
in schmählicher Blöße, zur Schande Ägyptens.
(5) Und sie werden erschrecken in Juda und zuschanden werden wegen der Kuschiter,
auf die sie sich verließen, und wegen der Ägypter, deren sie sich rühmten.
(6) Und die Bewohner dieser Küste werden sagen zu der Zeit:
›Ist das unsere Zuversicht, zu der wir um Hilfe geflohen sind,
daß wir errettet würden vor dem König von Assyrien?
Wie könnten wir selber entrinnen?‹.«

Im uns vorliegenden größeren Zusammenhang von Jes 13-23, den sogenannten »Fremdvölkersprüchen« im Buch Jesaja, ist Jes 20 durch Vers 6 (»die Bewohner dieser Küste«!) zu einem »Fremdvölkerorakel gegen die Philister«[39] geworden.

---

39. H. WILDBERGER, Jesaia, 2. Teilband: Jesaia 13–27, Neukirchen-Vluyn 1978, 754.

> Das bedeutet, daß bei der literarischen Komposition dieses Kapitels »Textbausteine« aus dem Gattungsformular »Bericht einer Zeichenhandlung« verwendet wurden.

3. Anwendung

3.1 Begrifflichkeit

Sitz im Leben (SiL):	Institutionalisierte Kommunikationssituation, in der eine Gattung als »Kommunikationsprogramm« funktioniert.
Gattung:	Das durch eine institutionalisierte Kommunikationssituation hervorgebrachte Kommunikationsprogramm. Auch: die typischen formalen und thematischen Elemente dieses »Kommunikationsprogramms« (»*Gattungsformular*«).
Gattungskritik:	Analyse eines Einzeltextes mit dem Ziel, dessen Prägung durch ein Gattungsformular zu erkennen.
Gattungsgeschichte:	Rekonstruktion (Synthese) der Geschichte einer Gattung und Einzeichnung der konkreten Ausprägung eines Textes in diese Geschichte.
Form:	Sprachliche, insbesondere oberflächenhafte Gestalt eines Textes (Rückgriff auf Textanalyse).
Formkritik:	Bisweilen für die textanalytische Vorbereitung der Gattungskritik am Einzeltext gebraucht. Der Begriff trifft den Vorgang nicht genau, da sich die Analyse nicht nur auf die Textoberfläche erstreckt.
Formel:	Kein ganzer Text, sondern eine kurze, geprägte (d. h. immer wiederzufindende) Wortverbindung (z. B.: כה אמר יהוה, kô 'amar JHWH).
(Gattungs-)Formular:	siehe zu »Gattung«

§5 Gattungskritik

3.2 Arbeitsschritte

Text	(1) Beschreibung von Form und Inhalten des Einzeltextes – Ergebnisse der Textanalyse (Oberflächen- und Tiefenstruktur) daraufhin bündeln – bisweilen *Formkritik* genannt
Text und bish. Arbeit	(2) Markieren der Angaben im Text über die Kommunikationssituation (Sender/Empfänger/Situation)
Texte/ Literatur	(3) Suche nach Vergleichstexten im Alten Testament und/oder Sichtung der Sekundärliteratur nach Gattungsformularen, die den Beobachtungen am Einzeltext (vgl. 1) ganz oder teilweise entsprechen → **Gattungskritik** (wenn kein Ergebnis, dann ist die Untersuchung hier zu Ende)
Texte und Literatur	(4) Sichtung der Literatur zur Kommunikationssituation, in der die Gattung verwendet wurde Beschreibung des SiL: Beteiligte, Voraussetzungen, Themen, Funktion der Gattung → **Sitz im Leben**
Text und Literatur	(5) Vergleich Text – Literatur Mögliche Ergebnisse: a) »Mein« Text (oder einzelne seiner Teile) ist nach einem Gattungsformular gestaltet. b) Einordnen »meines« Textes (seiner Gestalt der Gattung) in die Geschichte der Gattung → ein Beitrag zur Datierung meines Textes (auch Vorgriff auf Überlieferungsgeschichte und HO – vgl. §7 – 2.2 und 2.4 möglich) c) Feststellen von »Defiziten« oder »Überschüssen« (hier wird die Arbeit des/der AutorIn sichtbar) → **Gattungsgeschichte**
Text und Literatur	(6) Auf dem Hintergrund von (5) den Text ein weiteres Mal im Blick auf Funktion der Gattung und konkrete Intention des Textes befragen

Ziel: Beschreibung der Prägung des Textes durch die Welt der institutionellen Kommunikation

3.3 Arbeitsfragen

Zu (1): Beschreibung der Form

- Welche Informationen zur Beschreibung der Form des Textes haben Sie in der Textanalyse ermittelt:
  – bei der Oberflächenanalyse?
  – bei der inhaltlichen Gliederung (Tiefenstruktur)?

Zu (2-3): Gattungskritik

- Welche Angaben über die Kommunikationssituation finden sich im Text?
  - Gibt es Hinweise auf den/die Sender?
  - Gibt es Hinweise auf den/die Empfänger?
  - Gibt es Hinweise auf die Kommunikationssituation?
- Findet sich durch Textvergleich oder in der Sekundärliteratur eine Gattungsbeschreibung, die sich mit den Beobachtungen am Text (teilweise oder ganz) deckt?

Wenn nein, dann ist die Untersuchung hier zu Ende.
Wenn ja, dann:

- Was trägt der Vergleich Ihrer Ergebnisse aus der Textbeschreibung mit den Literaturhinweisen aus?
  - Ist der ganze Text von *einem* Gattungsformular geprägt?
  - Ist der ganze Text von *mehreren* Gattungsformularen geprägt?
  - Sind Teile des Textes von *einem* Gattungsformular geprägt?
  - Sind Teile des Textes von *mehreren* Gattungsformularen geprägt?

Zu (4): »Sitz im Leben«

- Was können Sie aus der Literatur über die Kommunikationssituation, in der die Gattung verwendet wurde, ermitteln?
  - Wie wird der SiL der Gattung beschrieben?
  - Welche Geschichte hat er (wie wandert er unter Umständen)?
  - Wer ist beteiligt?
  - Was wird vorausgesetzt?
  - Was ist die Funktion der Gattung?
- Wo deckt sich die konkrete Intention des vorliegenden Textes mit der Funktion der Gattung?
- Wo werden »Verfremdungen« (nicht deckungsgleiche Intentionen) erkennbar, und wie lassen sie sich interpretieren?
- Werden Gattungselemente als »Textbausteine« (Gattungszitate) verwendet?

Zu (5): Gattungsgeschichte

- Läßt sich die ermittelte konkrete Ausprägung der Gattung in die Geschichte der Gattung einordnen?
- Sind »Defizite« zu erkennen (fehlen Teile des Gattungsformulars oder der Gattungsformulare)?
- Sind »Überschüsse« zu erkennen (gibt es Textteile, die nicht in das Muster einer Gattung passen)?
- Lassen sich für mögliche Defizite oder Überschüsse Gründe benennen?

§ 5 Gattungskritik

§ 5a Die alttestamentliche Erzählung

Literatur:
S. Bar Efrat, Narrative Art in the Bible, JSOT. S 70, Sheffield 1989
A. Berlin, Poetics and Interpretation of biblical Narrative, Indiana 1994
G. Genette, Die Erzählung, München ²1998 (Originaltitel: Discours du récit, 1972)
E. Lämmert, Bauformen des Erzählens (1955), Stuttgart 1993
H. W. Ludwig, Arbeitsbuch Romananalyse, Literatur im Grundstudium 12, Tübingen (1982) ⁵1995
J. H. Petersen, Erzählsysteme. Eine Poetik epischer Texte, Stuttgart 1993
J. L. Ska, »Our Fathers Have Told Us«. Introduction to the Analysis of Hebrew Narratives, Subsidia Biblica 13, Rom 1990
F. K. Stanzel, Theorie des Erzählens, Göttingen ³1985

1. Elemente einer Erzähltheorie

1.1 Grundbegriffe: Story, Erzähltext, Plot, Narration

Erzählen ist ein Geschehen, das sich in mindestens zwei Welten und Zeiten gleichzeitig abspielt: in der Welt, von der erzählt wird und der Welt, in der erzählt wird; in der Vergangenheit der erzählten Zeit und in der Gegenwart, in der erzählt wird. Wer erzählt oder erzählen hört, überschreitet beständig und vorsätzlich diese Grenzen, so daß sich die Welten vermischen und die Zeiten verbinden.

> Beispiel 1: Erzählung einer Erzählung
>
> Von einer beispielhaften Erfahrung mit dem komplexen Beziehungsfeld des Erzählens kann der Autor (H. U.) aus seiner Zeit als evangelisch-lutherischer Pfarrer in der oberbayerischen Diaspora erzählen:
> An einem trüben Novembersonntag hatte ich in einer jener wunderschönen, spätbarocken, aber für das kleine Häuflein protestantischer Gemeindeglieder viel zu großen Kirchen des bayerischen Oberlandes Gottesdienst zu halten. Wir waren – einschließlich des Organisten, des Pfarrers und einer betagten katholischen Mesnerin – sechs oder acht Menschen im weiten Rund unter dem hohen Himmel des Gotteshauses. Anstelle einer Predigt begann ich, die Josephsgeschichte zu erzählen.

Da geschah etwas Unerwartetes: Ich sah, als ich vom Ambo im Chorraum aus sprach, wie die Anwesenden enger zusammenrückten, obwohl sie ihre Plätze nicht verließen. Das riesige Oval des Kirchenschiffs schien sich zu einem Kreis zusammenzuziehen, in dessen Mitte Jakob, Joseph und die Brüder eintraten. Wir hörten und sahen, wie sich Joseph über seine Brüder und über Jakob, seinen Vater, erhob, wie er durch den Haß der Brüder nach Ägypten verschlagen wurde, wie sich ihm dort alle Widrigkeit zu unerhörtem Glück verwandelte, so daß er dort zum ersten Minister und Ernährungskommissar des Pharao aufstieg. Dann hörten und sahen wir, wie Joseph seinen Brüdern in der großen Hungersnot wiederbegegnete (und sie ihm), wie schließlich sein alter Vater samt der ganzen Familie nach Ägypten und unter Josephs Schutz und Fürsorge kamen, wie Jakob in Frieden starb und Joseph sich mit seinen Brüdern aussöhnte, weil doch alles – das Gute und das Böse der Geschichte – unter Gottes gutem Willen stand.

Plötzlich waren diese Figuren gegenwärtig gewesen in dem großen Chorraum, an dessen Seite der Ambo stand, von dem aus ich erzählte. Als ich mit der Erzählung fertig war und Joseph, Jakob, die Brüder und auch die Hörer die Kirche wieder verlassen hatten, da meinte die Mesnerin: »O Gott, Herr Pfarrer, jetzt hab' ich ganz aufs Sammeln vergessen, wegen dem Joseph und seinen ganzen Brüdern«. So war der leere Klingelbeutel der sichtbare Beweis für die »wirkliche« Gegenwart von »Joseph und seinen Brüdern«.

An dem Beispiel läßt sich zunächst der Begriff der Erzählung differenzieren und damit auch definieren. Erzählung ist dreierlei:

(1) Erzählung ist die sprachliche Wiedergabe einer wirklichen oder fiktiven (darauf kommt es hier nicht an) Abfolge von Ereignissen wie jene, die der im Gottesdienst erzählten Josephsgeschichte und jeder anderen je erzählten Josephsgeschichte (einschließlich der in Gen 37–50) zugrunde liegt. Diese den Erzählungen voraus- und zugrundeliegende Ereignisfolge wird in der literaturwissenschaftlichen Terminologie die *Story* oder auch »histoire«, »Diegese« oder einfach »Geschichte« genannt. Wir kennen diese »*Story*« nur durch eine oder mehrere jener Erzählungen im gleich zu erläuternden zweiten Sinne des Wortes »Erzählung«, dennoch ist die Story mit keiner dieser Erzählungen identisch.

(2) Erzählung ist die erzählende Rede – wie jene, in die der Pfarrer die Josephsgeschichte gekleidet hat; dieser gesprochene Text unterscheidet sich in seinem *grundsätzlichen* Status in nichts von der Josephserzählung aus der Genesis oder dem Josephsroman Thomas Manns, ungeachtet der Tatsache, daß sowohl der Roman als auch die sonntägliche Kanzelerzählung auf der Lektüre der Genesis beruhen und ungeachtet der Tatsache, daß hinsichtlich des Stils und der literarischen Kunstfertigkeit Welten zwischen den drei erwähnten Fassungen der Josephsgeschichte liegen. Man nennt diese textgewordene Story den *Erzähltext*, den »erzählerischen Diskurs« (narrative discourse, récit) oder einfach die »*Erzählung*« (im engeren Sinne).

(3) In jedem der drei erwähnten Erzähl-Diskurse ist die Josephsstory enthal-

§5a Die alttestamentliche Erzählung

ten. Daß sie in den drei Erzähltexten in jeweils anderer Weise Gestalt und Sinn gewonnen hat, läßt sich dahingehend zusammenfassen, daß die Erzählungen einen jeweils anderen »Plot«, einen je spezifischen »Entwurf«, darstellen, der die Ereignisfolge der »Story« in je spezifischer Weise verknüpft (vgl. dazu unten). Der »Plot« des jeweiligen Erzähltextes und das Ereignissubstrat, also die »Story«, sind die entscheidenden Instanzen der Erzähltextanalyse.

(4) Auch der beste Erzähltext ist noch nicht das Erzählereignis wie das Geschehen an jenem für die Beteiligten so eindrucksvollen Sonntagmorgen. Erzähltexte ereignen sich in der »*Narration*« (G. GENETTE) in ihrer Realisierung im gesprochenen oder geschriebenen Wort, das gehört oder gelesen wird, sei es – für die Josephsgeschichte – ad hoc am Sonntagmorgen, sei es in der Lektüre eines 1200-Seiten-Romans von Thomas Mann, oder sei es in der Verlesung des biblischen Textes. Erst im Erzählereignis geschieht jene Begegnung, ja Vermischung von Erzählwelt und erzählter Welt, von der im Zusammenhang mit unserem Beispiel die Rede war.

Manche, insbesondere auch biblische Stories, haben eine ganze Geschichte von Narrationen. Diese Erzählgeschichte schlägt sich in jeweils neuen Erzähltexten mit neuen Plots nieder, in denen die Story in einem je bestimmten geschichtlichen Kontext Gestalt annimmt.

Beispiel 2: Geschichte der Erzählungen einer Erzählung

Dies bringt der (Unter-)Titel von A. NITSCHES Buch »David gegen Goliath. *Die Geschichte der Geschichten einer Geschichte* - Zur fächerübergreifenden Rezeption einer biblischen Story« gut zum Ausdruck. Die in I Sam 17 nachlesbare David-Goliath-Geschichte ist eine der »Geschichten« (im Sinne von »Erzähldiskurs«), in die eine Geschichte (im Sinne von »Story«) gefaßt wurde. Nitsche verfolgt in seinem Buch die Geschichte (im Sinne von »History«) der David-Goliath-Story über zahlreiche Stationen hinweg: Die Geschichte beginnt mit den – unter dem Text von I Sam 17 verborgenen – Vorstufen der Erzählung, sie führt über die antiken jüdisch-griechischen Fassungen, die altkirchlichen Predigten, ihre Wiederaufnahme im Florenz der Renaissance bis hin zu ihrer Rezeptionen in den modernen Medien. Mit der Erzählgeschichte sind je spezifische Erzählsituationen (Narrationen) in unterschiedlichen Medien verbunden: Beispielsweise gehört – nach Nitsches Analyse – die Erzählung in der Jeremiazeit zum Motivationsfundus der antibabylonischen Partei, in der Ptolemäerzeit hebt sie die Bedeutung politischer Klugheit für das Überleben des unterworfenen Volkes hervor. In der Zeit der Alten Kirche kann Kaiser Theodosius als Neuer David dargestellt werden, der als Werkzeug Gottes den Sieg über die antinizänische Partei herbeiführt; im Florenz der Renaissance wird die Story in die berühmten Statuen Donatellos und Michelangelos umgesetzt und spielt in diesem Medium unterschiedliche politische Rollen, in den 80er Jahren des vergangenen Jahrhunderts wird das Erzählmotiv »David gegen Goliath« im Flugblatt und in der Karikatur zum Argument der Antiatombewegung gegen die Lobby der Atomindustrie.

> Ins Englische übersetzt würde der Titel unter Verlust des Wortspieles also lauten: »The history of the plots of a story«.

Rekapitulieren wir noch einmal die Grundbegriffe jeder Erzähltheorie; es sind dies
1. die »Geschichte«, die »Story« als eine wirkliche oder fiktive Folge von Ereignissen, die jeder gesprochenen oder geschriebenen »Erzählung« innewohnt;
2. der Erzähltext, die *Erzählung* im engeren Sinne, der zugleich »Quelle« für die Kenntnis der Story ist und sich von ihr durch einen besonderen »Plot« unterscheidet;
3. der »*Plot*« als die jeweils gewählte sinnhafte Anordnung der Elemente der Story in einer bestimmten Erzählung;
4. das Erzählereignis, die *Narration*, in der sich der Erzähltext realisiert und damit der erzählten Welt Bahn bricht in die außertextliche (Erzähl-)Welt hinein.

In unseren Beschreibungen und Beispielen werden wir vor allem dem *Erzähltext* als solchem nachgehen (2.1). Bevor wir dies tun, sind noch weitere wichtige Instanzen des Erzählvorgangs theoretisch kurz zu würdigen: der Erzähler und der Leser (1.2). Unter der Überschrift »*Narrative Kommunikation*« (1.3) werden wir kurz auf ein in der alttestamentlichen Exegese bereits eingeführtes Konzept der Erzähltextanalyse verweisen, das sich von dem hier vertretenen in mancher Hinsicht unterscheidet, dabei mit diesem »kompatibel« ist.

1.2 Erzähler und Leser

1.2.1 Erzähler

Für nicht wenige Erzähltheoretiker ist die Instanz des Erzählers, des Narrators, das eigentliche, unterscheidende Merkmal des Erzählens gegenüber den anderen literarischen Genres. Dabei ist im Auge zu behalten, daß die Instanz des Erzählers nicht identisch ist mit den realen Autoren einer Erzählung oder der Person, die in einer konkreten Erzählsituation den Erzähltext wiedergibt. Der Narrator ist vielmehr eine textinterne Instanz, die als »Mittler« zwischen Autor und Hörer bzw. Leser tritt. Dieser Erzähler kann dem Leser grundsätzlich in dreierlei »Erzählsituationen« (F. K. STANZEL) begegnen:
(1) In einer »Ich«-Erzählsituation:
Für sie ist kennzeichnend, »daß die Mittelbarkeit des Erzählens ihren Ort

§ 5a Die alttestamentliche Erzählung

ganz in der fiktionalen Welt der Romanfiguren hat: der Mittler, das ist der Ich-Erzähler, ist ebenso ein Charakter dieser Welt wie die anderen Charaktere des Romans. Es besteht volle Identität zwischen der Welt der Charaktere und der Welt des Erzählers ...«[1] Bisweilen nennt man den Ich-Erzähler auch den »expliziten« (also den im Werk ausdrücklich genannten) Erzähler oder Autor (im Unterschied zum realen oder impliziten Autor oder Erzähler).

(2) In der »auktorialen« Erzählsituation:
Für sie ist charakteristisch, »daß der Erzähler außerhalb der Welt der Charaktere steht; seine Welt ist durch eine ontische Grenze von jener der Charaktere getrennt. Der Vermittlungsvorgang erfolgt daher aus der Position der Außenperspektive ...«[2] Man nennt diesen auktorialen Erzähler bisweilen auch den »allwissenden« Er-Erzähler.

(3) In einer personalen Erzählsituation:
In ihr »tritt an die Stelle des vermittelnden Erzählers ein Reflektor: Eine Romanfigur, die denkt, fühlt, wahrnimmt, aber nicht wie ein Erzähler zum Leser spricht. Hier blickt der Leser mit den Augen dieser »Reflektorfigur« auf die anderen Charaktere der Erzählung.«[3]

1.2.2 *Autor*

Solche Erzähler-Instanzen sind für die traditionelle alttestamentliche Exegese »gewöhnungsbedürftig«. Ihr Interesse galt und gilt eher dem Text als historischer Größe und mithin auch seinen realen, historischen Autoren. In diesem Zusammenhang ist auf eine – auch in der nichttheologischen Literaturwissenschaft durchaus umstrittene – Größe einzugehen, den sogenannten *impliziten Autor*«. Diese »Gestalt« ist weder mit dem Erzähler, also der textinternen Vermittlungsinstanz des Erzählens, noch mit dem realen Autor identisch. Sie ist zunächst charakterisierbar als die »Vorstellung«, die der Text durch verschiedene Anzeichen von seinem realen Autor vermittelt. Für die traditionelle historisch-kritische Exegese ist der implizite Autor (§7 – 1.2) eine wichtige Größe, auch wenn er dort meist nicht so genannt wird. Anders als in modernen Literaturen sind die realen Autoren alttestamentlicher Texte in aller Regel nicht bekannt, sondern nur aus den Indizien der vorliegenden Texte zu erschließen. So kann man durchaus all jene Autoren und Redaktoren, die die alttestamentliche Wis-

1. F. K. Stanzel, Theorie, 15.
2. Ebd., 16.
3. Ebd., 16.

senschaft in ihren literargeschichtlichen Modellvorstellungen (§ 7 – 2.3) annimmt, als »implizite Autoren« verstehen.

1.2.3 Leser/Hörer

Eine ähnlich komplexe Größe wie der »Erzähler« ist der »Hörer« bzw. »Leser« narrativer Texte.

> Literatur:
> S. Fish, Literatur im Leser: Affektive Stilistik (1970), in: R. Warning (Hg.), Rezeptionsästhetik. Theorie und Praxis, UTB 303, München ²1979, 196-127
> W. Iser, Der Akt des Lesens: Theorie ästhetischer Wirkung, UTB 636, München ²1984
> Ders., Die Appellstruktur der Texte. Unbestimmtheit als Wirkungsbedingung literarischer Prosa, in: R. Warning (Hg.), Rezeptionsästhetik, Theorie und Praxis, UTB 303, München ²1979, 228-252
> M. Sternberg, The Poetics of Biblical Narrative. Ideological Literature and the Drama of Reading, Bloomington 1985

Ihr ist besonders die sogenannte »Rezeptionsästhetik« nachgegangen, deren amerikanische, auf Stanley Fish zurückgehende Variante als »Reader-Response-Criticism« breiteren Eingang in die Exegese gefunden hat. Die Text-Leser-Beziehung steht auch im Vordergrund des Interesses der deutschen Variante der leserorientierten Literaturwissenschaft, der Rezeptionsästhetik; der Hörer/Leser ist zunächst eine Instanz im Text oder besser: eine Beziehungsgröße zwischen den Welten inner- und außerhalb des Textes (ganz anders auch hier die Orientierung der traditionellen alttestamentlichen Exegese: Für sie ist der Leser fast ausschließlich als »reale«, historische Größe im Blick).
Wolfgang Iser hat die Leserinstanz vom Text her mit dem Begriff des *impliziten Lesers* beschrieben. Damit ist eine »den Texten eingezeichnete Struktur« gemeint. Der *implizite Leser* »verkörpert die Gesamtheit der Vororientierungen, die ein fiktionaler Text seinen möglichen Lesern an Rezeptionsbedingungen anbietet«, eine »Textstruktur, durch die der Leser immer schon vorgedacht ist ... eine Hohlform ...«.[4] Mit diesem bildhaften Ausdruck hebt Iser darauf ab, daß Texte Anschlußpunkte bereithalten, in die die jeweiligen »realen Leser« sich bei ihrer Lektüre »einklinken« und so den Text gewissermaßen vervollständigen, »auffüllen« (Hohlform!) können

---

4. W. Iser, Akt des Lesens, 60f.

und sollen. Das Lesen wird so zur Kommunikation, ja zur Interaktion zwischen dem impliziten Leser im Text und dem realen Leser. Dieser läßt sich auf die Vorgaben des im Text impliziten Lesers ein, füllt sie aber niemals restlos aus. Der »Roman« besitzt – so Iser – »eine perspektivische Anlage, die aus mehreren ... Perspektivträgern besteht, die durch den Erzähler, die Figuren, die Handlung (Plot) sowie die Leserfiktion gesetzt sind.« Sie bilden »unterschiedliche Orientierungszentren ..., die es aufeinander zu beziehen gilt ...«.[5] Der gemeinsame Bedeutungshorizont all dieser Perspektiven und Orientierungen entsteht in der Vorstellung der realen Leser.

Konkrete, im Text vorgegebene Anschlußpunkte für diese Leseraktivität sind die sogenannten *Leer- oder Unbestimmtheitsstellen*[6] (W. ISER) bzw. »*Gaps*« (M. STERNBERG). Leerstellen entstehen z. B. immer dort, wo »Textsegmente unvermittelt aneinanderstoßen«, »wo die erwartbare Geordnetheit«[7] des Textes unterbrochen ist, wo er so oder so weitergehen könnte und schließlich an einer anderen Stelle wieder einsetzt. An solchen »Gelenkstellen«[8] ist die Imagination des Lesers unabdingbar. Ein weiterer Leerstellentyp wird durch im Werk implizierte *Wertungen und Kommentare* hervorgerufen, die als »Erzählhaltungen« (vgl. dazu unten 2.3) zu den Weisen gehören, in denen der Autor Rezeption lenken kann. Solche Einstellungen und Bewertungen können auch auf den Widerspruch des Lesers stoßen und damit dessen Aktivität zur Sinnkonstitution hervorrufen.[9]

> Beispiel 3: »Leerstellen« als Erzählstrategie Th. MANNS
>
> Ein prägnantes Beispiel für eine Erzählstrategie, die durch »Leerstellen« die Rezeption steuern will, bietet der Schlußteil von Th. Manns Roman *Buddenbrooks. Verfall einer Familie.*
> Der elfte und letzte Teil der Familiensaga konzentriert sich auf den jungen Johann (Hanno) Buddenbrook. Im ausführlichen 2. Kapitel (knapp 50 Seiten) wird ein entscheidender Tag im Leben des Gymnasiasten und seiner Angst vor dem Versagen geschildert. Es endet mit dem Satz: »Dies war ein Tag aus dem Leben des kleinen Johann.«
> Mit dem 3. Kapitel, das nur wenige Seiten umfaßt, wird die Perspektive gewechselt: »Mit dem Typhus ist es folgendermaßen bestellt.« Diese Einleitung eröffnet eine eindrückliche Schilderung des Krankheitsverlaufes, die an keiner Stelle explizit mit

5. Ebd.; vgl. H. W. LUDWIG, 60.
6. Vgl. W. ISER, Appellstruktur, 236; Akt des Lesens, 280 ff.
7. W. ISER, Akt des Lesens, 302.
8. Ebd., 284.
9. In alttestamentlichen Texten entstehen solche Gelenkstellen u. U. nicht nur durch die Aktivität des einen Autors (den die moderne Literaturwissenschaft meist voraussetzt), sondern auch durch die in der Geschichte des Textes in diesen eingebrachten »Spannungen« (vgl. dazu unten §7 – 1.4.1), durch die dann die Leseraktivität der alttestamentlichen Exegeten auf den Plan gerufen wird.

einer Figur des Romans verknüpft wird. Das Kapitel endet mit dem Hinweis, daß ein Typhuskranker gesunden kann oder – stirbt.

Das ebenfalls nur wenige Seiten lange 4. Kapitel bildet zugleich den Schluß des Romans. Erst im Verlauf des hier wiedergegebenen letzten Gesprächs der wenigen Übriggebliebenen der Familie wird dann der Leser über die inzwischen verstrichene »erzählte Zeit« (vgl. unten 2.1.1) informiert: »Es war nach dem Abendbrot, im Herbst; der kleine Johann ... lag ungefähr seit sechs Monaten, mit den Segnungen Pastor Pringsheims wohl versehen, dort draußen am Rande des Gehölzes unter dem Sandsteinkreuz und dem Familienwappen.« Was sich durch die Zusammenstellung der Kapitel 2 und 3 dem Leser im Verlauf der Lektüre schon als Ahnung immer stärker aufgedrängt hatte, wird hier, sozusagen rückwirkend, bestätigt. Die formal unpersönliche, aber inhaltlich sehr eindrückliche Schilderung der Krankheitsgeschichte eines an Typhus Erkrankten ist die Geschichte jenes Hanno, den der Leser im Verlauf des 2. Kapitels so intensiv kennengelernt hatte. Außerdem wird hier die ausführliche und bewegende Schilderung des Sterbens und der Beerdigung des Vaters von Johann, Senator Thomas B. im vorausgehenden 10. Teil des Romans aus der Lesererinnerung wieder aufgerufen und bildet eine Folie, um die prägnante Leerstelle im Handlungsablauf zwischen letzten Kapiteln (sechs Monate übersprungen) mit eigener Imagination zu füllen. Eine brillante Erzählstrategie, die das Lesepublikum zum Miterzähler macht!

1.3 Narrative Kommunikation

Um die Zusammenschau dieser Erzähler- und Leserinstanzen geht es bei einem »*pragmatische Erzähltextanalyse*« genannten erzähltheoretischen Ansatz, der an der Erzählung als Kommunikation interessiert ist und vor allem durch C. HARDMEIER in die alttestamentliche Wissenschaft in Deutschland Eingang gefunden hat.

Literatur:
E. GÜLICH, Ansätze zu einer kommunikationsorientierten Erzähltextanalyse (am Beispiel mündlicher und schriftlicher Erzähltexte), in: W. HAUBRICHS (Hg.) Erzählforschung 1, LiLi Beiheft 4, Göttingen 1976, 224-256
C. KAHRMANN/G. REISS/M. SCHLUCHTER, Erzähltextanalyse. Eine Einführung mit Studien und Übungstexten, Weinheim ⁴1996
C. HARDMEIER, Gesichtspunkte pragmatischer Erzähltexte. »Glaubt ihr nicht, so bleibt ihr nicht« – ein Glaubensappell an schwankende Anhänger Jesajas, WuD 15 (1979), 31-54
DERS., Prophetie im Streit vor dem Untergang Judas. Erzählkommunikative Studien zur Entstehungssituation der Jesaja- und Jeremiaerzählungen in II Reg 18-20 und Jeremia 37-40, BZAW 187, Berlin 1990
R. LUX, Jona. Prophet zwischen Verweigerung und Gehorsam, FRLANT 162, Göttingen 1994

Nach dieser Konzeption ist ein »Erzähltext immer Bestandteil eines Kommunikations- bzw. Interaktionsprozesses ..., d. h., daß er von einem bestimmten Sprecher mit einer bestimmten Intention einem Hörer mit einer bestimmten Erwartung in einer Kommunikationssituation mitgeteilt wird, und daß der Hörer darauf in irgendeiner Weise reagiert«[10]. Dabei ist die Kommunikation nicht nur der Verständnisschlüssel für das Erzählereignis. Die Vorstellung der »Kommunikation« schließt vielmehr den Erzähltext ein, denn auch in ihm wird auf unterschiedlichen Ebenen kommuniziert. Beispielsweise spricht eine Erzählfigur zu einer anderen, der Ich-Erzähler zu einer Erzählfigur und zum Leser, die Erzählung selbst wird als erzählt dargestellt usw. So werden Erzählereignis (Narration) und Erzähltext auf ihre Rede-Situationen oder Kommunikationsebenen hin verstanden und analysiert, die nach Art einer russischen Puppe ineinandergeschachtelt sind. Jede dieser Redesituationen innerhalb und außerhalb des Textes konstituiert eine Kommunikationsebene.[11]

Die erste oder die ersten beiden dieser Ebenen (die Ebenen 5-4 – die Zahlen beziehen sich auf die folgende Graphik[12]) sind textextern und haben im Blick, daß ein realer Sprecher oder Autor seinen realen Hörern tatsächlich etwas sagt und damit beim Hörer auch etwas bewirkt. Die folgenden (in der Graphik vorausliegenden) Ebenen gehören dem textinternen Bereich an. Insbesondere in literarischen, fiktionalen Erzähltexten ist zwischen den realen Hörer und die Erzählung der implizite Erzähler, der »Narrator«, als Mittler geschaltet. Diesem Erzähler entspricht – in der kommunikationsorientierten Erzähltheorie – die implizite Hörerschaft (Ebene 3). Bisweilen können beide Instanzen auch explizit im Text erscheinen: In einer Rahmenerzählung wird dieser Erzähler (durch einen weiteren Erzähler) ausführlich vorgestellt, oder er erscheint als »Ich-Sprecher« in der Erzählung (vgl. oben »Ich-Erzählsituation«). Diese Erzählerfigur, ebenso wie ihr Hörerpendant (gleichgültig, ob dieses explizit, etwa als »Lieber Leser«, angesprochen wird oder nicht), sind Figuren des Erzähltextes, die mit dem realen Sprecher/Autor bzw. Hörer/Leser nicht identisch sind, deren Verhältnis aber wiederum als ein Verhältnis der Kommunikation beschrieben werden kann (Ebene 2). Eine weitere, ja im Prinzip beliebig viele weitere Kommunikationsebenen ergeben sich dadurch, daß die Figuren der Erzählung miteinander in Kommunikation treten (Ebene S 1).

10. E. Gülich, Ansätze, 226.
11. Vgl. H. W. Ludwig, 52, und C. Kahrmann, Erzählanalyse, 41ff.
12. So das Handbuch von H. W. Ludwig; vgl. das Schema, 52.

textintern	S1	erzählte sendende Figur	E1	erzählte empfangende Figur
	S2	fiktiver (expliziter) Erzähler	E2	fiktiver (expliziter) Leser
	S3	implizierter Autor	E3	implizierter Leser
textextern	S4	realer Autor als Autor	E4	realer Leser als Leser
	S5	realer Autor als Mitglied einer Gesellschaft	E5	realer Leser als Mitglied einer Gesellschaft

(Legende: S = Sender, meint: Autor, Erzähler, Sprecher.; E = Empfänger, meint: Leser, Hörer)

Beispiel 4a: Kommunikationsebenen in Th. MANNS Roman *Doktor Faustus*

»*Mit aller Bestimmtheit will ich versichern, daß es keineswegs aus dem Wunsche geschieht, meine Person in den Vordergrund zu schieben, wenn ich diesen Mitteilungen über das Leben des verewigten Adrian Leverkühn, dieser ersten und gewiß sehr vorläufigen Biographie des teuren, vom Schicksal so furchtbar heimgesuchten und gestürzten Mannes und genialen Musikers einige Worte über mich selbst und meine Bewandtnis vorausschicke.*«

In den ersten Sätzen des Romans *Doktor Faustus* läßt der »reale Autor« Th. Mann (S 4) den expliziten »Ich«-Erzähler (S 2) Serenus Zeitblom sich selbst vorstellen. Dieser explizite, aber erfundene »Ich«-Erzähler erzählt dann die erfundene Biographie des erfundenen Komponisten Adrian Leverkühn, der innerhalb des Romans auch selbst das Wort ergreift (S 1).

Mann spielt hier mit dem Interesse des Lesers am Autor/Erzähler: »... nur weil ich damit rechne, daß man wünschen wird, über das Wer und Was des Schreibenden beiläufig unterrichtet zu sein, schicke ich diesen Eröffnungen einige wenige Notizen über mein eigenes Individuum voraus, ...«. Mann unterläuft die zitierte Lesererwartung aber sofort, denn er verliert kein Wort über sich, den »realen Autor«, sondern läßt den fiktiven Erzähler sich selbst auf mehreren Seiten beschreiben.

Auch sein Text *Die Entstehung des Doktor Faustus* spielt noch in freier Weise mit der Sehnsucht der Leser nach der authentischen »intentio auctoris«, wie der Untertitel *Roman eines Romans* und ein Blick in die Tagebücher der Entstehungszeit zeigen.

Wer die verschiedenen Kommunikationsebenen, die im Roman – bis ins Detail auskomponiert – ineinander verwoben sind, berücksichtigt, wird nicht vorschnellen Identifizierungen erliegen und entweder den betulichen und peniblen »Ich«-Erzähler oder die geniale Gestalt der Titelfigur mit dem realen Autor verwechseln, der seine Perspektive (nach eigener Aussage im oben erwähnten Text über die Entstehung des Romans und vor allem in den Tagebüchern) mehrfach gebrochen und verspiegelt in mehrere Figuren des Romans eingezeichnet hat: projiziert auf eine Gestalt der deutschen literarischen Tradition (Faust), eingebettet in einen Kosmos anderer Figuren und erzählt aus der Sicht eines trockenen und angestaubten Schulmannes, der zugleich fasziniert und abgestoßen ist von der Gestalt seines Freundes Leverkühn.

§ 5a Die alttestamentliche Erzählung

Bei C. Hardmeier findet sich dieses Schema der kommunikationsbezogenen Gliederungsmerkmale folgendermaßen modifiziert: Die textexternen Ebenen 5-4 bilden die Ebene K1. Die textinternen Ebenen sind nicht weiter differenziert, sondern werden – orientiert an sogenannten »metakommunikativen Sätzen« (z. B. »er sagte ...«) – von K2 bis Kn »durchgezählt«.[13] So ergibt sich etwa für II Kön 18,19 f. folgendes Analysebild:

Beispiel 4b: Kommunikationsebenen im Erzähltext (II Kön 18,19 f.) nach C. Hardmeier[14]

K1	K2	K3	K4	K5
(19)	*Und es sagte zu ihnen Rabschake:*			
	Sagt doch zu Hiskijahu:			
		So spricht der Großkönig, der König von Assur:		
			Was ist das für ein Vertrauen, das du da hegst? (20)	
			Du hast (wohl) gedacht:	
				Allein ein Lippenbekenntnis ist (schon)
				Rat und Ermutigung (genug) zum Kampf.

Zusammen mit anderen Merkmalen der Erzähltextgliederung[15] (sie sind – wie wir gelegentlich anmerken werden – unseren im folgenden Beschreibungsteil entfalteten Kriterien durchaus vergleichbar), ermöglichen es solche Kommunikationsprofile, die Redekompositionen und die Beziehungen der Erzählfiguren genau zu rekonstruieren. In diesen Kommunikationsprofilen kommt auch das Proprium der »pragmatischen Erzähltextanalyse« im Verständnis C. Hardmeiers zu Ausdruck, nach dem Erzähltexte »primär als Produkte pragmatisch-situativ verankerter Kommunikationsvorgänge«[16] aufzufassen sind. Demgegenüber meinen wir, daß Erzählungen weniger unmittelbar in spezifischen Kommunikationssituationen verankert und zu analysieren sind, sondern vielmehr als literarisch-poetische Texte zunächst eher situationsabstrakt zu sehen sind (vgl. §5 – 1.2), wodurch gerade die Möglichkeit eröffnet wird, sie je und je in neue situative Bezüge zu bringen. Deshalb haben wir einen anderen – aber wie gesagt: kompatiblen – theoretischen Zugang gewählt.[17]

---

13. C. Hardmeier, Prophetie im Streit, 63f.
14. Ebd., 330.
15. Ebd., 66ff.; 74f.: geschichtenbezogene Merkmale, textinterne Merkmale.
16. Ebd., 6.
17. Er entspricht etwa dem von J. L. Ska, »Our Fathers ...« und richtet sich in den Grundbegriffen nach G. Genette, Die Erzählung.

2. Beschreibungen

2.1 Der Erzähltext

Der Erzähltext gibt seine Story in einer bestimmten Ausprägung, einem bestimmten Plot wieder. Die »Ingredienzien«, die bestimmenden Faktoren, aus denen sich dieser »Plot« bildet, werden wir im folgenden vorstellen und an Textbeispielen vorwiegend aus dem Alten Testament verdeutlichen:

2.1.1 *Erzählen und Zeit*

Der vielleicht grundlegendste Vorgang bei jeglichem Erzählen ist die zeitliche Ordnung für die Ereignisfolge der Story. Kaum eine Erzählung kann und will ihre Story in voller »Isochronie«, also in einem zeitlichen 1:1-Verhältnis von erzählten Ereignissen und Erzählvorgang, wiedergeben. In der Regel wird die Erzählung den zeitlichen Ablauf der Story raffen und dehnen (»Anisochronie«); sie steht – wie bei C. HARDMEIER zu lesen ist – unter »Kondensierungs-« oder »Detaillierungszwang"[18]. Möglich ist selbstverständlich auch, daß eine Erzählung von der Story her zu erwartende Elemente ausläßt. Eben diese Raffungen, Dehnungen und Auslassungen sind Mittel der Darstellung und der Plotbildung in Erzähltexten (vgl. dazu noch einmal Beispiel 3 und die Seitenzahlen in den Kap. 2, 3 und 4 im II. Teil von Th. MANNS Roman *Buddenbrooks*).

Raffungen, Dehnungen und Auslassungen

Beispiel 5: Isochronie und Anisochronie zwischen Story und Erzähltext

Interessanterweise gibt es in den modernen Medien – nicht immer besonders appetitliche, aber sehr instruktive – Versuche, doch eine genaue zeitliche Entsprechung (Isochronie) zwischen Story und Erzählung herzustellen. So wurde vor einiger Zeit eine Besteigung der Eigernordwand live im Fernsehen übertragen, und zwar vom Einstieg in die Wand bis zum Gipfel-»Sieg« oder zum Absturz der Bergsteiger (diese geheime Alternative war der spannungsbildende Plot der Fernseherzählung). Wer wollte, konnte diese Besteigung ohne Pause und »isochron« am Bildschirm mitverfolgen. Die meisten Zuschauer werden sich mit den regelmäßig gesendeten Zusammenfassungen begnügt und/oder sich nur vor dem abzusehenden Gipfelsturm in die Live-Übertragung eingeschaltet haben. So war hier den Zuschauern die Möglichkeit gegeben, die Story der Ersteigung der Wand zeitlich selbst zu gestalten, m. a. W.: aus der Story selbst einen Erzähltext mit eigener Zeitstruktur zu

---

18. So in der von C. HARDMEIER adaptierten Terminologie, Prophetie im Streit, 46ff.

§ 5a Die alttestamentliche Erzählung

gestalten. Ein unter dem Gesichtspunkt der Zeitverhältnisse vergleichbares Unternehmen ist übrigens die derzeit (Frühjahr und Herbst 2000) über den Sender »rtl 2« ausgestrahlte Sendung »Big Brother«. Auch hier war – über das Internet – die volle Isochronie von Story und Erzähltext nur eine theoretisch gegebene Möglichkeit.

Ein analytisches »Maß« für Dehnungen und Raffungen im Erzähltext ist das Verhältnis von »Erzählzeit« und »erzählter Zeit«. Ins Verhältnis zu setzen ist die Zeit, die das Erzählen eines Erzähltextes beansprucht (= Erzähl-Zeit; in schriftlichen Erzähltexten entspricht ihr die Anzahl der Zeilen, Verse oder Seiten), zu jenen Zeitspannen, die dieser Erzähltext den Ereignissen seiner Story jeweils zumißt (= erzählte Zeit). Die Diskursart, in der sich die Erzählzeit der erzählten Zeit am meisten annähert, ist die direkte Rede. Eine gesprochene oder gelesene Rede eines Erzähltextes nimmt etwa so viel Zeit in Anspruch wie eine Rede in unmittelbarer Kommunikation. Aus diesen Möglichkeiten, das Zeitsystem der Story zu gestalten, bezieht jede Erzählung ein Gutteil ihres Rhythmus, ihrer Spannung und ihrer Geschwindigkeit.

Beispiel 6: Erzählzeit und erzählte Zeit in der David-Uria-Geschichte (II Sam 11)

Die Phasen von Raffung und Dehnung sind in der Erzählung von David, Batseba und Uria (II Sam 11) deutliche Gliederungsmomente. Die Geschichte beginnt im Frühsommer; wie sich das Verhältnis von erzählter Zeit und Erzählzeit (vertreten durch die in Verszahl angedeutete Menge erzählter Worte) dann entfaltet, zeigt die folgende Übersicht:

Erzählte Zeit:	Story	Erzählzeit:
6-8 Wochen, von der Schwängerung bis zu ihrem Bekanntwerden	1. Während des Ammoniterkrieges bleibt David in Jerusalem, verbringt eine Nacht mit Batseba, der Frau des Offiziers Uria und schwängert sie; als sie ihm dies mitteilt, läßt er Uria unter einem Vorwand aus dem Krieg kommen.	V. 1-6
3 Tage (II Sam 11,12.14)	2. David versucht, Uria dazu zu bewegen, mit seiner Frau zu schlafen, um den wahren Urheber ihrer Schwangerschaft zu verschleiern. Uria weigert sich unter Verweis auf den Kriegsbrauch, der den Beischlaf verbietet.	V. 7 -13
Solange, wie man braucht, um von Jerusalem nach Rabbat Ammon und zurück zu reisen, sowie ein tödliches Scharmützel vor einer belagerten Stadt zu organisieren: einige Wochen.	3. David schickt Uria in den Krieg zurück und befiehlt dem Kommandeur, zu veranlassen, daß Uria im Kampf fällt. Dies geschieht, und der Kommandeur läßt David Vollzug melden.	V. 14-25

Die Übersicht zeigt, daß die dramatische und entscheidende Begegnung zwischen

§ 5a Die alttestamentliche Erzählung

David und seinem Gegenspieler im Zentrum der Erzählung drei Tage erzählte Zeit einnimmt, während die beiden flankierenden Teile, die die Vorbereitung und das tragische Ende des Konflikts erzählen, jeweils einige Wochen erzählter Zeit und mit 6 bzw. 11 Versen verhältnismäßig weniger Erzählzeit beanspruchen. Schon ein oberflächlicher Blick auf den Text zeigt, daß die Dehnung der Erzählzeit in den Teilen 2 und 3 vor allem den längeren direkten Reden zu verdanken ist. Im ersten Teil finden sich nur drei ganz kurze Reden, die nicht mehr als einen Satz umfassen. Eine lange und im Kommunikationsprofil tiefer gestaffelte Rede findet sich im 3. Teil, der allerdings mehr erzählte Zeit umfaßt als der zweite.

Prolepsen und Analepsen

K. KOENEN, Prolepsen in alttestamentlichen Erzählungen. Eine Skizze, VT 47 (1997), 456-477

Eine weitere Möglichkeit, auf den zeitlichen Ablauf der »Story« gestaltend einzuwirken, besteht darin, ihre Ereignisfolge umzustellen, also einzelne Ereignisse im voraus darzustellen (Prolepsen), oder umgekehrt Ereignisse aus dem Zeitablauf der Story nachzutragen (Analepsen).
Man geht im allgemeinen davon aus, daß Prolepsen in der hebräischen Erzählliteratur häufiger vorkommen als Analepsen. Allerdings sind echte Prolepsen – also Textelemente, die nicht nur auf Kommendes vor-verweisen (siehe dazu gleich), sondern es vor ihrem von der Story her zu erwartenden Eintreten selbst erzählen, in der biblisch-hebräischen Literatur eher selten. Eine echte Analepse (also die nachholende Erzählung eines Story-Elements) könnte in der Jona-Geschichte vorliegen (vgl. auch die nachholende Erzählung von Jephtahs Geburt, Ri 11,1-3 und in der Thronfolgeerzählung[19]).

Beispiel 7: Der Jonapsalm als Analepse

Wenn man voraussetzt, daß der Aufenthalt Jonas im Bauch des Fisches nicht den Aufenthalt in der Toten- und Unterwelt bedeutet, sondern bereits die Rettung aus derselben, dann holt der Dankpsalm, den Jona im Bauch des Fisches singt, die Erzählung von Jonas »Höllenfahrt« nach (Jona 2,4.7).

---

19. In der Thronfolgegeschichte ist geradezu ein »nachholender Stil« zu beobachten: Bestimmte Tatsachen oder Ereignisse werden erst an der Stelle »nachgetragen«, an der sie sich für den Fortgang der Erzählung wichtig sind. So erwähnt Abschalom in II Sam 14,32 eine ehemals von ihm an Joab gerichtete Botschaft, die er jetzt im Gespräch mit diesem als Argument heranzieht; ähnlich ist es in II Sam 13,32; I Kön 1,51 (und vermutlich auch in I Kön 1,13.46-48). Wir verdanken den Hinweis Dr. Stefan Seiler.

§ 5a Die alttestamentliche Erzählung

> *(4) Du warfst mich in die Tiefe, mitten ins Meer,*
> *daß die Fluten mich umgaben ...*
> *(7) Ich sank hinunter zu den Fundamenten der Berge,*
> *die Riegel der Erde schlossen sich hinter mir ewiglich.*
> *Aber du hast mein Leben aus dem Verderben geführt,*
> *JHWH, mein Gott!*

Rückverweise und Vorverweise

Sehr viel häufiger und vielgestaltiger als ausgeführte Pro- bzw. Analepsen sind *Rück- oder Vorverweise* auf vergangene oder kommende Ereignisse in der Erzählung. Auch diese Verweise betreffen fundamental die zeitliche Ökonomie der Erzählung. Sie halten beim Leser den Eindruck wach, daß die erzählten Ereignisse und Sachverhalte sich »anbahnen«, einen gewissen Abschluß finden, dabei aber fortwirken. E. LÄMMERT hat dafür den Ausdruck einer »sphärischen Geschlossenheit«[20] der Erzählung geprägt.

»Vorausdeutungen« (so E. LÄMMERT; G. GENETTE: »annonces«) können in alttestamentlichen Erzählungen die Gestalt von göttlichen Befehlen (vgl. nur das berühmte, die Vätererzählung eröffnende Wort JHWHs an Abram: »Geh aus deinem Vaterland ...« Gen 12,1), von Weissagungen (»Ich will wieder zu dir kommen übers Jahr; siehe dann wird Sarah, deine Frau, einen Sohn haben.« Gen 18,10) und Träumen (Josephs Träume von der Herrschaft über seine Brüder in Gen 37,1-11) haben.

In der Rede der Brüder Josephs nach Jakobs Tod (Gen 50,15-20) finden sich zwei Arten von narrativen Verweisen: der explizite Rückverweis entsprechend den obigen Vorverweisen und der Rückverweis durch *Leitworte* und *Wortfelder.*

Beispiel 8: Gen 50,15-20 und seine narrativen Rückverweise

15 וַיִּרְאוּ אֲחֵי־יוֹסֵף	*(15) Die Brüder Josephs aber fürchteten sich,*
כִּי־מֵת אֲבִיהֶם	*als ihr Vater gestorben war,*
וַיֹּאמְרוּ	*und sprachen:*
לוּ יִשְׂטְמֵנוּ יוֹסֵף	*»Joseph könnte uns gram sein*
וְהָשֵׁב יָשִׁיב לָנוּ אֵת כָּל־הָרָעָה	*und uns alle Bosheit vergelten,*
אֲשֶׁר גָּמַלְנוּ אֹתוֹ:	*die wir an ihm getan haben.«*
16 וַיְצַוּוּ אֶל־יוֹסֵף לֵאמֹר	*(16) Darum ließen sie ihm sagen:*
אָבִיךָ צִוָּה לִפְנֵי מוֹתוֹ לֵאמֹר	*»Dein Vater befahl vor seinem Tode und sprach:*
17 כֹּה־תֹאמְרוּ לְיוֹסֵף	*(17) So sollt ihr zu Joseph sagen:*
אָנָּא שָׂא נָא פֶּשַׁע אַחֶיךָ וְחַטָּאתָם	*Vergib doch deinen Brüdern die Missetat und ihre Sünde,*
כִּי־רָעָה גְמָלוּךָ	*daß sie so böse an dir gehandelt haben.*

---

20. E. LÄMMERT, Bauformen, 98f. Der Ausdruck scheint angemessener als der Begriff des »Gestaltschließungszwangs«, den C. HARDMEIER, Prophetie im Streit, 47 für ähnliche Sachverhalte verwendet. In der poetischen Erzählung werden »Gestalten« gerade eher offengehalten als abgeschlossen.

וְעַתָּה שָׂא נָא לְפֶשַׁע עַבְדֵי אֱלֹהֵי אָבִיךָ   *Nun vergib doch diese Missetat,*
den Dienern des Gottes deines Vaters!«
וַיֵּבְךְּ יוֹסֵף בְּדַבְּרָם אֵלָיו: *Aber Joseph weinte, als sie solches zu ihm sagten.*
18 וַיֵּלְכוּ גַּם־אֶחָיו   *(18) Und seine Brüder gingen hin*
וַיִּפְּלוּ לְפָנָיו   *und fielen vor ihm nieder*
וַיֹּאמְרוּ   *und sprachen:*
הִנֶּנּוּ לְךָ לַעֲבָדִים   *»Siehe, wir sind deine Knechte.«*
19 וַיֹּאמֶר אֲלֵהֶם יוֹסֵף   *(19) Joseph aber sprach zu ihnen:*
אַל־תִּירָאוּ   *»Fürchtet euch nicht!*
כִּי הֲתַחַת אֱלֹהִים אָנִי   *Stehe ich denn an Gottes Statt?*
20 וְאַתֶּם חֲשַׁבְתֶּם עָלַי רָעָה   *(20) Ihr gedachtet es böse mit mir zu machen,*
אֱלֹהִים חֲשָׁבָהּ לְטֹבָה   *aber Gott gedachte es gut zu machen,*
לְמַעַן עֲשֹׂה כַּיּוֹם הַזֶּה לְהַחֲיֹת עַם־רָב: *um zu tun, was jetzt am Tage ist,*
nämlich am Leben zu erhalten ein großes Volk.«

Der Bezugspunkt des expliziten Rückverweises, der sich in die Worte kleidet »daß sie so böse an dir gehandelt haben«, ist zweifellos die Aussetzung Josephs durch seine Brüder, die dazu führte, daß er geraubt und nach Ägypten verkauft wurde (Gen 37,12 ff.).

Neben diesem ausdrücklichen Rückverweis finden sich die Leitworte, »weinen« (בכה) und »niederfallen« (נפל). Sie verbinden die Rede zunächst mit den Begegnungen Josephs mit seinen Brüdern ab Gen 42. Als Joseph seine Brüder zum ersten Mal in Ägypten wiedersieht, weint er (Gen 42,24), ohne daß er sich ihnen zu erkennen gibt. Dies wiederholt sich bei der zweiten Reise (Gen 43,30). Joseph stellt die Brüder dann noch einmal auf die Probe. Dabei »*fallen* seine Brüder vor ihm nieder« (44,14). Dann erst gibt sich Joseph zu erkennen, und auch in dieser Szene spielen »Weinen« und »(Nieder-)Fallen« eine Rolle (Gen 45,14–16).

(14) Und er fiel seinem Bruder Benjamin **um den Hals und weinte**, *und Benjamin* **weinte** *auch an seinem Halse, (15) und er küßte alle seine Brüder und* **weinte** *an ihrer Brust. Danach redeten seine Brüder mit ihm. (16) Und als das Gerücht kam in des Pharao Haus, daß Josephs Brüder gekommen wären, gefiel es dem Pharao gut und allen seinen Großen.*

Die beiden Leitworte sind ebensosehr Rückverweise von der Schlußszene der Josephserzählung auf deren tränenreichen Höhepunkt, wie sie Vorverweise von dort aus auf die Schlußszene darstellen. Darüber hinaus stellen die Leitworte auch die Verbindung zur eröffnenden Traumszene in Gen 37 her. Hier erscheinen die Leitworte zwar nicht in den gleichen Lexemen, es finden sich jedoch Synonyme (niederfallen, sich niederwerfen, Gen 37,7.10) bzw. Antonyme aus dem Vorstellungszusammenhang der Unterwerfung: In Gen 50 bezeichnen sich die Brüder als Josephs »Diener« (V. 17), in Gen 37 reagieren sie und Jakob auf Josephs Traumerzählung mit der empörten Frage, ob er über sie »König« oder Herrscher sein wolle (V. 8).

So bilden Leitworte und Wortfelder ein Verweissystem, das nicht nur in eine Richtung weist, sondern sich in vielfältigen Kohärenzbögen über die Erzählung wölbt und damit die Erzählwelt mit ihrer eigenartigen »sphärischen Geschlossenheit« (s. o.) bildet, die sie für die Leser so anziehend macht. (Für weitere Beispiele vgl. die Analyse des Leitwortsystems in der Exoduserzählung.)[21]

---

21. H. UTZSCHNEIDER, Gottes langer Atem, SBS 166, Stuttgart 1996, 49ff.

§ 5a Die alttestamentliche Erzählung

2.1.2 Schauplatz

Auch die Erwähnung von Orten und Ortswechseln sind wichtige Mittel des Erzähltextes, seinen »Plot« zu bilden. Insbesondere tragen sie – neben anderen Bauformen, wie etwa der Konstellation der Figuren – dazu bei, den Erzähltext in Szenen zu gliedern.

Beispiel 9: Schauplätze in der Meerwunder-Erzählung (Ex 14)

Am Beginn der »Meerwunder«-Erzählung (Ex 13,17-14,31) ergeben die Ortsangaben sowohl eine Szeneneinteilung als auch einen Hinweis auf die Raum-Vorstellung der Erzählung (die keineswegs mit den realen geographischen, geschweige denn den historisch rekonstruierbaren Räumen für das Meerwunder identisch sein müssen).

(13,17) Und es geschah, als Pharao das Volk entließ
– Gott führte sie aber nicht den Weg ins Land der Philister, zwar war er nahe,
hingegen Gott dachte,
daß es das Volk reuen könnte, wenn sie Krieg sähen
und sie dann nach Ägypten umkehrten –
(18) da ließ Gott das Volk sich wenden (zum) Weg der Wüste des Schilfmeers.
Streitgerüstet aber zogen die Israeliten herauf aus Ägyptenland ...
(19) Da nahm Mose die Gebeine Josephs mit sich
denn schwören, ja schwören lassen hatte er (es) die Israeliten:
Kümmern, ja kümmern wird sich Gott um euch,
und heraufbringen werdet ihr meine Gebeine von hier mit euch.

(20) Da brachen sie auf von Sukkot	**Ortsangabe/Ortswechsel**
und lagerten sich in Etam am Rande der Wüste.	**Ortsangabe**

(21) ... (Die Wolken- und Feuersäule)
(14,1) Da sprach JHWH zu Mose:
*(2) »Rede zu den **Israeliten**,*
daß sie umkehren
und sich lagern vor Pi Hachirot zwischen Migdol und dem Meer vor Baal Zaphon.

Ihm gegenüber sollt ihr euch lagern am Meer.	**Vorverweis auf den Ortswechsel**

(3) Und Pharao wird über die Israeliten denken:
›Sie irren umher im Lande.
Geschlossen hat sich über ihnen die Wüste ...‹
(4) Und ich werde dann verhärten Pharaos Herz,
und er wird sie verfolgen,
und ich will mich verherrlichen durch Pharao und durch seine ganzen Streitmacht,
und die Ägypter werden erkennen,
daß ich JHWH bin.«

Da taten sie so.	**Erzählung des Ortswechsels der Israeliten**

(5) Da wurde dem König von Ägypten gemeldet,
daß das Volk geflohen war, ...
(6) Und er spannte seinen Wagen an ...
(7) Und er nahm sechshundert ausgesuchte Wagen

(8) ... und er verfolgte die Israeliten,	**Ortswechsel der Ägypter**
(9) ... und sie holten sie ein, als sie am Meer hin lagerten	**Ortsangabe**

... bei Pi Hachirot vor Baal Zaphon.

Der Textabschnitt läßt sich anhand der Ortsangaben (vgl. besonders Ex 13,20; 14,2.4.8.9) und mit Rücksicht auf die jeweils handelnden Personen(-gruppen) in drei Szenen gliedern:

(a) Die Szene des Aufbruchs der Israeliten aus Ägypten und seiner Umstände (13,17-21). Die Szene ist in »Sukkot« (13,20a) lokalisiert.

(b) Die Szene der Rede des JHWHs an Mose an das Volk (14,1-4). Sie ist in Etam lokalisiert und bereitet den Ortswechsel des Volkes vor, der am Ende der Szene knapp erzählt wird (Ex 14,4).

(c) Die Szene, in der der ägyptische König die Verfolgung der Israeliten aufnimmt (14,5-9). Sie spielt, wie aus der Erwähnung des Ortswechsels in 14,8 zwingend hervorgeht, in Ägypten.

Wirkungsvoll ist darüber hinaus das System der Vorverweise, das die Meerwundererzählung in Reden und Gedanken der Figuren sowie in Erzählerkommentaren aufbaut. In 13,17f. wird der »Zick-Zack-Weg« der Israeliten in den Gedanken Gottes vorkonzipiert und begründet. In der Rede JHWHs an Mose (14,1ff.) werden die Ratschlüsse Gottes den Israeliten eröffnet. Dabei sieht Gott voraus, wie sein Gegenspieler, der Pharao, das Verhalten der Israeliten deuten wird, nämlich in der Weise falsch, daß sie ihm nun zur leichten Beute würden. So entwickelt sich Szene für Szene, Vorverweis für Vorverweis, das Erzählgeschehen genau so, wie es JHWH jeweils vorausgedacht hat.

2.1.3 Die Figuren

Wie sich schon im Zusammenhang mit dem Schauplatzwechsel andeutete, sind die Figuren, im Sinne der handelnden Personen einer Erzählung, für deren Aufbau und inneren Zusammenhang von hoher Bedeutung. Ihre Konstellation hat zusammen mit den Zeit- und Ortsverhältnissen strukturierende Funktion. Darüber hinaus erhält die Erzählung durch die Figuren und ihre Charakterisierung innere Kohärenz und »Farbe«.

Figuren[22] können auf verschiedene Weise charakterisiert werden. Unsere Tabelle zeigt die grundsätzlichen Beschreibungsmöglichkeiten in zwei aufeinander bezogenen Oppositionspaaren: Demnach können Figuren unmittelbar und mittelbar, und zwar jeweils im Hinblick auf »Äußeres« oder »Inneres«, charakterisiert werden.

---

22. Vgl. dazu etwa: S. Bar Efrat, Narrative Art, 47ff.; A. Berlin, Poetics, 23ff.

§ 5a Die alttestamentliche Erzählung

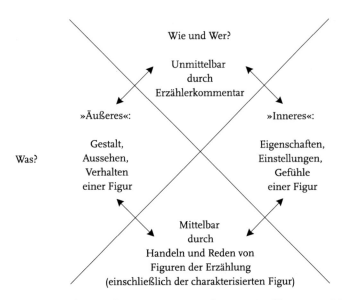

Kommen wir zunächst zu der »Opposition« der unmittelbaren und der mittelbaren Beschreibung. In den Erzählungen der hebräischen Bibel werden handelnde Figuren – anders als in der modernen Literatur – unmittelbar, also durch Kommentare des Erzählers, nur sehr sparsam und zurückhaltend beschrieben. Es überwiegt die mittelbare Beschreibung, d.h. das Bild, das die Erzählung durch Handeln oder Reden der Figur selbst oder Reden bzw. Handeln anderer Figuren von ihr entwirft:

> Beispiel 10: Unmittelbare und mittelbare Charakterisierung
>
> In der biblischen Erzählung wird der Richter »Jefta« in der Erzähleinleitung nur mit wenigen Strichen unmittelbar skizziert:
> »*Jefta, der Gileaditer, war ein streitbarer Mann, Sohn einer Hure. Gilead hatte Jefta gezeugt.*«
> (Ri 11,1)
> Mittelbar, d.h. durch seine Handlungen, seine Reden und die Reden seiner Mit-Figuren, erfahren wir sehr viel mehr über ihn:
> Wegen seiner illegitimen Geburt und um ihn vom Erbe auszuschließen, vertreiben ihn seine Brüder; im Anschluß daran heißt es:
> »*Da floh er vor seinen Brüdern und wohnte im Lande Tob. Und es sammelten sich bei ihm lose Leute und zogen mit ihm aus.*« (11,3)
> Das heißt: Er wird Chef einer Bande von Desperados, die in einer verlassenen und trostlosen Gegend ihr Unwesen treibt. In der Not eines Angriffs durch die Ammoniter holt ihn jedoch seine Sippe zurück, offenbar, weil sie ihm in seiner Kühnheit, seiner Entschlossenheit, vielleicht sogar Skrupellosigkeit, die er im Leben mit seiner Bande wohl zu beweisen hatte, die Rettung zutrauen:

>*Darum kommen wir nun wieder zu dir, damit du mit uns ziehst und uns hilfst, gegen die Ammoniter zu kämpfen, und unser Haupt seist über alle, die in Gilead wohnen.*« (11,8) Jefta läßt sich dazu aber nur unter der Bedingung bewegen, daß er auf Dauer legitimes Haupt der Gileaditer wird, und beweist damit, daß er die Situation zu seinen Gunsten auszunutzen versteht.

Im weiteren Verlauf der biblischen Erzählung zeigen sich noch ganz andere Seiten in Jeftas Charakter. Er stellt sich dar als JHWH-verbundener, gehorsamer Feldherr: Er läßt dem feindlichen Ammoniterkönig eine lange historisch-theologische Botschaft zukommen (Ri 11,15-27), bevor der Geist JHWHs über ihn kommt und er die Ammoniter schlägt. Jefta hält sich an Gelübde gebunden, auch wenn es das Leben seiner Tochter kostet (11,36 ff.). All diese »Charakterzüge« werden nie unmittelbar als solche von außen oder durch eine andere Figur beschrieben, sondern nur durch die Erzählung der Handlungen des Protagonisten.

Signifikant anders verfährt Lion Feuchtwanger in seinem Jefta-Roman von 1957. In ihm erfahren die Leser zunächst in mittelbarer Einkleidung (mit den Augen der Einwohner Mizpas, die Jefta mit seinen Brüdern vergleichen), dann aber in unmittelbarer Wendung des Erzählers an die Leser manches über Jeftas äußere Gestalt: (Mittelbar): »*(Sie) wogen auch den Jefta und verglichen ihn mit seinen Brüdern.*« (Unmittelbar): »*Nun (da) sein massiges, breitstirniges Gesicht nackt war, traten die starken entschiedenen Züge noch deutlicher ins Licht, die harten Backenknochen, die auffallend flache Nase, das kräftige Kinn, die vollen fröhlichen Lippen. Und die Leute dachten, und der eine oder andere sagte es auch laut: ›Schade, daß Frau Silpa dem Gilead keinen solchen Sohn geboren hatte.‹*« [23]

Auch in der Beschreibung der inneren und äußeren Merkmale der Figuren ist die biblische Erzählung meist sehr zurückhaltend. Immerhin finden sich – wie gesagt: knappe – Beschreibungen: Es ist schon viel gesagt, wenn wir etwa über Batseba lesen: »und die Frau war von sehr schöner Gestalt« (II Sam 11,2) oder über Noah, daß er »ein frommer Mann (war) und ohne Tadel zu seinen Zeiten« (Gen 6,9). Geradezu ausladend ist die Darstellung der Vorzüge des Mannes Hiob in Hiob 1,1 (vgl. unten Beispiel 12).

Man kann die Beschränkungen, die sich die hebräische Erzählung in der Zeichnung ihrer Figuren auferlegt, als Ausdruck einer noch wenig ausgebildeten Kunstfertigkeit des primitiven Erzählens interpretieren. Dies wäre aber u. E. ein Fehlschluß. In mancher Erzählung der Hebräischen Bibel ist diese Stileigentümlichkeit virtuos eingesetzt, so z. B. in jener Erzählung, die man im christlichen Kontext mit »Isaaks Opferung«, in der jüdischen Tradition mit »ʿaqeda«, »Isaaks Bindung«, überschreibt (Gen 22).

---

23. L. FEUCHTWANGER, Jefta und seine Tochter, Fischer TB, Frankfurt 1984, 21.

§ 5a Die alttestamentliche Erzählung

Beispiel 11: Charakterisierung in der »Bindung des Isaak« (Gen 22)

Die Erzählung findet nur einen einzigen Satz, der Einblick in die innere, emotionale Verfaßtheit ihrer Figuren und in deren Beziehungen gibt. Es ist der Befehl Gottes an Abraham:

»*Da sprach (der Gott) zu ihm:* ›*Nimm deinen Sohn, deinen einzigen, den du liebst, den Isaak, und geh ins Land Morija und opfere ihn dort zum Brandopfer ...*‹.« (Gen 22,2)

Der »Opfer-Gang«, den Abraham, sein Sohn und zwei Bedienstete dann antreten, wird so erzählt, als spielte die Liebe Abrahams zu seinem Einzigen keinerlei Rolle mehr. Die Verrichtungen und Gespräche während des Marsches sind von einer geradezu gespenstischen Sachlichkeit und ohne jede Andeutung, was dabei aus der Liebe Abrahams zu seinem Sohn wird:

»*(4) Am dritten Tage hob Abraham seine Augen auf und sah die Stätte von ferne (5) und sprach zu seinen Knechten: Bleibt ihr hier mit dem Esel. Ich und der Knabe wollen dorthin gehen, und wenn wir angebetet haben, wollen wir wieder zu euch kommen. (6) Und Abraham nahm das Holz zum Brandopfer und legte es auf seinen Sohn Isaak. Er aber nahm das Feuer und das Messer in seine Hand; und gingen die beiden miteinander. (7) Da sprach Isaak zu seinem Vater Abraham: Mein Vater! Abraham antwortete: Hier bin ich, mein Sohn. Und er sprach: Siehe, hier ist Feuer und Holz; wo ist aber das Schaf zum Brandopfer? (8) Abraham antwortete: Mein Sohn, Gott wird sich ersehen ein Schaf zum Brandopfer. Und gingen die beiden miteinander. (9) Und als sie an die Stätte kamen, die ihm Gott gesagt hatte, baute Abraham dort einen Altar und legte das Holz darauf und band seinen Sohn Isaak, legte ihn auf den Altar oben auf das Holz (10) und reckte seine Hand aus und faßte das Messer, daß er seinen Sohn schlachtete.*« (Gen 22,4-10; Lutherübersetzung)

Eben dieser Verzicht auf die Beschreibung der emotionalen Innen-Seite der Personen, diese »Leerstelle« (vgl. dazu unten 2.3), hat ein gewaltiges Wirkpotential auf die Leser; sie fiebern gewissermaßen anstelle Abrahams mit, werden hin- und hergerissen zwischen Vaterliebe und Glaubensgehorsam. Wir werden darauf im Zusammenhang mit der Rolle des Lesers (Beispiel 17c) zurückkommen.

2.1.4 Perspektive, Fokalisierung, Point of View

In der Frage der Perspektive oder des Erzählfokus geht es darum, aus welcher Sicht das Handeln der Personen oder – allgemeiner – die Ereignisse der Story im Erzähltext dargestellt sind. Man rechnet mit drei grundlegenden Möglichkeiten:

(a) der Null-Perspektive (G. GENETTE), d.h. der (im nachhinein oder »par derrière«) alles überblickenden Perspektive des allwissenden Erzählers;

(b) der internen Perspektive einer Figur, die inmitten des Geschehens steht und von dort aus (»from within«/»avec«) den Blick auf die Ereignisse und die sie tragenden Figuren freigibt,

(c) der externen Perspektive, »unter der der Held vor unseren Augen handelt, ohne daß uns je Einblick in seine Gefühle oder Gedanken gewährt

§ 5a Die alttestamentliche Erzählung

würde«, so daß die Figuren über die Handlung mehr wissen als der Erzähler und der Hörer (G. GENETTE, 135).

Die hebräische Erzählung verfügt über ein sehr charakteristisches Mittel, die »Sicht« – im allgemeinen die der Null-Perspektive – auf das erzählte Geschehen einzurichten. Dies geschieht in den typischen Erzähleröffnungen. Sie werden mit der Formation x-qatal oder dem Tempusmarker וַיְהִי gebildet, können durch Nominalsätze angereichert sein und leiten in eine Reihe von wayyiqtol-Formationen (»Narrativen«) über (vgl. §4 – 2.1.4.1). Diese Eröffnungssätze können auch mit mehr oder minder präzisen Zeitangaben verbunden sein, so daß in der »Sicht« auf das Geschehen auch ein zeitlicher »Anhaltspunkt« für den Anfang der Handlung enthalten sein kann. In den nicht erzählenden Prophetenbüchern haben die Überschriften diese perspektivische Funktion.

Beispiel 12: Perspektivische Erzählanfänge

Rut 1,1:

וַיְהִי בִּימֵי שְׁפֹט הַשֹּׁפְטִים ו	TM:	*In der Zeit des Richtens der Richter,*
וַיְהִי רָעָב בָּאָרֶץ	TM:	*als eine Hungersnot im Lande war,*
וַיֵּלֶךְ אִישׁ מִבֵּית לֶחֶם יְהוּדָה לָגוּר בִּשְׂדֵי מוֹאָב	wayyiqtol:	*da zog ein Mann aus Bethlehem in Juda aus, um sich als Fremdling im Gebiet von Moab niederzulassen ...*

Der Erzählanfang in Rut 1,1 setzt einen doppelten, zeitlichen und sachlichen, Anfangspunkt, der wohl so zu verstehen ist: »In der Richterzeit, und zwar als (gerade einmal) Hungerzeit war, da zog ...«

Hiob 1,1f.:

אִישׁ הָיָה בְאֶרֶץ־עוּץ	x-qatal:	*Es war einmal ein Mann im Lande Uz,*
אִיּוֹב שְׁמוֹ	NS:	*Ijob war sein Name*
וְהָיָה הָאִישׁ הַהוּא תָּם וְיָשָׁר	NS:	*und jener Mann war gesittet und rechtschaffen*
וִירֵא אֱלֹהִים וְסָר מֵרָע:		*und gottesfürchtig und dem Bösen abgeneigt;*
וַיִּוָּלְדוּ לוֹ שִׁבְעָה בָנִים וְשָׁלוֹשׁ בָּנוֹת:	wayyiqtol:	*geboren wurden ihm sieben Söhne und drei Töchter ...*

In der Eröffnung der Hiob-Erzählung ist die zeitliche Perspektive noch enger mit der sachlichen verbunden als in der Ruterzählung. Die »geschichtliche Zeit« spielt hier keine Rolle. Wichtig für die Hiob-Erzählung sind allein die Lebensumstände und das Lebensstadium des Helden. Denke dir, so richtet der allwissende Erzähler die Sicht des Lesers ein, einen überaus vorbildlichen Mann auf dem Höhepunkt seines Lebens (und das ist der Zeitpunkt, den die Einleitung setzt) als Vater (und Herr) einer großen Familie ...
(Vgl. auch §4 – Beispiel 36)

In den Erzählungen der hebräischen Bibel dominiert, wie gesagt, die (»Null«-)Perspektive des Erzählers. Allerdings gibt es durchaus auch die in-

§5a Die alttestamentliche Erzählung

terne Perspektive sowie den Wechsel von der Erzählerperspektive zu einer Figurenperspektive und zurück.

Beispiel 13a: Perspektive und Perspektivenwechsel in Gen 16,1-6

(1) Und Sarai, die Frau Abrams, hatte ihm keine Kinder geboren.

Perspektive: Erzähler

Und ihr gehörte eine ägyptische Magd,   (Erzähleröffnung!)
und ihr Namen war Hagar.

(2) Da sprach Sarai zu Abram: Perspektive: Sarai
»Sieh doch, JHWH hat mich ausgeschlossen vom Gebären!
Geh' doch hinein zu meiner Magd.
Vielleicht komme ich durch sie zu einem Sohn?«
Da hörte Abram auf die Stimme Sarais.

(3) Da nahm Sarai, die Frau Abrams, Hagar, die Ägypterin,
*   ihre Magd,*   Perspektive: Erzähler
am Ende von zehn Jahren, die Abram im Land Kanaan gewohnt hatte,
und gab sie Abram, ihrem Mann, ihm zur Frau.

(4) Und er ging ein zu Hagar,
und sie wurde schwanger.

Und sie sah, daß sie schwanger geworden war,   Perspektive: Hagar
da wurde gering ihre Herrin in ihren Augen.

(5) Und es sprach Sarai zu Abram: Perspektive: Sarai
»Mein Unrecht (sei) auf dir!
Ich, ich gab meine Magd in deinen Schoß.
Da sah sie, daß sie schwanger geworden war,
und ich wurde gering in ihren Augen.
JHWH richte zwischen mir und zwischen dir.«

(6) Da sprach Abram zu Sarai: Perspektive: Abram
»Siehe, deine Magd (ist) in deiner Hand.
Tu' im Hinblick auf sie, was in deinen Augen richtig ist.«

Da unterdrückte Sarai sie,   Perspektive: Erzähler
und sie floh vor ihr.

In den einleitenden Sätzen des V. 1 herrscht die »Null-Perspektive« des Erzählers vor. Er gibt gewissermaßen einen Überblick über alle handelnden Personen und ihre Beziehungen. In der Rede, mit der V. 2 anhebt, gibt Sarai dem Abram ihre Sicht der Beziehungen wieder, was durch das »sieh doch!« (הנה־נא) ihrer Rede hervorgehoben und durch Abrams entsprechendes Verhalten bestätigt wird.

In V. 3 greift wieder die »Totale« des Erzählers Platz. Bemerkenswert ist hier die Zeitangabe »am Ende von zehn Jahren, die Abram in Kanaan gewohnt hatte«; sie plaziert das Geschehen der Erzählung ans Ende einer langen Zeit, für die die in V. 1 beschriebene Personen- und Problemkonstellation anzunehmen ist: »Zehn lange Jahre blieb Sarai kinderlos, dann erst ...« Im Lauf von V. 4 (»da sah Hagar ...«) sehen wir das Geschehen aus der Sicht Hagars. Die Rede Sarais (V. 5) stellt durch die Aufnahme wichtiger Leitworte geradezu eine Neuerzählung des Geschehens aus Sarais Perspektive dar, auf die Abram in seiner Antwort eingeht. In den Schlußsät-

> zen ist wieder die Erzählerperspektive vorherrschend und auf die beiden Gegenspielerinnen gerichtet.
> Vgl. weiter zu diesem Text: Beispiel 13b.

Bisweilen kann man in der Literaturwissenschaft statt »Perspektive« auch den Begriff »Point of View« verwendet finden. Wenn damit im obigen Sinne die »Sicht« gemeint ist, die die Erzählung auf ihr Geschehen und ihre Figuren hin eröffnet, so ist dagegen nichts einzuwenden. Nicht zu verwechseln ist dieser Begriff »Point of View« mit dem Begriff der »Erzählsituation«, bei dem es um das Verhältnis der Erzählstimme zum Erzähltext geht (vgl. dazu unten 2.2).

2.1.5 *Plot und Typen von Plots*

Unter »Plot« verstehen wir, wie oben gesagt, die im jeweiligen Erzähltext gewählte Anordnung und Verknüpfung der Elemente der Story. In der Erzähltextanalyse geht es
1. darum, den Plot und die darin enthaltene »narrative Gliederung« des Textes (die »Erzählphasen«) herauszufinden, und
2. um die Frage, ob diese »Gliederung« einem bestimmten narrativen Typus oder Handlungsschema folgt.

Zur Vertiefung
Nicht nur Erzähltexte können auf ihre »Plots« hin befragt werden. Ein begrifflicher Urahne des Plotbegriffes ist der Mythosbegriff in der »Poetik« des Aristoteles, die sich mit der Theorie der Tragödie befaßt. In diesem Zusammenhang versteht Aristoteles unter »Mythos« ἡ τῶν πραγμάτων σύστασις, also die »Zusammenfügung der Ereignisse«[24]. In der attischen Tragödie sind die Ereignisse bekanntlich nach einem bestimmten Handlungsschema zusammengefügt: »Desis« (Knüpfung des Knotens), »Metabasis« (Übergang von einem Zustand in einen anderen) und/oder »Peripetie« (Umschlag ins Gegenteil) sowie »Lysis« (Lösung des Knotens). In nichterzählenden alttestamentlichen Texten finden sich Plots etwa in dem sogenannten eschatologischen Schema »Unheil für Israel – Unheil für die Völker – Heil für Israel« mancher Prophetenbücher. Da dieses Schema zeitlich von der Gegenwart auf die Zukunft hin gerichtet ist, kann man es als Plot einer »Zukunftsstory« verstehen. Denkbar sind auch Plots, die nicht auf einer Story basieren, sondern etwa dem Ablauf einer Liturgie oder einem reinen Formschema, wie etwa »Lang – Kurz«, folgen.[25]

24. Aristoteles, Poetik (griechisch und deutsch), hg. von M. Fuhrmann, Reclam 7828, Stuttgart 1994, 20.
25. Vgl. dazu H. Utzschneider, Michas Reise in die Zeit, SBS 180, Stuttgart 1999, 33f.

Grundsätzlich gibt es keine feste Methodik, den Plot eines Erzähltextes zu bestimmen; es sind nur jeweils bestimmende Faktoren zu nennen, die zu seiner Rekonstruktion beitragen können. Im wesentlichen sind dies die unter 2.1.1 bis 2.1.4 besprochenen »Bauformen« des Erzähltextes, also das in ihm gewählte Zeitsystem, die Schauplätze und ihr Wechsel, die Figuren, ihre jeweilige Konstellation und Charakterisierung, die Perspektive und ihr Wechsel. Dazu kommen noch Beobachtungen und Ergebnisse aus der Textanalyse, so vor allem die Erzählsyntax, die Oberflächengliederung sowie die Einteilung in Makropropositionen und das Textthema.

Mit Hilfe all dieser, sich meist ergänzenden Beobachtungen und Gesichtspunkte läßt sich zunächst eine Strukturierung des Textes in Erzählphasen vornehmen und auf dieser Basis auch der Plot des Erzähltextes profilieren.

Beispiel 13b: Der Plot von Gen 16,1-6

Die Struktur, die in unserem Beispiel 13a (Gen 16) durch den *Perspektivenwechsel* entsteht, geht mit dem Auftreten der *Personen in wechselnden Konstellationen* parallel. Zugleich bilden einige der sich abzeichnenden Textsegmente durch eine entsprechende formale Einleitung hervorgehobene *Redeszenen*.

Aus diesen Merkmalen ergibt sich zunächst folgende, eher formale und funktionale Gliederung:

I. Die Erzähleröffnung (V. 1) führt in die Erzählerperspektive ein und stellt die Personen und ihre Beziehungen vor.

II. In V. 2 bildet die Anrede Sarais an Abram und dessen Reaktion die erste Szene.

III. In einem Zwischenstück mit Erzählerperspektive (V. 3) wird ein neues Arrangement der Personen vorbereitet.

IV. Es folgt ein weiterer Abschnitt der Erzählung, der nicht als Szene anzusprechen ist, weil er einen längeren Zeitraum und mehrere Vorgänge (Zeugung, Wahrnehmung der Schwangerschaft) in sich vereinigt und zeitlich stark rafft (V. 4). In diesem Abschnitt gewinnt die Perspektive Hagars an Gewicht.

V. Dann folgt in V. 5 und 6a wieder eine Redeszene zwischen Abram und Sarai, in der zumindest am Anfang klar die Perspektive Sarais dominiert.

VI. Am Ende des Erzählungsstückes gewinnt wieder die Erzählerperspektive die Oberhand.

Dieser Segmentierung geht eine thematische Gliederung parallel:

I. Sarai, Abrams Frau, ist kinderlos. Sie hat eine ägyptische Magd namens Hagar (Erzähleröffnung).

II. Sarai schlägt Abram vor, mit ihrer Magd ein Kind für sie zu zeugen (Redeszene).

III. Sarai übergibt Hagar an Abram (Zeitangabe).

IV. Hagar wird von Abram schwanger und überhebt sich über ihre Herrin.

V. Sarai appelliert deswegen an Abram. Er gibt ihr freie Hand (Dialogszene).

VI. Sarai übt Druck auf Hagar aus, diese flieht.

Eine weitere Gliederung, und zwar die eigentlich plotbildende, ergibt sich erst aus den Zeitangaben des Erzählstückes. Das Erzählstück ist deutlich in zwei Phasen gegliedert (I-III/IV-VI). Die erste Phase ergibt sich aus der Zeitangabe von V. 3: Nach zehn Jahren der Kinderlosigkeit entschließt sich Sarai, ihre Magd zur Mutter des Nachkommen werden zu lassen, indem sie sie ihrem Mann zum Beischlaf übergibt. Die zweite Phase entwickelt sich in den Monaten der Schwangerschaft. In dieser – im Vergleich zu den vorhergehenden zehn Jahren sehr kurzen – Zeit versucht Hagar, das Verhältnis zwischen Abram, Sarai und ihr umzukehren. Jede der beiden Phasen kulminiert in einer Rede- bzw. Dialogszene, in denen die unterschiedlich starken Raffungen in eine plötzliche Isochronie umschlagen (um eine Rede zu erzählen, braucht man ungefähr so lange, wie die Rede bzw. der Dialog selbst dauern – s.o. 2.1.1). Beide Szenen bilden also die »dramatischen« Höhepunkte jeweils unterschiedlich langer, in der Erzählung äußerst geraffter »Entwicklungen«.
Im Überblick:

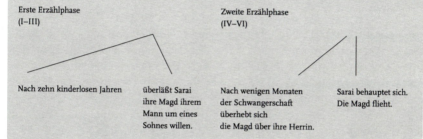

In beiden Erzählphasen kämpft Sarai um ihre Funktion und ihr Ansehen als Frau Abrams und Mutter des Nachkommens. Scheint nach der ersten Szene das Problem der Mutterschaft durch die »Anleihe bei Hagar« (endlich) gelöst, so zeigt sich in der zweiten Phase, daß durch eben diese »Lösung« das Ansehen Sarais als Frau Abrams erst recht in Gefahr geraten ist. Der Ausweg ist so oder so bitter.
Seine Dramatik erhält der erzählte Konflikt im Zeitsystem der Erzählung durch die extrem unterschiedlich langen erzählten Zeiten (bei etwa gleicher Erzählzeit). In den beiden Phasen wird deutlich, was in der unmittelbaren Charakteristik der Personen verschwiegen wird: Die lange Zeit bis zu ihrem schmerzlichen Entschluß läßt Sarai in der ersten Erzählphase als zugleich starke und tragische Gestalt erscheinen. In der vergleichsweise kurzen Zeit des schwelenden Konfliktes und des »Showdowns« der zweiten Phase zeigen sich eine ob ihrer jugendlichen Kraft überhebliche Magd, eine wütende, gedemütigte und doch entschlossene Herrin sowie der »zwischen diesen beiden starkknochigen Frauen« etwas »unglücklich« und unselbständig agierende Abram.[26]

Das Beispiel zeigt, daß zur Erfassung des Plots einer Erzählung die bloße, storyhafte Abfolge der Teilelemente und deren propositionelle Zusammenfassung nicht genügt. Erst in der Zusammenschau mit dem spezifischen Zeitsystem und der Figurenkonstellation erhalten die Story und ihre Themen das spezifische Profil eines erzählerischen Plots.

26. H. GUNKEL, Genesis, Göttingen [8]1969, 192.

§ 5a Die alttestamentliche Erzählung

Wenn auch jeder Erzähltext die zugrundeliegende Story in einem eigenen Plot entfaltet, so ist die Plotbildung doch keineswegs völlig beliebig. Es ist vielmehr mit *Typen von Plots* zu rechnen. In der modernen Literaturwissenschaft wird die Typisierung von Plots im Zusammenhang mit dem Verhältnis von Figuren und Handlung gesehen. Eingebürgert haben sich vor allem drei Typen:[27]

(a) die Krisengeschichte (novel of action) mit den Basiselementen »Komplikation und Auflösung«; in ihr sind die Figuren der Handlung unterstellt.

Beispiel 14

In der Studie »Gottes langer Atem« hat H. UTZSCHNEIDER versucht, die Exoduserzählung (Ex 1-14) als eine »auf Spannung angelegte Erzählung« zu beschreiben. »Sie erzählt das lange Scheitern und endliche Gelingen der Befreiung Israels. Sie gelingt erst dadurch, daß Jahwe selbst und unmittelbar die Initiative ergreift.«[28]

(b) Figurenroman (novel of character), in dem die Handlungen der Charakterisierung der Figuren dienen. Ob die biblisch-hebräische Literatur rein um eine Figur zentrierte Erzählungen kennt, scheint eher zweifelhaft.

(c) Dramatischer Roman (dramatic novel), in dem Handlung und Figuren gleichgewichtig aneinander gebunden sind. Die Erzählung von Davids Aufstieg mit den beiden so ausgeprägten und den Handlungsverlauf formenden Charakteren Saul und David ist als »dramatic novel« sicher nicht falsch bezeichnet. Auch unser Beispiel aus Gen 16 lebt von der Dramatik, die sich zwischen den drei handelnden Figuren, insbesondere den beiden Frauen Hagar und Sarai, entfaltet.

Ob und in welchem Umfang diese modernen Typen des Plots auch auf die antiken hebräischen Erzählungen übertragbar und von heuristischem Wert sind, bleibt zu überprüfen. Dies gilt auch für ihr Verhältnis zu den klassischen Gattungsbegriffen für die alttestamentlichen Erzählungen wie etwa »Sage« oder »Geschichtserzählung«.

2.2 Der Erzähler

Die oben (1.2) skizzierte Theorie des Narrators ist für die Analyse alttestamentlicher Erzähltexte in zweierlei Hinsicht von Bedeutung. Zunächst lassen sich die Texte auf die in ihnen realisierte *Erzählsituation* hin befragen. Dabei ist für alttestamentliche Texte die »auktoriale Erzählsituation« die bei weitem am häufigsten anzutreffende. Die Ich-Erzählsituation findet sich dagegen nur ausnahmsweise.

---

27. Die Typisierung geht zurück auf E. MUIR, The structure of the Novel, 1928.
28. H. UTZSCHNEIDER, Gottes langer Atem, 96.

Beispiel 15: »Ich-Erzählsituationen« in alttestamentlichen Erzählungen

Eine Ich-Erzählung ist die sogenannte »Nehemiadenkschrift« mit ihren formelhaften Erwähnungen des Ich-Erzählers Nehemia (Neh 5,19; 13,14.22.31: »Gedenke mir, mein Gott, zum Besten, was ich alles für dies Volk getan habe.«).
Auch in den prophetischen Texten sind Ich-Erzählungen häufiger anzutreffen, so etwa in Hos 3, der Erzählung Hoseas über seine Beziehung zu einer Hure, sowie vor allem in den Berufungserzählungen Jes 6; Jer 1,4ff.; Ez 1-3. Auch wenn die Texte »biographisch« anmuten, steht das »Ich« doch keineswegs für die Identität von Erzähler, realem Autor und historischem Propheten. Gerade in den Berufungserzählungen ist die Ich-Erzählform vermutlich im Zusammenhang mit der legitimatorischen Funktion der Texte zu sehen.

Sowohl in der auktorialen als auch in der personalen Erzählsituation nehmen die Erzähler immer wieder Gelegenheit, ihre – durchaus wertenden – Einstellungen zum erzählten Geschehen bzw. zu den Figuren zum Ausdruck zu bringen. Für diese sog. *Erzählhaltung* gibt es eine Reihe von Darbietungsarten. Eine wohlbekannte Form, die Erzählhaltung zum Ausdruck zu bringen, ist der Erzählerkommentar.

Beispiel 16: Erzählerkommentare

Gut erkennbar sind Erzählerkommentare, die durchblicken lassen, daß sie aus einer anderen als der erzählten Zeit heraus ergehen. Dies ist in Kommentaren der Fall, die mit der Zeitangabe »in jenen Tagen« oder »bis heute« versehen sind[29], z. B.:

Jos 8,28:

וַיִּשְׂרֹף יְהוֹשֻׁעַ אֶת־הָעָי
וַיְשִׂימֶהָ תֵּל־עוֹלָם שְׁמָמָה עַד הַיּוֹם הַזֶּה

*Da verbrannte Josua (die Stadt) Ai
und machte sie zu einem immerwährenden
Haufen der Vernichtung bis heute.*

Ri 17,6:

בַּיָּמִים הָהֵם אֵין מֶלֶךְ בְּיִשְׂרָאֵל
אִישׁ הַיָּשָׁר בְּעֵינָיו יַעֲשֶׂה

*In jenen Tagen gab es keinen König in Israel,
ein jeder tat, was ihm recht schien.*

Erzählerkommentare sind meist nicht nur neutrale Feststellungen, sondern können – wie Ri 17,6 – Erzählhaltungen zum Ausdruck bringen. Aus dem inhaltlichen Kontext, in dem dieser Kommentar steht, geht hervor, daß der Kommentator die nichtkönigliche Zeit wenig schätzt.
Wertende und zusammenfassende Gehalte sind in sich schon Indizien für die Eigenschaft des Textstückes als Kommentar. Dies liegt auch auf der Hand für jene Texte des sogenannten »Deuteronomistischen Geschichtswerkes«, die die Taten von israelitischen und judäischen Königen mit der Formel »NN tat, was schlecht war in den Augen JHWHs« und mithin – anders als unser Kommentator in Ri 17,6 – negativ beurteilen (vgl. etwa I Kön 16,30 für König Ahab).

Zusammenfassende und beurteilende Passagen können auch handelnden Personen in den Mund gelegt werden. Sie sind dann Teil einer »personalen Erzählsi-

29. Vgl. S. BAR EFRAT, 24ff.

§ 5a Die alttestamentliche Erzählung

tuation«. Eine solche Figurenrede, die eigentlich ein Erzählerkommentar ist, hält z. B. in der Josephsgeschichte der Bruder Juda, kurz bevor sich Joseph den verängstigten Brüdern zu erkennen gibt (Gen 44,18 ff.); im »Deuteronomistischen Geschichtswerk« gehören die Reden Josuas auf dem Landtag zu Sichem (Jos 24) oder die Rechtfertigungsrede Samuels (1 Sam 12) zu diesem Typus des Erzählerkommentars. Methodisch sind diese an Erzählfiguren gebundenen Erzählerkommentare von bestimmten inneren Fokalisierungen schwer zu unterscheiden, vgl. etwa die Rede Sarais in Gen 16,5 (Beispiel 13a).

2.3 Hörer und Leser

Der Hörer bzw. Leser eines Erzähltextes hat über die Textstruktur des »impliziten Lesers« (vgl. oben 1.2) an der »Konstruktion« des Erzähltextes und seiner Bedeutung Anteil. Die Analyse kann danach fragen, wo und wie der Text solche Zugänge für den Leser aufweist. In der Rezeptionsästhetik wird vor allem auf zwei solcher Zugänge verwiesen: die »*Leer- oder Unbestimmtheitsstellen*« im Text und das »*Bewertungsangebot*«, das in Erzählerkommentaren enthalten ist (von den Lesern aber keineswegs in vollem Umfang angenommen werden muß). Darüber hinaus gibt es eine Reihe von weiteren Möglichkeiten und Gelegenheiten, in der Erzählung »einzuhaken« und deren Bedeutung »mitzubestimmen«.

Beispiele 17a, b und c: »Implizite Leser« in biblischen Erzählungen

(a) Unbestimmtheit
Eine Erzählung, die für ihre Unbestimmtheiten bekannt, ja berühmt ist, ist die Geschichte vom Kampf Jakobs mit dem »Mann« an dem Flüßchen Jabboq (Gen 32,23-33). An einem Ausschnitt aus der Erzählung läßt sich dies zeigen:
(25) Und Jakob blieb übrig allein für sich.
Und ein Mann rang mit ihm bis zum Heraufziehen der Morgenröte.
(26) Und er sah, daß er ihn nicht überwandte,
und er rührte an seine Hüftschale,
und die Hüftschale Jakobs verrenkte sich bei seinem Ringen mit ihm.
Der überraschende Tumult, in den Jakob mit »einem Mann« verwickelt wird, löst einen ganzen Sturzbach von Fragen aus: Wo kommt dieser Jemand her? Wie sieht er aus? Hat Jakob ihn kommen sehen? Wieviel Zeit ist vergangen, seit Jakob allein am Fluß zurückgeblieben ist? Haben sie vor dem Kampf miteinander gesprochen? Wie steht der Kampf jetzt? Ein wenig Licht kommt zunächst in die letzte Frage. Der Kampf neigt sich augenscheinlich seinem Ende zu. Einer (wer?) sieht, daß er den andern (wen?) nicht überwinden kann. Da berührt einer des anderen Hüftknochen. Es ist Jakobs Hüfte, die sich dabei verrenkt. Dann war es wohl der Unbekannte, der sah, daß er Jakob nicht überwinden konnte.
In der Lese- und Auslegungsgeschichte des Textes wurde vor allem die unbestimmte Identität von Jakobs Gegner zum Anlaß für »Auffüllungen« der Leerstelle. Vor-

178 § 5a Die alttestamentliche Erzählung

geschlagen wurden auf unterschiedlichen historischen Ebenen und von ganz unterschiedlichen Lesern: ein örtliches Flußnumen, der kanaanäische Hochgott El, ein Vätergott, JHWH, ein Engel, der »Völkerengel« Esaus u.a.m. Diese leserseitigen Reduktionen der Unbestimmtheit sind in der »Hohlstruktur« (vgl. den Begriff W. Isers – 1.2) des Textes vorgesehen. Wie diese Unbestimmtheit jeweils reduziert und die Leerstelle gefüllt wird, ist keineswegs beliebig, sondern durch die jeweiligen Leserintentionen und -kontexte bedingt.

(b) Leerstellen durch Bewertungsangebote in Erzählerkommentaren (vgl. oben Beispiel 16!)

König David ist einer der wenigen israelitisch-judäischen Königsgestalten, die im Erzählfortgang der Königebücher positive Wertungen erfahren (vgl. I Kön 11,6; 14,8; 15,5; II Kön 18,3; 22,2). Diese positiven Wertungen stehen in Opposition etwa zur Uriageschichte (vgl. oben Beispiel 6) und der dort ausdrücklich gegebenen negativen Wertung (II Sam 11,27; vgl. oben). Die literarkritische Auskunft, die Geschichte einerseits und Wertungen andererseits gehen auf unterschiedliche Autoren bzw. Redaktoren zurück,[30] beseitigt die Leerstelle übrigens keineswegs. Sie öffnet sie eher nur noch weiter, wenn man davon ausgeht, daß ja auch die dtr Redaktoren oder Bearbeiter (auf die wertende Kommentare meist zurückgeführt werden) die ganze Davidsgeschichte kennen und David gleichwohl als einen Ausbund an Gesetzesgehorsam verstehen und bewerten konnten. Hier zeigt sich, daß die Leseraktivität der Auslegung (wenn man die Bearbeitung der Davidsüberlieferung durch die Deuteronomisten so verstehen kann) Unbestimmtheit nicht nur reduziert, sondern neue Unbestimmtheit und damit neuen Auslegungsbedarf schafft (dies ist eine Erfahrung, die der Exegese ja auch heute keineswegs fremd sein dürfte).

(c) Leerstellen und Erzählstil (noch einmal: Isaaks Bindung Gen 22)

Wir haben oben (Beispiel 11) auf das Wirkpotential hingewiesen, das in dem Verzicht biblischer Texte liegt, die emotionale Innenseite ihrer Figuren zu beschreiben. Im Falle unseres Beispieltextes der 'aqeda-Erzählung läßt sich dies an der Auslegung zeigen, die diese Erzählung durch Sören Kierkegaard erfahren hat. Literaturwissenschaftlich gesehen ist diese Auslegung eine Füllung der in der rudimentären Figurencharakteristik der biblischen Erzählung liegenden Leerstellen:

»... Abraham sprach zu sich selbst: ›Ich möchte doch vor Isaak nicht verheimlichen, wohin ihn dieser Gang führt.‹ Er blieb stehen, legte seine Hand auf Isaaks Haupt, und Isaak beugte sich, um den Segen entgegenzunehmen. Und Abrahams Angesicht war voll väterlicher Liebe, sein Blick war mild, seine Worte klangen ermahnend. Aber Isaak konnte ihn nicht verstehen, seine Seele konnte sich nicht erheben, er warf sich vor seine Füße, er bat um sein junges Leben, um seine hoffnungsvolle Zukunft, er erinnerte an die Freude im Hause Abraham ... Er (Abraham) bestieg den Berg Morija, aber Isaak verstand ihn nicht. Da wandte er sich einen Augenblick von ihm ab, aber als Isaak das Angesicht Abrahams wieder zu sehen bekam, da war es verändert, sein Blick war wild, seine Erscheinung war

---

30. So z. B. E. Würthwein, Die Erzählung von der Thronfolge Davids – theologische oder politische Geschichtsschreibung?, ThSt[B] 115, Zürich 1974, 24; T. Veijola, Die ewige Dynastie: David und die Entstehung seiner Dynastie nach der deuteronomistischen Darstellung, AASF B/193, Helsinki 1975, 113, Anm. 43; 115, Anm. 59; oder W. Dietrich, Prophetie und Geschichte. Eine redaktionsgeschichtliche Untersuchung zum deuteronomistischen Geschichtswerk, FRLANT 108, Göttingen 1972, 131 f. m. Anm. 92.

§ 5a Die alttestamentliche Erzählung

entsetzlich. Er packte Isaak an der Brust, warf ihn auf die Erde und sagte: ›Dummer Junge, glaubst du, ich sei dein Vater? Ich bin ein Götzenverehrer. Glaubst du, es ist Gottes Befehl? Nein! Es ist meine Lust.‹ Da erbebte Isaak und rief in seiner Angst: ›Gott im Himmel, erbarm dich meiner, Gott Abrahams, erbarm dich über mich, ich habe keinen Vater auf Erden, sei du mein Vater!‹ Aber Abraham sagte leise zu sich selbst: ›Herr im Himmel, ich danke dir, es ist doch besser, er glaubt, ich sei ein Unmensch, als daß er den Glauben an dich verlöre‹.«[31]

3. Anwendung

Für die Erzähltextanalyse ist es hilfreich, mit einem Formular zu arbeiten, das die Beobachtungen am Text sortiert. Dieser Arbeitsschritt kann auch (bei entsprechender Übung) bereits während der Textanalyse mit erledigt werden. Für den Einstieg in die Exegese empfiehlt es sich jedoch, die beiden Arbeitsschritte Textanalyse und Erzähltextanalyse so wie in unserem Arbeitsbuch getrennt zu behandeln, um durch die umfangreichen Ergebnisse und die verschiedenen Fragerichtungen nicht zu einem sehr komplexen und eventuell auch verwirrenden Befund zu kommen.

Vorschlag für ein Formular zum vorsortierenden Sammeln von relevanten Beobachtungen:

Vers	
Textoberfläche	
Story, Themen	
Szenen	
Perspektive	
Figuren	
Schauplätze	
erzählte Zeit	
Verweise, Leitworte	
impliziter Leser	

---

31. S. KIERKEGAARD, Furcht und Zittern, Dialektische Lyrik von Johannes de Silentio 1843, Athenäums Taschenbücher, Die kleine weiße Reihe Bd. 23, Frankfurt ²1988, 12.

11.3.1 Begrifflichkeit

Story:	Abfolge von Ereignissen und Konstellation von Figuren einer »Geschichte«.
Erzähltext:	Konkrete Textgestalt einer *Story*, die deren Elemente durch einen *Plot* in einer bestimmten Weise organisiert, komponiert und gewichtet.
Plot:	Komposition, Organisation und Gewichtung der Abfolge der Elemente einer *Story*; wird in konkreten *Erzähltexten* sichtbar. Es kann mehrere und verschiedene Erzähltexte und Plots auf der Basis ein und derselben *Story* geben.
Narration:	Erzählereignis: die jeweils konkrete Situation, in der ein *Erzähltext* kommuniziert wird.
Erzählte Zeit:	Die Zeitspanne(n), von der/denen erzählt wird.
Erzählzeit:	Die Zeitspanne, die das Erzählen in Anspruch nimmt.
Leser:	
Realer Leser:	Real existierende LeserInnen eines Textes in einer bestimmten historischen oder aktuellen Situation.
Expliziter Leser:	Der im Text direkt angesprochene Leser (etwa: »Lieber Leser ...«).
Impliziter Leser	Der im Text vorausgesetzte Leser.
Autor:	
Realer Autor:	Real existierender Autor eines Textes in einer bestimmten historischen Situation.
Expliziter Autor:	Ein im Text oder in einem Rahmentext explizit genannter »Autor«, der nicht zwangsläufig mit dem *realen Autor* identisch sein muß. Häufig auch der *Erzähler*/Narrator, der im Text selbst das Wort ergreift (etwa: »Ich, der Prediger, war König über Israel zu Jerusalem«, Koh 1,12); siehe dazu gleich unter *Erzählsituation*.
Impliziter Autor:	Der von LeserInnen im Vollzug der Lektüre rekonstruierte und imaginierte Autor, der u. U. mit dem *realen Autor* identisch sein könnte. Die historische Exegese rekonstruiert implizite Autoren als »Brücken« zu den realen Autoren, indem sie imaginierte und rekonstruierte Autoren als historische Größen aufzuweisen sucht.
Erzählsituation:	Die Beschreibung, aus welcher Perspektive heraus erzählt wird.
Ich-Erzähler:	Ein Erzähler, der ein Geschehen in der 1. P. Sg. und aus dieser Binnen-Perspektive erzählt (z. B.: »Nehemia-Denkschrift«, Berufungsbericht des Jeremia ...).

§ 5a Die alttestamentliche Erzählung

Auktorialer Erzähler: Ein Erzähler, der ein Geschehen in der 3. P. erzählt, eine Außenperspektive (»Null-Perspektive«) einnimmt und dabei den Überblick über alles Geschehen und den Einblick in alle Figuren hat.

Personale Erzählsituation: Eine Erzählung, die aus der Binnenperspektive handelnder Figuren heraus erzählt.

Erzählhaltung Die Einstellung, die der Erzähler zum erzählten Geschehen direkt oder indirekt (im Mund von hervorgehobenen Figuren) erkennen läßt.

Leerstelle: Unbestimmtheitsstelle:

(a) eine vom realen Autor bewußt in den Text eingebaute Unschärfe oder Lücke im Erzählfluß, die die realen Leser und Leserinnen dazu provozieren soll, diese mit eigenen Vorstellungen zu füllen.

(b) eine vom realen Autor nicht vorgesehene Unschärfe oder Lücke im Text, die durch den Umstand entsteht, daß Autor und Leser nicht derselben »Welt« angehören, die aber ebenfalls reale LeserInnen dazu provoziert, sie zu klären oder zu füllen.

3.2 Arbeitschritte

bisherige Arbeit

(1) Sichten und bündeln Sie die Ergebnisse aus der Textanalyse auf die neue Fragerichtung hin:

Textoberfläche: Erzählsyntax, Reden, Gliederungssignale
Texttiefenstruktur: Gliederung nach Themen (Propositionen, MP, ...)
Kohärenz durch Leitworte und Wortfelder
→Textanalyse

Text

(2) Sammeln Sie alle Beobachtungen zum Erzähltext
a) zu Zeit, Ort, Figuren:
 • das Verhältnis erzählte Zeit/Erzählzeit;
 • die Schauplätze und ihre Wechsel;
 • die Figuren, ihre Charakteristik und ihre Konstellationen; die Erzählperspektiven
b) zum Plot:
 • die Erzählszenen und die Erzählphasen (vgl. Ergebnisse aus 2a), das Erzählthema
 • der Typus des Plots
 • Beobachtungen zur Funktion der Erzählung (z. B.: Belehrung, Geschichtsschreibung, Unterhaltung, ...) – nur aus dem Text abzuleiten!
 → *Verbindung zur »klassischen Gattungskritik« (§ 5)*

Text

(3) Sammeln Sie alle Beobachtungen zum Erzähler
a) Narrator und Erzählsituation:

- »Ich«-Erzähler oder auktorialer Erzähler (mit erkennbaren Kommentaren des Erzählers) oder »personale« Erzählsituation (nur aus der Perspektive der Figuren)

b)   Erzählhaltung:
- Signale für die Einstellung des Erzählers zum Erzählten (in Kommentaren, im Mund von Figuren, keine expliziten Signale bzw. »nur« zwischen den Zeilen)

c)   Hinweise auf »realen Autor/reale Autoren«:
- Explizite oder implizite Hinweise, durch die sich »reale Autoren« zu erkennen geben
→ *Verbindung zur Geschichte des Textes (§ 7)*

Text

(4) Sammeln Sie alle Beobachtungen zum expliziten, impliziten und realen Leser

a)   in der aktuellen Lese-(Rezeptions-)Situation:
- Direkte Anrede von LeserInnen (explizit), Leer- und Unbestimmtheitsstellen, Bewertungsangebote (implizit) (vgl. 3c)

b)   in »realen« historischen Lese-(Rezeptions-)Situationen:
- Angebote an und Wirkung auf LeserInnen in bestimmten historisch rekonstruierbaren Situationen der Literargeschichte des Erzähltextes
→ *Verbindung zur Geschichte des Textes – Historischer Ort (§ 7 – 2.4)*

(5) Ziel: Beschreiben Sie jetzt die narrative Struktur des Erzähltextes:
- die Kombination, Organisation und Gewichtung der Elemente der Story, die Erzählsituation und Erzählhaltung, die »Leser«, den »Autor«

3.3 Arbeitsfragen

Zu (1): Beobachtungen aus der Textanalyse

- Welche für die Erzähltextanalyse relevanten Ergebnisse hat die Analyse der Textoberfläche ergeben (vgl. § 4 – 2.1)?
  - Wie ist die Erzählsyntax aufgebaut?
  - Gibt es Gliederungssignale?
  - Gibt es Hinweise auf direkte Reden?
- Welche für die Erzähltextanalyse relevanten Ergebnisse hat die Analyse der Texttiefenstruktur ergeben (vgl. § 4. – 2.2)?
  - Wie ist der Erzähltext thematisch aufgebaut?
  - Welche Propositionen, Makropropositionen und Teilthemata ließen sich benennen?

§ 5a Die alttestamentliche Erzählung

- Gibt es Leitworte im Erzähltext, und wie sind sie miteinander verknüpft?
- Gibt es Wortfelder, die Kohäsion oder Kohärenz im Text herstellen, d. h. verschiedene Elemente der Story miteinander verknüpfen?

Zu (2): Beobachtungen zum Erzähltext
Zu Zeit, Ort und Figuren:

- Wie ist das Verhältnis Erzählte Zeit – Erzählzeit zu beschreiben?
  - Gibt es Raffungen (oder gar Auslassungen) oder Dehnungen?
  - Gibt es Prolepsen oder Analepsen?
    - Werden einzelne Ereignisse im voraus beschrieben (z. B. Verheißungen)?
    - Wird bereits Erzähltes noch einmal aufgegriffen?
    - Gibt es »Rückblenden« auf bisher noch nicht erzählte Ereignisse oder Tatsachen?
  - Gibt es Verweise?
    - Wird auf in der Ereigniskette der Story noch Zukünftiges verwiesen (z. B. durch Leitwortverknüpfungen)?
    - Wird auf in der Ereigniskette der Story bereits Vergangenes zurückverwiesen?
- Welche Schauplätze werden genannt und/oder beschrieben?
- Gibt es Schauplatzwechsel, und wie werden sie markiert?
  - Werden Schauplatzwechsel explizit benannt, oder sind sie nur zu erschließen (z. B. durch den Wechsel der Figuren)?
- Welche Figuren treten im Erzähltext in Erscheinung?
  - Welche Figuren sind Akteure der Handlung?
  - Wann tritt welche Figur auf oder ab?
  - Welche Konstellationen von Figuren sind zu beobachten?
    - Wer agiert mit wem?
    - Wer begegnet wem nicht?
  - Durch welche erzähltechnische Mittel werden die Figuren charakterisiert (durch ihr Verhalten, durch ihr Reden, durch Erzählerkommentare)?
  - Aus der Perspektive welcher Figuren wird jeweils erzählt?

Zum Plot:

- In welche Erzählszenen läßt sich der Erzähltext gliedern?
  - Welche Kriterien spielen dabei eine Rolle (Zeitorganisation und Gewichtung der Elemente der Story im Erzähltext, Schauplatzwechsel, Figurenkonstellationen, Figurenwechsel ...)?

- In welche Erzählphasen lassen sich die Erzählszenen zusammenfassen?
- Welches Erzählthema läßt sich erkennen?
  - Wo liegt der inhaltliche Schwerpunkt in der Gewichtung der Elemente der Story?
- Welcher Typus eines Plots ist zu beobachten?
  - Läßt sich ein Spannungsbogen erkennen (etwa: Krise – Lösung: »novel of action«)?
  - Geht es vor allem um die Darstellung einer oder mehrerer Figuren (»novel of character«)?
- Welche Funktion des Erzähltextes läßt sich (aus dem Text!) erkennen?
  - Handelt es sich beispielsweise um eine Belehrung, um »Geschichtsschreibung« oder um Unterhaltung?

→ *Hier gibt es Verbindungen zur »klassischen Gattungskritik« und zur Frage nach dem »Sitz im Leben« (§5).*

Zu (3): Beobachtungen zum Erzähler

Unterscheiden Sie bitte strikt zwischen Narrator/Erzähler und AutorInnen.

Narrator und Erzählsituation

- Welche Erzählsituation liegt im Text vor?
- Wird in der 1. P. Sg. erzählt, tritt ein »Ich-Erzähler« auf?
  - Identifiziert sich dieses »Ich«?
- Wird in der 3. P. erzählt?
  - Wird das Erzählte kommentiert, gibt sich ein »auktorialer Erzähler« zu erkennen?
  - Tritt der Erzähler ganz hinter seine Figuren zurück, liegt demnach eine »personale Erzählsituation« vor?

Erzählhaltung

- Gibt der Erzähler seine Einstellung zum Erzählten zu erkennen?
  - Geschieht dies in (Erzähler-)Kommentaren (s. o.)?
  - Geschieht dies in Reden hervorgehobener Figuren?
  - Geschieht dies durch geschilderte Reaktionen hervorgehobener Figuren (z. B. Gottes)?

Hinweise auf »reale AutorInnen«

- Finden sich im Text Hinweise, durch die sich ein »realer Autor« zu erkennen gibt?
  - Geschieht dies explizit?
  - Geschieht dies implizit?

→ *Hier gibt es Verbindungen zur Geschichte des Textes (§7).*

§ 5a Die alttestamentliche Erzählung

Zu (4): Beobachtungen zum expliziten, impliziten und realen Leser

In der Lese-(Rezeptions-)Situation

- Finden sich Texthinweise auf ein Gesprächsangebot an LeserInnen?
  - Gibt es direkte Anreden an LeserInnen (explizite LeserInnen)?
  - Werden im Text implizite LeserInnen vorausgesetzt?
    - Finden sich im Text Leer- und Unbestimmtheitsstellen, die von den LeserInnen bei der Lektüre (selbstverständlich) aufgefüllt werden?
    - Finden sich Bewertungsangebote, die die LeserInnen zur Reaktion herausfordern (vgl. oben 3)?

In »realen« historischen Lese-(Rezeptions-)Situationen
(Historische Orte – vgl. § 7 – 2.4 »Geschichte des Textes«)

- Finden sich im Text Hinweise auf ein Gesprächsangebot an historisch zu rekonstruierende LeserInnen, deren Historischer Ort mit dem des Textes übereinstimmt?
  - Gibt es direkte Anreden an LeserInnen in ganz bestimmten und rekonstruierbaren Situationen (HO)?
  - Finden sich im Text Leer- und Unbestimmtheitsstellen, die von den LeserInnen eines bestimmten HOs bei der Lektüre selbstverständlich aufgefüllt werden können?
  - Finden sich Bewertungsangebote, die die LeserInnen eines bestimmten HOs zur Reaktion herausfordern?
- Finden sich im Text Spuren der Wirkung, die der Text auf seine LeserInnen ausgeübt hat, d.h. finden sich in den Text »eingeschriebene« Reaktionen von LeserInnen aus ganz bestimmten »Historischen Orten«?
  → *Hier gibt es Verbindungen zur »Geschichte des Textes« und zur Frage nach dem »Historischen Ort« (§ 7).*

Zu (5): Ziel: Beschreibung der narrativen Struktur

- Was tragen alle diese Beobachtungen zur Rekonstruktion der narrativen Struktur des Erzähltextes aus?
  - Mit welcher Erzählsituation und in welcher Erzählhaltung werden die Elemente einer Story kombiniert, organisiert und gewichtet?
    - Welche Rolle spielen dabei die Leser und Leserinnen?
    - In welcher Weise tritt dabei ein Erzähler/Narrator auf?

§ 6 Traditionskritik und -geschichte

Literatur:
Art. Tradition, Metzler Lexikon Literatur- und Kulturtheorie, hg. von A. NÜNNING, Stuttgart 1998, 539
P. L. BERGER/T. LUCKMANN, Die gesellschaftliche Konstruktion der Wirklichkeit. Eine Theorie der Wissenssoziologie, Frankfurt a. M. ⁴1974; amerikanische Originalausgabe: The social Construction of Reality, New York 1966
Theologische Wörterbücher (vgl. §1 – 4.3.3)
Exemplarische Durchführung:
W. H. SCHMIDT, Alttestamentlicher Glaube, Neukirchen-Vluyn ⁸1998

1. Zur Theorie der Traditionskritik und -geschichte

1.0 Traditionen und Gattungen

Traditionen sind nach Gestalt und Funktion den Gattungen (§5 – 1.) sehr ähnlich, zusammen mit diesen bilden sie die »Welt des Textes« (§1 – 3.1). Wie Gattungen sind auch Traditionen geprägte *Gestalten des kollektiven Wissens* eines Kulturraumes, eines Volkes oder einer Gesellschaft. Traditionen können sehr unterschiedliche Wissensgehalte und Vorstellungen zum Thema haben, die sich auf die ganze Bandbreite des sozialen und politischen Lebens erstrecken. Von Traditionen geleitet sein können handwerkliche oder technische Verfahren (z. B. die »Bayerische Brautradition«). Besonders ausgeprägt traditionell sind sittliche oder rechtliche Normen und Verhaltenskonventionen (»Der Herr läßt die Dame rechts gehen!«). Städte bilden Traditionen darüber, wie sie sich selbst sehen und wie sie gerne gesehen werden wollen (»München – Weltstadt mit Herz«). Bevölkerungsgruppen und Völker gießen ihre wechselseitige Wahrnehmung in traditionelle Anschauungen, die freundlich (»die Deutschen, das Volk der Dichter und Denker«), aber auch voll Aggressivität (englische Fußballberichterstattung: »Die deutschen Panzer überrollen uns.«) sein können. Herrschende Gruppen sind daran interessiert, sich selbst und die Weise ihrer Herrschaft in Traditionen zu verankern. So entwickelte sich im Alten Israel mit der Herrschaft der Davidsdynastie auch eine »Davidstradition«. Das Königtum versteht sich seit ältester Zeit »sakral«. Auch kultische oder religiöse Lebenswelten drücken sich in Traditionen und »Denkströmungen« aus, etwa im Alten

Testament die JHWH-Königs-Tradition oder die Bundestradition (vgl. weitere Beispiele unten) oder in der theologischen Neuzeit die Tradition der Barthianer, d. h. alle jene, die ihre theologische Grundausrichtung auf Karl Barth zurückführen.

Wie Gattungen sind also auch Traditionen auf die Lebenswelt und deren institutionalen Ordnungen bezogen. Sie können als »Legitimationstheorien«[1] (P. L. BERGER) verstanden werden, insofern sie über institutionalisierte Verhaltensweisen orientieren und ihnen Sinn geben. Bisweilen sind Traditionen auch mit bestimmten Gruppen sowie deren Interessen und Identitäten enger verbunden. Diese sogenannten *»Trägergruppen«* können als Pendant zum »Sitz im Leben« der Gattungen angesehen werden.

Auch Traditionen tendieren dazu, zusammenzuhängen und bilden – als Gesamtheit der traditionalen Vorstellungen – die »symbolische Sinnwelt« eines Kulturraumes, eines Volkes oder einer Gesellschaft. Sie bilden also »synoptische Traditionsgesamtheiten, die verschiedene Sinnprovinzen integrieren und die institutionale Ordnung als symbolische Totalität überhöhen.«[2] Die im Alten Testament überlieferten theologischen Vorstellungen lassen sich als Traditionen in diesem Sinne verstehen. Damit wäre die traditionale Welt des Alten Israel ein Schlüssel zur »Theologie« des Alten Testaments. In der Tat basieren neuere »Theologien des Alten Testaments« wie W. ZIMMERLIS »Grundriß der alttestamentlichen Theologie« (1972 ff.) und insbesondere W. H. SCHMIDTS »Alttestamentlicher Glaube« methodisch auf der Traditionsgeschichte.

Schließlich ist die Fähigkeit, traditionelle Vorstellungen als solche zu erkennen, eine ähnlich fundamentale kommunikative Kompetenz wie wir dies für die »Gattungskompetenz« festgestellt hatten (vgl. oben §5 – 1.0). Traditionen sind »Vehikel« der Kommunikation, und sie dienen der Orientierung (vgl. auch unten 1.2).

Beispiel 1: Politische Traditionen in einer Zeitungsmeldung

»Berlin. Unmittelbar vor der entscheidenden Sitzung des Vermittlungsausschusses von Bundestag und Bundesrat am Mittwoch sind wichtige Vorhaben der rot-grünen Regierungskoalition gefährdet. Auf der Kippe stehen Wohngeldreform, das höhere Kindergeld für Sozialhilfeempfänger sowie das Steuerbereinigungsgesetz.«

Schlüsselbegriffe und Fachtermini wie »Vermittlungsausschuß«, »Bundestag«, »Bundesrat« und »Wohngeldreform« lassen die demokratischen Institutionen der »Berliner Republik« als historischen und institutionalen Ort des Textes erkennen.

Daß auch hier politische Traditionen und ihre Trägergruppen ein Rolle spielen, zeigt u. a. der Begriff »rot-grün«. »Rot« ist die Traditionsfarbe der Sozialisten und Sozial-

---

1. P. L. BERGER/T. LUCKMANN, Konstruktion, 98 ff.
2. Ebd., 102.

demokraten, die dadurch ihre Herkunft aus der revolutionären Arbeiterbewegung des 19. Jahrhunderts signalisieren – auch wenn die heutige SPD den sozialen Wandel längst nicht mehr auf revolutionärem Wege herbeiführen oder von einem Klassenstandpunkt aus betreiben will. Die um mindestens einhundert Jahre jüngere Öko-Partei der »Grünen« hat sich an diese politische Farben-Tradition angeschlossen und sie – entsprechend ihrer »naturverbundenen« Programmatik – »eingefärbt«. Sie hat damit erreicht, sich in die »symbolische Sinnwelt« der politischen Welt des 20. Jahrhunderts einzuschreiben und dabei ihre eigene Identität zur Geltung zu bringen – auch wenn heute »Bündnis 90/Die Grünen« längst nicht mehr nur Umweltthemen verfolgt.

Auch *Traditionen haben eine Geschichte.* Ihre Gehalte und Gestalten stehen unter dem Einfluß sozialer und politischer Rahmenbedingungen und ändern sich auch mit diesen. Es kann aber auch genau umgekehrt sein: Erneuerte und aktualisierte Traditionsgestalten können die geschichtlichen Rahmenbedingungen beeinflussen.

Bedingung der Geschichtlichkeit von *Traditionen* ist ihre *Überlieferung.* Dieser Sachverhalt ist in der Doppeldeutigkeit der Begriffe »Tradition« bzw. »Überlieferung« unmittelbar präsent. Sowohl der überlieferte Gehalt (das *»traditum«*) als auch die Weitergabe dieses Gehaltes über die Räume und Zeiten hinweg (die *»traditio«*) kann mit diesen Begriffen gemeint sein. In der deutschsprachigen exegetischen Wissenschaft macht man sich diese terminologische Unschärfe gewissermaßen zunutze, indem man mit »Tradition« eher den Gehalt (traditum) meint und mit »Überlieferung« eher den Vorgang (traditio) bezeichnet.[3] (Es empfiehlt sich jedenfalls, in der exegetischen Literatur genau darauf zu achten, in welchem Sinne die Begriffe »Tradition« bzw. »Überlieferung« jeweils gebraucht werden.)

In der traditionsgeschichtlichen Exegese geht es darum, die Prägung alttestamentlicher Texte durch Traditionen (im Sinne des *traditum*) zu erkennen und zu beschreiben, sowie darum, die so geprägten Texte in der Geschichte der Tradition zu verorten. Bevor wir diese Zusammenhänge an alttestamentlichen Texten beschreiben (2.), wollen wir die Gesichtspunkte der Traditionsgestalten und der Traditionsgeschichte noch etwas weiter entfalten.

1.1 Traditionsgestalten und Trägergruppen

Traditionen (im Sinne von *traditum*) sind geprägte Vorstellungsgehalte, die in menschlichen Gemeinschaften von der Größe einer Familie bis hin zur Größe eines Kulturkreises »gewußt« werden. Anders als ihr gattungshaftes Pendant, die Gattungsformulare (§ 5 – 1.1.3), sind Traditionsgestalten formal

---

3. Im Englischen ist diese Möglichkeit so nicht gegeben. Der »traditio«-Aspekt von »tradition« kann mit »transmission«, Übermittlung, ausgedrückt werden.

§ 6 Traditionskritik und -geschichte

und thematisch weniger geprägt und festgelegt, z. B. sind die formalen und thematischen Elemente von Traditionen nicht in festen Reihenfolgen angeordnet.

Insbesondere die biblisch überlieferten Traditionen haben oft ein Thema, das mit Stories oder bildlichen Vorstellungen verbunden ist. So enthält die alttestamentliche Exodustradition (vgl. dazu unten Beispiele 3b; 6; 7) Elemente von Erzählungen, etwa von der Unterdrückung der Israeliten in Ägypten und ihrer Befreiung aus ihr. Häufig sind Traditionen thematisch komplex, d. h. ihr Hauptthema ist aus einzelnen thematischen oder bildhaften Bausteinen kombiniert, die man »Motive« nennen kann. Zur Zions-Tradition des Alten Testaments gehören beispielsweise das Ensemble folgender Motive: die Gegenwart JHWHs, die Uneinnehmbarkeit der Stadt, das Völkerkampf-Motiv, das Völkerwallfahrt-Motiv.[4]

Wie Gattungen sind auch Traditionen als solche nicht unmittelbar greifbar, sondern in je spezifischen Ausformungen in mündlichen oder schriftlichen Texten, aber auch in Bildern (Traditionen, auch biblische, sind – mehr als dies bisher in der Exegese wahrgenommen wurde – »multimedial«; vgl. Beispiel 7) präsent. Dementsprechend sind sie aus diesen »Medien« zu rekonstruieren.

Texte weisen für diese Rekonstruktion eine Reihe von Anhaltspunkten auf. An der Oberfläche von Texten sind Traditionen vor allem an signifikanten »Leitworten« und Leitwortgruppen erkennbar, die sich zu »Wortfeldern« zusammenschließen können (vgl. dazu schon oben in der Textanalyse, §4 – 2.2.1 und unten, Beispiel 4). Für die Identifikation von Traditionen sind weiterhin bestimmte Themen und Themenfolgen aussagekräftig, die sich im – bisweilen auch formelhaft geronnenen – propositionalen Gehalt und in der thematischen Organisation des Textes (§4 – 2.2.3.1 und unten, Beispiel 4) ausdrücken können. Freilich gehört es zur Identifikation von Traditionen (wie bei Gattungen) dazu, diese nicht nur an einem Text aufzuweisen, sondern an einer Reihe möglichst heterogener – aus unterschiedlichen Zeiten und Kontexten stammender – Texte.

Wie schon gesagt, sind Traditionen formal und thematisch viel weniger festgelegt als Gattungen. Traditionen sind ausgesprochen formbare, plastische Gebilde. Selten wird man Texte oder Bilder finden, die Traditionen in ihrer »Voll«gestalt bieten, oft muß die Anspielung durch ein Leit- oder Schlüsselwort oder eine Formel genügen, um die mit ihnen verbundenen geprägten Vorstellungen zu evozieren. In dieser rudimentären Weise vergegenwärtigte Traditionen lassen sich auch leicht verknüpfen und neu und überraschend kombinieren. So kann der Umgang mit ihnen geradezu spielerisch

---

4. W. H. Schmidt, Glaube, 287ff.

190   §6 Traditionskritik und -geschichte

sein; diese Möglichkeit erinnert an das Phänomen des verfremdeten Gebrauches der Gattungen (vgl. oben §5 – 1.1.4).

Beispiel 2: Bier, Natur und Liebe: Ein »Bei-Spiel« mit Traditionen

Ein Bier»deckel« einer südbayerischen Brauerei spielt mit der traditionell geprägten, durchaus auch normativen Vorstellung, daß Natürlichkeit das Verhalten adelt und den Genuß rechtfertigt. Diese »Tradition« weiß die Brauerei zu ihren Gunsten zu deuten.
Vorderseite: Unter einem Auerhahn (dem Signum der Brauerei) steht:

Hier wird bereits durch die Verbindung zwischen dem Signum »Auerhahn«, dem Namen der Brauerei »Auer-Bräu« und der Formel: »Lockruf der Natur« der Eindruck erweckt, daß es sich bei dem Getränk der Brauerei (a) um ein »natürliches« Produkt handelt (vgl. Reinheitsgebot für deutsches Bier), das zu trinken nichts anderes bedeutet, als (b) einem »Lockruf der Natur« zu folgen, mithin beim Genuß eines alkoholischen Getränkes nur etwas sehr Natürliches, also Selbstverständliches und Erlaubtes, zu tun.
Auf der Rückseite nun die Pointe:
Unter dem Foto eines flirtenden Paares und einem randvoll eingeschenkten Weißbierglas erscheint erneut das Signum der Brauerei, der Auerhahn, und die Formel: »Lockruf der Natur«. Über dem Foto steht: »Hopfen und Balz – Gott erhalt's.«

§ 6 Traditionskritik und -geschichte

Hier wird die Natur-Tradition mit einem ebenfalls traditionellen Bild junger Liebe und diese wieder mit einem formelhaften »Schlüsselsatz« der Tradition des Brauerhandwerks (»Hopfen und Malz – Gott erhalt's«) verbunden.

1.2 Die Traditionsgeschichte – Traditionen als »Denkmodelle«

Die »Plastizität« der Traditionen ist eine wesentliche Bedingung dafür, daß sie überliefert werden und aktuell bleiben. Weil Traditionen leicht form- und kombinierbar sind, eignen sie sich vorzüglich als »Denk- und Kommunikationsmodelle«, nach denen neue Situationen und Kontexte erfaßt, diskutiert und gedeutet werden – namentlich in Konflikten. In den beiden folgenden Beispielen wird dies für eine neuzeitliche und eine biblische Tradition angedeutet.

Beispiel 3a: Menschenrechtstraditionen und Umgang mit Ausländern

In der Rede nach seiner Wahl zum Bundespräsidenten der Bundesrepublik Deutschland am 23. Mai 1999 hat Johannes Rau die Tradition der allgemeinen Menschenrechte in die Debatte geworfen, indem er den Artikel 1 des Grundgesetzes zitierte:

»Die Würde des Menschen ist unantastbar« und eher beiläufig hinzufügte: »... da steht nicht: die Würde der Deutschen!«: Das ganze Zitat lautet:

Heute vor 50 Jahren – morgen werden wir in einer besonderen Veranstaltung daran denken – ist das Grundgesetz in Kraft getreten. Ich wünsche mir, dass wir uns, bei allen Kontroversen über einzelne Sachfragen und bei allem politischen Streit, den es gibt und geben muss und immer geben wird, immer wieder neu darauf besinnen, dass wir in unserer Verfassung Etliches unaufgebbar festgeschrieben haben: dass die Würde des Menschen unantastbar ist – da steht nicht: die Würde der Deutschen, sondern da steht: die Würde des Menschen –, dass Frauen und Männer gleiche Chancen und gleiche Rechte haben sollen, dass das private Eigentum zugleich dem Allgemeinwohl dienen soll. [5]

Raus Akzentuierung der Tradition der allgemeinen Menschenrechte ist auf lauten Widerspruch gestoßen. Verständlich ist dieser Widerspruch nur dann, wenn man

1. den Kontext vor Augen hat, in den hinein Johannes Rau seine Interpretation und Akzentuierung der allgemeinen Menschenrechte gesprochen hat und
2. die Funktion der Tradition als aktualisiertes »Denkmodell« beachtet.

Zu 1.: Der Kontext ist der Konflikt um den Umgang mit in Deutschland lebenden, nach Deutschland einwandernden und aus Deutschland ausgewiesenen Ausländern. Zu diesem Kontext gehören Grundströmungen der deutschen Politik, etwa das Verständnis der Staatsbürgerschaft aus der »ius sanguinis«, also den »Vorfahren« heraus, oder das Bestreben, das rechtsnationale, mehr oder weniger ausländerfeindliche Spektrum soweit möglich in die bürgerlichen Parteien hinein zu absorbieren (und damit unschädlich zu machen). Zum Kontext gehören aber auch länger- und mittelfristige soziohistorische Rahmenbedingungen, so etwa die hohe Arbeitslosigkeit nach der Vereinigung der beiden deutschen Staaten, mit der ein eklatantes Anwachsen des ausländerfeindlichen, gewalttätigen Rechtsradikalismus einherging. Zum Kontext gehören schließlich auch tagespolitische Ereignisse, so etwa die Kurdenkrawalle zu Beginn des Jahres 1999 oder die Tatsache, daß ein afrikanischer Abschiebehäftling während einer Abschiebung zu Tode gekommen ist und die dabei angewandte körperliche Gewalt dafür ursächlich gewesen sein kann. Raus Anspielung konnte (und kann) in diesem Kontext auch als Kritik an einer in demokratischen Parteien vertretenen Ausländerpolitik verstanden werden, die die verbreitete »das-Boot-ist-voll-Stimmung« aufnahm.

Zu 2: An die Tradition der Menschenrechte zu erinnern ist nur dann und so lange brisant, als sich alle beteiligten Gruppen an diese gebunden fühlen und bereit sind, ihr Handeln an der mit dieser Tradition verbundenen Vorstellung zu überdenken und sich daran messen zu lassen. Die Debatte, die die Rede Johannes Raus ausgelöst hat, zeigt, daß die Menschenrechtstradition unter allen Beteiligten als »Denkmodell« präsent und aktuell war (und ist).

Beispiel 3b: Die Exodustradition als Befreiungstradition

Die bedeutendste und geschichtlich bis heute wirksamste Tradition des Alten Testaments ist die Exodustradition (vgl. dazu auch die folgenden Beispiele 5 und 6). Die-

---

5. Quelle: http://www.bundespraesident.de/top/sonstige/Reden_und_Zitate.

se Tradition hat unterschiedliche Wirkungen in mancherlei Kontexten entfaltet; dementsprechend wurden unterschiedliche Teilmotive und Teilerzählungen der Tradition »aktiviert«. Sie ist bis heute z. B. die Festlegende des jüdischen Passafestes. Ihre größte traditionsgeschichtliche Wirksamkeit jedoch hatte sie als religiös-politische Befreiungstradition.

Die alttestamentliche Exodustradition in Gestalt der Exoduserzählung (Ex 1-14) ist als politisches Epos auf dem Hintergrund der Hegemonie der Assyrer und Babylonier zu sehen, unter der die beiden Staatsvölker des alten Israel im 8. bis 6. Jh. v. Chr. zu leiden hatten und durch die sie ihre eigenstaatliche Existenz schließlich auch verloren haben (vgl. unten, Beispiel 6). In diesem Kontext will das Epos lehren, wider alle unmittelbare politische Erfahrung auf den Gotteswillen zur Befreiung zu vertrauen. Es erzählt an gegen das Versagen der eigenen politischen Institutionen, gegen die Kurzatmigkeit der Unterdrückten und gegen die scheinbar unbeugsame Härte des Unterdrückers.

Aus ähnlichen Motiven heraus hat die Exodustradition bis heute viele Leser und Les-Arten gefunden. Zunächst ein Beispiel aus der Spätantike: Kaiser Konstantins Sieg über den nichtchristlichen Kaiser Maxentius an der Milvischen Brücke (312) konnte mit dem Durchgang der Israeliten durch das Schilfmeer verglichen und »Konstantin als neuer Moses vorgestellt werden ...«.[6]

In der Neuzeit hat die Exoduserzählung vor allem im angelsächsischen Bereich politisch-theologische Bedeutung gehabt.[7] Auf sie berief sich die puritanische Revolution des Oliver Cromwell. Sie diente aber auch den amerikanischen Siedlern als »Metaerzählung« ihrer Befreiung von der englischen Krone. Benjamin Franklin schlug vor, das Amtssiegel der Vereinigten Staaten sollte Mose mit erhobenem Stab und das im Meer ertrinkende ägyptische Heer zeigen. Hundert Jahre später ging die Tradition in die Lieder der Sklaven eben jener zu Herren aufgestiegenen Siedler ein.

Zu Beginn des 20. Jahrhunderts griffen die südafrikanischen Buren die Exoduserzählung auf, ein halbes Jahrhundert später die von diesen unterdrückten schwarzen Südafrikaner. Auch im Umkreis Lenins kannte man die Story. Heute spielt sie eine Rolle in jenen Freiheitsbewegungen und Freiheitstheologien, die christlich inspiriert sind: in der lateinamerikanischen Befreiungstheologie ebenso wie im koreanischen Min Jung und in der Theologie der indischen Dallit. Der amerikanische Sozialphilosoph Michael Walzer macht den Exodus zum Paradigma seines quasi-sozialdemokratischen Politik- und Revolutionsbegriffes.

Traditionen werden – dies zeigen die Beispiele – in unterschiedlichen historischen Situationen relevant und als Modell für die Interpretation der je eigenen Erfahrungen verwendet. In diesem Zuge verändert sich dann häufig auch ihre konkrete, die Texte prägende und in Texten greifbare Gestalt.

---

6. J. Danielou, Art. Exodus, RAC 7, 1969, 42.
7. Vgl. M. Walzer, Exodus und Revolution, (amerikanisch 1985) dt. Frankfurt a. M. 1988 und 1995 (Fischer TB 11835).

1.3 Zur Methodik der Traditionskritik und -geschichte

Unsere obigen Überlegungen zur Theorie und die Analogie zu den Gattungen legen es nahe, die Methodik im Umgang mit den Traditionen in zwei Schritte aufzuteilen. Wie bei den Gattungen ist auch bei den Traditionen ein bestimmter alttestamentlicher Einzeltext der Ausgangspunkt.

1.3.1 Traditionskritik

Aus dem auszulegenden Text und seinen Vergleichstexten wird zunächst aufgrund der oben skizzierten (1.1) und unten exemplifizierten (2.1, Beispiele 4 und 5) Anhaltspunkte die »geprägte Vorstellung« rekonstruiert. Eine solche rekonstruierte Tradition ist ein dem Gattungsformular (§ 5 – 1.1.3) oder der Story eines Erzähltextes (§ 5a – 1.1) vergleichbarer »Idealtypus«, der sich in vorweisbaren Texten (oder Bildern) je und je anders realisiert, d.h. die Fragerichtung geht vom konkreten Text aus und nimmt dann den »Idealtypus« in den Blick.

Wie in der Gattungskritik nach dem »Sitz im Leben« gefragt wird, kann man auch in der Traditionskritik fragen, ob eine *Trägergruppe* oder ein institutioneller Kontext ermittelt werden können, die für die Verwendung und Weitergabe dieses »Denkmodells« verantwortlich waren. Dies kann, muß aber nicht der Fall sein.

1.3.2 Traditionsgeschichte

Der »Idealtypus« des traditionalen Konzeptes, das die Traditionskritik rekonstruiert, hat immer eine diachrone Dimension, d.h. er hat eine Geschichte. Als »Denkmodell« fungiert er in unterschiedlichen literarischen und historischen Kontexten. In der Traditionsgeschichte wird diese Geschichte rekonstruiert (bzw. die in der exegetischen Literatur bereits erarbeitete Rekonstruktion kritisch gesichtet), soweit sie in die alttestamentliche Zeit fällt.

Die traditionsgeschichtliche Fragestellung blickt damit vom Idealtypus her auf den auszulegenden Einzeltext zurück und fragt, in welcher Weise in ihm die idealtypischen Traditionen ausgeprägt sind und welche Rolle sie als »Denkmodell« in einer bestimmten historischen Situation spielen. Hier ergeben sich Verbindungen zu der Fragestellung des »Historischen Ortes« (§ 7 – 2.4), z.B. können Traditionsveränderungen bzw. -fortbildungen herausgearbeitet werden, die unter dem Einfluß verschiedener historischer Orte eingetreten sind (vgl. unten, Beispiele 6 und 7).

§ 6 Traditionskritik und -geschichte

2. Beschreibungen

2.1 Die Traditionskritik und ihre Kriterien

Wie die Gattungskritik geht die Traditionskritik von der Analyse des Einzeltextes aus. Es werden zunächst Lexeme und Lexemverbindungen gesucht und notiert, die »im Verdacht« stehen, formelhaft geprägt und/oder »Leitworte« einer Tradition zu sein (vgl. Textanalyse §4 – 2.2). Dabei können sich »Wortfelder« ergeben, aus denen das Thema einer Tradition gebildet werden kann. Das wichtigste Hilfsmittel dazu sind Konkordanzen, sei es in gedruckter Form oder als computergestützte Konkordanzprogramme (vgl. oben §1 – 4.3.2). Hilfreich – aber aus »zweiter Hand« und oft nicht aussagekräftig genug – sind die auf einzelne Begriffe bezogenen Artikel der Theologischen Wörterbücher (THAT; ThWAT; ThWNT; vgl. §1 – 4.3.3) und – zur Not auch – die Lexika, wenn sie zu den Lexemen und Bedeutungen Belegstellen angeben. Mit Hilfe der Konkordanzen kann gesucht und überprüft werden, ob und inwiefern die ausgewählten Lexeme und Lexemverbindungen in weiteren Texten des Alten Testaments in ähnlichen thematischen Verbindungen wieder anzutreffen sind und demnach als »Leitworte« und/oder Wortfelder Indizien für geprägte Vorstellungen darstellen.

Beispiel 4: זֶרַע, ʻNachkommenschaft«, als Leitwort der Mehrungstradition

In Gen 16,10 (vgl. oben §5 – Beispiel 7a; §5a – Beispiel 13) wird der vertriebenen Magd Hagar eine zahlreiche Nachkommenschaft verheißen, und zwar – im Duktus der Erzählung – noch vor der Verheißung ihres Sohnes Ismael.

Und es sagte zu ihr der Engel JHWHs: וַיֹּאמֶר לָהּ מַלְאַךְ יְהוָה

»*Zahlreich, ja zahlreich mache ich deine* Nachkommenschaft,

הַרְבָּה אַרְבָּה אֶת־זַרְעֵךְ

so daß sie nicht gezählt werden kann vor Menge.« וְלֹא יִסָּפֵר מֵרֹב

Wer die Texte der Väter- und Müttergeschichten in der Genesis auch nur flüchtig gelesen hat, dem kommt dieses Motiv der Verheißung einer zahlreiche Nachkommenschaft, die mit dem einen Nachkommen verbunden ist (»Mehrungsverheißung«), bekannt vor. Es erscheint z. B. im Bereich der Abrahamsüberlieferung, in Gen 15,3-5. Diese Beobachtung legt die Vermutung nahe, mit dem fraglichen Motiv könnte eine Tradition, eine geprägte Vorstellung verbunden sein. Dieser Vermutung wiederum kann anhand des Leitwortes זֶרַע nachgegangen werden.[8]

Wir suchen dazu schwerpunktmäßig (aber nicht allein) im Buch Genesis nach Belegstellen für das (vermutete) Leitwort. Diese werden dann daraufhin überprüft, ob und inwiefern in ihnen das Konzept »Mehrungsverheißung« erscheint und wie es

---

8. C. WESTERMANN, Die Verheißungen an die Väter: Studien zur Vätergeschichte, FRLANT 116, Göttingen 1976; zur Kritik: E. BLUM, Die Komposition der Vätergeschichte, WMANT 57, Neukirchen-Vluyn 1984, 491ff.; vgl. auch H. D. PREUSS, Art. זֶרַע ›zaera‹, ThWAT II, 663-686.

jeweils ausgeprägt, also etwa mit anderen Leitworten und Wortfeldern verbunden ist:

Gen 1,11 f.29: Samentragende Pflanzen.

Gen 3,15: (Spruch an die Schlange) זֶרַע als Nachkommenschaft der Menschen bzw. der Schlange.

Gen 4,25: Seth als זֶרַע אַחֵר für Abel (ein Nachkomme!).

Gen 7,3 f.: Tiere in der Arche als »Saat« auf der Erde (nach der Sintflut).

Gen 8,22: »Saat und Ernte« זֶרַע וְקָצִיר neben (Wortfeld) Frost, Hitze, Sommer, Winter, Tag und Nacht.

Gen 9,9: Noah und seine Nachkommenschaft als »Bundesgenossen« Gottes.

Gen 12,7: JHWH an Abram: »... *deiner Nachkommenschaft werde ich dies* Land (אֶרֶץ) *geben* ...«

Gen 13,15 f.: »... *das ganze Land, das du siehst, werde ich deiner Nachkommenschaft geben* ...«. Die Nachkommen werden sein wie Staub der Erde (עֲפַר הָאָרֶץ), unzählbar (מנה).

Gen 15,3 f.: Abram an JHWH: »... *du hast mir keine Nachkommenschaft* (זֶרַע) *gegeben, ein Sohn* (בֵן) *meines Hauses wird mich beerben* ...«; dagegen JHWH: »... *einer wird aus deinem Leibe hervorgehen, der wird dich beerben* ...«: Ein Nachkomme!

Gen 15,5ab: JHWH an Abraham: »... *zähle* (ספר) *die Sterne* ... *so wird deine Nachkommenschaft* (זֶרַע) *sein* ...« – Mehrungsverheißung.

Gen 15,18: Land für die Nachkommen.

Gen 16,10: *Mehrungsverheißung* für Hagar (רבה, ספר, זֶרַע).

Gen 17,7: Abram als »Vater vieler Völker« (vgl. auch V. 4); ewiger Bund zwischen Gott, Abraham und seinen Nachkommen *(Mehrungsverheißung?)*.

Gen 17,8: Land der Fremdlingsschaft für die Nachkommen.

Gen 17,10.12: Beschneidung der Nachkommenschaft.

Gen 17,19 f.: *Segen* (ברך) und Fruchtbarkeit für Ismael, »... *ich werde ihn mehren* (רבה)«.

Gen 19,32.34: Je ein »Nachkomme« für die Töchter Lots von ihrem Vater.

Gen 21,12 f.: Isaak als »Nachkomme« Abrahams: auch Ismael ist Nachkomme Abrahams, er wird zum großen Volk.

Gen 22,17 f.: »... *ich will deine Nachkommenschaft segnen und mehren* (רבה) *wie die Sterne am Himmel und wie den Sand am Ufer des Meeres* ...«

Gen 24,7: Nachkommen und Land für Abraham.

Gen 24,60: Zahlreiche und mächtige Nachkommen für Rebekka; *Mehrungsverheißung.*

Gen 26,3 f.12.24: Segen für Isaak und die Nachkommenschaft; Mehrung (רבה) der Nachkommenschaft, Gabe des Landes an Isaak und seine Nachkommenschaft; *Mehrungsverheißung.*

Gen 28,4.13 f.: JHWH an Jakob: Landverheißung an Jakob und seine Nachkommenschaft, »... *deine Nachkommenschaft soll werden wie der Staub auf der Erde* ...« – *Mehrungsverheißung.*

Gen 32,13: Nachkommenschaft wie Sand am Meer – *Mehrungsverheißung.*

Gen 35,11 f.: Mehrungsaufforderung an Jakob: »... *sei fruchtbar und mehre* (רבה) *dich* ...«, Land für Jakob und seine Nachkommen.

Gen 38,8: Nachkommenschaft für den Bruder durch Schwagerehe; vgl. זֶרַע und »männlicher Same«.

§ 6 Traditionskritik und -geschichte

Vgl. Gen 46,6 f.; 47,19 ff.; 48,11.19; – *Mehrungsverheißung.*
(Außerhalb der Gen wären dazu etwa noch folgende Belegstellen heranzuziehen: Ex 32,13; 33,1; Dtn 1,8; Jos 24,3; Jer 33,22.26; Ps 105,6; II Chr 20,7.)

Die Sichtung und der Vergleich der Belegstellen führt zu folgenden Ergebnissen:
1. In der Genesis erscheint זֶרַע in dreierlei Bedeutungen:
(a) im botanisch-landwirtschaftlichen Sinne als Same, samentragende Pflanzen (1,11 f.29; 7,2 f. auch für Tiere);
(b) als unmittelbare Nachkommenschaft eines einzelnen Menschen, die aus dem männlichen Samen hervorgeht (4,25; 15,3; 19,32.34; 38,8), aber auch im Zusammenhang mit Frauen (16,10; 24,60);
(c) als die weitere Nachkommenschaft eines einzelnen oder einer Gruppe, eines Volkes, ja selbst von Gattungen (3,15 – Mensch, 7,3 f. – Tiere).

2. In der Kombination der zweiten mit der dritten Bedeutung kann זֶרַע in der Genesis als Leitwort einer Tradition, einer geprägten Vorstellung verstanden werden. Diese Vorstellung besagt, daß ein Volk oder eine Gruppe als Nachkommenschaft aus einem Mann oder Paar hervorgehen wird bzw. hervorgegangen ist (12,7; 13,15 f.; 15.5.18; 16,10; 17; 21,12 f.; 22,17; 26,3; 28,13 f.). Dabei kann diese Nachkommenschaft zunächst an einen Einzelnachkommen gebunden sein (16,10; 21,12 f. – Ismael/Isaak).
Die Vorstellung ist literarisch meist in ein Gotteswort an einen der Erzväter gefaßt (vgl. für die Mehrungsverheißung an Abram: 13,16; 15,5; 17; 21,12 f.; 22,17; an Hagar: 16,10; an Isaak: 26,3 f.; an Jakob: 28,13 f.; 32,13; 35,11. Als Wortfeld um das Leitwort זֶרַע herum ist erkennbar רבה Hi., ספר und die Formeln »Sterne am Himmel«, »Sand am Meer« (Sonderform: Gen 35,11 f., wo zur »Mehrung« aufgefordert wird). Es fällt auf, daß die Mehrungsverheißung über das Stichwort זֶרַע mit anderen traditionellen Themen verbunden ist, und zwar:
• »Landverheißung/Landbesitz« (12,7; 13,15; 15,18; 17,8; 26,3; 28,13; 35,12),
• »Segen« (2,1 ff.; 17,20; 22,17; 26,3 f.; 28,14),
und in diesen Kombinationen die »Theologie der Vätertexte« repräsentiert.

Mit Leitworten und Wortfeldern einer Tradition ist diese zunächst in ihren zentralen Motiven und Themen erfaßt. Wesentlich für die Gestalt von Traditionen ist darüber hinaus auch deren Verknüpfung mit weiteren Themen und Erzählmotiven; erst in diesem weiteren Horizont erschließt sich die Vielfalt einer Tradition und vor allem ihre Einbindung in die »traditionale Welt«.

Beispiel 5: Zur Exodustradition: Leitworte, Erzählmotive, Verknüpfungen

Die Exodustradition kann in der hebräischen Bibel vor allem an der »Herausführungsformel« mit dem Leitwort יצא Hi. (Gott läßt Israel aus Ägypten ausziehen) identifiziert werden; dieses Leitwort erweist sich zugleich als »Schlüssel« und »Brücke« zu weiteren Themen und Erzählmotiven, mit denen die Exodustradition verbunden wird:

198   § 6 Traditionskritik und -geschichte

Ex 3,10 (JHWH spricht an Mose gerichtet):

וְהוֹצֵא אֶת־עַמִּי בְנֵי־יִשְׂרָאֵל מִמִּצְרָיִם »... laß mein Volk, die Israeliten, aus Ägypten
ausziehen.«

Ex 13,3 (im Zusammenhang mit einer Anweisung für das »Mazzot-Fest«):

וַיֹּאמֶר מֹשֶׁה אֶל־הָעָם Da sprach Mose zum Volk:

זָכוֹר אֶת־הַיּוֹם הַזֶּה »Gedenke dieses Tages,

אֲשֶׁר יְצָאתֶם מִמִּצְרַיִם מִבֵּית עֲבָדִים an dem ihr aus Ägypten, dem Sklavenhaus, aus-
gezogen seid,

כִּי בְּחֹזֶק יָד הוֹצִיא יְהֹוָה אֶתְכֶם מִזֶּה denn mit starker Hand hat euch JHWH von dort
ausziehen lassen,

וְלֹא יֵאָכֵל חָמֵץ deshalb soll kein Gesäuertes essen ...«

Jes 43,16 (der Text steht im Kontext der Hoffnung auf die Heimkehr der gefangenen
Judäer in Babylon; zu seiner besonderen traditionsgeschichtlichen Version der Exodustradition vgl. unten Beispiel 7):

16 כֹּה אָמַר יְהֹוָה So hat JHWH gesprochen,

הַנּוֹתֵן בַּיָּם דָּרֶךְ וּבְמַיִם עַזִּים נְתִיבָה der im Meer einen Weg bahnt und starken Wassern einen Pfad,

17 הַמּוֹצִיא רֶכֶב־וָסוּס חַיִל וְעִזּוּז der Wagen und Roß, Heer und Kraft ausziehen
läßt,

יַחְדָּו יִשְׁכָּבוּ zusammen werden sie daliegen ...

Ps 105, 36 f.:

36 וַיַּךְ כָּל־בְּכוֹר בְּאַרְצָם Da schlug er (JHWH) alle Erstgeburt in ihrem
Land (sc. Ägypten),

רֵאשִׁית לְכָל־אוֹנָם die Erstlinge ihrer ganzen Kraft.

37 וַיּוֹצִיאֵם בְּכֶסֶף וְזָהָב Und er ließ sie ausziehen mit Silber und Gold,

וְאֵין בִּשְׁבָטָיו כּוֹשֵׁל und keiner war unter ihren Stämmen, der strau-
chelte.

38 שָׂמַח מִצְרַיִם בְּצֵאתָם Es freute sich Ägypten an ihrem Auszug,

כִּי־נָפַל פַּחְדָּם עֲלֵיהֶם denn Angst hatte es befallen ihretwegen.

Der Ausschnitt aus Psalm 105 verbindet das Leitwort des »Herausziehen-Lassens«
bzw. Herausführens mit Storyelementen aus oder nach Ex 12: der Tötung der Erstgeburt als letzte der Plagen (von den anderen Plagen ist in Auswahl in Ps 105,27-35
die Rede), dem Erzählmotiv der silbernen und goldenen Gefäße (Ex 12,35). Das
angstvolle Drängen der Ägypter, mit dem diese nach Ex 12,33 die Israeliten aus
dem Lande treiben, ist hier zur Freude darüber gesteigert, die unheimlichen »Gäste« endlich los zu sein.

Die kleine Auswahl an Stellen mit dem Leitwort יצא zeigt zunächst das Hauptthema
der Exodustradition: Gott hat Israel aus der ägyptischen Knechtschaft herausge-
führt. Dieses Grundthema kann mit weiteren, insbesondere narrativen Elementen
verbunden sein, etwa der Plagenerzählung oder der Schilfmeererzählung. In Ex 13,3
wird die Exodustradition mit einem Fest verbunden, in Jes 43 ist es das »Denkmodell« für die Heimkehr Israels/Judas aus der babylonischen Gefangenschaft.

Neben dem Leitwort »Herausführen« gibt es noch weitere Leitworte, durch die die
Exodustradition angesagt sein kann, z. B. das »Heraufführen« (עלה Hi.).

§ 6 Traditionskritik und -geschichte

Ex 3,8 (Rede JHWHs an Mose):

וָאֵרֵד	»... *und ich stieg herab* (sc. JHWH vom Himmel),
לְהַצִּילוֹ מִיַּד מִצְרַיִם	*um ihn* (sc. Israel) *aus der Hand Ägyptens zu befreien*
וּלְהַעֲלֹתוֹ מִן־הָאָרֶץ הַהִוא	*und um ihn* heraufzuführen *aus diesem Land,*
אֶל־אֶרֶץ טוֹבָה וּרְחָבָה	*in ein gutes und weites Land,*
אֶל־אֶרֶץ זָבַת חָלָב וּדְבָשׁ	*in ein Land, das von Milch und Honig überfließt* ...«

Hier und an anderen Stellen (z. B. Ex 32,8; 33,1.3.12; Hos 2,17; 12,13 f.; Am 2,10) ist die Exodustradition mit der Tradition der Gabe des Landes verbunden. Die Vorstellung des *Herauf*führens setzt dabei einen Standpunkt auf dem gebirgigen Kernland der Siedlungsgebiete Israels voraus, von dem aus gesehen Israel einst aus Ägypten her-*auf*geführt wurde. Dabei schwingt aber auch die Vorstellung der Wallfahrt, des *Hinaufgehens* zum Gottesberg (Ex 19,2) oder zum Heiligtum (Ps 122,4), mit. Hier zeigt sich wiederum, daß Traditionen nicht nur in sich variabel sind, sondern sich auch in freier Weise miteinander kombinieren lassen. Die »symbolische Sinnwelt« wird auf diese Weise immer dichter verwoben und zugleich für neue Gestaltungen offengehalten.

2.2 Traditionsgeschichte

Traditionsgeschichte kann in zweierlei Perspektiven gesehen werden:
Sie ist zunächst als die Geschichte einer geprägten Vorstellung in ihren unterschiedlichen literarischen und historischen Kontexten innerhalb und außerhalb des Alten Testaments. Von diesem geschichtlichen Gesamtbild einer Tradition wird in 2.2.1 weiter die Rede sein.
Traditionsgeschichte läßt sich aber auch auf einen Einzeltext fokussieren. Dann geht es darum, die spezifische Gestalt und den geschichtlichen Ort der im jeweiligen Text virulenten Traditionen zu bestimmen (2.2.2). Beide Perspektiven werden wir an Beispielen aus der Exodustradition darstellen.

2.2.1 Die Geschichte einer Tradition

Die Geschichte einer Tradition ist nicht im Sinne der idealistischen Philosophie als (Selbst-)Entfaltung oder Entwicklung einer Idee zu verstehen, sondern als die Geschichte der Realisierung und Interpretation geprägter Vorstellungen als »Denk- und Kommunikationsmodelle« in jeweils konkreten geschichtlichen Zusammenhängen. Dementsprechend sind die Traditionen immer nur in bestimmten Texten und an ihren jeweiligen historischen Orten faßbar. Auch die »Trägergruppen« der Traditionen sind nur über die

Texte zugänglich. Selbstverständlich kann die umfassende Geschichte einer Tradition nur näherungsweise und skizzenhaft rekonstruiert werden (in Proseminarsexegesen ist dafür in jedem Fall auf Sekundärliteratur zurückzugreifen).

Beispiel 6: Skizze der Geschichte der Exodus-Tradition[9]

Die Exodustradition erscheint in vielen Texten des Alten Testaments in jeweils unterschiedlichen Funktionen und Argumentationszusammenhängen. Diese Texte samt ihren jeweiligen Ausprägungen der Exodustradition sind mit der Geschichte des Alten Israel zu korrelieren. In dieser Korrelation kann ein Entwurf der Geschichte der Exodustradition skizziert werden.

Die Exodustradition (Ex 1-14) situiert das Exodusgeschehen weit in die vorstaatliche Zeit; sie hat damit die Gestalt einer Erinnerung an eben diese Zeit. Ob dieser Erinnerung ein reales historisches Geschehen entspricht, ist keine Fragestellung der Traditionsgeschichte. Allerdings läßt sich fragen, wie weit diese Erinnerung eigentlich zurückreicht und seit wann sie sich im Weltwissen von Menschen, d. h. zunächst der Israeliten der alttestamentlichen Zeit, als geprägte Vorstellung etabliert hat.

Wir vermuten, daß die Anfänge der Exodustradition nicht (wie es die Tradition als Erzählung voraussetzt) in einem einzelnen geschichtlichen Urereignis liegen, sondern in einer Mehrzahl von Erfahrungen im Zusammenhang mit der Großmacht Ägypten im 2. Jh. v. Chr. Alle wesentlichen Elemente und Figuren der Exodustradition sind aus und in dieser Zeit bekannt und durchaus auch schriftlich dokumentiert: die Einwanderung von Nomaden ins ägyptische Kulturland, die Zwangsarbeit von ausländischen »Hebräern« (im soziologischen, nicht im ethnischen Sinn zu verstehen!), die Flucht solcher Zwangsarbeiter, die Vertreibung von ausländischen Bevölkerungsteilen, der Aufstieg einzelner Ausländer in den Umkreis des königlichen Machtzentrums (Mose!).

Die Traditionsbildung kann man sich in etwa so vorstellen: Alle diese Elemente werden zu einer geprägten Vorstellung verdichtet. Sie bekommen ihren Zusammenhang dadurch, daß in allen JHWH der Hauptakteur ist.[10] Dementsprechend wird JHWH in Kurzformeln wie der »Gott von Ägypten her« (Hos 13,4) oder auch der »Gott, der dich aus Ägyptenland, aus der Knechtschaft, geführt hat« (Ex 20,2) prädiziert.

Die Geschichte dieser Tradition ist die Geschichte ihrer Realisierungen, Aktualisierungen und Interpretation in je bestimmten Texten des Alten Testaments an be-

---

9. Lit.: P. WEIMAR/E. ZENGER, Exodus. Geschichten und Geschichte zur Befreiung Israels, SBS 75 (1975), bes. 139-166: Erinnerungen an den Exodus. Vgl. auch J. SCHARBERT, Das Schilfmeerwunder in den Texten des Alten Testaments, in: A. Caquot/M. Delcor (ed.), Melanges bibliques et orientaux en l'honneur de Henri Cazelles, AOAT 212, Kevelaer/Neukirchen-Vluyn 1981, 395-417; W. ZIMMERLI, Der ›neue Exodus‹ in der Verkündigung der beiden großen Exilspropheten, jetzt in: ThB 19 (1963), 192-204; S. HERRMANN, Exodusmotiv I, TRE 37; H. D. PREUSS, Theologie des Alten Testaments I, Stuttgart 1991, 43-54; 106-11.

10. Vgl. H. UTZSCHNEIDER, Gottes langer Atem. Die Exoduserzählung (Ex 1-14) in ästhetischer und historischer Sicht, Stuttgart 1996, 77ff.

stimmten Orten oder in bestimmten Epochen der Geschichte Israels. Wir stellen diese Aktualisierungsgeschichte an ausgewählten Einzelbeispielen dar:

(1) Als einer der ältesten Texte, die die Exodustradition aktualisieren, gilt vielen Exegeten das sogenannte Mirjamlied in Ex 15,20 f.:

Da nahm Mirjam, die Prophetin, Aarons Schwester, eine Pauke in ihre Hand, und alle Frauen folgten ihr nach mit Pauken im Reigen. Und Mirjam sang ihnen vor:
»Laßt uns dem JHWH singen,
denn er hat eine herrliche Tat getan,
Roß und Mann hat er ins Meer gestürzt.«

Der kurze Text ist mit der Schilfmeererzählung verbunden und feiert die Vernichtung der Ägypter im Meer als Sieg JHWHs. Das Mirjamlied kann aus der Davidszeit heraus verstanden werden. In diesem geschichtlichen Kontext gelesen, wendet es sich gegen die selbstherrliche Machtausübung durch David, der gerne als der Bezwinger der Philister dargestellt wird. Ein Indiz für diese Deutung ist, daß die Frauen Israels David als Sieger über die Philister feiern (I Sam 18,6 f.), und zwar in einer Szenerie, die der in Ex 15,20 erzählten durchaus ähnlich ist. Während jedoch Ex 15,21 das siegreiche Handeln JHWHs betont, ist in I Sam 18,6.7 David der Held und Sieger:[11]

Es begab sich aber, als David zurückkam vom Sieg über die Philister, daß die Frauen aus allen Städten Israels herausgingen mit Gesang und Reigen dem König Saul entgegen unter Jauchzen, mit Pauken und mit Zimbeln. Und die Frauen sangen im Reigen und sprachen:
»Saul hat tausend erschlagen,
aber David zehntausend.«

(2) Nur wenig später, in der ausgehenden Salomozeit, hat die Exodustradition wiederum eine Rolle gespielt, und zwar zunächst in kritischer Wendung gegen die Fronarbeit unter Salomo. Diese »innerisraelitische« Fronherrschaft wird etwa in I Kön 9,15 ff. ganz ähnlich beschrieben wie in Ex 5,6 ff. die ägyptische Knechtschaft. Geradezu revolutionäre Sprengkraft hat man der Exodustradition dann im Zusammenhang mit der Teilung des davidisch-salomonischen Großreiches in Nord- und Südreich zugetraut. Auch die Erzählung dieses einschneidenden Ereignisses in I Kön 12 hebt immer wieder auf die überzogene Fron unter Salomo und seinem Nachfolger ab. Nicht zu vergessen ist in diesem Zusammenhang, daß sich auch der Reichskult des Nordreiches auf die Exodustheologie stützt (I Kön 12,28: »... siehe, da ist dein Gott, Israel, der dich aus Ägyptenland geführt hat«). Anspielend auf die damit verbundenen Stierbilder brandmarkt dann die Erzählung vom »Goldenen Kalb« (Ex 32,1-6) diesen Kult als illegitim.

(3) Im Hoseabuch, dessen Prophet als eine Gestalt des 8. Jh.s dargestellt ist, spielt die Exodustradition vor allem im Zusammenhang mit der Landgabe eine Rolle. Der Verlust des Landes in der assyrischen Invasion ist eine Folge des Fehlverhaltens Israels und wird als Rücknahme der durch den Exodus eingeleiteten Landgabe verstanden (Hos 9,3; 11,5). Eine Erneuerung des gestörten Verhältnisses zwischen JHWH und Israel ist nur über Ägypten (Hos 11,11), einen neuen Wüstenaufenthalt und eine neue Landnahme möglich (Hos 2,16). Dabei ist der Rekurs auf die Exodustradition in einem theologisch-metaphorischen Sinne zu hören: das durch die

---

11. So P. Weimar/E. Zenger, Exodus, 82ff.

§ 6 Traditionskritik und -geschichte

Sünde fundamental gestörte Gottesverhältnis bedarf einer Neubegründung, die
ebenso fundamental ist wie die erste, durch den Exodus eingeleitete Landgabe.[12]
(4) Die ausgeführte Exoduserzählung – etwa in dem Wortlaut, in dem sie heute in Ex
1-14(15) vorliegt – ist u. E. eine Realisierung und Interpretation der Exodustradition
auf dem Hintergrund der Erfahrungen, die Israel und Juda mit der assyrischen und
babylonischen Hegemonie im 7. und 6. Jh. gemacht haben. In diesem großen geschichtlichen Kontext lehrt die Erzählung, in der Unterdrückung auf den »langen
Atem Gottes und seinen Willen, die Befreiung herbeizuführen«[13] zu vertrauen.
(5) In der darauf folgenden exilisch-nachexilischen Zeit wird die Exodustradition zunächst bei den großen Propheten Ezechiel und Deuterojesaja (s. u., Beispiel 7) greifbar.
Nach Ez 20 begründet Ezechiel in einer Rede den Ältesten der Judäer im Babylonischen Exil, weshalb er ihnen auf ihr Bitten um ein (gnädiges) Gotteswort nicht
antworten wird. Dazu stellt er die Geschichte Israels in einem großen Entwurf dar.
Beginnend in Ägypten mit dem Exodus (V. 5-10), fortgesetzt über die Wüstenwan-
derung (11-17/18-26) bis in die Zeit des Wohnens im Lande (27-29) hinein ist diese
Geschichte eine solche des immer neuen Abfalls Israels von JHWH. Nur mit
Rücksicht auf den »heiligen Namen«(gewissermaßen: den »guten Ruf«) JHWHs
bei den »Heidenvölkern«, führt diese Geschichte nicht schon in ihrer ersten Periode
– also nachdem sie noch kaum begonnen hat – wieder an ihr Ende:
Ez 20,5-9 (Lutherübersetzung)
(5) So spricht Gott der HERR:
»Zu der Zeit, als ich Israel erwählte,
erhob ich meine Hand zum Schwur für das Geschlecht des Hauses Jakob
und gab mich ihnen zu erkennen in Ägyptenland.
Ja, ich erhob meine Hand für sie und schwor:
Ich bin der HERR, euer Gott.
(6) Ich erhob zur selben Zeit meine Hand zum Schwur,
daß ich sie führen würde (יצא Hi.) aus Ägyptenland in ein Land,
das ich für sie ausersehen hatte,
das von Milch und Honig fließt,
ein edles Land vor allen Ländern,
(7) und sprach zu ihnen:
Ein jeder werfe weg die Greuelbilder vor seinen Augen,
und macht euch nicht unrein mit den Götzen Ägyptens;
denn ich bin der HERR, euer Gott.
(8) Sie aber waren mir ungehorsam
und wollten mir nicht gehorchen,
und keiner von ihnen warf die Greuelbilder vor seinen Augen weg,
und sie verließen die Götzen Ägyptens nicht.
Da dachte ich, meinen Grimm über sie auszuschütten
und meinen ganzen Zorn an ihnen auszulassen noch in Ägyptenland.
(9) Aber ich unterließ es um meines Namens willen,

---

12. Vgl. dazu H. Utzschneider, Hosea, Prophet vor dem Ende. Zum Verhältnis von Geschichte und Institution in der alttestamentlichen Prophetie, OBO 31, Fribourg/Göt-
tingen 1981, 172 ff.
13. H. Utzschneider, Atem, 112.

§ 6 Traditionskritik und -geschichte

damit er nicht entheiligt würde vor den Heiden,
unter denen sie waren
und vor deren Augen ich mich ihnen zu erkennen gegeben hatte,
daß ich sie aus Ägyptenland führen wollte.«

Diese Realisierung und Interpretation der Exodustradition ist transparent auf das Geschick Israel-Judas in der Exilszeit nach dem Ende Jerusalems und des Staates Juda. Sie kann gehört werden als eine reine Gerichtsrede: *Jetzt* gibt es kein heilvolles Gotteswort und damit keine Rücknahme des Gerichts mehr, wie sie in der Vorzeit immer wieder möglich war. Die Rede läßt aber auch eine Heilsperspektive zu, wie sie in der wohl später angefügten Fortsetzung (V. 32-38) ebenfalls in Worten der Exodustradition angedeutet wird:
(Ez 20,34) ... ich will euch aus den Völkern herausführen und aus den Ländern, in die ihr zerstreut worden seid, sammeln mit starker Hand, mit ausgestrecktem Arm und mit ausgeschüttetem Grimm (35) und will euch in die Wüste der Völker bringen und dort mit euch ins Gericht gehen von Angesicht zu Angesicht ...
Im Gefolge dieses zweiten Exodus führt JHWH hier ein Gericht über die Ausgezogenen herbei, in dem die abtrünnigen Israeliten vom (getreuen) »Haus Israels« ausgesondert werden. Nur die letzteren werden wieder ins Land Israel, insbesondere auf JHWHs »heiligen Berg« gelangen. Bemerkenswert an der Ezechiel-Version der Exodustradition ist vor allem ihre Verbindung mit JHWHs Unheils- und Gerichtshandeln. Dies ist in mancher Hinsicht ein Gegenentwurf gegen die Version der Exodustradition nach der Erzählung von Ex 1-14. Nur in einem kommen die beiden Versionen überein: Im Exodus hat JHWH die Initiative – sei es zum Heil, sei es zum Gericht am Volk.

(6) In der weiteren Literatur- und Theologiegeschichte Israels in alttestamentlicher und nach-alttestamentlicher Zeit ist die Exodustradition noch vielfach aktualisiert und neu bedacht worden. Für das Jesajabuch sei – neben Deuterojesaja (vgl. unten) – verwiesen auf Jes 11,11 ff. und Jes 63,12-14. In der hellenistischen Zeit und schon außerhalb der hebräischen Bibel sind u. a. der Judithroman, die Schrift »Weisheit Salomonis« 11-19 oder das dramatische Fragment »Ezechiel der Tragiker« (JSHRZ IV,3; vgl. oben §1 – 4.1.6) zu nennen.

2.2.2 Traditionsgeschichte und Einzeltext

Die auf einen Einzeltext bezogene und fokussierte Traditionsgeschichte (dies ist der »Normalfall« der Traditionsgeschichte in den Exegesen im Theologiestudium und auch in der beruflichen Praxis) hat vor allem die folgenden Aspekte:
1. Sie nimmt alle in der Traditionskritik am Text identifizierten Traditionen auf.
2. Sie fragt danach, welche Funktion die aufgenommenen Traditionen im

Argumentationszusammenhang und in der Kommunikationssituation des Textes haben.

Beispiel 7: Exodus und Schöpfung in Jes 43,(14f.)16-21[14]:

Bei den deuterojesajanischen Texten haben wir es in der Regel mit einer besonders komplexen Kombination von verschiedenen Traditionen zu tun. Dieser kreativ-spielerischen theologischen Arbeit ist die Traditionsgeschichte auf der Spur. Nur durch die sorgfältige Analyse wird der ganze Reichtum des Textes sichtbar – eine Fülle, die aus dem Versuch entstand, die völlig neue Situation für Israel nach der politisch-historischen Wende durch die Erfolge des Perserkönigs Kyros auf der Basis der Tradition theologisch zu deuten. Nicht nur Jes 43, aber dieses Kapitel besonders, bringt den Anbruch dieses Neuen zur Sprache.

Jes 43,14-21 (Übersetzung K. Baltzer):
(14) So spricht JHWH, euer Erlöser, der Heilige Israels:
»Um euretwillen habe ich (ihn) nach Babel geschickt
und werde alle Riegel herabstoßen,
und zur Klage wird der Jubel der Chaldäer.
(15) Ich bin JHWH, euer Heiliger,
der Schöpfer Israels, euer König.«
(16) So spricht JHWH,
der ins Meer einen Weg legt und in starken Wassern Bahn macht,
(17) der ausziehen läßt Wagen und Rosse, Heer und Macht zusammen
– da liegen sie, können nicht mehr aufstehen.
sind verloschen, wie ein Docht verglommen –:
»(18) Denkt nicht an die früheren (Ereignisse),
und die vorzeitigen beachtet nicht!
(19) Seht, ich mache etwas Neues!
Jetzt sproßt es – merkt ihr es nicht?
Ja, ich lege in die Wüste einen Weg,
in die Einöde Ströme.
(20) Die Tiere des Feldes werden mich ehren,
Schakale und Straußen-Hennen,
weil ich Wasser in die Wüste gebracht habe,
Ströme in die Einöde, um mein erwähltes Volk zu tränken.
(21) Das Volk da, das ich mir gebildet habe,
meinen Ruhm werden sie erzählen.«

Bevor wir auf die eigenwillige Aufnahme der Exodustradition eingehen können, müssen die anderen geprägten Vorstellungen, die der Text aufnimmt und verarbeitet, kurz identifiziert werden.

(1) JHWH als »Erlöser«
Die Bezeichnung JHWHs als des »Erlösers« (גאל) Israels nimmt eine Vorstellung aus dem Wirtschafts- und Sozialleben des Alten Israel auf. »(Er-)Löser« ist nach Lev 25,25ff., Jer 32,6f. und auch nach Rut 4 für einen Israeliten ein naher Verwandter, der

---

14. Vgl. zu Übersetzung und Auslegung K. Baltzer, Deutero-Jesaja, KAT X,2, Gütersloh 1999, 224ff.

§ 6 Traditionskritik und -geschichte

ihm seinen Grundbesitz nach einer gewissen Frist zurückkauft, wenn er diesen durch Schuldknechtschaft verloren hat. Jes 43,14 (vgl. u.a. auch 41,14; 43,1; 47,4 48,17 u.ö.) überträgt diese Funktion auf das Verhältnis JHWHs zum Volk Israel, das aus seiner Schuldverfallenheit und aus der Gefangenschaft erlöst wird (so wie im Neuen Testament Jesus als Erlöser der Menschen aus dem Todesleib bezeichnet werden kann; Röm 7,24). Man kann diese Tradition, insofern sie soziale Vorstellungen auf Gott und das Gottesverhältnis überträgt, auch ein »Soziomorphem« (vgl. den Begriff »anthropomorph«) nennen.

(2) JHWH als König

Ein solches traditionelles Soziomorphem liegt im Grunde auch in der Vorstellung von Gott als dem König[15] der Welt und Israels (Jes 43,15; vgl. 44,6; 52,7) vor. Es ist weit über Israel hinaus verbreitet und in der altorientalischen Vorstellung vom Götterkönig inmitten der Versammlung der Götter bzw. seines Hofstaates belegt. Wahrscheinlich hat Israel diese Vorstellung nicht selbst entwickelt, sondern aus der kanaanäischen Religion übernommen. Die Szenerie des Hofstaates Gottes ist in Jes 6,1-5, wahrscheinlich einem der ältesten alttestamentlichen Belege des Königtums Gottes, deutlich erkennbar. Jes 6 hebt auch ausdrücklich auf das (Zions-)Heiligtum als Palast Gottes ab; dabei sind irdischer Tempel und himmlischer Palast ineinandergesehen: Der Tempel befindet sich auf Erden, da JHWH aber in ihm wohnt, ist er zugleich im Himmel. Für die Rekonstruktion solcher und anderer religionsgeschichtlicher Traditionen sind ikonographische Quellen von unschätzbarem Wert.

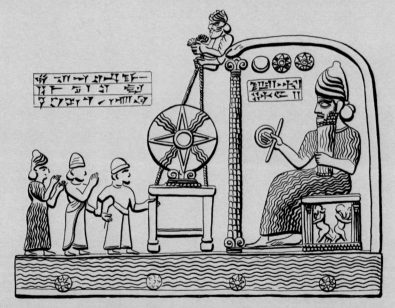

Jahwe ist in seinem heiligen Palast, der Thron Jahwes ist im Himmel, in: O. KEEL, Die Welt der altorientalischen Bildsymbolik und das Alte Testament. Am Beispiel der Psalmen, Göttingen 1996, 153, Abb. 239.

15. W. H. SCHMIDT, Alttestamentlicher Glaube, 204-12.

Deuterojesaja verbindet seine Adaption der JHWH-Königstradition auch mit einem bestimmten, besonders in den Psalmen anzutreffenden Motiv der Thronbesteigung JHWHs (vgl. Ps 93; Ps 95-99).

(3) JHWH als der »Heilige«
Ein geprägtes Motiv, das ebenfalls aus der religiösen Sprache der kanaanäischen Nachbarvölker Israels stammt, ist die Bezeichnung JHWHs als des »Heiligen« (Jes 43,14 f.; 45,11; 47,4; 48,17; 49,7 u. ö.; vgl. Ex 15,11; Lev 17-26).
Werden die bisher genannten Traditionen als Gottesprädikationen und weitgehend in ihrem herkömmlichen Sinn und Zusammenhang gebraucht, so ist eine weitere Tradition in unserem Text inhaltlich modifiziert und argumentativ (und damit in gewisser Weise verfremdet gebraucht).

(4) JHWH als (Neu-)Schöpfer
JHWH wird als »Schöpfer Israels« בּוֹרֵא יִשְׂרָאֵל, (43,15; vgl. 43,1.7) bezeichnet, der sein Volk gebildet (יֹצֵר, 43,21, vgl. Jes 44,2) hat. Sowohl bei Deuterojesaja (vgl. 40,26 ff.; 41,20; 45,7; 45,18) wie außerhalb dieses Buches (Gen 1,21.27; 2,4; 5,1 f.; 6,7; Am 4,13; Ez 28,13; Ps 104,30) wird ברא (»schaffen«) als Terminus für die traditionelle Vorstellung über die Erschaffung von Welt und Menschen gebraucht. Bei Deuterojesaja wird dieser Begriff und mit ihm die Schöpfungsvorstellung aber auch auf das Volk Israel angewandt, und zwar nicht in einem vorzeitlich-vergangenheitlichen, sondern in einem gegenwärtigen Sinn. Die Schöpfung Israels findet jetzt, in dieser geschichtlichen Stunde, statt. Gegenüber dem herkömmlichen und üblichen Verständnis der Schöpfungstradition ist dies zweifellos ein neuer und in gewisser Weise verfremdeter Gebrauch, der die fundamentale Bedeutung des damit bezeichneten Geschehens hervorhebt. Was jetzt geschieht, ist so grundlegend wie eine (neue) Schöpfung.[16]

(5) Die Exodustradition in der Ausprägung Deuterojesajas
Auch die Adaption der Exodustradition ist im vorliegenden Text keine bloße Aufnahme schon bekannter Ausformulierungen der Tradition.
Jes 43,18 f. mit seiner betonten Gegenüberstellung von »früher« und »jetzt« macht deutlich, daß das Geschehen, auf das Deuterojesaja hinweisen will, mit dem »Denkmodell« des alten Exodus nur noch teilweise zu erfassen ist. Wenn es ein Exodus ist, was Israel jetzt erlebt, dann ist es ein neuer, anderer Exodus. Worin besteht das Neue des neuen Exodus?
(a) Zunächst ist die Tradition gar nicht so leicht zu identifizieren. Den ersten Hinweis auf ein Erzählmotiv der Exodustradition gibt die Vorstellung des Weges ins Meer (Jes 43,16 – Ex 14,22).
(b) Jes 43,19 f. bringt ein weiteres mit der Exodustradition verbindbares Erzählmotiv ein: den »Weg in der Wüste«, den die Israeliten einst nach dem Durchzug durchs Meer geführt wurden. Dieser Weg war »früher« (Jes 43,18!) mit Hindernissen verstellt, u. a. durch die Gefahr des Verdurstens (Ex 15,22 ff.; 17,1-7). »Jetzt« ist der Wüstenweg durch Ströme von Wasser gesäumt (19 f.), so daß das Volk – und mit ihm das freudig erstaunte Wüstentier – jederzeit zu trinken hat (20).
(c) Das Leitwort »herausziehen lassen« (Jes 43,17) dagegen wird bei Deuterojesaja schon nicht mehr in der zu erwartenden Weise gebraucht; es ist nämlich nicht in

---

16. Vgl. auch R. RENDTORFF, Die theologische Stellung des Schöpfungsglaubens bei Deuterojesaja (1954), Ges. Studien, ThB 57, 209-219.

§ 6 Traditionskritik und -geschichte

Bezug auf Israel gesagt, sondern auf ein feindliches Heer. In der idealtypischen Normalgestalt der Tradition wäre dies das Heer der Ägypter (Ex 14,5 ff.). Wie dieses liegt ja auch das Heer unseres Textes geschlagen darnieder. An welches Heer aber denkt Deuterojesaja hier?

Dazu ist nun der historische Ort der Aussage Deuterojesajas mit in Betracht zu ziehen. Deuterojesaja adaptiert die Tradition, um das Ende der babylonischen Gefangenschaft auszusagen. Der Zwangsaufhalt der aus dem zerstörten Jerusalem nach Babylon Deportierten wurde durch die Einnahme dieser Stadt durch den Perserkönig Kyros im Jahre 539 beendet. K. BALTZER hat wahrscheinlich gemacht, daß Deuterojesaja den Sieg des Perserkönigs Kyros über die Babylonier für (so gut wie) errungen hält und eben dies in Jes 43 zum Ausdruck bringt. Es ist also das babylonische Heer, das er in Jes 43,17 schon vor dem Auszug der Deportierten besiegt darniederliegen sieht:[17] Ein Krieg mit diesem Heer ist also überflüssig.

So muß der Aufbruch aus der babylonischen Gefangenschaft nicht in Hast wie einst in Ägypten (Ex 12,33), sondern kann in ruhiger Feierlichkeit vor sich gehen (Jes 52,11 f.). Der Weg zurück wird nicht voller Gefahren sein wie nach dem ersten Exodus, sondern ein Triumphzug (Jes 52,7 f.) durch eine bewässerte Wüste (Jes 43,20). Berücksichtigt man nun die kunstvolle Verschränkung der verschiedenen Traditionen und Motive, dann wird deutlich, wie Deuterojesaja versucht hat, mit der Sprache der alten Tradition das völlig Neue auszusagen: JHWH, der Schöpfer des Himmels und der Erde am Anfang der Zeit ist zugleich der Herr der Geschichte, die er mit seiner fortwährenden Schöpfermacht selbst gestaltet. So wiederholt sich nicht einfach Früheres, sondern es wird überboten: Aus der Flucht wird eine Prozession zum Heiligtum, ja zum Heiligen selbst; aus dem Auszug des Volkes aus dem Haus der Knechtschaft wird der Einzug in die Stadt, in der der Heilige als König mit eben jener Prozession den Thron besteigt; ein König, der die Befreiung erwirkt wie der Verwandte, der die alte Schuld »auslöst«.

Gerade im Vergleich zur oben (Beispiel 6) analysierten, beinahe zeitgleichen Reformulierung der Exodustradition im Ezechielbuch gewinnt die Intention dieser Interpretation durch Dtjes noch mehr Profil: Ist der Exodus in Ez 20 voller Gerichtsgedanken und nur für einen Teil der deportierten Israeliten hoffnungsvoll, so ist er hier ohne Einschränkung freudig und hoffnungsvoll. Es ist ein Geschehen, das nicht nur das Gottesvolk ergreift, sondern selbst so spröde Wüstenwesen wie Schakale und Straußen (43,20) in den Jubel einstimmen läßt. Solcher Umgang mit Traditionen hat poetische und theologische Kraft.

---

17. K. BALTZER, Deutero-Jesaja, 229f.

3. Anwendung

3.1 Begrifflichkeit

Traditionen:	Geprägte Vorstellungen, die Teil des alltäglichen Wissens oder der kollektiven Erinnerung einer Gruppe, eines Volkes oder einer Kultur sind (z. B. »Zion«, »Exodus«, »Königtum JHWHs«).
Motive:	Kleinere Themen und Erzählelemente, die als Bausteine für Traditionen dienen können (z. B. das Schilfmeermotiv als Teil der Exodustradition).
Trägergruppen:	Größere oder kleinere Gruppen, die Traditionen »pflegen«, weitergeben und argumentativ einsetzen, um damit ihren Interessen, Identitäten oder Sichtweisen Ausdruck zu verleihen (z. B. waren in der Exils- und Nachexilszeit die Propheten und die prophetischen Schriftsteller Trägergruppen der Exodustradition).
Traditionskritik:	Untersuchung eines einzelnen Textes auf die in ihm erscheinenden und/oder vorausgesetzten geprägten Vorstellungen aufgrund von Leitworten, Wortfeldern, Formeln, Themenfolgen und Erzählmotiven.
Traditionsgeschichte:	Einerseits: die Geschichte einer geprägten Vorstellung in alttestamentlicher Zeit, ggf. auch darüber hinaus (in welchen Texten und in welcher Gestalt ist die jeweilige Tradition belegt?).
	Andererseits: die Traditionsgestalten (auch die verfremdeten!) in einem einzelnen Text sowie deren Aussageintention an bestimmten »Historischen Orten«.

3.2 Arbeitsschritte

Text, bish. Arbeit	(1)	Analyse des Textes im Blick auf Leitworte, Wortfelder, Formeln, Erzählmotive, die auf geprägte Vorstellungen verweisen könnten (Ergebnisse aus der Textanalyse, Tiefenstruktur §4 – 2.2.1 und 2.2.3 bündeln).
Konkordanzen	(2)	Identifikation der Tradition(en) und/oder Motive an Vergleichstexten mit ähnlichen Leitworten aufgrund von Konkordanzarbeit; ggf. Indizien auf die Trägergruppen sammeln.
Literatur	(3)	Sichtung der Literatur (theologische Wörterbücher, Lexika),

die die Beobachtungen am Ausgangstext traditionskritisch erläutert.

(4) Aufgrund von (2) und (3): kurze Beschreibung des »Idealtypus« der Tradition/des Motivs.

→ **Traditionskritik**

Führen die Schritte 1-2 (und 3) zu Ergebnissen, so folgt:

Literatur (5) (Wenn der dafür nötige Arbeitsaufwand sinnvoll und zu leisten ist:) Überblick über die Geschichte der erarbeiteten Traditionen.

→ **(Geschichte der Traditionen)**

Text und Literatur (6) Traditionen des Einzeltextes in ihrem Verhältnis zueinander und zum historischen Ort des Textes: die Tradition/das Motiv als »Denk- und Kommunikationsmodell«.

→ **Traditionsgeschichte**

3.3 Arbeitsfragen

(Stellen Sie alle Fragen immer auch im Blick auf Motive!)

Zu (1-4): Traditionskritik

- Welche Ergebnisse in bezug auf die Themen des Textes brachte die Textanalyse?
  - Welche Wortfelder finden sich Text?
  - Welche Leitworte finden sich im Text?
  - Gibt es zentrale Begriffe, die im Text eine wichtige Rolle spielen, auch wenn sie sich weder einem Wortfeld zuordnen lassen noch mehrmals vorkommen?
  - Werden Institutionen und Gruppen im Text direkt oder indirekt benannt (Hinweise auf Trägergruppen)?
- Lassen sich die Leitworte und Themen des Einzeltextes durch Vergleichstexte als »geprägt« wahrscheinlich machen oder erweisen (Konkordanz!)?
- Welche Hinweise bietet die Sekundärliteratur im Blick auf diese Ergebnisse?
  - Gibt es Übereinstimmungen zwischen in der Literatur beschriebenen Traditionen und Motiven und den Ergebnissen der Textanalyse?
- Läßt sich »die geprägte Vorstellung« aufgrund des Ausgangstextes und der Vergleichstexte »idealtypisch« beschreiben?
  - Welche Begriffe gehören zum Wortfeld des »Idealtypus« der Tradition?
  - Welche Leitworte gehören zum »Idealtypus« der Tradition?
  - Aus welcher »Sprachwelt« stammen die Begriffe und Leitworte?
  - Aus der Welt der Politik?

- Aus der Welt des Kultes?
- Aus der Welt der Familie/der Sippe?
- Aus der Welt der Weisheit?
- Gibt es Hinweise auf die Trägergruppe?

(Wenn nein, dann ist die Untersuchung hier zu Ende, wenn ja, dann folgt die Traditionsgeschichte:)

Zu (5 – 6) Traditionsgeschichte

- Wie läßt sich die Geschichte der Tradition beschreiben?
  - Was kann ich aus eigener Bibelkenntnis dazu beitragen?
  - Was kann ich aus der Sekundärliteratur entnehmen?
  - Hat die Tradition eine Geschichte über die alttestamentliche Zeit hinaus?

  (Diese Arbeitsschritte können ausführlich nur in Spezialuntersuchungen ausgeführt werden; es ist aber in jedem Fall lohnend, darüber nachzudenken.)
- Wie verhält sich die Tradition in der Gestalt des Einzeltextes zu ihrer idealtypischen Gestalt?
  - Gibt es eine Ausprägung der Tradition in ihrer Geschichte, die sich mit Ihren Beobachtungen am Einzeltext ganz oder teilweise deckt?
  - Welche Beobachtungen am Text haben zwar mit dem Inhalt der Tradition zu tun, lassen sich aber nicht in Deckung bringen mit der Idealgestalt (»Überschüsse«)?
  - Welche Teile der Tradition lassen sich nicht am Text beobachten (»Defizite«)?
  - Welche Schlußfolgerungen für das Aussageprofil des Textes lassen sich aus den entsprechenden Beobachtungen ziehen?
- Welche Traditionen sind im Text miteinander kombiniert?
  - Gibt es Traditionen, die zwar prinzipiell positiv besetzt sind, aber im Text als negativ gezeichnet werden – oder umgekehrt?
  - Welche Schlußfolgerungen für das Aussageprofil des Textes lassen sich aus entsprechenden Beobachtungen ziehen?
- In welchem historischen Kontext und in welcher Absicht wird die Tradition im Text verwendet?
  - Als Argument?
  - Zur Abgrenzung der im Text entfalteten Position?
  - Als abzuwehrende Vorstellung?
  - Als positive Beschreibung eines Zieles im Vergleich mit der vorfindlichen Wirklichkeit?
- Welche Erfahrungen oder Erwartungen sollen mit der Tradition als »Denkmodell« beschrieben und gedeutet werden?

§ 6 Traditionskritik und -geschichte

- Gibt es andere Traditionen, die denselben Sachverhalt anders zur Sprache bringen?
- Welchem soziokulturellen Bereich und/oder welcher Trägergruppe sind Tradition und Text besonders verbunden?

§7 Die Geschichte des Textes

> PRO CAPTU LECTORIS HABENT SUA FATA LIBELLI
> Ganz wie der Leser sie aufnimmt,
> so haben ihre Schicksale die Büchlein
> (Terentianus Maurus,
> De litteris, syllabis et metris, V. 258)

1. Theorie

Literatur:
D. CARR, Reading the Fractures of Genesis. Historical and Literary Approaches, Louisville 1996
C. HARDMEIER, Texttheorie und biblische Exegese. Zur rhetorischen Funktion der Trauermetaphorik in der Prophetie, BevTh, München 1978
J. G. HERDER, Briefe, das Studium der Theologie betreffend, in: J. G. Herder, Theologische Schriften, hg. von C. Bultmann/T. Zippert, J. G. Herder, Werke in zehn Bänden, Bd. 9,1, Frankfurt a. M. 1994, 139-607
H. J. KRAUS, Geschichte der historisch-kritischen Erforschung des Alten Testaments, Neukirchen-Vluyn 1982
H. H. RÖHRING, Wie ein Buch entsteht. Einführung in den modernen Buchverlag, Darmstadt ⁵1992
H. SCHWEIZER, Literarkritik, ThQ 168 (1989), 23-43
B. DE SPINOZA, Theologisch-politischer Traktat, hg. von Günter Gawlik, Philosophische Bibliothek, Hamburg 1984
O. H. STECK, Exegese des Alten Testaments (siehe §1 – 4.2.1)
H. UTZSCHNEIDER, Die Renaissance der alttestamentlichen Literaturwissenschaft und das Buch Exodus, ZAW 106 (1994), 197-223

1.1 Die Fragestellung »Geschichte des Textes«

Es gehört zu den gesicherten Grundannahmen der modernen wissenschaftlichen Auslegung des Alten Testaments, daß dieses selbst sowie die meisten seiner Teiltexte einen mehr oder minder langen und komplizierten Werdegang durchlaufen haben, bevor sie jene Gestalt erlangten, in der sie in der Biblia Hebraica heute vorliegen. Dieser Werdegang wird hier »Geschichte des Textes« genannt. Damit sind alle Stadien und Stationen dieser Geschichte gemeint, gleichgültig, ob sie sich im Medium der »Mündlichkeit« oder dem der »Schriftlichkeit« zugetragen haben. Es sollen dabei auch die in dieser Geschichte wirksamen literarischen und außerliterarischen Voraussetzungen und Einflüsse in den Blick kommen (bisweilen werden wir die literarischen Einflüsse »Kotexte«, bzw. »Intertexte« und die nicht-literarischen Voraussetzungen »Kontexte« nennen).

Die an der »Geschichte des Textes« interessierte Auslegung rekonstruiert diese Vorgänge für jeweils einen bestimmten Textabschnitt von seinen ersten Vorstufen bis zu jener Textgestalt, die wir in §3 – 1.1 als »Endtext« beschrieben haben und die meist mit dem überlieferten Konsonantentext der vorliegenden »Hebräischen Bibel« übereinstimmt.

Der folgende Abschnitt ist der Theorie der »Geschichte des Textes« gewidmet. Darin wollen wir zunächst der Frage nachgehen, worin eigentlich das überragende Interesse der neuzeitlichen Bibelwissenschaft an der Geschichte der biblischen Texte begründet ist. Dabei sollen auch einige der Schwierigkeiten und Probleme zur Sprache kommen, die mit diesem Interesse verbunden sind (1.2).

Dann wollen wir eine modellhafte Rahmenvorstellung der Geschichte biblischer Texte entwickeln, und zwar im Gegenüber zur Entstehungsgeschichte eines modernen Buches, so daß die Besonderheiten der alttestamentlichen Texte und ihrer Entstehung deutlich werden. Zugleich soll mit diesen Rahmenmodellen signalisiert werden, daß die Denk- und Arbeitsweise im Arbeitsbereich der »Geschichte des Textes« wesentlich an Modellvorstellungen der Exegesierenden gebunden ist. Sie bringen ihre Vorstellungen von einem formal und inhaltlich stimmigen Text ein und orientieren sich an Grundmustern (»Referenzrahmen«) der Geschichte des alten Israel und seiner Literatur (vgl. 1.3 sowie 2.3.1 – Beschreibungen literargeschichtlicher Modelle). Am Ende dieses Theorieabschnittes soll ein begründeter Entwurf für eine Methodik der »Geschichte alttestamentlicher Texte« stehen (1.4).

1.2 Neuzeitliche Interessen an der »Geschichte des Textes«, ihre Voraussetzungen und Probleme

Die moderne »historisch-kritische« Erforschung der Bibel ist, wie schon angesprochen (vgl. §1 – 2), aus der europäischen Aufklärung hervorgegangen und hat sich an der Wende vom 18. zum 19. Jahrhundert zu entfalten begonnen. Schon etwa 100 Jahre vorher allerdings wurde das Programm der historischen Kritik in klassischer Weise formuliert, und zwar durch den jüdisch-holländischen Gelehrten Baruch de Spinoza (1632-1677) in seiner Schrift »Tractatus theologico-politicus« von 1670, genauer: in deren 7. Ka-

pitel »Von der Auslegung der Schrift«. Spinoza wendet sich hier gegen die Theologen, »die meistens darauf bedacht gewesen sind, ihre Erfindungen und Einfälle aus der Heiligen Schrift herauszupressen und sie auf göttliche Autorität zu stützen ...«[1]. Dagegen setzt er den Anspruch, »den Geist von theologischen Vorurteilen zu befreien« und entwickelt die Umrisse einer »wahre(n) Methode der Schrifterklärung«: »Wie die Methode der Naturerklärung ... darin besteht, eine Naturgeschichte zusammenzustellen, aus der man dann als sichere Daten die Definition der Naturdinge ableitet, ebenso ist es zur Schrifterklärung nötig, eine getreue Geschichte der Schrift auszuarbeiten, um daraus als aus den sicheren Daten und Prinzipien den Sinn der Verfasser der Schrift in richtiger Folgerung abzuleiten.«[2] Dazu müsse man auf die »Natur und Eigentümlichkeiten der Sprache eingehen, in der die Bücher der Schrift geschrieben sind und deren sich ihre Verfasser zu bedienen pflegten«. Vor allem aber sei es nötig »über die Schicksale sämtlicher prophetischer[3] Bücher Auskunft (zu) geben, soweit wir noch davon wissen können, also über das Leben, die Sitten und die Interessen des Verfassers der einzelnen Bücher, wer er gewesen ist, bei welcher Gelegenheit, zu welcher Zeit, für wen und schließlich in welcher Sprache er geschrieben hat; dann über das Schicksal jedes einzelnen Buches, nämlich wie man es zuerst erhalten hat und in welche Hände es gekommen ist, ferner, welche Lesarten es davon gibt und durch wessen Beschluß es unter die heiligen Schriften aufgenommen wurde, und schließlich, auf welche Weise all die Bücher, die wir heute die heiligen nennen, zu einem ganzen vereinigt worden sind«[4]. Treffender läßt sich auch heute noch das Programm der Rekonstruktion der »Geschichte des Textes« kaum formulieren. Auch die leitenden Interessen dieses Programms sind bei Spinoza schon recht deutlich formuliert. Das Interesse ist erkenntnistheoretisch, es geht um »sichere« und »vernünftige« Daten diesseits des theologischen Wahrheitsdiskurses und zugleich als Grundlage für ihn: »Erst wenn wir diese Geschichte der Schrift besitzen ... wird es an der Zeit sein, daß wir uns anschicken, den Sinn der Propheten und des heiligen Geistes zu erforschen.«[5] Spinoza unterscheidet also (wie auch dieses Arbeitsbuch) zwischen der Rekonstruktion der »Geschichte des Textes« und der Erhebung des »Sinns« des Textes.
Ein ganz anders gerichtetes Interesse an der Historizität ist mit den Namen

1. B. DE SPINOZA, Traktat, 113.
2. Ebd., 114 f.
3. In gut jüdischer Tradition sieht Spinoza die Schrift und ihre Verfasser insgesamt (also nicht nur deren prophetische Bücher im Sinne des Kanons) von prophetischem Geist offenbart bzw. inspiriert.
4. B. DE SPINOZA, Traktat, 118.
5. Ebd., 119.

§ 7 Die Geschichte des Textes

von Johann Georg HAMANN (1730-1788) und vor allem Johann Gottfried HERDER (1744-1803) verbunden: Auch Herder fordert eine historische Sichtweise auf die Bibel, aber mit charakteristisch anderen Schwerpunkten: Es geht Herder weniger um sichere Grundlagen, als vielmehr um Einfühlung mittels einer »lebendigen Altertumskunde«[6]. Der Leser soll sich »in die alte Welt hineindenken und hineinleben«: »Werden Sie mit Hirten ein Hirt, mit einem Volk des Ackerbaus ein Landmann, mit uralten Morgenländern ein Morgenländer, wenn Sie diese Schriften (sc. der »ebräischen Poesie«) in der Luft ihres Ursprungs genießen wollen ...«, lautet ein berühmtes Zitat aus Herders zweitem »Brief, das Studium der Theologie betreffend«[7]. Hier obwaltet das Interesse, durch eine historische, nicht-dogmatische Sicht der Schrift »die Luft des Ursprungs« zu atmen, sich kongenial in die fremde Lebenswelt und ihre Schönheiten hineinzuversetzen. Damit verbunden ist die Entdeckung einer tiefen Menschlichkeit und Welthaftigkeit der Schrift, die Herder auch theologisch zu interpretieren weiß: »... je humaner ... Sie das Wort Gottes lesen, desto näher kommen Sie dem Zweck seines Urhebers, der Menschen zu seinem Bilde schuf, und in allen Werken und Wohltaten, wo er sich uns als Gott zeigt, für uns menschlich handelt.«[8] Diesen Gedanken hat J. G. Hamann vor Herder theologisch noch tiefer ausgelotet und eine Lehre von der Inkarnation Gottes in der Menschlichkeit der Schrift entwickelt, den Gedanken der »Kondeszendenz« Gottes in die Schrift.[9]

Beide Programmvarianten der menschlich-historischen Sicht des Alten Testaments lagen in der Folgezeit und liegen bis heute der historisch-kritischen Forschung und Auslegung zugrunde. Sie haben sie zu gewaltigen Anstrengungen beflügelt, eine Vielzahl von Einsichten hervorgebracht, aber auch in Probleme hineingeführt. Ein Hauptproblem liegt besonders in der primär »produktionsästhetisch« orientierten, d.h. von der Intention der biblischen Verfasser (»Produzenten«) her entworfenen Geschichte des Textes. Dieses Theoriemoment findet sich schon in Spinozas Programmatik und wurde auch später, etwa durch die einflußreiche Hermeneutik F. D. E. SCHLEIERMACHERS, bekräftigt.[10] Damit sind drei Teilprobleme verbunden:

(1) Zunächst sind die alttestamentlichen Texte selbst – wie wir noch genauer

6. H. J. KRAUS, Geschichte, 120.
7. J. G. HERDER, Theologische Schriften, 151, vgl. H. J. KRAUS, Geschichte, 120.
8. J. G. HERDER, Theologische Schriften, 1. Brief, 145, vgl. H. J. KRAUS, Geschichte, 117.
9. H. J. KRAUS, Geschichte, 115; H. LINDNER, Johann Georg Hamann über Bibel und Offenbarung, Theol. Beiträge 6 (1975), 198-206; vgl. auch S. A. NITSCHE, David, 333 ff.
10. »Die Einheit des Werkes, das Thema wird hier angesehen als das den Schreiber bewegende Princip, und die Grundzüge der Composition als seine in jener Bewegung sich offenbarende eigenthümliche Natur.« F. D. E. SCHLEIERMACHER, Hermeneutik, ed. Kimmerle, Heidelberg 1959, 107.

sehen werden (vgl. unten 1.2.2) – an ihren realen Autoren kaum interessiert. Je komplexer die »Geschichte des Textes« wird, desto mehr »Autoren« (Redaktoren, Bearbeiter usw.) ist die Forschung gezwungen anzunehmen. Da dies nur aus den Texten heraus geschehen kann, handelt es sich dabei zunächst um sogenannte »implizite Autoren«[11], also um Rekonstrukte aus textinternen Indizien. Für diese aus den Texten heraus rekonstruierten Autoren gibt es meist keine weitere »external evidence«, keine weiteren historischen Belege außerhalb des fraglichen Textes bzw. Textkomplexes. So verwundert es nicht, daß neuerdings die Forderung nach »empirischen« Daten für die Rekonstruktion der »Geschichte des Textes« laut wird.

Zur Vertiefung

»Empirische Literarkritik«

Mit dem Stichwort »Empirische Literarkritik« ist eine Literarkritik gemeint, deren Kriterien aus tatsächlich vorliegenden Dokumenten der Geschichte eines Textes gewonnen werden. Dies setzt voraus, daß unterschiedliche Editionen und Redaktionen eines Textes nicht nur aus einem Endtext heraus vermutet werden, sondern als Dokumente vorliegen. Dies wurde außerhalb des Alten Testaments an aufeinander beziehbaren Editionen des Gilgamesch-Epos erstmals demonstriert. Bei alttestamentlichen Texten ist eine »documented transmission history« (D. CARR, vgl. unten) möglich im Vergleich zwischen masoretischer und griechischer Version der Bücher I und II Samuel sowie des Buches Jeremia (in den genannten alttestamentlichen Büchern gibt es erhebliche Unterschiede zwischen der masoretischen und der Septuaginta-Version. Man kann fragen, ob diese Unterschiede nicht weit in die Geschichte des Textes zurückreichen). Ebenso ist zu erwarten, daß die in Qumran gefundenen hebräischen Bibeltexte in dieser Hinsicht Ergebnisse bringen. Schließlich könnte auch eine Analyse des Verhältnisses der Texte des Deuteronomistischen und des Chronistischen Geschichtswerkes in dieser Hinsicht interessant sein, da sich die alttestamentliche Auslegung hier in einer ähnlichen Situation befindet wie die neutestamentliche Exegese im Blick auf die synoptischen Evangelien: Wir sind im Besitz eines Textes, der offenbar als Vorlage für einen anderen Text, den die Überlieferung ebenfalls bewahrt hat, diente.
Literatur: J. TIGAY (ed.), Empirical Models for Biblical Criticism, Philadelphia 1985; D. CARR, Reading the Fractures of Genesis: Historical and Literary Approaches, Louisville 1996, 16 ff.

---

11. Die Begriffe »expliziter«, »implizierter« und »realer Autor« stammen aus der Literaturwissenschaft. Unter »expliziten« Autoren versteht man die im Werk genannten oder (etwa durch ein Erzähler-Ich) angedeuteten Autoren; der »implizite Autor« ist jene Autorenvorstellung, die durch das Werk beim Leser hervorgerufen wird; der reale oder historische Autor ist jener Autor (oder jene Autoren), auf die das Werk ursächlich zurückzuführen ist (vgl. oben § 5a – 1.2 und 3.1).

(2) Das zweite Problem ist eine Kehrseite des Ausgangsproblems. Die Vernachlässigung der Text-, Leser- und Rezeptionsästhetik der Texte führt dazu, daß diese Größen sich gleichsam durch die Hintertüre Einlaß und Recht verschaffen, und zwar über die Lesereigenschaft der Exegetinnen und Exegeten selbst. Bei der Rekonstruktion der literargeschichtlichen Vorstufen eines Endtextes werden die Referenzmodelle und »Textvorstellungen«[12] der Exegeten wirksam. Ein bedeutender Pentateuch-Forscher der ersten Hälfte des 20. Jahrhunderts, O. EISSFELDT, hat die Ästhetik seiner Textvorstellung so beschrieben: »Der Hexateuch, besonders etwa die Kapitel Ex 3.4; 19-34, gleichen ja einem Durcheinander von Mosaiksteinen, die Teile mehrerer Bilder sind. Gelingt es, die Teilchen so zu ordnen, daß drei, vier Bilder von überzeugender Klarheit (dies sind dann die von Eißfeldt rekonstruierten Quellenschriften des Penta- bzw. Hexateuch; d. Verf.) herauskommen, so trägt diese Ordnung die Gewähr ihrer Richtigkeit in sich selbst.«[13] Das Problem ist nicht, daß solche literarisch-ästhetischen Leitbilder (Durcheinander versus Ordnung bzw. Bild von überzeugender Klarheit) bestehen; das Problem ist, daß sie zu selbstverständlich verwendet und oft auch nicht literarisch-historisch überprüft werden, etwa durch die Frage, ob unsere Textvorstellungen auch die der Tradenten des Alten Testaments gewesen sein könnten.

(3) Zeitweise – und dies das dritte Folgeproblem der reinen »Produktionsästhetik« – führt die Orientierung am Autorenmodell zu einer bisweilen durchaus gewollten Blindheit der kritischen Exegese gegenüber dem Endtext. Dies ist vor allem dann der Fall, wenn man in einer gleichsam textarchäologischen Methodik nur noch nach den unter dem Endtext begrabenen Vorgängertexten sucht: Klassisch formuliert hat diese Position 1913 der Alttestamentler H. GRESSMANN, indem er ein Bild aus der Archäologie auf die Exegese übertrug: »Wer einen Trümmerhügel ausgräbt, tut es, um die Trümmer zum Reden zu bringen und ihre Geschichte festzustellen. Zu diesem Zweck trägt er Schicht um Schicht ab; denn nur die genaue Kenntnis der Schichten und ihrer chronologischen Reihenfolge hat wissenschaftliche Bedeutung.« Die Forderung und die Aufgabe, »die Quellenschriften nicht nur in der Vereinzelung zu betrachten«, habe dagegen – so Gressmann – mit Wissenschaft »nichts zu tun«. Besage dies doch, einen »Trümmerhaufen zu würdigen«, ja, ein »Wirrwarr sinnvoll zu erklären«.[14] Die Qualifika-

---

12. H. UTZSCHNEIDER, Renaissance, 199 ff.

13. O. EISSFELDT, Hexateuchsynopse. Die Erzählung der fünf Bücher Mose und des Buches Josua mit dem Anfange des Richterbuches in ihre vier Quellen zerlegt und in deutscher Übersetzung dargeboten samt einer in Einleitung und Anmerkungen gegebenen Begründung, 1922, Darmstadt ²1962, 5.

14. H. GRESSMANN, Mose und seine Zeit. Ein Kommentar zu den Mosesagen, Göttingen 1913, 22-23.

tion des Endtextes als »Trümmerhaufen« wird – von Ausnahmen abgesehen – heute kaum noch jemand vertreten. Dennoch führt die Konzentration auf die »ausgegrabenen« Vorstufen des Endtextes dazu, daß dieser selbst außer Blick gerät und seine rekonstruierten Vorstufen zu den eigentlichen oder doch vorrangigen Bedeutungsträgern des Alten Testaments werden.

Ungeachtet dieser Probleme muß die alttestamentliche Wissenschaft ein Interesse an der Geschichte alttestamentlicher Texte haben. Zunächst einfach deshalb, weil deren Vorgeschichte zu einem historisch zutreffenden Bild über diese Texte gehört, vor allem aber weil sie in der Rekonstruktion der Geschichte der Texte deren Geschichtlichkeit, Welthaftigkeit und Menschlichkeit zum Vorschein bringt und damit immer daran erinnert, daß das göttliche Offenbarungswort rückhaltlos die »Knechtsgestalt« (vgl. Phil 2,5 ff.) menschlicher Worte angenommen hat. M. a. W.: Mit der Rekonstruktion der »Geschichte des Textes« und seinen »Historischen Orten« (HO, vgl. unten 1.4.2 und 2.4) wird der Kontextualität biblischer Aussagen Rechnung getragen.

1.3 Die Geschichte des Textes in Modellen

1.3.1 Die Modell-Geschichte eines modernen Buchtextes (F. Dürrenmatt, Der Pensionierte)

Bei modernen »literarischen« und wissenschaftlichen Buchtexten wird im allgemeinen dem Autor oder der Autorin das maßgebliche Gestaltungs- und Verfügungsrecht an den unter ihren Namen erscheinenden Texten zugestanden. Dies gilt allerdings nur für eine Rohform der Texte, also das »Manuskript«, das der Autor mit dem formellen Vermerk »druckfertig« beim Verlag abliefert, nicht für das Druckbild und die Ausstattung des Buches – etwa mit Bildern. Außerdem wirkt an dem zur Erscheinung bestimmten Text meist noch ein »Lektor« oder auch ein »Herausgeber« mit, der Änderungsvorschläge am Autorenmanuskript einbringen kann und diese in der Regel mit dem Autor abspricht. An dem Text, der schließlich beim Leser ankommt, der »editio princeps« des Werkes, haben sehr viel mehr »Hände« mitgewirkt als nur die des Autors – auch wenn ihm das »Urheberrecht« zusteht.

Zur Geschichte eines modernen Buchtextes gehören aber nicht nur das Manuskript, das ein Autor beim Verlag abliefert, und das fertige Buch in seiner »editio princeps«. Dazu gehören einerseits auch etwaige Vorformen des Manuskriptes, sofern sie erhalten oder vorauszusetzen sind, sowie etwaige Vorlagen, Quellen oder Stoffe des Autors (z. B. die vielen Vorgänger und

Vorlagen des Goethe'schen »Faust«). Und andererseits gehören zur Geschichte moderner Buchtexte auch die Manuskripte sowie die Buchprodukte etwaiger folgender Auflagen, für die »unveränderte« und »verbesserte«, »ergänzte«, »umgearbeitete« oder übersetzte Gestalten unterschieden werden können. Die letzte, noch vom Autor selbst autorisierte Auflage eines Werkes wird die »Ausgabe letzter Hand« genannt. Sie ist – neben der »editio princeps« – so etwas wie der Standardtext des betreffenden Werkes, der dem »Endtext« des Alten Testaments in etwa entsprechen könnte.

Dazu können dann noch Ausgaben des Buches kommen, die nach dem Tode des Autors – wiederum – in »unveränderter« oder »veränderter« Form erscheinen können. Deren »Bearbeiter« oder »Herausgeber« haben nicht geringen Einfluß. Man sieht, daß auch moderne Texte komplizierte und langwierige Geschichten haben können. Sie bleiben aber am Autor und seinem Recht am Text orientiert. Eine derartige Modellgeschichte eines modernen Textes kann idealtypisch in folgende Phasen eingeteilt werden:

---

1. Die Produktionsgeschichte: Von den Vorlagen, Stoffen und Vorarbeiten über das erste druckfertig erklärte Manuskript bis zur »editio princeps«.
2. Die Editions- und Bearbeitungsgeschichte: Von der »editio princeps« bis zur »Ausgabe letzter Hand«.
3. Die Geschichte der Bearbeitungen und Editionen nach dem Tode des Autors.

Beispiel 1

Ein Buch, das dem Leser Einblicke in seine Geschichte gewährt, ist das letzte Romanfragment F. DÜRRENMATTS in der Ausgabe des Diogenes Verlags: F. DÜRRENMATT, Der Pensionierte, Fragment eines Kriminalromans. – Text der Fassung letzter Hand. – Faksimile des Manuskripts. – Faksimile des Typoskripts mit handschriftlichen Änderungen. Mit editorischem Bericht, Nachw. v. Peter Rüedi; Diogenes, Zürich 1995.
In diesem Band sind enthalten

1. ein faksimiliertes handschriftliches »Urmanuskript« F. Dürrenmatts, entstanden gegen Ende 1969:

Als der Kommissär am nächsten Morgen gegen 11 Uhr zufrieden in seine Wohnung in der Altenbergstrasse zurückkehrte, fand er im alten Ledersofa seinen Freund, den Schauspieler, in tiefen Schlafe vor, offenbar betrunken, ein Eindruck, der sich, wie der Kommissär in die Küche und ins

2. eine maschinenschriftliche, durch eine Sekretärin erstellte Fassung des Manuskripts aus dem Jahr 1971 in einer im April 1979 angefertigten Fotokopie mit vielen einschneidenden Korrekturen des Autors:

- (es goss draussen in Strömen)
- 14 -

Als der Kommissär am nächsten Morgen gegen
elf zufrieden in seine Wohnung ~~an~~ in der ~~Alten-~~ Gesellschafts-
~~bergstrasse~~ zurückkehrte, fand er in alten Leder- ~~seinem Arbeits-~~
~~sofa seinen Freund,~~ den Schauspieler Basil ~~Blume~~ Mainz Zimmer,
in tiefem Schlafe vor, offenbar betrunken, ein
Eindruck, der sich, wie der Kommissär in die   'Das kommt davon
Küche und ins Bad ging, drastisch bestätigte.   Herr Doktor' wenn eine
Dem Kommissär blieb nichts anderes übrig, als   diese 'dass Sie nie
                                                    die Wohnungstüre
                                                    abschliessen. Ein

§7 Die Geschichte des Textes

3. die gedruckte »Fassung letzter Hand«, die auf einem (hier nicht abgedruckten) »Mutter«-Typoskript vom Mai 1979 beruht:

Als der Kommissär am nächsten Morgen gegen elf zufrieden in seine Wohnung in der Gesellschaftsstraße zurückkehrte (es goß in Strömen), fand er in seinem Arbeitszimmer im alten Ledersofa den Kunstmaler Basil Feuz in tiefem Schlafe vor, offenbar betrunken, ein Eindruck, der sich drastisch verstärkte, als der Kommissär in die Küche und ins Bad ging. Dem Kommissär blieb nichts anderes übrig, als Frau Gwander vom unteren Stock heraufzubitten, obwohl es Sonntag war und dazu noch der erste Advent.

Neben diesen Fassungen sind fünf weitere handschriftliche oder maschinenschriftliche Texturkunden erhalten und im Schweizerischen Literaturarchiv Bern aufbewahrt.
Für den Roman wird so die Geschichte des Textes in groben Zügen nachvollziehbar, und es zeigt sich, daß der Autor über die zehn Jahre der Geschichte seines Romans bis zu dessen »Endfassung« nicht unerhebliche Änderungen daran vorgenommen hat. Z. B. stellt Dürrenmatt den Roman in der ältesten Fassung in den Zusammenhang mit seinen frühen Kriminalromanen aus den 50er Jahren (»Der Richter und sein Henker« mit der Gestalt des Kommissärs »Bärlach«); die späteren Fassungen stellen diesen Zusammenhang bewußt nicht mehr her und werden auch durch mancherlei andere Einzelheiten auf das Milieu der 70er Jahre hin aktualisiert.

1.3.2 Die Modellgeschichte eines alttestamentlichen Textes (die Baruchrolle und das Jeremia-Buch – Jer 36)

Den Modellfall für die Geschichte eines alttestamentlichen Buches liefert uns die Erzählung von der Entstehung der Baruchrolle in Jer 36. Diese Erzählung ist aus vielerlei Gründen nicht als historischer Bericht anzusehen, sondern als Zeugnis über das Verständnis der Tradenten (»Überlieferer«) von der Entstehung des Jeremia-Buches. Sie gibt uns mithin Einblick in die zeitgenössischen Vorstellungen von den literarischen Vorgängen bei der Entstehung eines Prophetenbuches und enthält in erzählender Form eine »Theorie« von der Entstehung und den Funktionen eines Prophetenbuches.

Beispiel 2: Die Entstehung der sog. »Baruchrolle« (Jer 36) und des Jeremiabuches.

Die Erzählung Jer 36 beginnt damit, daß JHWH dem Propheten Jeremia den Auftrag gibt, ein Buch – in Form einer Buchrolle (Jer 36,1-4) – zu schreiben.

(1) Im vierten Jahr Jojakims, des Sohnes Josias, des Königs von Juda, geschah dies Wort zu Jeremia von JHWH: (2) »*Nimm eine Schriftrolle und* schreibe darauf alle Worte, **die ich zu dir geredet habe über Israel, über Juda und alle Völker von der Zeit an, da ich zu dir geredet habe, nämlich von der Zeit Josias an bis auf diesen Tag.** *(3) Vielleicht wird das Haus Juda, wenn sie hören von all dem Unheil, das ich ihnen zu tun gedenke, sich bekehren, ein jeder von seinem bösen Wege, damit ich ihnen ihre Schuld und Sünde vergeben kann.*« *(4) Da rief Jeremia Baruch, den Sohn Nerijas. Und Baruch schrieb* **nach dem Diktat Jeremias** (מִפִּי יִרְמְיָהוּ) *alle Worte, die JHWH zu ihm (sc. zu Jeremia) geredet hatte, auf eine Buchrolle.*

Demnach geht der Produktion des Buches eine längere, Jahre umfassende Phase (»von der Zeit Josias bis heute«, d. h. einem Tag im vierten Jahr des Josia-Sohnes Jojakim) der latenten, »mündlichen« Überlieferung der an Jeremia ergangenen Gottesworte voraus.

Diese »mündlich« überlieferten Materialien soll Jeremia nun aufschreiben, und zwar unter dem Gesichtspunkt, damit die Buße und Umkehr des Volkes zu bewirken. Es wird nicht gesagt, wann und zu welcher Gelegenheit das Buch erscheinen und diese Funktion wahrnehmen soll.

Das eigentlich literarisch produktive und kreative Moment in dieser Phase ist die Umwidmung der überlieferten, ursprünglich wohl auf je eigene Situationen bezogene Sprüche auf den von JHWH genannten Buch-Zweck. Worin dieses kreative Moment besteht, wird nicht gesagt. Reiht Jeremia die Sprüche chronologisch aneinander, faßt er sie zu Sach- oder Adressatengruppen zusammen, gestaltet er sie dabei, kommentiert er sie? Für jede der genannten Möglichkeiten bietet das Jeremiabuch Beispiele, ohne daß sie Jeremia persönlich zugeschrieben werden könnten, wie überhaupt nicht definitiv gesagt werden kann, ob das Buch, von dessen Entstehung Jer 36 erzählt, in irgendeinen Teil des uns heute vorliegenden Jeremiabuches eingegangen ist oder nicht.

Die Rolle Baruchs ist in dieser Phase der Entstehung des Buches in den Augen der Erzählung eine streng dienende: »Vom Munde Jeremias« nimmt er die Worte auf und schreibt sie nieder.

Das Buch »erscheint« etwa einige Monate, spätestens ein Jahr, nachdem mit seiner Niederschrift begonnen wurde, und wird auf Weisung Jeremias anläßlich eines »Fasttages«, also eines Bitt- und Bußgottesdienstes, verlesen – und zwar gewissermaßen in Vertretung des Propheten durch Baruch. Auch dies dürfte ein kreatives Moment gewesen sein. Wir wissen auch hier nicht, welche »Spiel-Räume« der Vorleser bei seiner Prosodie hatte, ob er Passagen weglassen oder besonders hervorheben konnte, ob er »sachlich«, »feierlich« oder »dramatisch« las, in gebundener Sprache oder in Prosa. In der Erzählung jedenfalls wird mit einer gewaltigen, die Geister scheidenden Wirkung gerechnet. An die öffentliche Lesung schließt sich eine Lesung vor hohen Hofbeamten und schließlich vor dem König an. Der sieht sich zutiefst getroffen. Als es ihm vorgelesen wird, geschieht folgendes:

§ 7 Die Geschichte des Textes · 223

(36,23) Wenn nun Jehudi [der Vorleser] drei oder vier Spalten gelesen hatte, schnitt der König sie ab und warf sie in das Feuer auf dem Kohlebecken, bis die ganze Rolle verzehrt war. (24) Und niemand erschrak und zerriß sein Kleid, weder der König noch seine Diener ...

JHWH veranlaßt daraufhin unverzüglich eine Neuauflage des Buches. Sie wird wie folgt beschrieben:

(27) Nachdem der König die Schriftrolle verbrannt hatte, auf die Baruch die Worte geschrieben hatte, wie Jeremia sie ihm sagte, geschah JHWHs Wort zu Jeremia:
(28) »Nimm dir eine neue Schriftrolle und schreibe auf sie alle vorigen Worte, die auf der ersten Schriftrolle standen, *die Jojakim, der König von Juda, verbrannt hat ...«*
(32) Da nahm Jeremia eine andere Schriftrolle und gab sie Baruch, dem Sohn Nerijas, dem Schreiber.
Der schrieb darauf, so wie ihm Jeremia vorsagte, alle Worte, die auf der Schriftrolle gestanden hatten, die Jojakim, der König von Juda, im Feuer hatte verbrennen lassen, **und es wurden zu ihnen noch viele ähnliche Worte hinzugetan**.

וְעוֹד נוֹסַף עֲלֵיהֶם דְּבָרִים רַבִּים כָּהֵמָּה׃ ...

Die letzte Bemerkung des Textes zeigt, daß die Schriftrolle Jeremias bzw. Baruchs nach der erneuten Reinschrift durch Baruch keineswegs abgeschlossen war. In unpersönlicher Redeweise und zeitlich nicht eingegrenztem Rahmen wird offenbar mit fortlaufender Bearbeitung und Ergänzung der Rolle gerechnet. Ob »mit vielen Worten wie jene« JHWH-Worte an Jeremia gemeint sind oder Kommentierungen oder beides, geht aus Jer 36,32 nicht hervor. Daß solche Bearbeitungen und Ergänzung vorgenommen wurden, ist von den jeweils neuen Funktionszusammenhängen, in die das Buch gebracht wurde, plausibel und am Text aufweisbar (vgl. Jer 22,10-11 – §4 Beispiel 8). Sie wurden »redaktionell« in einen bestehenden Text hineingeschrieben, ohne daß dies ausdrücklich erkennbar gemacht wurde. In die Geschichte solcher erläuternder, »hinzugetaner« Einschreibungen gehört letztlich auch die Erzählung Jer 36 selbst. Es kann nicht mehr gesagt werden, von wem sie stammt. Zusammen mit anderen Erzählungen über das Wirken und Leiden des Propheten wurde sie mit den Sprüchen Jeremias (und deren Ergänzungen) zusammengestellt (»komponiert«), bis schließlich das Jeremia-Buch in der uns vorliegenden Gestalt entstanden war.

Halten wir uns den Vorgang sowie die Beteiligten der modellhaften Produktionsgeschichte eines prophetischen Buches aus der Sicht von Jer 36 noch einmal vor Augen:

1. Phase: Am Beginn stehen je und je ergehende Worte JHWHs an den Propheten. Der Prophet sammelt und bewahrt sie in seinem Gedächtnis.

2. Phase: Aus der mündlichen Tradition werden sie verschriftet und dabei gewissermaßen »neu justiert«, d.h. unter einem funktionalen Gesichtspunkt bearbeitet und schriftlich niedergelegt. Diese Aufgabe teilt sich Jeremia mit seinem Schreiber. Das Buch wird verbreitet und »veröffentlicht« durch seine Verlesung in offiziellem Rahmen; von »privater« Lektüre verlautet in Jer 36 nichts.

3. Phase: Im weiteren Verlauf wird – jeweils wohl unter dem Einfluß der

sich wandelnden Verhältnisse – an dem Buch weitergearbeitet, ohne daß für die dann »hinzugefügten« Worte noch jener Anspruch auf »Originalität« erhoben würde wie für die erste Buchrolle, die »vom Mund Jeremias weg« aufgezeichnet wurde. Auch über die Identität der Tradenten und Bearbeiter verlautet nun nichts mehr.

Auf den ersten Blick unterscheidet sich diese »Geschichte des Textes« von jener eines modernen Buches strukturell gar nicht so sehr (vgl. oben 1.3.1 und weiter unten 1.3.3). Festzuhalten ist jedoch: Auch in der alttestamentlichen Geschichte des Textes kommt es auf Originalität an. Anders als in der modernen Buchgeschichte ist damit aber nicht das Recht des Autors an »seinem« Text gemeint, sondern das Recht des Hörers und Lesers auf den letztlich göttlichen Ursprung (»origo«) des Textes. Nach der Theorie von Jer 36 ist diese Originalität in der ersten und zweiten Phase mit der Person des Propheten Jeremia verbunden. In der folgenden dritten Phase ist diese Bindung jedoch deutlich gelockert.

An einem weiteren Beispiel läßt sich zeigen, daß Bücher nicht notwendig mit bestimmten Personen verbunden werden mußten, um jene göttliche Originalität zu haben. Mindestens so wichtig wie der Autor oder die Autoren ist der Überlieferungsort: im Falle des folgenden Textes: das Heiligtum, der Tempel.

Beispiel 3: Bedeutung des Überlieferungsortes für einen Text nach einem biblischen Text: II Kön 22 (Übersetzung nach M. Luther)

(3) Und im achtzehnten Jahr des Königs Josia sandte der König den Schreiber Schafan, den Sohn Azaljas, des Sohnes Meschullams, in das Haus JHWHs und sprach:
(4) »Geh hinauf zu dem Hohenpriester Hilkija, daß er abgebe alles Geld,
  das zum Hause JHWHs gebracht ist, das die Hüter an der Schwelle gesammelt haben vom Volk,
    (5) damit man es gebe den Werkmeistern, die bestellt sind im Hause JHWHs,
    und sie es geben den Arbeitern am Hause JHWHs,
    damit sie ausbessern, was baufällig ist am Hause,
      (6) nämlich den Zimmerleuten und Bauleuten und Maurern und denen, die Holz und gehauene Steine kaufen sollen, um das Haus auszubessern;
      (7) doch daß sie keine Rechnung zu legen brauchten von dem Geld, das ihnen gegeben wird, sondern daß sie auf Treu und Glauben handeln.«
(8) Und der Hohepriester Hilkija sprach zu dem Schreiber Schafan:
»Ich habe dies Gesetzbuch gefunden im Hause JHWHs.«
Und Hilkija gab das Buch Schafan, und der las es.
(9) Und der Schreiber Schafan kam zum König und gab ihm Bericht und sprach:
»Deine Knechte haben das Geld ausgeschüttet, das im Hause JHWHs gesammelt ist, und haben's den Werkmeistern gegeben, die bestellt sind am Hause JHWHs.«

---

§ 7 Die Geschichte des Textes

(10) Dazu sagte der Schreiber Schafan dem König:
»Der Priester Hilkija gab mir ein Buch.«
Und Schafan las es vor dem König.
(11) Als aber der König die Worte des Gesetzbuches hörte, zerriß er seine Kleider.
(12) Und der König gebot dem Priester Hilkija und Ahikam, dem Sohn Schafans, und
Achbor, dem Sohn Michajas, und Schafan, dem Schreiber, und Asaja, dem Kämmerer
des Königs, und sprach:
(13) »Geht hin und befragt JHWH für mich, für das Volk und für ganz Juda
über die Worte dieses Buches, das gefunden ist;
denn groß ist der Grimm JHWHs, der über uns entbrannt ist,
weil unsere Väter nicht den Worten dieses Buches gehorcht haben
und nicht alles taten, was darin geschrieben ist.«

In II Kön 22 f. spielt der Autor des im Tempel gefundenen, als sefær hattora (»Gesetzbuch«) oder sefær habberit (»Buch des Bundes«) bezeichneten Buches noch weniger eine Rolle als im Jeremia-Buch. Dieses Buch bezieht seine Autorität vielmehr aus seinem Fundort, dem Tempel, und aus seinem Inhalt. In seiner Wirkung ist es der Prophetenrolle vergleichbar. Es wird verlesen und rührt den König – nun jedoch in positiver Weise (wahrscheinlich ist der Kontrast zur Reaktion Jojakims nach Jer 36 beabsichtigt).
Von autoritativen Büchern im Heiligtum hören wir auch sonst noch im Alten Testament (vgl. Dtn 31,9-11; 32,24 f.). Historisch könnte hinter diesen Erzählungen, die mit Schriften und Schreibern in Heiligtümern rechnen, die Institution von Tempel- oder Priesterbibliotheken stehen, von denen wir auch aus dem kanaanäischen Ugarit oder aus Ägypten Nachrichten haben.

Wie läßt sich der Befund aus den Beispielen zusammenfassen?
Die ausdrücklich genannten, »expliziten« Autoren biblischer Bücher wie Jeremia und Mose sind nur zum Teil im unmittelbaren Sinn literarische Urheber (also »reale Autoren«) der mit ihren Namen überschriebenen alttestamentlichen Texte. Für Jeremia kann dies für einige Teile seines Buches angenommen werden, für Mose ist diese Möglichkeit historisch ganz und gar unüberprüfbar und auch höchst unwahrscheinlich.
Die Vielzahl der Autoren, Sammler, Interpreten und Herausgeber, also die »realen« Autoren, haben keinen Anspruch darauf und kein Interesse daran, daß ihr Anteil am Text für alle Zeiten individuell identifizierbar bleibt. Sie sind Teil (bewußt?) anonymer »Leser- und Überlieferungskreise«, die in der einen oder anderen Weise institutionell angebunden zu sein scheinen (Priesterschaft, Königshof, Anhängerschaft des Propheten).
Die Texte selbst bleiben über lange Zeit hinweg offen für Redaktion, Komposition und Neuinterpretation. In sie kann »hineingeschrieben« werden, sie können neu zusammengestellt und dabei kommentiert werden, denn es gibt – wie gesagt – keinen »Urheberanspruch« im Sinne eines individuellen Rechtes der Autoren auf ihren Text. In der Zuschreibung der Texte an bestimmte autoritative Gestalten wie Mose oder Jeremia geht es in erster

226 §7 Die Geschichte des Textes

Linie um eine Art »Patronat«, das die Nähe der Worte zu ihrem göttlichen Urheber ausdrückt und sichert, weniger um die Herkunft der Texte.

Das Werk ist so insgesamt als ein »Gemeinschaftswerk« vieler realer Autoren zu verstehen, das in vielen geschichtlichen Situationen und Stationen jeweils gelesen und fortgeschrieben wird. Die Geschichte alttestamentlicher Texte beruht also auf einer Sukzession von Rezeption und Produktion, die man auch »produktive Lektüre« (G. GRIMM, Rezeptionsgeschichte) nennen könnte. Jedes Wort, das – um mit Jer 36,32 zu sprechen – hinzugefügt wird, wird als Teil des Textes verstanden und nicht als selbständige Äußerung eines Autors.[15]

1.3.3 Vergleich der Geschichte des Textes bzw. Textgeschichte für biblische und moderne Texte

Wir fassen nun die idealtypische Vorstellung vom Werden alttestamentlicher Texte zusammen und stellen sie den entsprechenden Vorgängen bei modernen Buchtexten gegenüber. Für die Hauptphasen der Überlieferung biblischer Texte verwenden wir die in der alttestamentlichen Wissenschaft eingebürgerten Begriffe (in Kapitälchen). Diese Begriffe sind aus sich selbst bisweilen mißverständlich – so etwa der Begriff »Überlieferungsgeschichte«, der in der Fachsprache der alttestamentlichen Wissenschaft auf die mündlichen Überlieferungsstadien eines Textes bezogen wird. »Überliefert« werden die alttestamentlichen Texte selbstverständlich auch in schriftlicher Form; die wissenschaftlichen Begriffe sind also streng durch ihren jeweiligen Platz in der Modellvorstellung definiert.

MODELL-GESCHICHTE BIBLISCHER TEXTE	MODELL-GESCHICHTE MODERNER TEXTE
1. Phase:	1. Phase:
Die »ÜBERLIEFERUNGSGESCHICHTE«:	
Vorausgesetzte (Erzähl-)Stoffe, mündlich überlieferte Texte.	Zugrundeliegende Stoffe, Vorarbeiten des Autors

---

15. Vgl. dazu auch C. HARDMEIER, Texttheorie, 80.

MODELL-GESCHICHTE BIBLISCHER TEXTE	MODELL-GESCHICHTE MODERNER TEXTE
2. Phase:	*2. Phase:*
Die »LITERARGESCHICHTE«: (je nach biblischem Buch von etwa 800-100 v. Chr.)	
Schriftliche Niederlegung mündlich überlieferter Texte *oder* von Beginn an schriftlich konzipierte und niedergelegte Texte; Sammlung, Zusammenstellung und Bearbeitung der schriftlichen Texte bis zum *standardisierten Endtext.*	Editionsgeschichte von der *editio princeps* bis zur »*Ausgabe letzter Hand«*
3. Phase:	*3. Phase:*
Die »TEXTGESCHICHTE« (vgl. §3)	
Die Geschichte der hebräischen Standardtexte *(Urtexte)* in hebräischen *»Texturkunden«* sowie die Geschichte der Übersetzungen und deren Urkunden bis heute.	Nachgeschichte der Editions- und Bearbeitungsgeschichte bis heute.

Ergänzend zu dieser Übersicht ist anzumerken:

1. Alttestamentliche Texte sind während der ersten und zweiten Phase ihrer Überlieferung interpretationsoffene Texte. Sie können in dieser Phase ergänzt, in sich umgestellt und neu kombiniert werden. Anders als für moderne Texte gibt es kein Interesse am »Urheberrecht« der realen Autoren an ihren Texten und auch keinen Schutz dafür.

2. Die Standardisierung alttestamentlicher Texte setzt vergleichsweise spät und sukzessive ein. Sie ist nicht auf den Autor bezogen, sondern durch den gemeinschaftlichen Gebrauch der Texte bedingt.

3. Die historischen »Texturkunden« sind von den produktiven Phasen der Geschichte alttestamentlicher Texte weit entfernt. Die Phase 1 und 2 dieser Geschichte ist – wiederum anders als beim modernen Modelltext – texturkundlich nicht dokumentiert (vgl. aber die Forderung der »empirischen Literarkritik«).

Aus diesen Eigenheiten der Geschichte ergibt sich auch die Problematik ihrer Rekonstruktion, der wir uns nun zuwenden wollen.

1.4 Grundsätzliches zur Methodik des Arbeitsbereiches »Geschichte des Textes«

Die Methodik des Arbeitsbereiches der »Geschichte des Textes« orientiert sich an der oben formulierten Fragestellung (1.1) sowie der in 1.3 entfalteten Modellvorstellung. Sie fragt also – für jeden untersuchten Text – nach dessen »Wachstum« von der ersten noch rekonstruierbaren Vorstufe im mündlichen Bereich bis in seine vorliegende schriftliche Gestalt.

1.4.1 Der literarisch-analytische Arbeitsgang der »Geschichte des Textes«: Die Literarkritik

Die literargeschichtlichen Rekonstruktionen sollen immer auch auf Indizien beruhen, die in den auszulegenden Text selbst ersichtlich sind, sowie auf Hinweisen, die aus dessen Stellung im literarischen Kontext ablesbar sind. Der analytische Arbeitsgang, der solchen Indizien des Endtextes auf seine Entstehungs- und Bearbeitungsgeschichte vor allem des schriftlichen Stadiums nachgeht, ist die Literarkritik. Sie prüft

1. *Stellung des Textes in den Kotexten*, d. h. dem engeren und weiteren literarischen Kontext.
Dabei sind folgende methodische Fragestellungen leitend:
(a) im Blick auf den weiteren literarischen Kontext:
- Gibt es in den Kotexten Hinweise auf thematische und/oder oberflächenhafte Bezugnahmen auf den Text?
- Ist der Text Teil eines übergreifenden thematischen und/oder oberflächenhaften Zusammenhangs?
- Kommt ein Text mit ähnlicher Thematik im größeren Zusammenhang noch einmal oder gar mehrfach vor (Doppel- oder Mehrfachüberlieferung)?
(b) im Blick auf den unmittelbaren literarischen Kontext:
- Auf welche Weise ist der Text mit den unmittelbar umgebenden Kotexten verbunden bzw. abgegrenzt?
- Unterscheidet sich der Text in der Gestaltung der Textoberfläche von seinem unmittelbaren literarischen Kontext?
Diese Fragestellungen führen zu ersten Vermutungen darüber, ob der Text Bestandteil eines größeren literarischen Komplexes gewesen ist.

2. die *innere Einheitlichkeit und Uneinheitlichkeit des Textes*
Mit der »Einheitlichkeit« oder »Uneinheitlichkeit« eines Textes ist der Eindruck formaler und/oder inhaltlicher Stimmigkeit bzw. Unstimmigkeit ge-

meint, den ein Text bei seinen modernen wissenschaftlichen Lesern hervorruft. Als Hinweis auf einen literargeschichtlichen Vorgang wird insbesondere die Wahrnehmung von »Uneinheitlichkeiten« verstanden; man spricht bisweilen auch von »Spannungen«, »Störungen«, »Brüchen« oder »Unebenheiten«. Diesen Begriffen liegt die Annahme zugrunde, daß *ein* Autor linear, störungsfrei und in sich geschlossen denkt, spricht oder schreibt, wenn und sofern er ein Interesse an »geglückter Kommunikation« (H. SCHWEIZER, 28) hat. Durchbrechungen und Störungen solcher Linearität werden dann als Hinweise darauf gewertet, daß der Text nicht nur auf einen Autor oder – wenn es ein schriftlicher Text ist – eine »Hand« zurückgeht, sondern auf deren mehrere, womöglich aus unterschiedlichen Zeiten und Kontexten. Freilich ist es bisweilen auch möglich, daß die Literarkritik zu dem Ergebnis führt, daß der fragliche Text »einheitlich« ist.

Diese literarkritischen Kategorien sind mit unseren textanalytischen Kategorien von Kohäsion und Inkohäsion bzw. Kohärenz und Inkohärenz eng verwandt (vgl. §4 – 1.2.4, insbesondere 1.2.4.3), aber nicht identisch. Nicht jede Inkohärenz bzw. Inkohäsion in einem Text ist als solche schon Hinweis auf einen literargeschichtlichen Vorgang. Inkohärenz kann von einem Autor »gewollt« sein, Kohärenz kann auch von mehreren Autoren dadurch hergestellt worden sein, daß sich der jüngere an den älteren anpaßt.

Immer im Auge zu behalten ist auch, daß die Literarkritik von den wissenschaftlichen Leserinnen und Lesern, die sie betreiben, nicht loslösbar ist (vgl. dazu oben 1.2). Was einem (modernen) Leser als »Störung« erscheint, ist auch abhängig von dessen »Textvorstellung«, von dessen »Referenzmodellen«, und nicht ohne weiteres ein »objektiver« Textbefund, ganz abgesehen davon, daß »Störungen« zu den textinternen Strategien des »impliziten Lesers« gehören können und also vom Autor gewollt oder auf andere Weise »impliziert« sein können.

Trotz dieser Methoden-Probleme der »Literarkritik« gibt es kaum einen anderen Weg, um vom Endtext zu seinen Vorstufen zu gelangen, als den literarkritischen (von dem Sonderfall der in der »empirischen Literarkritik« angezielten »documented transmission history« – vgl. oben 1.2 – einmal abgesehen). Aber dieser Weg, diese »Methode«, ist mehr ein »Tasten« in unwegsamem Gelände als ein sicheres Fahren zwischen festen Leitplanken.

Am Ende der Literarkritik kann denn auch nicht schon ein festes Ergebnis stehen, sondern eine wissenschaftliche »Hypothese«, eine *»Texthypothese«*, die – soweit von den Beobachtungen her möglich – auf folgende Fragen vorläufige Antworten geben sollte:

- Gibt es Hinweise im Text und seinen Kotexten, die auf eine Verbindung des Textes mit Texten des engeren oder weiteren Kontextes hindeuten?

Läßt sich daraus die Vermutung einer Einbettung des Textes in ein über-
geordnetes Literaturwerk (siehe dazu gleich) anstellen, wenn ja, welche?
- Gibt es Hinweise im Text, die darauf hindeuten, daß bei seiner Entstehung – auf der Stufe der schriftlichen Überlieferung – mehrere »Hände«
tätig waren? Lassen sich bestimmte Textteile jeweils bestimmten »Hän-
den« und selbstverständlich auch den damit verbundenen Köpfen und
ihren Denk-, Sprech- und Schreibstilen zuordnen?

Die Texthypothese und ihre Ergebnisse bedürfen der Bekräftigung und vor
allem Einzeichnung in den für den Text und seine Kontexte anzunehmenden Überlieferungsprozeß. Dies geschieht in den literar*geschichtlichen* Me-
thodenschritten. O. H. STECK hat das Verhältnis von Literarkritik und den
literargeschichtlichen Methoden als Verhältnis von Analyse, also Zerglie-
derung, und Synthese, Zusammensetzung, beschrieben. D. h. etwa: Was
die Literarkritik aus dem Endtext »heraus-zergliedert« hat, wird in den eigentlich literargeschichtlichen Arbeitsgängen wieder neu zusammenge-
setzt, und zwar in die dem Endtext vorausliegenden »historischen Texte«,
d. h. nach dem oben gesagten: in die dazu entwickelten Modelle.

1.4.2 Die synthetischen Arbeitsgänge der »Geschichte des Textes«: Überlieferungsgeschichte und Literargeschichte

Wie in unserem Ausgangsmodell (1.3.3) bereits skizziert, wird der Überlie-
ferungs- und Weitergabeprozeß der Texte in zwei Phasen aufgeteilt, das
mündliche (1.) und schriftliche (2.) »Wachstum«. Ersteres rekonstruiert –
immer auf der Basis der Literarkritik und der Texthypothese – die »Überlieferungsgeschichte"[16], letzteres die »Literargeschichte«, also der dem Stadium der Schriftlichkeit zugewandte Teilschritt des Arbeitsbereiches »Geschichte des Textes«.[17]
Die Rekonstruktionen der Weitergabe- und Wachstumsprozesse haben
nicht nur zum Ziel, die in der Literarkritik »herausgegliederten« Stücke
des Endtextes in ein zeitliches Verhältnis zueinander zu bringen. Es geht

16. Unser Gebrauch der Begriffs der »Überlieferungsgeschichte« konkurriert mit anderen. »Überlieferungsgeschichte« kann bisweilen die gesamte »Geschichte des Textes«
genannt werden. Zu beachten ist auch, daß das englisch/amerikanische »tradition«
sowohl »Überlieferung« im Sinne der Geschichte von Texten als auch die Geschichte
von »geprägten Vorstellungen«, wie auch diese Vorstellungen selbst (§ 6) meinen
kann.
17. Bisweilen wird der »Literarkritik« eine »Überlieferungskritik« vorgeschaltet, die dann
den Endtext besonders unter der Fragestellung seiner mündlichen Vorgeschichte untersucht. Auf diese Differenzierung des analytischen Arbeitsganges wird hier verzichtet. Die wichtigste analytische Vorarbeit für die mündliche Vorstufe des Textes ist oh-
nedies die Gattungskritik (s. oben § 5 und unten 2.2).

§ 7 Die Geschichte des Textes

vielmehr darum, diese Stücke des Einzeltextes als historische Texte mit möglichst eng eingrenzbaren Entstehungsdaten und -orten, mithin im Kontext eines »*Historischen Ortes*«, verständlich zu machen. Da dies meist nicht in der an sich gewünschten Genauigkeit gelingt, muß sich die Exegese mit Näherungen begnügen: Man datiert dann etwa mit dem »terminus a quo«, also der Zeit, »von der ab« der Text denkbar ist, bzw. dem »terminus ad quem«, also der Zeit, bis zu der die Entstehung des Textes anzunehmen ist. Oder man datiert grob in die Hauptepochen der Geschichte Israels hinein: vorstaatlich, frühe oder spätere Königszeit, exilisch, frühnachexilisch, spätnachexilisch.

Meist jedoch kann der auszulegende Text bzw. seine in der Literarkritik herausgegliederten Teiltexte überhaupt nicht isoliert datiert bzw. auf einen historischen Ort bezogen werden. Deshalb schlägt nun die Stunde der literarhistorischen *Modelle*. D. h.: Der ausgelegte Einzeltext wird daraufhin betrachtet, ob und in welcher Weise er Teil der literarischen »Produktion« des Alten Israel gewesen ist, namentlich ob er in eines jener größeren Literaturwerke hinpaßt, die die alttestamentliche Wissenschaft zur Erklärung der Entstehung des Alten Testaments herausgearbeitet hat.

Als *Literaturwerke* kommen z. B. die großen, klassischen Quellenwerke des Pentateuch, aber auch das »deuteronomistische Geschichtswerk« in Betracht. Unter »literarischer Produktion« kann man, entsprechend unserem Grundmodell in 1.3.3, die »Verschriftung« und Sammlung von Prophetensprüchen oder Psalmen ebenso verstehen wie Redaktion und die Be- und Überarbeitung dieser Sammlungen. Die Vorstellungen der alttestamentlichen Wissenschaft von der literarischen Produktion, deren Ergebnis schließlich der Endtext des Alten Testaments gewesen ist, differieren immer noch stark und wandeln sich schnell (vgl. oben § 1 – 1.2). Sie haben den wissenschaftlichen Status von Erklärungsmodellen mit höherer oder geringerer Wahrscheinlichkeit.

Diese groben methodischen Leitlinien lassen sich weiter differenzieren:

1. Im Bereich der »Überlieferungsgeschichte« fragt die »Geschichte des Textes« etwa,

- ob für den auszulegenden Text vorausliegende »Stoffe« oder Gehalte erkennbar sind und gegebenenfalls, welche und aus welcher Zeit (vgl. 2.2).

2. Im Bereich der »Literargeschichte« fragt sie beispielsweise,

- ob der Text als schriftliche Niederlegung vormals mündlicher Texte (vgl. oben) oder als genuin schriftlicher (»literarischer«) Text anzusehen ist,
- ob der Text aus mehreren Quellentexten zusammengearbeitet ist,
- ob der Text (unter Umständen innerhalb eines größeren literarischen Kontextes) interpretierend und aktualisierend überarbeitet wurde (dies ist die »redaktionsgeschichtliche« Fragestellung im engeren Sinne),
- ob der Text mit anderen – ehemals selbständigen – Texten zusammen-

gestellt und (gelegentlich dieser Zusammenstellung) überarbeitet wurde (»kompositionsgeschichtliche« Fragestellung),
- ob im Text auf andere alttestamentliche Texte durch Anspielung oder Zitate Bezug genommen wird (»Intertextualität«).

2. Beschreibungen

2.1 Die Literarkritik und ihre Kriterien

Für die beiden methodischen Hauptgesichtspunkte der Literarkritik – die Abgrenzung und die innere Einheitlichkeit bzw. Uneinheitlichkeit – können Beobachtungen aus der Textanalyse herangezogen und im Sinne der Literarkritik interpretiert werden:

2.1.1 Abgrenzung zum literarischen Kontext

Für die Frage der Abgrenzung zum engeren literarischen Kontext (den »Kotexten«) kann auf der Textoberfläche ein Wechsel der Textsyntax (§4 – 2.1.4.1) besonders signifikant sein. Das gleiche gilt für den Wechsel der Phorik (§4 – 2.1.4.2), sie geht meist mit einem Wechsel der »dramatis personae« einher. Zu beachten ist auch der Übergang von einer Diskursart in eine andere (Rede, Erzählung, Beschreibung, §4 – 2.1.4.4). Auf Abgrenzung deuten weiterhin Textanfangs- oder -schlußsätze im unmittelbaren Kotext (§4 – 2.1.4.3.1) oder andere textgliedernde Elemente (§4 – 2.1.4.3.3) hin. Auf der Betrachtungsebene der Texttiefenstruktur ist der Abbruch der »thematischen Progression« (§4 – 1.2.4.2) ein Zeichen von Abgrenzung.

Beispiel 4: Die Grenze zwischen »Proto-« und »Deutero-»Jesaja[18]

Die meisten aller der gerade genannten Kriterien sind erfüllt im Übergang vom ersten, »Protojesaja« (Jes 1-39) genannten, zum zweiten, »Deuterojesaja« (Jes 40-55) genannten Teil des Jesajabuches.

וַיֹּאמֶר חִזְקִיָּהוּ אֶל־יְשַׁעְיָהוּ	wayyiqtol-x	(39,8) Da sprach Hiskija zu Jesaja:
טוֹב דְּבַר־יְהוָה	NS	»Gut ist das Wort JHWHs,
אֲשֶׁר דִּבַּרְתָּ	x-qatal	das du gesprochen hast.«
וַיֹּאמֶר	wayyiqtol	Und er dachte:
כִּי יִהְיֶה שָׁלוֹם וֶאֱמֶת בְּיָמָי׃	x-yiqtol-x	Gewiß wird Friede und Sicherheit sein, solange ich lebe.

---

18. Vgl. die Abbildung der Jesajarolle auf S. 37, die das hier behandelte Textstück zeigt. Die Grenze zwischen Proto- und Deutero-Jesaja ist in dieser Urkunde durch ein besonderes Zeichen am Rande der 1. Zeile markiert.

§7 Die Geschichte des Textes

40,1 נַחֲמוּ נַחֲמוּ עַמִּי	q°tol-x	»Tröstet, Tröstet mein Volk«,
יֹאמַר אֱלֹהֵיכֶם:	yiqtol-x	spricht euer Gott.
2 דַּבְּרוּ עַל־לֵב יְרוּשָׁלַם	q°tol-x	»Redet freundlich zu Jerusalem,
וְקִרְאוּ אֵלֶיהָ	w-qetol-x	und ruft ihr zu:
כִּי מָלְאָה צְבָאָהּ	x-qatal-x	›Gewiß, erfüllt ist ihr Dienst!
כִּי נִרְצָה עֲוֺנָהּ	x-qatal-x	Gewiß, abbezahlt ist ihre Schuld.
כִּי לָקְחָה מִיַּד יְהוָה	x-qatal-x	Gewiß, empfangen hat sie aus JHWHs Hand
כִּפְלַיִם בְּכָל־חַטֹּאתֶיהָ:		Doppeltes für all ihre Sünden‹.«

In Jes 39,8 wird von Hiskija und Jesaja *erzählt*, in Jes 40 herrscht die Diskursart der Rede. Entsprechend wechselt die Textsyntax von einer wayyiqtol-Reihe zu einer q°tol-Reihe. Ein nicht genannter Sprecher zitiert eine Rede »unseres Gottes«. Sie ist an eine nicht identifizierte Mehrzahl von Hörern gerichtet und handelt von Jerusalem. In Jes 39,8 ist von Friede und Sicherheit zu Lebzeiten von (König) Hiskija die Rede; in Jes 40,1 ff. wechselt die Thematik zum Ergehen des Volkes und vor allem Jerusalems, dem nach schwerer Schuld eine freundliche Zeit zugesagt wird. So ist Jes 40,1 f. vom vorhergehenden gut abgegrenzt.

Freilich ist mit diesem Ergebnis allein noch nicht notwendig verbunden, daß in Jes 40 ein neues Propheten-»Buch« beginnt, wie es nicht wenige Exegeten annehmen. Dieser Schluß kann erst nach weiteren redaktionsgeschichtlichen Untersuchungen gezogen werden.

Die Beobachtung der Kotexte kann und soll nicht nur die engeren, sondern auch die weiteren Kotexte erfassen. Dabei können sich Anhaltspunkte für weiter gezogene »Kohärenzbögen« ergeben, die darauf verweisen, daß der auszulegende Text Teil eines ursprünglich größeren Zusammenhangs gewesen ist.

Beispiel 5: Die oberflächenhafte und thematische Einbindung der Jabboq-Erzählung in die Kotexte der Jakobserzählung von Gen 25-33

Gen 32,23 ff. ist in einen Textkomplex integriert, der die Geschichte Jakobs und seines Bruders Esau zum Gegenstand hat. Dieser Textkomplex setzt mit Gen 25,19 ff. (die Geburt der Zwillinge) ein und kommt mit Gen 33,16 (friedliche Trennung der beiden Brüder) bzw. 17 ff. (Niederlassung Jakobs im Lande) zu einem gewissen Abschluß. Diese Einbindung läßt sich oberflächenhaft und thematisch festmachen. Beispielsweise fallen etwa auf der Wortebene die Stichwortverbindungen von Gen 32,31 zu 32,12a (נצל) und 33,10 (פנה, ראה) auf.
Noch auffallender und bedeutsamer ist ein gemeinsames Set von Motiven und Themen, die den Textkomplex durchziehen und miteinander verbunden sind – etwa das Motiv des Namens, der mit dem Verhalten seines Trägers korreliert wird. Für den Namen Jakobs haben wir dies schon beobachtet (vgl. § 4 – Beispiel 37). Das Motiv findet sich aber auch für seinen Bruder Esau. Esau-Edom bittet seinen Bruder Jakob in der Erzählung vom »Linsengericht«: »Laß mich verschlingen von dem Roten« (min hā °ādom) ...«, und die Erzählung kommentiert: Deshalb heißt er (sc. Esau) »Edom« (Gen 25,30).
Ein zentrales Thema der Jabboqerzählung ist der Segen: »Ich lasse dich nicht, du habest mich denn gesegnet« (Gen 32,27). So spricht Jakob zu dem Fremden, worauf dieser ihn schließlich segnet (V. 30). Der »Segen« als zwischen Jakob und Esau

234 §7 Die Geschichte des Textes

streitiger »Erstgeburtssegen« ist indessen schon Thema in Gen 27. Als Gabe für Jakobs Nachkommen ist er Teil der göttlichen Verheißungsrede in Gen 28,14. Ein weiteres verbindendes Thema sind die Herrschaftsverhältnisse der Brüder und der durch sie repräsentierten Völker. Es klingt schon im »Geburtsorakel« Gen 25,23 deutlich an; dort wird die Dienstbarkeit des jüngeren gegenüber dem älteren vorhergesagt: וְרַב יַעֲבֹד צָעִיר. Dies wird in Gen 27,37 bekräftigt. In Gen 33 findet dieses Thema einen bemerkenswerten, versöhnlichen Abschluß: Esau kommt Jakob mit 400 Mann entgegen. Jakob verneigt sich sieben mal vor Esau (V. 3) ; ja er vergleicht in V. 10 die Begegnung mit seinem Bruder mit der »Gottesbegegnung am Jabbok (Stichwortverbindung zu Gen 32,31):

Gen 33,10: »*... ich habe dein Angesicht gesehen, als hätte ich das Angesicht Gottes gesehen ...*«

רָאִיתִי פָנֶיךָ כִּרְאֹת פְּנֵי אֱלֹהִים

(Gen 32,31): (Jakob) »*Ich habe Gott von Angesicht gesehen. ...*«

רָאִיתִי אֱלֹהִים פָּנִים אֶל־פָּנִים

Bei solchen und ähnlichen Beobachtungen der Literarkritik ist darauf zu achten, ob und in welcher Weise die verbindenden Themen variiert sind oder erscheinen (z. B. in die Erzählung integriert oder als Teil einer größeren Gottesrede). Je nachdem können die Beobachtungen in der redaktionsgeschichtlichen Auswertung zu ganz unterschiedlichen Schlüssen führen. Sie können zu der Annahme führen, daß der Endtext die verbindenden Themen

(a) der Zusammenarbeit unterschiedlicher Quellen oder der Bearbeitung durch eine spätere Redaktion verdankt – oder

(b) daß der Zusammenhang von Anfang an als Stilmittel eines größeren, einheitlichen Textkomplexes gegeben war.

2.1.2 Innere Einheitlichkeit oder Uneinheitlichkeit

Auch für die Frage der inneren Einheitlichkeit oder Uneinheitlichkeit (bisweilen findet sich auch der etwas prätentiöse Begriff »Integrität«) des auszulegenden Textes wird zunächst nach oberflächenhaften und thematischen Abgrenzungen im Inneren des auszulegenden Textes »gefahndet«. Ganz ähnlich wie im obigen Beispiel 4 (Jes 39/40), aber auch in Beispiel 8 des § 4 (Jer 22,10 f.), werden dabei textanalytische Befunde literarhistorisch ausgewertet. Traditionell werden bei der Literarkritik aber noch weitere Kriterien in Anschlag gebracht, die über die von der Textanalyse her zu erkennenden oder signifikanten Sachverhalte hinausgehen:

Dublette

Das Kriterium der Dublette oder Doppelung ist erfüllt, wenn sich eine inhaltliche Komponente innerhalb einer nicht allzu weiten Textstrecke wenigstens zweimal formuliert vorfindet. Besonders in der Pentateuchkritik ist dieser Gesichtspunkt von hoher Bedeutung. Dabei geht die Kritik von der Textvorstellung der einsträngigen Erzählung aus und notiert dementspre-

§ 7 Die Geschichte des Textes

chend Dubletten als Hinweise auf literargeschichtliche Vorgänge, wobei wiederum nicht selten vom favorisierten literarhistorischen Modell abhängt, wie dieser Vorgang jeweils gedacht wird.

Beispiel 6: Eine Dublette in der Josephserzählung

Ein Dublette, auf die gerne verwiesen wird, ist das anscheinend zweifach vorhandene Storyelement von Josephs Verkauf durch die Brüder an eine vorüberziehende Kaufmannskarawane. Einmal setzt sich diese Karawane aus »Ismaelitern« zusammen, das andere Mal aus »midianitischen Männern«.

Gen 37 und 39 (Luthertext):
(37,25) Und sie setzten sich nieder, um zu essen. Indessen hoben sie ihre Augen auf und sahen eine Karawane **von Ismaelitern** *kommen von Gilead mit ihren Kamelen; die trugen kostbares Harz, Balsam und Myrrhe und zogen hinab nach Ägypten. (26) Da sprach Juda zu seinen Brüdern: Was hilft's uns, daß wir unsern Bruder töten und sein Blut verbergen? (27) Kommt, laßt uns ihn* **den Ismaelitern** *verkaufen, damit sich unsere Hände nicht an ihm vergreifen; denn er ist unser Bruder, unser Fleisch und Blut. Und sie gehorchten ihm. (28) Als aber* **die midianitischen Kaufleute** *vorüberkamen, zogen sie ihn heraus aus der Grube und verkauften ihn um zwanzig Silberstücke* **den Ismaelitern***; die brachten ihn nach Ägypten ... (36) Aber* **die Midianiter** *verkauften ihn in Ägypten an Potifar, des Pharao Kämmerer und Obersten der Leibwache.*
(39,1) Josef wurde hinab nach Ägypten geführt, und Potifar, ein ägyptischer Mann, des Pharao Kämmerer und Oberster der Leibwache, kaufte ihn von den **Ismaelitern***, die ihn hinabgebracht hatten.*

Dieser literarkritische Befund wird in der Exegese sowohl nach dem Urkundenmodell (s. u. 2.3.2) wie nach dem redaktionsgeschichtlichen Modell (s. u. 2.3.4) interpretiert.

Doppelüberlieferung

Ein der Dublette ähnlicher Befund ist der einer Doppel- und Mehrfachüberlieferung. Von ihr spricht man, wenn ein oberflächenhaft (dem Wortlaut nach) oder thematisch vergleichbares Textstück innerhalb einer größeren Textstrecke mehrfach vorkommt.

Beispiel 7a: Die drei Überlieferungen von der »Gefährdung der Ahnfrau« (besser vielleicht: »Feigheit des Ahnherrn«)

In der Genesis wird ein bestimmtes Motiv – die Frau eines nichtansässigen »Patriarchen« gerät in Gefahr, von einem ansässigen Potentaten »vereinnahmt« zu werden – insgesamt dreimal erzählt: für Abrams Frau Sara in Ägypten (Gen 12,10-20) und in Gerar (Gen 20); für Isaaks Frau Rebekka ebenfalls in Gerar (Gen 26,1-11). Dieser Befund kann sowohl »überlieferungsgeschichtlich« wie »redaktionsgeschichtlich« erklärt werden. Die überlieferungsgeschichtliche Erklärung (vgl. unten 2.2) führt ins Stadium mündlicher Textweitergabe zurück und rechnet damit, daß

sich für jeden der Patriarchen an unterschiedlichen Orten (»Haftpunkten«) volks-
tümliche Erzählungen mit ähnlichem Gehalt gebildet haben. Die radaktions-
geschichtliche Erklärung rechnet mit literarischen Abhängigkeiten der drei Texte.

Beispiel 7b: Die beiden Überlieferungen des Sinai-Dekaloges

Der Dekalog liegt bekanntlich in zwei weitgehend wortgleichen, aber doch auch signifikant unterschiedlichen Fassungen vor (vgl. besonders das jeweilige »Sabbat-
gebot«, die Formulierung der abschließenden, Haus bzw. Frau und Eigentum betreffenden Begehrensverbote in Ex 20 und Dtn 5). Aus Vorgängen der mündlichen
Textweitergabe ist Doppelüberlieferung kaum erklärbar. Sehr viel wahrscheinlicher
ist, daß eine der beiden Fassungen bei der Abfassung der anderen schriftlich vorlag;
dabei kann darüber »gestritten« werden, welcher der Fassungen die Priorität zu-
kommt. (Diese Mehrfachüberlieferung ist, so kann man sagen, »intertextuell«.)

Redeweise und Stil

Ein weites Feld literarkritischer Argumentation bilden die »Differenzen in
Redeweise und Stil«. Darunter kann man einen Wechsel der Diskursart verstehen, etwa von erzählender Prosa zu Redestücken oder poetisch gebundenen Textelementen.

Beispiel 8

Der Wechsel von erzählender Prosa zu »gebundener«, poetischer Psalmensprache
findet sich etwa beim Jona-Psalm, Jona 2, inmitten der Jonaerzählung oder beim
Mose- und Miriamlied Ex 15 zwischen Exoduserzählung und Erzählung der Wüsten-
wanderung. Ein Wechsel von erzählender Prosa zu präskriptiven Diskursarten ist im
Übergang von der Theophanieerzählung Ex 19 zu den Rechtskorpora des Dekalogs
und des »Bundesbuches« zu beobachten; ein ähnliches Phänomen bringt die Einbettung der poetisch-»dramatischen« Mono- und Dialoge des Hiobbuches in dessen Rahmenerzählung (Hiob 1; 2-42,7ff.) hervor.
Solche Diskursartwechsel werden in der Regel literarhistorisch interpretiert, d.h.
den Stücken mit unterschiedlicher Diskursart werden zunächst eigenständige Ent-
stehungsgeschichten zugeschrieben und dann ihr Zusammenstand im vorliegenden Text auf Redaktionen oder Bearbeitungen zurückgeführt. Ob diese Interpretationen immer zutreffen, kann bisweilen (so etwa für Jona 2) bezweifelt werden (vgl.
§ 5a – Beispiel 5).

Dem *Differenz*kriterium »Stil« entspricht komplementär das *Identitäts*kriterium Stil, d.h. man kann Textelemente im vorliegenden Text dadurch als in
sich einheitlich und zusammengehörig aufweisen, daß man ihre »stilistischen« Eigenarten beschreibt, z.B. ihre Wortwahl, ihre Art und Weise, Sätze zu bilden oder Leitworte und rekurrierende Formeln zu gebrauchen.

§ 7 Die Geschichte des Textes

Beispiel 9: Der Stil der »Priesterschrift«

Recht gut verifizieren läßt sich dieses Kriterium für eine Textgruppe im Pentateuch, die »priesterschriftlich« genannt wird und literargeschichtlich entweder als eine einstmals selbständige »Urkunde« oder als eine »Bearbeitungsschicht« interpretiert wird. Diese Priesterschrift bezeichnet z. B. das Volk als בְּנֵי יִשְׂרָאֵל (»Kinder Israels«), das Land als אֶרֶץ כְּנַעַן (»Land Kanaan«), ein »Bund« wird in priesterschriftlichen Texten nicht, wie in der Gruppe der sogenannten deuteronomistischen Texte, »geschlossen« (כָּרַת בְּרִית), sondern »aufgerichtet« (הֵקִים בְּרִית). Recht gut identifizieren läßt sich diese typische Wortwahl an dem priesterschriftlichen Bericht der Berufung des Mose Ex 6,1-8.
Im priesterschriftlichen »Schöpfungsbericht« (Gen 1-2,4a) wird das »Schaffen Gottes« mit einer speziellen Vokabel ausgedrückt, nämlich mit בָּרָא (»erschaffen«), statt mit dem üblichen עָשָׂה (»tun/machen«). Als weitere Stileigentümlichkeit der Priesterschrift wird ihre Vorliebe für bestimmte Formeln angeführt. Manche dieser Formeln haben in der Tat eine auffällige Signal- und Leitfunktion. Dies ist z. B. an den Toledot- und Wanderungsformeln (vgl. etwa Gen 2,4a; 5,1; 6,9; 11,26; 25,19 für die Toledotformel oder Ex 12,37, 13,20 u. ö. für die Wegformel) zu beobachten.

Ein Problem solcher Stilbestimmungen liegt darin, daß sie nur in Ausnahmefällen so profiliert gelingen wie für die »priesterschriftlichen« Texte. Ein weiteres Problem besteht darin, daß es auf »Stile« keinen »Urheberrechtsschutz« gibt, d. h. sie können auch in späterer Zeit wiederaufgenommen und imitiert werden, was wohl auch geschieht, so für den – neben dem priesterschriftlichen – ähnlich profilierten »deuteronomistischen« Stil.[19]

Unterschiedliche Namen für dieselbe Person

Bisweilen trifft sich das Kriterium der Wort- und Namenswahl mit dem der Dublette, in Sonderheit, wenn innerhalb eines Textabschnittes ein und dieselbe Figur oder ein und derselbe Sachverhalt mit unterschiedlichen Namen oder Worten ausgedrückt wird.

Beispiel 10: Die verschiedenen Gottesbezeichnungen

Das berühmte Beispiel für dieses literarkritische Kriterium ist der Wechsel der Gottesbezeichnungen bzw. Gottesnamen im Pentateuch von Buch Genesis bis Ex 6. Vor allem in der Genesis, besonders in den Schöpfungstexten Gen 1-3, läßt sich der Wechsel zwischen der hebräischen Gottesbezeichnung אלהים, (»Gott«) und dem Gottesnamen יהוה, JHWH, »Jahwe«, (»HERR«) beobachten. Bekanntlich haben die traditionellen Pentateuch-Urkunden »Jahwist« beziehungsweise »Elohist« aus diesem Phänomen ihre Namen abgeleitet.
Dieses Kriterium ist aber keineswegs auf die Gottesnamen beschränkt, so werden

19. Es wurde oft versucht, diesen Stil zu beschreiben; für einen solchen Versuch vgl. M. WEINFELD, Deuteronomy and the Deuteronomic School, Oxford 1972 [Neuauflage 1992], 320ff.

238　　　　　　　　　　　　　　　　　　§ 7 Die Geschichte des Textes

für den Schwiegervater des Mose zwei Namen gebraucht – Jetro (Ex 4,18 und Ex 18,1.5 ff.) oder Reguël (Ex 2,18). Die Trockenheit des Meeres beim Durchzug der Israeliten durch dasselbe wird mit den Worten יבשה und חרבה (Ex 14,21 ff. – vgl. nächstes Beispiel) ausgedrückt.

Insbesondere das Kriterium des Gottesnamens muß mit großer Vorsicht Verwendung finden und darf nicht isoliert in literargeschichtliche Argumentationen eingebracht werden.

Spannungen und Brüche

Ein weites Feld sind schließlich alle jene Unterscheidungsgesichtspunkte, die auf rein inhaltliche Beobachtungen abheben, und dabei »Spannungen«, »Ungereimtheiten« oder »Widersprüche« im Text feststellen. Literargeschichtlich werden solche Spannungen darauf zurückgeführt, daß zwei unterschiedliche Texte einen Sachverhalt unterschiedlich dargestellt haben; durch die spätere Verbindung (»Kompilation«) der beiden Texte zu einem einzigen sei dann diese »Spannung« entstanden. Es muß für dieses Kriterium im Auge behalten werden, daß es wie kein anderes von den Denkvoraussetzungen und den kulturellen Voraussetzungen des Lesers abhängig ist. Die Wahrscheinlichkeit, daß eine Spannung tatsächlich auf literargeschichtliche Vorgänge zurückzuführen ist, steigt, wenn die Spannung positiv auch sonst unterscheidbaren »Denkbewegungen« des Textes zugeordnet werden kann.

Beispiel 11a: »Spannungen« beim »Durchzug durchs Meer« (Ex 14)

Traditionell als »spannungsreich« empfunden wird die Erzählung vom Durchzug der Israeliten durchs Meer. Dazu wird geltend gemacht, daß es die Erzählung ganz unterschiedlichen, ja widersprüchlichen Sachverhalten zuschreibt, daß die Israeliten trockenen Fußes das »Schilfmeer« durchschreiten. Literarkritisch »unbehandelt«, aber spannungsreich lautet der betreffende Abschnitt:

(21) Da streckte Mose seine Hand über das Meer,
und JHWH ließ weichen das Meer durch einen kräftigen Ostwind die ganze Nacht,
und er legte das Meer trocken (לֶחָרָבָה),
und die Wasser spalteten sich.
(22) Da gingen die Israeliten mitten im Meer auf dem Trockenen (בַּיַּבָּשָׁה) – die Wasser
aber waren für sie eine Mauer zur Rechten und zur Linken.

Ein Meer, das »zurückgewichen« und »trockengelegt« ist, hat – so läßt sich der Widerspruch formulieren – keine Wasser mehr, die sich teilen, geschweige zu Mauern auftürmen könnten. So läßt sich der Text in zwei »Versionen« aufspalten, wobei sich der willkommene Nebeneffekt ergibt, daß sich die beiden unterschiedlichen Worte für »trocken« sowie die unterschiedlichen Gottesbezeichnungen (vgl. voriges Beispiel) auf diese beiden Versionen verteilen; traditionell werden diese beiden Ver-

§ 7 Die Geschichte des Textes

sionen dem »Jahwist«, bzw. der Priesterschrift (vgl. unten Beispiel 14) zugeschrieben. Literarkritisch aufgeteilt und »bereinigt« liest sich der Abschnitt dann so:

(21) ... *JHWH ließ weichen das Meer durch einen* *kräftigen Ostwind die ganze Nacht,* *und er legte das Meer trocken* (לְחָרָבָה)	*(21) Da streckte Mose seine Hand über das Meer* *...* *und die Wasser teilten sich.* *(22) Da gingen die Israeliten mitten im Meer* *auf dem Trockenen* (בַּיַּבָּשָׁה) *– die Wasser aber* *waren für sie eine Mauer zur Rechten und* *zur Linken.*

Diese literarkritische Aufteilung wird von der großen Mehrzahl der Forscher für höchst plausibel gehalten. Dennoch ist sie nicht selbstverständlich, sondern auch von Verstehensvoraussetzungen auf seiten der Leser und Kommentatoren abhängig. Dies zeigt ein Blick in zwei »klassische« Kommentare des Pentateuch. J. WELLHAUSEN, einer der Väter der modernen Pentateuchkritik, schrieb 1876 dazu: »... Der Unterschied der beiden Quellen gestaltet sich hier genau ebenso wie bei den Plagen: in J führt Jahve durch elementare Gewalt das Wunder herbei, in E Mose durch Aufheben des Stabes. Es hängt damit zusammen, daß die Sache dort viel *natürlicher* zugeht, wie hier.«[20] Daß die Sache mit dem Ostwind »natürlicher« sei, verrät die Voraussetzung des Kommentators. Er stellt sich offenbar vor, daß das flache Meer durch einen beständig wehenden, heißen Wind zurückgedrängt und der Meeresboden ausgetrocknet worden sei (so auch der seinerzeit bekannte Exoduskommentar von B. BAENTSCH). Eine solche »natürliche« Deutung des Textes ist aber keineswegs notwendig. Der mittelalterliche jüdische Kommentator »Raschi« (für: Rabbi Schlomo Jizchaqi; 1040-1105) macht auf Stellen aufmerksam,[21] in denen der Wind gewissermaßen als Waffe (vgl. bes. Ez 27,26, auch Hos 13,15) erscheint. Dieser Wind ist nur bedingt eine »natürliche«, eher eine »mythische« Größe. Er ist Zeichen und Werkzeug des kampfbereit gegenwärtigen Gottes. So könnten beide »Bilder« – Mose mit seinem Stab, der die Teilung der Wasser einleitet, einerseits und JHWH mit seinem Wind und das Trockenlegen des Meeres andererseits – Perspektiven (vgl. §5a – 2.4) auf ein einziges Geschehen sein. Die eine Perspektive läßt den Leser das Geschehen aus der Sicht der beteiligten Menschen sehen und die andere Perspektive versetzt den Leser auf den Stand- und Blickpunkt Gottes. Beide Perspektiven können dann durchaus einem gedanklich und mithin auch historisch einheitlichen Text angehören. Die Entscheidung zwischen beiden literarkritischen Möglichkeiten muß also auf weitere Argumente und Beobachtungen aufbauen; dabei fällt die Beobachtung mit den beiden Worten für »Trockenheit« durchaus ins Gewicht.

Literarkritische (Einzel-)Befunde sind – dies zeigt das letzte Beispiel – um so gewichtiger, je mehr Beobachtungen von unterschiedlichen Gesichtspunkten aus in eine Richtung weisen. Dabei sind literarkritische Ergebnis-

20. J. WELLHAUSEN, Die Komposition des Hexateuch, Berlin ⁴1963, 76. Hervorhebung durch H. U..
21. Vgl. etwa: רש״י על תורה, Raschis Pentateuchkommentar. Vollständig ins Deutsche übertragen und mit einer Einleitung versehen von Rab. Dr. Selig Bamberger, Basel 1994, 199.

se immer und grundsätzlich *Hypothesen,* die literarhistorisch wahrscheinlich zu machen sind, wenn und insofern sie sich in ein umfassenderes überlieferungs- und/oder redaktionsgeschichtliches Modell (vgl. 2.2 und 2.3 »Überlieferungs- und Literargeschichte«) sowie in eine historische Kommunikationssituation (vgl. 2.4 »Historischer Ort«) einzeichnen lassen.

Beispiel 11b

Für unseren Textabschnitt Ex 14,21f. könnte die Texthypothese etwa so lauten: Vermutlich setzt sich der Text aus zwei Versionen des Schilfmeerwunders zusammen, deren eine die Trockenlegung des Meeres der Wirksamkeit eines Ostwindes zuschreibt, während die andere die Vorstellung einer »Gasse« mit Wassermauern rechts und links enthält. Alles weitere, das relative und absolute Alter der beiden Versionen, ihre Einbindung in ihre jeweils größeren literarischen Kontexte, ist dann Sache der Literargeschichte.

2.2 Zur Überlieferungsgeschichte – Die Rekonstruktion der Geschichte eines Textes im Stadium der mündlichen Überlieferung

Im Grundmodell geht schon die Überlieferungstheorie des Alten Testaments selbst (vgl. oben, 1.3.2 zu Jer 36) und auch die moderne Exegese davon aus, daß nicht wenige nun schriftlich vorliegende Texte des Alten Testaments – wenigstens teilweise – mündlich kommuniziert und tradiert wurden, bevor sie dann auf- und weitergeschrieben wurden. Unter und in den Endtexten müßten demnach einstmals »mündlich« kommunizierte und tradierte Kerne stecken, die herauszuschälen sich die historisch-kritische Exegese vorgenommen hat.

Die Annahme einer mündlichen *Vorgeschichte* mancher – gewiß nicht aller – schriftlich vorliegender Texte des Alten Testaments ist besonders plausibel für bestimmte Texte und Gattungen, deren »Sitz im Leben« Mündlichkeit der Überlieferung und/oder die Mündlichkeit der Realisierung (also etwa die Verlesung oder Deklamierung des betreffenden Textes) voraussetzt (vgl. §5 – Beispiel 7b). Dabei ist die »Mündlichkeit« durchaus kein zwingendes Indiz für ein besonders hohes Alter eines Textes. An zwei Gattungen alttestamentlicher Texte sei dies kurz skizziert:

»Mündlichkeit« ist das Traditions- und Realisationsmedium für *elementare Gestalten des Erzählens.* H. W. Wahl beschreibt sie so: »Überall dort, wo Menschen Muße haben, kann erzählt werden: beim Wasserschöpfen am Brunnen, abends unter der Dorflinde, beim Hüten der Tiere, beim Rasten der Karawanen, im Beduinenzelt ... Solche Erzählsituationen sind keineswegs auf agrarische Gesellschaften beschränkt: Jede vorindustrielle Kultur bietet zum Erzählen ... Gelegenheit. ... So ist der Sitz im Leben der mündli-

§7 Die Geschichte des Textes

chen Erzählung ... jeder beliebige Ort, wo zwei oder mehr Menschen in Muße beisammen sind.«[22] Dieses Erzählen bringt – wie wir gesehen haben (§ 5 – 2.1) – auch eine ganz bestimmte Gattungsform hervor: kurze, in sich geschlossene Texte, die von einem Ereignis berichten, wenige dramatis personae, einfache Syntax usw. Die Annahme ist nach wie vor berechtigt, daß die *Gattung*»Sagen«, die Erzväter- und -müttergeschichten in der Genesis, in diesen Kontext des elementaren und damit mündlichen Erzählens gehören. Inhaltlich setzen sie eine »halbnomadische« oder bäuerliche (und zudem weitgehend schriftlose) Alltagswelt voraus, formal entsprechen sie der Gattung der mündlichen Erzählung.

Ganz anders liegen die Dinge in unserem zweiten Fall, der *Mündlichkeit der Prophetie*. Die Annahme der Mündlichkeit (vgl. schon oben 1.3.2) hängt hier an einem bestimmten Bild der Propheten und ihres Traditionswesens. Als elementarer »Ort« des Prophezeiens gilt der Prophet: »... Amos und seinesgleichen ... bleiben Künder des göttlichen *dabar* (›Wortes‹), der vor allem öffentlich vorgetragen sein will. Kommt es zur Niederschrift, ist es ein zweiter Vorgang, der oft als Not- oder Überbrückungsmaßnahme getroffen werden muß. Die Schriftprofeten sind weithin Schriftsteller wider Willen.«[23] Diesem Prophetenbild folgend, sind »mündliche« Texte formal als kurze Sprucheinheiten zu beschreiben, in denen der Prophet das Gotteswort für eine ganz bestimmte historische Situation verkündet. Mit dem Entwicklungs- und Bildungsstand der umgebenden Gesellschaft (also, ob es sich um eine Schriftkultur handelt oder nicht) hat diese Mündlichkeit überhaupt nichts zu tun. Sie liegt gewissermaßen im Zuschnitt des Prophetenberufs begründet. Die Richtigkeit unserer Vorstellung vorausgesetzt, ist es plausibel, daß am Beginn der Geschichte der weiträumigen Redetexte der Prophetenbücher kleinräumige Prophetensprüche als »Kristallisationskerne« stehen.

Darüber hinaus können wir auch damit rechnen, daß *Mündlichkeit und Schriftlichkeit nebeneinander* bestanden, wie dies beispielsweise für viele Volks- und Kirchenlieder, für die Überlieferung moderner Hits der Unterhaltungsmusik heute noch der Fall ist: Wiewohl der Text in Schriftform existiert und verfügbar ist, wird er in vielen Situationen mündlich tradiert und kommuniziert. Ähnliches gilt für Märchen, Anekdoten und Witze. Ein alttestamentliches Beispiel für mündlich und zugleich schriftlich tradierte Texte könnten die sogenannten Dank- bzw. Klagepsalmen des Einzelnen sein. Sie wurden nach Meinung von K. Seybold[24] wahrscheinlich zum Zeugnis erfahrener Hilfe und vor allem zur Einlösung eines Gelübdes nicht

---

22. H. M. Wahl, Die Jakobserzählungen. Studien zu ihrer mündlichen Überlieferung, Verschriftung und Historizität, BZAW 258, Berlin 1997, 123 f.
23. K. Koch, Die Profeten I, Stuttgart 1978, 177.

nur im Heiligtum rezitiert, sondern auch in Schriftform als Votivgabe dort niedergelegt (vgl. Ps 40,8-10).

So plausibel die Annahme mündlicher Vorgeschichten für manche alttestamentlichen Texte auf der Ebene der »Gattung« und der »Sitze im Leben« ist, so schwierig ist es, die mündlichen Textkerne für ganz bestimmte Einzeltexte herauszulösen. Eben darum aber geht es in einer auf den Einzeltext bezogenen Geschichte des Textes. Die alttestamentliche Forschung ist in den letzten Jahrzehnten immer skeptischer gegenüber der Möglichkeit geworden, von den schriftlich vorliegenden alttestamentlichen Texten auf deren mündliche Vorformen vorzustoßen.[25] H. M. Wahl, der sich in seinem Buch über viele Seiten bemüht hat, das Phänomen des mündlichen Erzählens als solches zu erhellen, kommt für die Jakobserzählungen zu dem ernüchternden Resultat: »Eine Geschichte der mündlichen Überlieferung der Stoffe ist von ihrer verschrifteten Gestalt aus kaum zu ermitteln. Der mündliche Stoff ist durch die Verschriftung ... so verändert, daß er nicht mehr ausgemacht werden kann.«[26] Und J. Jeremias warnt davor, die mündliche Verkündigung zu unmittelbar greifen zu wollen. Sie lasse sich allenfalls erahnen, »keinesfalls aber mit einiger Genauigkeit rekonstruieren«. Nur in besonders günstig gelagerten Fällen, etwa für Hos 5,8-10, gelinge diese Rekonstruktion mit einem »relativ hohen Grad an Wahrscheinlichkeit«.[27]

Von diesen Voraussetzungen her – die Mündlichkeit ist kein einheitliches Phänomen, und sie ist bis zur Unkenntlichkeit in die Schriftlichkeit aufgegangen – läßt sich u. E. keine generell anzuwendende Methodik für die Rekonstruktion der mündlichen Vorformen einzelner biblischer Texte angeben. Freilich lassen sich *methodische Richtungen* aufzeigen, in deren Verfolg solche Rekonstruktionen bisweilen gelingen mögen.

(1) *Die mündliche Überlieferung von erzählenden Texten* wird vor allem dann angenommen, wenn für sie die Herkunft aus der volkstümlichen Überlieferung, der »Folklore«, vermutet werden kann. Dafür kann z. B. geltend gemacht werden, daß es in der alttestamentlichen Literatur, aber auch darüber hinaus »*Doppel- oder Mehrfachüberlieferungen*« gibt (vgl. schon oben Beispiel 7a). Dies ist dann ein Beleg dafür, daß dieser Stoff als »Story« (vgl. oben § 5a – 1.1) im Erzählschatz der Zeit enthalten und immer wieder – allerdings in unterschiedlicher Gestalt und nicht notwendig nur mündlich – als »Erzähl-

---

24. K. Seybold, Die Psalmen. Eine Einführung, Stuttgart ²1991, 40 ff.
25. Vgl. den Forschungsbericht bei H. W. Wahl, Jakobserzählungen, 7-62.
26. Ebd., 288.
27. J. Jeremias, »Ich bin wie ein Löwe für Efraim ...« (Hos 5,14). Aktualität und Allgemeingültigkeit im Prophetischen Reden von Gott – am Beispiel von Hos 5,8-14, in: ders., Hosea und Amos, Studien zu den Anfängen des Dodekapropheton, FAT 134, Tübingen 1996, 108-121, 112.

§ 7 Die Geschichte des Textes

text« realisiert werden konnte. Solchen Mehrfachüberlieferungen verwandt und vergleichbar sind traditions- und motivgeschichtliche Befunde, die zeigen, daß, wenn nicht die ganze Story, so doch einzelne Motive oder Motivgruppen auch im kollektiven Gedächtnis der antiken Nachbarvölker Israels verbreitet waren.

Beispiel 12: Biblische Texte und außerbiblische Stoffe

Die Erzählung vom Besuch der drei (göttlichen) Männer bei Abram und Sarai mit der Geburtsverheißung für Isaak (Gen 18) erinnert an die *Orionsage*.[28] Die Jonaerzählung teilt das Motiv vom Aufenthalt des Helden im Leib eines Fisches mit der *Perseussage*, das Motiv der Rettung eines Schiffbrüchigen durch einen Delphin mit der *Arionsage*. Die Erzählung von Jeftas Tochter, die wegen eines Gelübdes ihres Vaters sterben muß (Ri 11), hat ebenfalls Parallelen in der klassischen griechischen Literatur, so z. B. in Euripides' Tragödie *Iphigenie in Aulis*. Die meist sehr freie Verwendung dieser Stoffe geht auf durchaus zweiseitige Kulturbeziehungen zwischen dem östlichen Mittelmeerraum und der ägäischen Welt zurück, ohne daß die »Übertragungswege« im einzelnen nachweisbar wären. Ähnliche und noch bei weitem engere Beziehungen bestanden mit Ägypten und dem Zweistromland; auch hier sind Stoffe (etwa die Sintflutmythe) aufgenommen worden. Für manche Texte, so etwa für die Sprüche in Spr 22,17-23,11, die z. T. wörtliche Anklänge an einen ägyptischen Text, die »Lehre des Amenemope«, aufweisen, ist anzunehmen, daß sie den alttestamentlichen Verfassern schriftlich vorlagen.

---

(2) Der relativ »sicherste« Weg zur mündlichen Vorform eines bestimmten Textes führt u. E. über die Gattung und deren Sitz im Leben. Mündlichkeit ist, so haben wir gesehen, wesentlich ein Merkmal des jeweiligen Sitzes im Leben. Je näher der Text auf das Gattungsformular hin angelegt und/oder mit literarkritischen Gründen auf eine Gestalt reduzierbar ist, die dem Gattungsformular nahe kommt, desto näher ist – so kann vermutet werden – die dadurch erreichte Textgestalt der einst mündlich tradierten Gestalt dieses Textes.

Beispiel 13: Versuch der Rekonstruktion der mündlichen Vorstufe eines schriftlichen Erzähltextes: Die Geburtssage hinter Gen 25,19-26

Die Gattungsbestimmung für diesen Text als Familien-, genauer: Geburtssage, wird hier vorausgesetzt; sie geht davon aus, daß der Text kurz ist, nur wenige Akteure aufweist, in Szenen aufgebaut ist und eine alltägliche, familienbezogene Erscheinung, eben eine Geburt, zum Gegenstand hat.
Mit literarkritischen Gründen (Stilwechsel, Spannung!) reduzierbar sind zunächst die beiden »Toledotstücke« am Beginn (V. 19) und am Ende (V. 26: die Altersangabe für Isaak) des vorliegenden Textes. In einer literarkritischen Betrachtung würde auch auffallen, daß das Geburtsorakel »Zwei Völker sind in deinem Leib ...« (V. 23) in einer inhaltlichen Spannung zum »familiären« Geschehen einer Geburt steht. Ver-

---

28. H. GUNKEL, Genesis, 1910, 200.

mutlich dürfte dieses Orakel in einem späteren Stadium der Geschichte des Textes hier eingefügt worden sein. Um das Verhältnis der beiden ungleichen Brüder auf die beiden Staaten Israel (= Jakob) und Edom (= Esau) zu übertragen, wurde die Gottesbefragung samt Orakel eingeschrieben. Dies gilt auch für die Erklärung des Esau-Namens in V. 25. Fraglich sind auch die beiden ersten Sätze des V. 22; zu beidem siehe gleich. Noch später wurde der Text mit Teilen einer Toledot (Geschlechtsregister) gerahmt (V. 19f.26), deren Zeitangaben das lange und geduldige Ausharren der Erzeltern signalisieren. Deshalb kommen die genannten Stücke für die mündlich tradierte Textgestalt kaum in Frage und sind in der unteren Textwiedergabe eingeklammert.

Toledot 1

(19) Und dies ist das Geschlechtsregister Isaaks, Sohn des Abraham: Abraham zeugte Isaak.

(20) Und Isaak war 40 Jahre, als er Rebekka, die Tochter Bethuels, des Aramäers von Padan Aram, die Schwester Labans, des Aramäers, zur Frau nahm.]

Geburtssage: Element 1 (Unfruchtbarkeit, Lösung hier: Fürbitte des Patriarchen)

(21) Und Isaak bat JHWH für seine Frau, denn sie war unfruchtbar.
Und es ließ sich JHWH von ihm bitten.
Und Rebekka, seine Frau, wurde schwanger.

Eventuell einleitende Erzählung zur Gottesbefragung – oder Bestandteil der Sage

(22) Und die Söhne stießen sich in ihrem Leib, und sie sprach:
»Wenn das so (ist), warum geschieht mir dies?«

Gottesbefragung mit Orakelspruch

Und sie ging, zu befragen JHWH.
(23) Und JHWH sprach zu ihr:
»Zwei Völker (sind) in deinem Schoß.
Und zwei Nationen werden sich aussondern von deinem Mutterleib.
Und eine Nation wird stärker sein als die (andere) Nation.
Und ein Älterer wird dienen einem Jüngeren.«]

Geburtssage (Element 2: Geburt), hier Besonderheit: Zwillinge (deshalb eventuell V. 22 Bestandteil der Sage)

(24) Und es wurden voll ihre Tage zu gebären.
Und siehe: Zwillinge waren in ihrem Schoß.

Geburtssage (Element 2: Geburt und Namensgebung)

(25) Und der erste kam heraus: rötlich, ganz wie ein Fellkleid.
Und sie nannten ihn Esau.

Geburtssage (Element 2: Umstände der Geburt bestimmen die Namensgebung)

(26) Und danach kam sein Bruder heraus,
und seine Hand hielt die Ferse Esaus.
Und er nannte ihn Jakob.

Toledot 2

Und Isaak (war) 60 Jahre bei ihrer Geburt.]

Für eine mündliche Vorgeschichte des so »reduzierten« Textes sprechen vor allem folgende Gründe:
(1) Der Text erfüllt formal die Anforderungen einer geprägten Form elementaren, mündlichen Erzählens.

§ 7 Die Geschichte des Textes

2. Das Thema des Textes, die Geburt, ist eine in hohem Maße institutionelle Situation, ein Sitz im Leben, der das elementare Erzählen geradezu herausfordert. Es finden sich weitere Beispiele dafür in der Jakobsüberlieferung in Gen 29,31-30,24 u. ö. Dabei erfolgte die Namensgebung in diesen Texten häufig mit einem Wortspiel, das sich auf die Umstände der Geburt bezog (vgl. nur Gen 29.32.33.34.35; 30,6.8.11.13.18.20; 35,18). Dies läßt sich auch in V. 26 beobachten, wo mit dem Namen Jakob und dem hebr. Begriff für Ferse gespielt wird (vgl. oben § 4 – Beispiel 37). Für die Namensgebung Esaus ist das Spiel etwas komplizierter: Nur wenn man weiß, daß Esau für Edom steht und Edom im Gebiet von Seir siedelte, erkennt man das Spiel:

(25) *Und der Erste kam heraus: rötlich,*   25 וַיֵּצֵא הָרִאשׁוֹן אַדְמוֹנִי

ganz wie ein Fellkleid,   כֻּלּוֹ כְּאַדֶּרֶת שֵׂעָר

und sie nannten ihn Esau.   וַיִּקְרְאוּ שְׁמוֹ עֵשָׂו:

Die Begriffe »rötlich« (אַדְמוֹנִי) und »haarig« (שֵׂעָר) verweisen auf Esau (= Edom אדם) in Seir (שער). Daraus läßt sich schließen, daß frühestens, als die Sage Teil eines Jakob-Esau-Sagenkranzes wurde und die beiden Brüder für ganze Völker zu stehen kamen, dieses Wortspiel möglich wurde. Damit aber fällt dieser Teil des Textes für die Rekonstruktion der ursprünglichen mündlichen Überlieferung aus – ebenso wie schon das Geburtsorakel V. 23, das auch ein Völker- und kein familiäres Brüderverhältnis zum Thema hat.

Die noch offene Frage, ob die Aussagen von V. 22a-b zur mündlichen Stufe der Überlieferung gehören, läßt sich mit der Beobachtung klären, daß der Plural »die Söhne stießen sich« eine Vorwegnahme von V. 24: »Und siehe: Zwillinge ...« darstellt und damit wahrscheinlich nicht zum Bestandteil der mündlichen Überlieferung gehört hat. Schließlich ist es auch fraglich, ob die Familiengeschichte den Gottesnamen JHWH des israelitisch-judäischen Reichsgottes enthielt und nicht vielmehr den Namen oder die Bezeichnung einer Familien-»Gottheit«.

So läßt sich (durch die Vernetzung verschiedener Analyseergebnisse und methodischer Fragestellungen) als mündliche Vorstufe des schriftlich überlieferten Textes Gen 25,19-26 folgende Textgestalt wahrscheinlich machen. Selbstverständlich ist sie nicht als unmittelbare protokollhafte Niederschrift des mündlich erzählten und tradierten Erzähltextes zu verstehen, sondern Inhaltsangabe seiner Story:

(21) Und Isaak bat die Gottheit für seine Frau, denn sie war unfruchtbar.
Und es ließ sich die Gottheit von ihm bitten.
Und Rebekka, seine Frau, wurde schwanger.
(24) Und es wurden voll ihre Tage zu gebären.
Und siehe: Zwillinge waren in ihrem Schoß.
(25) Und der erste kam heraus.
Und sie nannten ihn Esau.
(26) Und danach kam sein Bruder heraus,
und seine Hand hielt die Ferse Esaus.
Und er nannte ihn Jakob.

> Auffällig und hier unberücksichtigt bleibt eine gewisse Inkohäsion zwischen V. 25 und V. 26: Während in V. 25 das Subjekt der Namengebung Esaus im Plural steht, steht das Subjekt der Namengebung Jakobs in V. 26 im Singular; vgl. die Ausgleichsversuche der Versionen.

2.3 Zur Literargeschichte – die Rekonstruktion der Geschichte eines Textes im Stadium der schriftlichen Überlieferung

Die Literargeschichte übernimmt die *Texthypothesen* aus der Literarkritik. Deren Ergebnisse sollen auf Vorgänge der Literargeschichte des Alten Testaments bezogen werden. Im folgenden werden wir nun typische und modellhafte »Ansichten« solcher Vorgänge entfalten. Dabei werden wir im ersten Abschnitt die literarhistorischen Grundvorgänge im Überblick beschreiben und begrifflich definieren (2.3.1) und diese dann im einzelnen ausführen.

2.3.1 Die Grundvorgänge im Überblick

R. WONNEBERGER, Redaktion, Studien zur Textfortschreibung im Alten Testament, entwickelt am Beispiel der Samuel-Überlieferung. FRLANT 156, Göttingen 1992, insbesondere 114-177

Wir gehen aus von zwei grundlegenden Textsorten, mit denen im Hinblick auf die Geschichte des Textes zu rechnen ist:
1. Vorhandene, *selbständige Texte,* auch Grundtexte, Vorlagen oder Urkunden genannt, und
2. in diese Grundtexte eingeschriebene, *nichtselbständige Texte,* auch Bearbeitungs- oder redaktionelle Texte genannt.
Bearbeitung als literarhistorischer Oberbegriff ist demnach in drei Grundvorgängen denkbar:
(1) Grundtexte werden *ohne* weitere Bearbeitungstexte »kompiliert« oder »komponiert«.
(2) Ein Grundtext wird mit Bearbeitungstexten versehen, also »bearbeitet«.
(3) Grundtexte werden *kompiliert oder komponiert* und dabei »bearbeitet«.
Das Ergebnis solcher Bearbeitungen ist immer ein (literarkritisch uneinheitlicher) »Komposit-Text«, der in einem neuen, späteren literarhistorischen Vorgang seinerseits wieder zum Grundtext werden kann.

§ 7 Die Geschichte des Textes 247

(1) Dabei soll von *Kompilation* die Rede sein, wenn mindestens zwei Grund- oder Vorlagentexte mit ähnlichem inhaltlichem Duktus so ineinandergearbeitet und verwoben wurden, daß daraus ein neuer Text entstand, der den Duktus und die Stoffe der vorliegenden »Urkunden« selektiv aufnimmt.[29] Charakteristisch für diesen Vorgang der Kompilation ist vor allem, daß der Kompilator selbst im Text des Kompilats nicht oder nur sehr sparsam das Wort ergreift (vgl. 2.3.2 und Beispiel 14). In einer Graphik dargestellt:

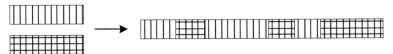

Kompilation

Von *Komposition* soll die Rede sein, wenn (beliebig viele) selbständige Grundtexte so zusammengestellt wurden, daß sie ihrer Gestalt und ihrem Inhalt nach weitgehend erhalten geblieben sind. Dieser Vorgang kann grundsätzlich ohne oder mit Kommentierungen durch den »Kompositeur« (vgl. unten 2.3.5 und Beispiel 20) erfolgen. In einer Graphik dargestellt:

Komposition

(2) Von *Bearbeitung* soll die Rede sein, wenn in selbständige Grundtexte nichtselbständige, auf diese Grundtexte bezogene »Einschreibungen« vorgenommen wurden. Solche Einschreibungen können von unterschiedlichem Umfang und von unterschiedlicher Häufigkeit sein.

Eine einmalige, kleine – meist erklärende oder hinweisende – Bearbeitung wird *Glosse* genannt (vgl. unten 2.3.3 Beispiel 15). In der Graphik dargestellt:

Glosse

Eine umfangreichere, den Grundtext in seinem Duktus aufnehmende, ihn ausdeutend oder aktualisierend bearbeitende Einschreibung kann *Fortschreibung* genannt werden (vgl. unten 2.3.3 Beispiel 16). In der Graphik dargestellt:

29. Wir schließen uns damit dem Begriffsgebrauch von R. Wonneberger, Redaktion, 144, an: »Insbesondere geht es häufig darum, verschiedene Versionen desselben Ereignisses zu einer einheitlichen Fassung zu verarbeiten. In solchen Fällen wollen wir von ›Kompilation‹ sprechen.« Vgl. auch Wonnebergers Unterscheidung von »Kompilations- und Adaptionsredaktion« (92f.), die in etwa unseren Begriffen »Kompilation« und »Bearbeitung« entspricht. Im normalen Wortgebrauch und von der Wortbedeutung (»zusammenräubern«) her ist »Kompilat« sehr viel negativer besetzt.

Fortschreibung

Von einer *Bearbeitungs- oder Redaktionsschicht* ist die Rede, wenn ein Grundtext an mehreren Stellen durch einen Redaktor »fortschreibend« bearbeitet wurde. In der Graphik:

Bearbeitungs- oder Redaktionsschicht

Denkbar ist auch, daß der so bearbeitete Text zu einem späteren Zeitpunkt erneut bearbeitet wurde und so zu einem Text *mit mehreren Bearbeitungs- oder Redaktionsschichten* »heranwuchs« (vgl. unten 2.3.4 Beispiel 17). In der Graphik:

mehrere Bearbeitungs- oder Redaktionsschichten

(3) Ein denkbar komplizierter Fall ist schließlich *die Kombination von Komposition bzw. Kompilation und Bearbeitung*. Dabei werden Texte aus vorliegenden Grundtexten kompiliert bzw. vielleicht auch komponiert und dabei sukzessive mehrfach bearbeitet (vgl. unten 2.3.4 Beispiel 18; 2.3.5 Beispiel 20). In der Graphik:

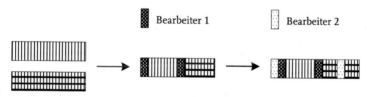

Kombination von Komposition bzw. Kompilation und Bearbeitung

2.3.2 Die Urkunden-Kompilation

Das »Urkundenmodell« rechnet mit der Kompilation zweier oder mehrerer Grundtexte. Der Impuls dafür ist wohl das Bestreben, inhaltlich divergierende Überlieferungen zu vereinheitlichen und zu harmonisieren. Zu Recht wird auf die Evangelienharmonie als Idealtypus einer Urkunden-Kompilierung verwiesen. Freilich werden auch z. T. einander widersprechende Urkunden nebeneinandergestellt, wie die beiden Schöpfungserzählungen Gen 1-2,4a und 2,4b-3,24 zeigen.

Als literarkritisches »Leitfossil«, das auf die Kompilation von Urkunden hinweist, gilt vielen Exegeten das Auftreten inhaltlicher Wiederholungen (»Doppelungen«) über längere Strecken des Endtextes. Dieser Befund wird dadurch erklärt, daß zwei Vorlagetexte mit ähnlichem inhaltlichem Duktus so zusammengearbeitet wurden, daß manche Stoffe mehrfach erhalten blieben.

Das Urkundenmodell ist das klassische Erklärungsmodell für die Entstehung des Pentateuch als eines Kompilats aus drei bis vier »Quellenschriften«, die inhaltlich über längere Strecken hinweg den gleichen Stoff geboten haben. Für dieses Erklärungsmodell gibt es »Paradebeispiele« (vgl. unten Beispiel 14), in denen die Annahme einer Kompilierung sehr plausibel erscheint. Es gibt aber auch Textbeispiele, für die diese Annahme sehr viel weniger erklärungskräftig und entsprechend umstritten ist. Aus diesem Grund ist das Erklärungsmodell der Kompilierung für einzelne Passagen des Pentateuch wahrscheinlicher als für den gesamten Pentateuch.

Das mittlerweile klassische »neuere« Urkunden- oder Quellenmodell rechnet näherhin damit, daß zunächst zwei Vorlagetexte, das jahwistische Geschichtswerk aus dem 10. Jh. und das elohistische Geschichtswerk aus dem 8. Jh., zu einem Komposittext mit der wissenschaftlichen Bezeichnung »Jehowist« (»JE«) kompiliert und dabei nur leicht bearbeitet wurde. In dieser JE-Erzählung aus dem 7. Jh. seien mehr jahwistische Stoffe als elohistische erhalten geblieben. Später sei diese JE-Erzählung mit einer weiteren selbständigen Quelle, der Priesterschrift aus dem 6. Jh., kompiliert und dabei mehr oder weniger stark bearbeitet worden. Für die neuere Exegese bis etwa 1970 waren an diesem komplizierten Vorgang vor allem die Kompilate (und weniger die Bearbeitungen) interessant, d.h. man bemühte sich, aus dem komplexen Text die »Urkunden« wiederherzustellen.

> Beispiel 14: Ex 13,17-14,31 – gedeutet durch M. Noth mit Hilfe des Urkundenmodells[30]
>
> Die Erzählung vom »Meerwunder« in Ex 13-14 ist einer jener Texte, bei denen deutlich zwei bis drei verschiedene Schilderungen eines Vorganges zu beobachten sind. Solche Dubletten gelten als besonders prägnante Indizien für die Arbeit mehrerer Autoren an einem Text (vgl. oben Beispiel 11). Daraufhin untersuchen wir den Abschnitt Ex 14,19-31 (Übersetzung nach T. Krüger[31]) etwas genauer. Zunächst jedoch sammeln wir literarkritisch signifikante textanalytische Beobachtungen:

30. M. Noth, Das zweite Buch Mose – Exodus, ATD 5, Göttingen 1958, 80ff. Vgl. neuerdings auch F. Kohata, Jahwist und Priesterschrift in Exodus 3-14, BZAW 166, Berlin 1986.
31. T. Krüger, Erwägungen zur Redaktion der Meerwundererzählung (Ex 13,17-14,31), ZAW 108 (1996), 519-33.

(1) Der Text ist durch drei Narrativketten strukturiert, die auch den Zeitangaben im Text entsprechen:
(a) 13,17-14,20a: Vorgeschichte der Ereignisse
(b) 14,20b-23:   Ereignisse in der Nacht
(c) 14,24-31:   Ereignisse zur Zeit der Morgenwache
(2) Die Nominalsätze in 22b und 29b gliedern die Schilderung ebenfalls, denn in 23a bzw. 30a findet jeweils ein Perspektivwechsel statt: 23a: Ägypten, 30a: JHWH.
(3) Die Oberflächenstruktur bietet also keine Hinweise auf »Spannungen« oder »Brüche«, die Inkohäsionen (Subjektwechsel, Ortswechsel, Zeitwechsel) lassen sich alle aus der Abfolge des Plots erklären.
(4) Erst ein Blick auf die Tiefenstruktur macht deutlich, daß einige Handlungsfolgen mehrfach erzählt werden, jeweils aus unterschiedlichen Perspektiven (z. B. von einer immanenten [Wind] bzw. transzendenten Ebene [JHWH handelt] aus) und auch mit unterschiedlicher Terminologie (z. B. für »trocken« und zur Gottesbezeichnung). Diese Inkohäsionen lassen sich unter literarkritischen Fragestellungen als Spannungen bzw. Dubletten deuten (siehe die Markierungen in der Übersetzung; vgl. auch oben Beispiel 11).

wayyiqtol-(TM)-x	(13,17)
...	
wayyiqtol-x	(14,19) Da brach der Gottesengel, der vor dem Heerlager Israels ging, auf
wayyiqtol-x	und ging hinter ihnen.
wayyiqtol-x	Und die Wolkensäule vor ihnen brach auf
wayyiqtol-x	und stellte sich hinter sie
wayyiqtol-x	(20) und ging hinein zwischen das Heerlager Ägyptens und das Heerlager Israels.
wayyiqtol-(TM)-x	Da war die Wolke und die Finsternis.
wayyiqtol-x	Dann erleuchtete sie die **Nacht**.
w-x-qatal-x	Und sie näherten sich einander nicht, die ganze Nacht hindurch.
wayyiqtol-x	(21) Da streckte Mose seine Hand über das Meer aus.
wayyiqtol-x	Und JHWH ließ das Meer durch einen starken Ostwind abfließen, die ganze Nacht hindurch.
wayyiqtol-x	Und er machte das Meer zu trockenem Land.
wayyiqtol-x	Und das Wasser wurde gespalten.
wayyiqtol-x	(22) Da gingen die Israeliten auf dem Trockenen mitten ins Meer hinein.
w-NS	Und das Wasser war für sie eine Mauer zu ihrer Rechten und zu ihrer Linken. vgl. 14,29
wayyiqtol-x	(23) Da verfolgten sie die **Ägypter**
wayyiqtol-x	und gingen hinter ihnen hinein, alle Pferde Pharaos, seine Wagen und seine Reiter, mitten ins Meer hinein.
wayyiqtol-(TM)-x	(24) Und zur Zeit der **Morgenwache** blickte JHWH in einer Feuer- und Wolkensäule herunter auf das Heerlager Ägyptens,
wayyiqtol-x	und er verwirrte das Heerlager Ägyptens.
wayyiqtol-x	(25) Und er ließ die Räder seiner Wagen abweichen
wayyiqtol-x	und lenkte sie in Schwierigkeiten.

§ 7 Die Geschichte des Textes

wayyiqtol-x	*Da sagte Ägypten:*
yiqtol-x	*»Ich will vor Israel fliehen,*
x-qatal-x	*denn JHWH kämpft für sie mit Ägypten!«*
wayyiqtol-x	*(26) Dann sagte JHWH zu Mose:*
q^{e}tol-x	*»Strecke deine Hand über das Meer aus,*
w-yiqtol-x	*daß das Meer zurückkehrt über Ägypten, über seine Wagen und über seine Reiter!«*
wayyiqtol-x	*(27) Und Mose streckte seine Hand über das Meer aus.*
Wayyiqtol-x	*Und das Meer kehrte gegen Anbruch des Morgens in sein Bett zurück.*
w-x-qotel	*Die Ägypter aber flohen ihm entgegen.*
wayyiqtol-x	*So schüttelte JHWH die Ägypter mitten ins Meer hinein.*
wayyiqtol-x	*(28) Und das Meer kehrte zurück*
wayyiqtol-x	*und bedeckte die Wagen und die Reiter des ganzen Heeres Pharaos,*
wayyiqtol-x	*die hinter ihnen ins Meer hineingegangen waren.*
x-qatal-x	*Kein einziger von ihnen blieb übrig.*
w-x-qatal-x	*(29) Die Israeliten aber waren auf dem* <u>Trockenen</u> *mitten durchs Meer gegangen.*
w-NS	*Und das Wasser war für sie eine Mauer (gewesen) zu ihrer Rechten und zu ihrer Linken.* vgl. 14,22
wayyiqtol-x	*(30) Und **JHWH** rettete an jenem Tag Israel aus der Hand Ägyptens.*
wayyiqtol-x	*Und Israel sah Ägypten tot am Ufer des Meeres.*
wayyiqtol-x	*(31) Und Israel sah die große Gewalt,*
x-qatal-x	*die JHWH an Ägypten ausgeübt hatte.*
wayyiqtol-x	*Da fürchtete das Volk JHWH*
wayyiqtol-x	*und glaubte an JHWH und an Mose, seinen Diener.*

M. NOTH deutet nun die Ergebnisse der Textanalyse mit Hilfe der »Quellenscheidung« folgendermaßen:

(1) Der Elohist ist nur noch in kleinsten Fragmenten erhalten: 14,19a und eventuell 25a(?) (und erscheint im folgenden Text in KAPITÄLCHEN gedruckt).

(2) Es gibt eine vollständige und in sich zusammenhängende Erzählung des *Jahwisten*: 14,19b.20.21aβ.24.25b.27aβb.30.31 (*kursiv* gedruckt).

(3) Es gibt eine vollständige und in sich zusammenhängende Erzählung der Priesterschrift: 14,21aαb.22.23.26.27aα.28.29 (normal gedruckt).

Die Redaktion dieser Texte geschah ohne eigene Einschreibungen, es handelt sich also – in der Sicht Noths – um ein reines Urkunden-Kompilat, dessen Komponenten im Fortgang des Textes wie folgt dargestellt werden können:

E **J** **P**

(19) Da brach der Gottesengel, der
vor dem Heerlager Israels ging,
auf und ging hinter ihnen.

*Und die Wolkensäule vor ihnen brach
auf und stellte sich hinter sie (20) und
ging hinein zwischen das Heerlager
Ägyptens und das Heerlager Israels.
Da war die Wolke und die Finsternis.
Dann erleuchtete sie die Nacht. Und
sie näherten sich einander nicht,
die ganze Nacht hindurch.*

(21) Da streckte Mose seine Hand
über das Meer aus.

*Und JHWH ließ das Meer durch einen
starken Ostwind abfließen, die ganze
Nacht hindurch. Und er machte das
Meer zu trockenem Land.*

Und das Wasser wurde gespalten.
(22) Da gingen die Israeliten auf dem
Trockenen mitten ins Meer hinein.
Und das Wasser war für sie wie eine
Mauer zu ihrer Rechten und zu ihrer
Linken. (23) Da verfolgten sie die
Ägypter und gingen hinter ihnen
hinein, alle Pferde Pharaos, seine
Wagen und seine Reiter,
mitten ins Meer hinein.

*(24) Und zur Zeit der Morgenwache
blickte JHWH in einer Feuer- und
Wolkensäule herunter auf das Heerlager Ägyptens, und er verwirrte das
Heerlager Ägyptens.*

(25) Und er liess die Räder seiner Wagen
abweichen und lenkte sie in Schwierigkeiten.

*Da sagte Ägypten:
»Ich will vor Israel fliehen, denn JHWH
kämpft für sie mit Ägypten!«*

(26) Dann sagte JHWH zu Mose:
»Strecke deine Hand über das Meer
aus, daß das Meer zurückkehrt über
Ägypten, über seine Wagen und
über seine Reiter!«
(27) Und Mose streckte seine Hand
über das Meer aus.

*Da kehrte das Meer gegen Anbruch des
Morgens in sein Bett zurück. Die Ägypter
aber flohen ihm entgegen. So schüttelte
JHWH die Ägypter mitten ins Meer
hinein.*

(28) Und das Meer kehrte zurück
und bedeckte die Wagen und die
Reiter des ganzen Heeres Pharaos,
die hinter ihnen ins Meer hineingegangen waren. Kein einziger von
ihnen blieb übrig. (29) Die Israeliten
aber waren auf dem Trockenen

§ 7 Die Geschichte des Textes

E	J	P
		mitten durchs Meer gegangen. Und das Wasser war für sie eine Mauer gewesen zu ihrer Rechten und zu ihrer Linken.
	(30) Und JHWH rettete an jenem Tag Israel aus der Hand Ägyptens. Und Israel sah Ägypten tot am Ufer des Meeres. (31) Und Israel sah die große Gewalt, die JHWH an Ägypten ausgeübt hatte. Da fürchtete das Volk JHWH und glaubte an JHWH und an Mose, seinen Diener.	

Durch diese Zuweisungen kann NOTH am Ende seiner Auslegung von Ex 13,17-14,31 für die beiden Quellen J und P ein jeweils eigenständiges Profil rekonstruieren: »Die verschiedenen ... Varianten der Erzählung ... gehen in der Darstellung der Einzelheiten des Vorgangs deutlich auseinander. Die wesentlichen Elemente des Inhalts aber sind allen Erzählungsformen gleich; und diese Gleichheit hebt sich auf dem Hintergrunde der Differenzen in der Einzelausführung um so deutlicher ab. Übereinstimmend wird von der Gottestat gesprochen, bei der Gott allein das handelnde Subjekt war, besonders betont hat das J zum Ausdruck gebracht, aber auch P hat sich deutlich genug in diesem Sinne ausgesprochen, indem er ... Mose und die Israeliten ausschließlich auf Befehle Jahwes hin handeln läßt. ...

Die Vernichtung wird nun allerdings verschieden dargestellt, am einfachsten, aber auch am massivsten von P in der Erzählung von der ›Spaltung‹ des Meeres, ... geheimnisvoller von J. ...«[32]

Zum Vergleich dieser Deutung der Ergebnisse der Textanalyse nach dem Urkundenmodell mit anderen Modellen siehe unten Beispiele 18 und 20).

Nicht nur im Pentateuch, auch in den Geschichtsbüchern und in der prophetischen Literatur rechnen Exegeten mit einer Geschichte des Textes, die sich mit Hilfe des Urkundenmodells darstellen läßt, so z. B. für das Jeremiabuch.[33]

---

32. M. NOTH, Exodus, 94 f.

33. Für die Entstehung des Buches Jeremia wird mit einer Kompilation von drei (B. DUHM, Das Buch Jeremia, Freiburg 1901) oder vier (S. MOWINCKEL, Zur Komposition des Buches Jeremia, Kristiania 1914) Quellen gerechnet: Quelle A = Sprüche und Selbstberichte in Kap. 1-25; Quelle B = Fremdberichte in 19,2-20,6; 26; 28-29 und 36-44; Quelle C = deuteronomistisch beeinflußte Predigten in 7,1-8,3*; 11*; 18*; 25*; 32*; 33-34* und 44*; Quelle D = nachexilische Sammlung von Heilsworten in 30-31. Auch W. RUDOLPH (Jeremia, Tübingen ³1968) arbeitet noch weitgehend mit diesem Modell. Allerdings verzichtet er auf D und schreibt C eine Reihe von redaktionellen Texten im ganzen Buch zu. Damit steht er an einem Wendepunkt der Interpretation des Jer-Buches: dem Übergang vom Quellenmodell zum redaktionsgeschichtlichen Modell (unten 2.3.4.[2]).

2.3.3 Die Fortschreibung

War das Urkundenmodell auch gänzlich ohne »Bearbeitung« in Form von Textzusätzen denkbar, so ist gerade die erkennbare »Bearbeitung« das Kennzeichen der »Fortschreibung«. Der Impuls dafür geht von späteren Lesern des Grundtextes aus. Sie schreiben ihre Erfahrungen und Sichtweisen ein, wodurch sie den Grundtext erklären, an die neue Zeit anpassen, vielleicht auch hier und da kritisch zurechtrücken. In der Geschichte der Pentateuchkritik des 19. Jh.s hat dieses Modell eine erste Ausprägung in der sog. »Ergänzungshypothese« erfahren.

Die Fortschreibung kann unterschiedliche Umfänge haben:
(a) Eine kurze, erklärende oder aktualisierende Einschreibung nennt man *Glosse*:

Beispiel 15: Gen 32,33

(32, 32) »Da erstrahlte ihm (Jakob) die Sonne,	וַיִּזְרַח־לוֹ הַשֶּׁמֶשׁ
als er Pnuel überschritten hatte;	כַּאֲשֶׁר עָבַר אֶת־פְּנוּאֵל
dabei hinkte er auf seiner Hüfte.	וְהוּא צֹלֵעַ עַל־יְרֵכוֹ:
(33) Deswegen essen die Israeliten nicht	עַל־כֵּן לֹא־יֹאכְלוּ בְנֵי־יִשְׂרָאֵל
den Nerv,	אֶת־גִּיד הַנָּשֶׁה
der auf der Hüftschale ist – bis heute,	אֲשֶׁר עַל־כַּף הַיָּרֵךְ עַד הַיּוֹם הַזֶּה
denn gerührt hatte er an die Hüftschale Jakobs,	כִּי נָגַע בְּכַף־יֶרֶךְ יַעֲקֹב
an den Nerv.	בְּגִיד הַנָּשֶׁה:
(33,1) Da erhob Jakob seine Augen,	וַיִּשָּׂא יַעֲקֹב עֵינָיו
und er sah: Und siehe, Esau war gekommen ...	וַיַּרְא וְהִנֵּה עֵשָׂו בָּא

Die Eigenschaft dieser kurzen Notiz als Glosse leuchtet von ihrem thematischen Gehalt und ihrer kotextuellen Stellung unmittelbar ein. Sie »extrapoliert« von der Person »Jakob/Israel« auf die »Israeliten«, sie schaltet von einem erzählerisch-geschichtlichen Milieu um auf ein rituelles; sie unterbricht den Erzählgang.

(b) Bei längeren, aktualisierenden Einschreibungen in einen Grundtext spricht man von *Fortschreibung*.

Der Begriff der »Fortschreibung« wurde ursprünglich von W. Zimmerli im Zuge seiner Auslegung des Buches Ezechiel (1969) geprägt. Er versteht darunter »deutlich abhebbare Erweiterungen ..., die nicht einfach als selbständige Überlieferungseinheiten angesprochen werden können, also nicht einfach im Prozeß der ›Sammlung‹ dazugekommen sind, sondern unverkennbar das im Grundwort angeschlagene Thema nach neuen Richtungen hin verfolgen«[34]. Inzwischen hat sich gezeigt, daß diese Vorstellung von der Entstehung eines komplexen Textes auch für das Verständnis anderer biblischer Bücher hilfreich sein kann. Deshalb und weil die Textzusammenhän-

---

34. W. Zimmerli, Ezechiel, 1. Teilbd.: Ez 1-24, BK XIII/1, Neukirchen-Vluyn 1969, 106*.

§ 7 Die Geschichte des Textes

ge im Buch Ezechiel sehr umfangreich sein können, hier ein Beispiel aus dem Buch Amos:

> **Beispiel 16: Fortschreibungen in Am 1,3-2,16**
>
> Zunächst einige textanalytische und literarkritische Bemerkungen:
> Im Abschnitt Am 1,3-2,16 fällt auf Anhieb eine sich wiederholende formelhafte Wendung auf, die den Text deutlich gliedert. Diese Wendung lautet:
> *So hat JHWH gesprochen:*
> *»Wegen der drei Verbrechen von X*
> *und wegen der vier kann ich es nicht zurücknehmen: ...«*
> X steht jeweils für eine Stadt oder eine Ethnie, nämlich für Damaskus (Am 1,3); Gaza (1,6); Tyros (1,9); Edom (1,11); die Ammoniter (1,13); Moab (2,1); Juda (2,4); Israel (2,6).
> Im Anschluß an diese Formeln wird ähnlich die negative Konsequenz geschildert, die für alle X mit Ausnahme von Tyros, Edom und Israel ähnlich stereotyp darin besteht, daß JHWH Feuer senden wird, das die Paläste fressen wird.
> In der Analyse des Abschnittes hat zuletzt J. JEREMIAS wahrscheinlich gemacht,[35] daß die Sprüche gegen Tyros, Edom und Juda unter Aufnahme des formalen Gliederungsprinzips später eingefügt worden sind.
> So gab es ursprünglich eine Folge von fünf Strophen: Drohworte gegen vier Nachbarstaaten des Nordreiches Israel und als Höhepunkt das Wort gegen Israel. In der Zeit nach der Zerstörung Jerusalems wurde dann der Text fortgeschrieben, zum einen gegen Tyros und Edom (diese beiden sollen uns hier nicht weiter beschäftigen), vor allem aber gegen das Südreich Juda. Dabei wurde die Form der vorausgehenden Strophen aufgenommen, sowohl was den Anfang, als auch was den Abschluß betrifft. Für die Verbrechen Judas jedoch seien eigene Formulierungen gefunden worden. Diese Formulierungen weisen große Nähe zu den sog. deuteronomistischen Texten und ihrer Konzeption auf. Charakteristisch dafür sind Formulierungen wie »Satzung(en) bewahren«, »Weisung JHWH beachten« oder die Anklage wegen Fremdgötterverehrung (vgl. dazu Am 2,4). In literargeschichtlicher »Tiefenschärfe« gesehen, bietet der Text mit der Judastrophe dann folgendes Bild:

35. J. JEREMIAS, Der Prophet Amos, ATD 24,2, Göttingen 1995, 5ff.

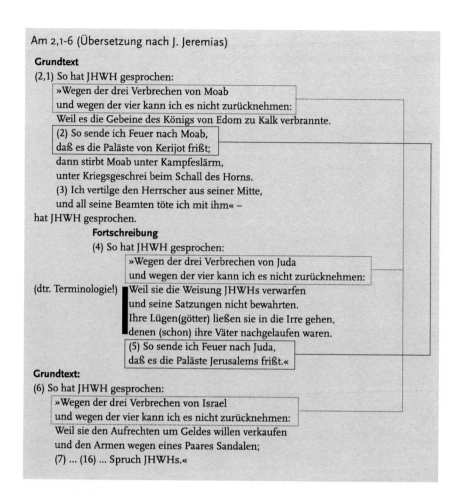

Am 2,1-6 (Übersetzung nach J. Jeremias)

Grundtext
(2,1) So hat JHWH gesprochen:
»Wegen der drei Verbrechen von Moab
und wegen der vier kann ich es nicht zurücknehmen:
Weil es die Gebeine des Königs von Edom zu Kalk verbrannte.
(2) So sende ich Feuer nach Moab,
daß es die Paläste von Kerijot frißt;
dann stirbt Moab unter Kampfeslärm,
unter Kriegsgeschrei beim Schall des Horns.
(3) Ich vertilge den Herrscher aus seiner Mitte,
und all seine Beamten töte ich mit ihm« –
hat JHWH gesprochen.

Fortschreibung
(4) So hat JHWH gesprochen:
»Wegen der drei Verbrechen von Juda
und wegen der vier kann ich es nicht zurücknehmen:
(dtr. Terminologie!) Weil sie die Weisung JHWHs verwarfen
und seine Satzungen nicht bewahrten.
Ihre Lügen(götter) ließen sie in die Irre gehen,
denen (schon) ihre Väter nachgelaufen waren.
(5) So sende ich Feuer nach Juda,
daß es die Paläste Jerusalems frißt.«

Grundtext:
(6) So hat JHWH gesprochen:
»Wegen der drei Verbrechen von Israel
und wegen der vier kann ich es nicht zurücknehmen:
Weil sie den Aufrechten um Geldes willen verkaufen
und den Armen wegen eines Paares Sandalen;
(7) ... (16) ... Spruch JHWHs.«

2.3.4 Redaktionelle Bearbeitungen

»Redaktionen« können vorliegende Grundtexte in mehrerlei Hinsicht bearbeiten: Sie schreiben sie im oben (2.3.3) dargestellten Sinne fort, allerdings nicht nur an einer Stelle, sondern über längere Textstrecken hinweg. Sie stellen – und hier berührt sich die Tätigkeit der Redaktion eng mit jener der Komposition – mehrere Grundtexte kompilierend oder komponierend zusammen und versehen sie unter bestimmten Gesichtspunkten mit Einleitungen (so gehen z. B. die Überschriften der einzelnen Prophetenschriften des Zwölfprophetenbuches auf Redaktionen zurück, die diese Schriften in historisch-chronologischer Folge anordnen wollten). Diese Charakteristik zeigt, daß der Impuls für Redaktionen komplex und vielfältig ist; jedenfalls setzen redaktionelle Bearbeitungen ein »professionelles«, theologisch bewußtes Literatentum voraus. Wir stellen Redaktion in diesem Sinne an zwei Modellbeispielen dar:

(1) Redaktion als Komposition und mehrfache Bearbeitung von Grundtexten

Beispiel 17: II Kön 18,1-16 in der Deutung von E. Würthwein[36] mit Hilfe eines redaktionsgeschichtlichen Modells

Auf der Basis eines von vielen Exegeten und Exegetinnen vertretenen Modells der Entstehung des Deuteronomistischen Geschichtswerkes (DtrG: Dtn-II Kön) deutet E. WÜRTHWEIN den komplexen Befund von II Kön 18,1-16 als mehrstufige redaktionelle Bearbeitung. Dieses sogenannte »Schichtenmodell« geht davon aus, daß die vorliegenden Grundtexte (unten nicht kursiv gedruckt) durch einen DtrH (»deuteronomistischer Historiker«) genannten ersten Redaktor komponiert und dabei kommentierend bearbeitet wurden (am unten abgedruckten Textausschnitt wird das chronologisch-historische Interesse der Redaktion sehr deutlich). Danach haben zwei weitere Redaktionen an dem Text weitergearbeitet: Eine vor allem an prophetischen Überlieferungen interessierte Redaktion (DtrP – im Textausschnitt unten nicht vertreten!) und eine Redaktion, der an der Verknüpfung der dargestellten Ereignisse mit dem Deuteronomium (dem Gesetz, deshalb DtrN – »nomistische« Redaktion) gelegen war. Schließlich meint Würthwein eine noch spätere, ergänzende Redaktionsschicht nachweisen zu können. Der Grundtext des folgenden Beispiels ist nur einer der Texte, den die DtrH-Redaktion in das von ihr redigierte DtrG eingebracht hat.

II Kön 18,1-16 (Übersetzung nach Luther) in der Zuweisung von E. Würthwein:

DtrH *(18,1) Im dritten Jahr Hoscheas, des Sohnes Elas, des Königs von Israel, wurde Hiskia König, der Sohn des Ahas, des Königs von Juda. (2) Er war fünfundzwanzig Jahre alt, als er König wurde; und er regierte neunundzwanzig Jahre zu Jerusalem. Seine Mutter hieß Abi, eine Tochter Secharjas. (3) Und er tat, was JHWH wohlgefiel,*

DtrN *ganz wie sein Vater David.*

(4) Er entfernte die Höhen

SPÄTERE ERGÄNZUNG *und zerbrach die Steinmale und hieb das Bild der Aschera um und zerschlug die eherne Schlange, die Mose gemacht hatte. Denn bis zu dieser Zeit hatte ihr Israel geräuchert, und man nannte sie Nehuschtan.*

DtrN *(5) Er vertraute JHWH, dem Gott Israels, so daß unter allen Königen von Juda seinesgleichen nach ihm nicht war noch vor ihm gewesen ist. (6) Er hing JHWH an und wich nicht von ihm ab und hielt seine Gebote, die JHWH dem Mose geboten hatte. (7) Und JHWH war mit ihm, und alles, was er sich vornahm, gelang ihm.*

Und er (Hiskia) wurde abtrünnig vom König von Assyrien und war ihm nicht mehr untertan.

36. E. WÜRTHWEIN, Die Bücher der Könige, 1. Kön. 17-2. Kön. 25, ATD 11,2, Göttingen 1984, 406 ff.

SPÄTERE ERGÄNZUNG *(8) Er schlug auch die Philister bis nach Gaza und seinem Gebiet, von den Wachttürmen bis zu den festen Städten.*

DtrH *(9) Im vierten Jahr Hiskias, des Königs von Juda – das war das siebente Jahr Hoscheas, des Sohnes Elas, des Königs von Israel –, zog Salmanassar, der König von Assyrien, herauf gegen Samaria und belagerte es (10) und nahm es ein nach drei Jahren. Im sechsten Jahr Hiskias, das ist im neunten Jahr Hoscheas, des Königs von Israel, wurde Samaria eingenommen. (11) Und der König von Assyrien führte Israel weg nach Assyrien und ließ sie wohnen in Halach und am Habor, dem Fluß von Gosan, und in den Städten der Meder,*

DtrN *(12) weil sie nicht gehorcht hatten der Stimme JHWHs, ihres Gottes, und seinen Bund übertreten hatten und alles, was Mose, der Knecht JHWHs, geboten hatte; sie hatten nicht gehorcht und nicht danach getan.*

(13) Im vierzehnten Jahr[37] des Königs Hiskia zog herauf Sanherib, der König von Assyrien, gegen alle festen Städte Judas und nahm sie ein. (14) Da sandte Hiskia, der König von Juda, zum König von Assyrien nach Lachisch und ließ ihm sagen: Ich habe Unrecht getan, zieh weg von mir. Was du mir auferlegst, will ich tragen. Da legte der König von Assyrien Hiskia, dem König von Juda, dreihundert Zentner Silber auf und dreißig Zentner Gold. (15) So gab Hiskia all das Silber, das sich im Hause JHWHs und in den Schätzen des Hauses des Königs fand.

SPÄTERE ERGÄNZUNG *(16) Zur selben Zeit zerbrach Hiskia, der König von Juda, die Türen am Tempel JHWHs und das Goldblech, das er selbst hatte darüberziehen lassen, und gab es dem König von Assyrien.*

(2) Redaktion als Kompilation und Bearbeitung zweier (oder mehrerer) Grundtexte

Redaktionelle Bearbeitung ist ein vielfältiges Phänomen. Im vorigen Beispiel wurde deutlich, daß Redaktion ihre Grundtexte eigenständig komponieren kann. Im nächsten Beispiel zeigt sich, daß redaktionelle Bearbeitung auch die Kunst der Kompilation, also des Verwebens vorgegebener Grundtexte, beherrscht.

Beispiel 18: Ex 13,19-14,31 als Redaktion, Kompilation und Bearbeitung von zwei Quellen (J und P) durch einen Redaktor nach T. KRÜGER[38]

Gegenüber älteren Deutungen, die die Pentateuchtexte im großen und ganzen als Kompilation älterer Urkunden (Beispiel 14) ohne Bearbeitungstexte erklärten, mißt man neuerdings der redaktionellen Bearbeitung hohe Bedeutung bei und spricht ihr auch erhebliche Textanteile zu. So deutet T. KRÜGER den Befund des komplexen Textes von Ex 14 als Kompilation zweier Quellen (J und P) durch eine Redaktion, der er einen eigenen »substantiellen« Textanteil zuweist. Krüger sieht die Arbeit dieser Redaktion durch drei Intentionen geprägt:[39]

---

37. Die Zuweisung der Datierung ist umstritten; vgl. E. WÜRTHWEIN, Könige, 412 f.
38. T. KRÜGER, Meerwundererzählung, 519-33. Vgl. dazu auch die Beispiele 11 (Literarkritik), 14 (Urkunden-Kompilation) und unten 20 (Komposition) sowie den Vergleich der Ergebnisse in Beispiel 21.
39. T. KRÜGER, Meerwundererzählung, 524.

§ 7 Die Geschichte des Textes

(1) Sie verbindet »die beiden vorgegebenen Quellen« und versucht, die »zwischen ihnen bestehenden Spannungen auszugleichen«.

(2) Sie entwickelt »aus dem vorgegebenen Quellenmaterial eine neue theologische Konzeption des Meerwunders«.

(3) Sie ordnet diese Konzeption »in weiträumigere literarische und konzeptionelle Horizonte«, die bis II Kön 25 reichen, ein.

Die von Krüger rekonstruierte Kompilation von J und P und die neuen Akzente der Redaktion für Ex 14,19-31 lassen sich wie folgt darstellen:

J	P	R
		(19) Da brach der Gottesengel, der vor dem Heerlager Israels ging, auf und ging hinter ihnen.
Und die Wolkensäule vor ihnen brach auf und stellte sich hinter sie		
(20) und ging hinein zwischen das Heerlager Ägyptens und das Heerlager Israels.		
Da war		die Wolke und die
Finsternis.		Dann erleuchtete sie die Nacht.
Und sie näherten sich einander nicht, die ganze Nacht hindurch.		
		(21) Da streckte Mose seine Hand über das Meer aus.
Und JHWH ließ das Meer durch einen starken Ostwind abfließen, die ganze Nacht hindurch. Und er machte das Meer zu trockenem Land.		
		Und das Wasser wurde gespalten. (22) Da gingen die Israeliten auf dem Trockenen mitten ins Meer hinein. Und das Wasser war für sie wie eine Mauer zu ihrer Rechten und zu ihrer Linken. (23) Da verfolgten sie die Ägypter und gingen hinter ihnen hinein, alle Pferde Pharaos, seine Wagen und seine Reiter, mitten ins Meer hinein.
(24) Und zur Zeit der Morgenwache blickte JHWH in einer Feuer-		und Wolken-
säule herunter auf das Heerlager Ägyptens, und er verwirrte das Heerlager Ägyptens.		
		(25) Und er ließ die Räder seiner Wagen abweichen und lenkte sie in Schwierigkeiten.
Da sagte Ägypten:		
»Ich will vor Israel fliehen, denn JHWH kämpft für sie mit Ägypten!«		
		(26) Dann sagte JHWH zu Mose: »Strecke deine Hand über das Meer aus, daß das Meer zurückkehrt über Ägypten, über seine Wagen und über seine Reiter!« (27) Und Mose streckte seine Hand über das Meer aus.
Da kehrte das Meer gegen Anbruch des Morgens in sein Bett zurück. Die Ägypter aber flohen ihm entgegen. So schüttelte JHWH die Ägypter mitten ins Meer hinein.		
		(28) Und das Meer kehrte zurück und bedeckte die Wagen und die Reiter des ganzen Heeres Pharaos, die hinter ihnen ins Meer hineingegangen waren.
Kein einziger von ihnen blieb übrig.		
		(29) Die Israeliten aber waren auf dem Trockenen mitten durchs Meer gegangen. Und das Wasser war für sie eine Mauer gewesen zu ihrer Rechten und zu ihrer Linken.

J	P	R
(30) *Und JHWH rettete an jenem Tag Israel aus der Hand Ägyptens. Und Israel sah Ägypten tot am Ufer des Meeres.*		(31) Und Israel sah die große Gewalt, die JHWH an Ägypten ausgeübt hatte. Da fürchtete das Volk JHWH und glaubte an JHWH und an Mose, seinen Diener.

2.3.5 Komposition

Nach unserer obigen Definition (2.3.1) liegt »Komposition« vor, wenn (beliebig viele) selbständige Grundtexte so zusammengestellt wurden, daß sie in ihrer Gestalt und in ihrem Inhalt weitgehend erhalten bleiben – unbeschadet der Bearbeitung, der sie dabei auch unterzogen wurden. Diese Vorstellung hat in der Pentateuchforschung als »Fragmentenhypothese« eine bedeutsame Vorgeschichte. Sie wurde – gewiß unter anderen Voraussetzungen und stark modifiziert – wieder aufgenommen in der Diskussion um die Urkundenhypothese ab den 70er Jahren des 20. Jh.s.

> **Beispiel 19: Das Modell R. Rendtorffs[40] für die Entstehung des Pentateuch**
>
> Rolf RENDTORFF geht für die Entstehung des Pentateuch davon aus, daß über längere Zeiten hinweg kleinere oder mittlere Überlieferungseinheiten angewachsen sind zu Erzählkomplexen: den Erzväter- und -mütter-Erzählungen, Mose-Erzählungen, Gesetzeskorpora etc. Diese sind erst relativ spät, zunächst durch »Kompositeure« aus dem Umkreis der Deuteronomisten zu der den ganzen Erzählbogen des Pentateuch umfassenden Größe komponiert worden. Ursprünglich unabhängig von den Vätergeschichten und den anderen Erzähl- und Stoffkreisen des späteren Pentateuch sei vor allem die Urgeschichte gewesen. Vgl. dazu dann die Weiterentwicklung dieses Modells durch E. BLUM zu einem kompositionsgeschichtlichen Modell (unten Beispiel 20).

Eine wichtige Frage ist nun, ob und wenn ja, in welchem Umfang der »Kompositeur« die von ihm zusammengestellten Grundtexte selbst bearbeitet hat. U. E. gibt es, wenn überhaupt, dann nur wenige Kompositionen im Alten Testament, die unbearbeitet geblieben sind. Die meisten Kompositionen und »Kompositeure« haben ihre Überlieferungen intensiv bearbeitet, gestaltet und ihnen geradezu ein charakteristisches »Relief« verliehen, wie aus dem folgenden Beispiel der kompositionsgeschichtlichen Deutung des Pentateuch durch E. BLUM ersichtlich ist.

---

40. R. RENDTORFF, Das überlieferungsgeschichtliche Problem des Pentateuch, BZAW 147, Berlin/New York 1976.

§ 7 Die Geschichte des Textes

Beispiel 20: Die Deutung des komplexen Textes Ex 14,19-31 durch E. BLUM mit Hilfe des kompositionsgeschichtlichen Modells

E. BLUM rechnet für den Pentateuch mit zwei Großkompositionen, die »die Substanz unseres Pentateuch und seine Grundstrukturen prägen: eine umfassende ›*priesterliche Komposition*‹ (KP) und eine darin integrierte, aber ungefähr dem gleichen zeitlichen Kontext (frühnachexilisch) angehörende Überlieferung, die ... ›*D-Komposition*‹ (KD) genannt werden soll«[41]. KD ist in diesem Modell eine deuteronomistische Komposition aus vorexilischem Überlieferungsmaterial, das die Kompositeure zusammengestellt und mit eigenen Einschreibungen gedeutet haben. KP ist eine Weiterarbeit an KD, die auch eine größere Anzahl eigenständiges Material mit eingearbeitet hat.
Wichtigster Unterschied zu den urkundenorientierten und den redaktionsgeschichtlichen Modellen ist dabei, daß Blum keine vor KD existierende, das Ganze des Pentateuch umfassende Quelle annimmt, sondern kleinere Überlieferungseinheiten (etwa Väter- und Müttergeschichten, Mose, Urgeschichte, Gesetzeskorpora), die in sich eine Wachstumsgeschichte haben (vgl. oben Beispiel 19: Rendtorff). Wesentlich für die Interpretation ist dabei, daß für die Rekonstruktion des Textes und seiner Intentionen (Aussageabsichten) nicht nur das jeweils eingeschriebene neue Textmaterial herangezogen werden kann, sondern der gesamte bis zu dieser Wachstumsphase entstandene Text (ähnlich wie für Krügers Interpretation der Redaktion von J und P nicht nur der Text von R, sondern der gesamte Text in den Blick genommen werden muß).
Der von Blum[42] rekonstruierte Text Ex 14,19-31 umfaßt in der Fassung von KD (nicht kursiv gedruckt): 14,19b[43].20.21a.24.25.27*.30.31; davon sind durch KD in den bereits vorliegenden Text eingetragen die Verse 14,30-31: **KD (nicht kursiv fett gedruckt):**

(19) Da brach der Gottesengel, der vor dem Heerlager Israels ging, auf und ging hinter ihnen. Und die Wolkensäule vor ihnen brach auf und stellte sich hinter sie (20) und ging hinein zwischen das Heerlager Ägyptens und das Heerlager Israels. Da war die Wolke und die Finsternis. Dann erleuchtete sie die Nacht. Und sie näherten sich einander nicht, die ganze Nacht hindurch. (21) Und JHWH ließ das Meer durch einen starken Ostwind abfließen, die ganze Nacht hindurch. (24) Und zur Zeit der Morgenwache blickte JHWH in einer Feuer- und Wolkensäule herunter auf das Heerlager Ägyptens, und er verwirrte das Heerlager Ägyptens. (25) Und er ließ die Räder seiner Wagen abweichen und lenkte sie in Schwierigkeiten. Da sagte Ägypten:
»Ich will vor Israel fliehen, denn JHWH kämpft für sie mit Ägypten!«
(27) Da kehrte das Meer gegen Anbruch des Morgens in sein Bett zurück. Die Ägypter aber flohen ihm entgegen. So schüttelte JHWH die Ägypter mitten ins Meer hinein. (30) **Und JHWH rettete an jenem Tag Israel aus der Hand Ägyptens. Und Israel sah Ägypten tot am Ufer des Meeres.** (31) **Und Israel sah die große Gewalt, die**

---

41. E. BLUM, Zur Komposition des Pentateuch, BZAW 258, Berlin 1990, 5.
42. Vgl. für die detaillierte Argumentation: E. BLUM, Komposition, 34-43, 256-62.
43. Für die Zuweisung von 19a findet sich bei Blum, soweit wir sehen können, kein Hinweis.

JHWH an Ägypten ausgeübt hatte. Da fürchtete das Volk JHWH und glaubte an JHWH und an Mose, seinen Diener.

Der von Blum rekonstruierte Text von Ex 14,19-31 in der Fassung von **KP**: ganzer Text; davon durch KP in den bereits vorliegenden Text (KD) eingetragen: *KP (kursiv gedruckt)*: 14,21aαb.22.23.26.27aα.28.29.

(19) Da brach der Gottesengel, der vor dem Heerlager Israels ging, auf und ging hinter ihnen. Und die Wolkensäule vor ihnen brach auf und stellte sich hinter sie (20) und ging hinein zwischen das Heerlager Ägyptens und das Heerlager Israels. Da war die Wolke und die Finsternis. Dann erleuchtete sie die Nacht. Und sie näherten sich einander nicht, die ganze Nacht hindurch. *(21) Da streckte Mose seine Hand über das Meer aus.* Und JHWH ließ das Meer durch einen starken Ostwind abfließen, die ganze Nacht hindurch. *Und er machte das Meer zu trockenem Land. Und das Wasser wurde gespalten. (22) Da gingen die Israeliten auf dem Trockenen mitten ins Meer hinein. Und das Wasser war für sie wie eine Mauer zu ihrer Rechten und zu ihrer Linken. (23) Da verfolgten sie die Ägypter und gingen hinter ihnen hinein, alle Pferde Pharaos, seine Wagen und seine Reiter, mitten ins Meer hinein.* (24) Und zur Zeit der Morgenwache blickte JHWH in einer Feuer- und Wolkensäule herunter auf das Heerlager Ägyptens, und er verwirrte das Heerlager Ägyptens. (25) Und er ließ die Räder seiner Wagen abweichen und lenkte sie in Schwierigkeiten. Da sagte Ägypten: »Ich will vor Israel fliehen, denn JHWH kämpft für sie mit Ägypten!«
(26) Dann sagte JHWH zu Mose:
»Strecke deine Hand über das Meer aus, daß das Meer zurückkehrt über Ägypten, über seine Wagen und über seine Reiter!«
(27) Und Mose streckte seine Hand über das Meer aus. Da kehrte das Meer gegen Anbruch des Morgens in sein Bett zurück. Die Ägypter aber flohen ihm entgegen. So schüttelte JHWH die Ägypter mitten ins Meer hinein. *(28) Und das Meer kehrte zurück und bedeckte die Wagen und die Reiter des ganzen Heeres Pharaos, die hinter ihnen ins Meer hineingegangen waren. Kein einziger von ihnen blieb übrig. (29) Die Israeliten aber waren auf dem Trockenen mitten durchs Meer gegangen. Und das Wasser war für sie eine Mauer gewesen zu ihrer Rechten und zu ihrer Linken.* (30) Und JHWH rettete an jenem Tag Israel aus der Hand Ägyptens. Und Israel sah Ägypten tot am Ufer des Meeres. *(31) Und Israel sah die große Gewalt, die JHWH an Ägypten ausgeübt hatte. Da fürchtete das Volk JHWH und glaubte an JHWH und an Mose, seinen Diener.*

Auch für E. Blum s Rekonstruktion gilt, wie schon für T. Krüger und M. Noth, daß über den Umfang des P zugeschriebenen eigenen Textmaterials keine großen Differenzen bestehen. Der Unterschied liegt vielmehr darin, daß für KP dieses Material nicht ohne den bereits vorliegenden Text bestanden hat und auch nur so interpretiert werden darf.

Exkurs: Dreimal die Geschichte des Textes von Ex 14 im Vergleich

Es lohnt sich, die Arbeitsergebnisse der Rekonstruktion der Geschichte des Textes von Ex 14 auf der Basis verschiedener Modelle miteinander zu vergleichen. Wir werden dabei sehen, daß die Differenzen weniger in der literarkritischen Scheidung als solcher, als vielmehr in der literargeschichtlichen Interpretation der literarkritischen Ergebnisse liegen. Auch dies ein Beleg dafür, wie wichtig die jeweils angewandten literarhistorischen Modelle sind.

Beispiel 21: Vergleich der Rekonstruktion der Geschichte des Textes Ex 14,19-31 nach verschiedenen Modellen (vgl. dazu oben die Beispiele 14, 18, 20)

Die von KRÜGER rekonstruierte Fassung der Priesterschrift	Die von NOTH rekonstruierte Fassung der Priesterschrift	Der von BLUM rekonstruierte Text von eigenen Anteilen von KP
(21) Da streckte Mose seine Hand über das Meer aus. Und das Wasser wurde gespalten. (22) Da gingen die Israeliten auf dem Trockenen mitten für sie wie eine Mauer zu ihrer Rechten und zu ihrer Linken. (23) Da verfolgten sie die Ägypter und gingen hinter ihnen hinein, alle Pferde Pharaos, seine Wagen und seine Reiter, mitten ins Meer hinein. (26) Dann sagte JHWH zu Mose: »Strecke deine Hand über das Meer aus, daß das Meer zurückkehrt über Ägypten, über seine Wagen und über seine Reiter!« (27) Und Mose streckte seine Hand über das Meer aus. (28) Und das Meer kehrte zurück und bedeckte die Wagen und die Reiter des ganzen Heeres Pharaos, die hinter ihnen ins Meer hineingegangen waren.	(21) Da streckte Mose seine Hand über das Meer aus. Und das Wasser wurde gespalten. (22) Da gingen die Israeliten auf dem Trockenen mitten für sie wie eine Mauer zu ihrer Rechten und zu ihrer Linken. (23) Da verfolgten sie die Ägypter und gingen hinter ihnen hinein, alle Pferde Pharaos, seine Wagen und seine Reiter, mitten ins Meer hinein. (26) Dann sagte JHWH zu Mose: »Strecke deine Hand über das Meer aus, daß das Meer zurückkehrt über Ägypten, über seine Wagen und über seine Reiter!« (27) Und Mose streckte seine Hand über das Meer aus. (28) Und das Meer kehrte zurück und bedeckte die Wagen und die Reiter des ganzen Heeres Pharaos, die hinter ihnen ins Meer hineingegangen waren. Kein einziger von ihnen blieb übrig.	(21) Da streckte Mose seine Hand über das Meer aus. Und das Wasser wurde gespalten. (22) Da gingen die Israeliten auf dem Trockenen mitten für sie wie eine Mauer zu ihrer Rechten und zu ihrer Linken. (23) Da verfolgten sie die Ägypter und gingen hinter ihnen hinein, alle Pferde Pharaos, seine Wagen und seine Reiter, mitten ins Meer hinein. (26) Dann sagte JHWH zu Mose: »Strecke deine Hand über das Meer aus, daß das Meer zurückkehrt über Ägypten, über seine Wagen und über seine Reiter!« (27) Und Mose streckte seine Hand über das Meer aus. (28) Und das Meer kehrte zurück und bedeckte die Wagen und die Reiter des ganzen Heeres Pharaos, die hinter ihnen ins Meer hineingegangen waren. Kein einziger von ihnen blieb übrig.
(29) Die Israeliten aber waren auf dem Trockenen mitten durchs Meer gegangen. Und das Wasser war für sie eine Mauer gewesen zu ihrer Rechten und zu ihrer Linken.	(29) Die Israeliten aber waren auf dem Trockenen mitten durchs Meer gegangen. Und das Wasser war für sie eine Mauer gewesen zu ihrer Rechten und zu ihrer Linken.	(29) Die Israeliten aber waren auf dem Trockenen mitten durchs Meer gegangen. Und das Wasser war für sie eine Mauer gewesen zu ihrer Rechten und zu ihrer Linken.

(2) Für den Anteil von J gibt es größere Übereinstimmungen bei Krüger und Noth:

Die von KRÜGER rekonstruierte Fassung des **Jahwisten**	Die von NOTH rekonstruierte Fassung des **Jahwisten**
(19) Und die Wolkensäule vor ihnen brach auf und stellte sich hinter sie (20) und ging hinein zwischen das Heerlager Ägyptens und das Heerlager Israels. Da war die Finsternis. Dann erleuchtete sie die Nacht. Und sie näherten sich einander nicht, die ganze Nacht hindurch. (21) Und JHWH ließ das Meer durch einen starken Ostwind abfließen, die ganze Nacht hindurch. Und er machte das Meer zu trockenem Land. (24) Und zur Zeit der Morgenwache blickte JHWH in einer Feuer- säule herunter auf das Heerlager Ägyptens, und er verwirrte das Heerlager Ägyptens. (25) Da sagte Ägypten: »Ich will vor Israel fliehen, denn JHWH kämpft für sie mit Ägypten!« (27) Da kehrte das Meer gegen Anbruch des Morgens in sein Bett zurück. Die Ägypter aber flohen ihm entgegen. So schüttelte JHWH die Ägypter mitten ins Meer hinein. (28) Kein einziger von ihnen blieb übrig. (30) Und JHWH rettete an jenem Tag Israel aus der Hand Ägyptens. Und Israel sah Ägypten tot am Ufer des Meeres.	*(19) Und die Wolkensäule vor ihnen brach auf und stellte sich hinter sie (20) und ging hinein zwischen das Heerlager Ägyptens und das Heerlager Israels. Da war die Wolke die Finsternis. Dann erleuchtete sie die Nacht. Und sie näherten sich einander nicht, die ganze Nacht hindurch. (21) Und JHWH ließ das Meer durch einen starken Ostwind abfließen, die ganze Nacht hindurch. Und er machte das Meer zu trockenem Land. (24) Und zur Zeit der Morgenwache blickte JHWH in einer Feuer- und Wolkensäule herunter auf das Heerlager Ägyptens, und er verwirrte das Heerlager Ägyptens. (25) Da sagte Ägypten: »Ich will vor Israel fliehen, denn JHWH kämpft für sie mit Ägypten!« (27) Da kehrte das Meer gegen Anbruch des Morgens in sein Bett zurück. Die Ägypter aber flohen ihm entgegen. So schüttelte JHWH die Ägypter mitten ins Meer hinein. (28) Kein einziger von ihnen blieb übrig. (30) Und JHWH rettete an jenem Tag Israel aus der Hand Ägyptens. Und Israel sah Ägypten tot am Ufer des Meeres. (31) Und Israel sah die große Gewalt, die JHWH an Ägypten ausgeübt hatte. Da fürchtete das Volk JHWH und glaubte an JHWH und an Mose, seinen Diener.*

(3) Zwischen KRÜGER und BLUM gibt es eine vollständige Übereinstimmung zwischen den Texten von R und KP, da es sich in beiden Fällen ja um den vorliegenden Text in seiner Endgestalt handelt. Große Unterschiede gibt es allerdings in der Rekonstruktion der Intention dieser Endgestalt, d. h. in der Aussageabsicht von R einerseits und KP andererseits: Nach Krüger beabsichtigte R, J und P miteinander in bezug und zugleich neue Akzente zu setzen, während bei Blum KP die ihr vorliegende KD interpretierend ergänzt oder fortschreibt und dabei auch auf Sondergut zurückgreift. Dieser Unterschied wird an den jeweils *kursivgedruckten* Textpassagen deutlich.

§ 7 Die Geschichte des Textes

Die von KRÜGER rekonstruierte Kompilation von J und P durch R und die neuen *Akzente der Redaktion*.	Die von BLUM rekonstruierte Komposition: Der KP vorliegende Text von KD und die neuen *Einschreibungen durch KP*:

Linke Spalte:

(19) *Da brach der Gottesengel, der vor dem Heerlager Israels ging, auf und ging hinter ihnen.* Und die Wolkensäule vor ihnen brach auf und stellte sich hinter sie (20) und ging hinein zwischen das Heerlager Ägyptens und das Heerlager Israels. Da war *die Wolke* und die *Finsternis. Dann erleuchtete sie die Nacht.* Und sie näherten sich einander nicht, die ganze Nacht hindurch. (21) Da streckte Mose seine Hand über das Meer aus. Und JHWH ließ das Meer durch einen starken Ostwind abfließen, die ganze Nacht hindurch. Und er machte das Meer zu trockenem Land. Und das Wasser wurde gespalten. (22) Da gingen die Israeliten auf dem Trockenen mitten ins Meer hinein. Und das Wasser war für sie wie eine Mauer zu ihrer Rechten und zu ihrer Linken. (23) Da verfolgten sie die Ägypter und gingen hinter ihnen hinein, alle Pferde Pharaos, seine Wagen und seine Reiter, mitten ins Meer hinein. (24) Und zur Zeit der Morgenwache blickte JHWH in einer Feuer- *und Wol-kensäule* herunter auf das Heerlager Ägyptens, und er verwirrte das Heerlager Ägyptens. (25) *Und er ließ die Rä-der seiner Wagen abweichen und lenkte sie in Schwierigkeiten.* Da sagte Ägypten: »Ich will vor Israel fliehen, denn JHWH kämpft für sie mit Ägypten!« (26) Dann sagte JHWH zu Mose: »Strecke deine Hand über das Meer aus, daß das Meer zurückkehrt über Ägypten, über seine Wagen und über seine Reiter!« (27) Und Mose streckte seine Hand über das Meer aus. Da kehrte das Meer gegen Anbruch des Morgens in sein Bett zurück. Die Ägypter aber flohen ihm entgegen. So schüttelte JHWH die Ägypter mitten ins Meer hinein. (28) Und das Meer kehrte zurück und bedeckte die Wagen und die Reiter des ganzen Heeres Pharaos, die hinter ihnen ins Meer hineingegangen waren. Kein einziger von ihnen blieb übrig. (29) Die Israeliten aber waren auf dem Trockenen mitten durchs Meer gegangen. Und das

Rechte Spalte:

(19) Da brach der Gottesengel, der vor dem Heerlager Israels ging, auf und ging hinter ihnen. Und die Wolkensäule vor ihnen brach auf und stellte sich hinter sie (20) und ging hinein zwischen das Heerlager Ägyptens und das Heerlager Israels. Da war die Wolke und die Finsternis. Dann erleuchtete sie die Nacht. Und sie näherten sich einander nicht, die ganze Nacht hindurch. (21) *Da streckte Mose seine Hand über das Meer aus.* Und JHWH ließ das Meer durch einen starken Ostwind abfließen, die ganze Nacht hindurch. *Und er machte das Meer zu trockenem Land. Und das Wasser wurde gespalten.* (22) *Da gingen die Israeliten auf dem Trockenen mitten ins Meer hinein.* Und das Wasser war für sie wie eine Mauer zu ihrer Rechten und zu ihrer Linken. (23) Da verfolgten sie die Ägypter und gingen hinter ihnen hinein, alle Pferde Pharaos, seine Wagen und seine Reiter, mitten ins Meer hinein. (24) Und zur Zeit der Morgenwache blickte JHWH in einer Feuer- und Wol-kensäule herunter auf das Heerlager Ägyptens, und er verwirrte das Heerla-ger Ägyptens. (25) Und er ließ die Rä-der seiner Wagen abweichen und lenkte sie in Schwierigkeiten. Da sagte Ägypten: »Ich will vor Israel fliehen, denn JHWH kämpft für sie mit Ägypten!« (26) *Dann sagte JHWH zu Mose: »Strecke deine Hand über das Meer aus, daß das Meer zurückkehrt über Ägypten, über seine Wagen und über seine Reiter!«* (27) *Und Mose streckte seine Hand über das Meer aus.* Da kehrte das Meer gegen Anbruch des Morgens in sein Bett zurück. Die Ägypter aber flohen ihm entgegen. So schüttelte JHWH die Ägypter mitten ins Meer hinein. (28) *Und das Meer kehrte zurück und bedeckte die Wagen und die Reiter des ganzen Heeres Pharaos, die hinter ihnen ins Meer hineingegangen waren. Kein einziger von ihnen blieb übrig. (29) Die Israeliten aber waren auf dem Trockenen mitten durchs Meer gegangen. Und das*

Die von KRÜGER rekonstruierte Kompilation von J und P durch R und die neuen *Akzente der Redaktion*.	Die von BLUM rekonstruierte Komposition: Der KP vorliegende Text von KD und die neuen *Einschreibungen durch KP*:
Wasser war für sie eine Mauer gewesen zu ihrer Rechten und zu ihrer Linken. (30) Und JHWH rettete an jenem Tag Israel aus der Hand Ägyptens. Und Israel sah Ägypten tot am Ufer des Meeres. (31) *Und Israel sah die große Gewalt, die JHWH an Ägypten ausgeübt hatte. Da fürchtete das Volk JHWH und glaubte an JHWH und an Mose, seinen Diener.*	*Wasser war für sie eine Mauer gewesen zu ihrer Rechten und zu ihrer Linken.* (30) Und JHWH rettete an jenem Tag Israel aus der Hand Ägyptens. Und Israel sah Ägypten tot am Ufer des Meeres. (31) Und Israel sah die große Gewalt, die JHWH an Ägypten ausgeübt hatte. Da fürchtete das Volk JHWH und glaubte an JHWH und an Mose, seinen Diener.

Der Vergleich zeigt, daß bei der Identifizierung von Textteilen, die eine ähnliche »Sprache sprechen« und demnach zusammengehören könnten, durchaus ähnliche Ergebnisse zu erzielen sind. Schwieriger scheint es bei Detailfragen der Abgrenzung und bei der Zuweisung zu bestimmten größeren Textzusammenhängen zu sein (z. B. ob ein Text zu dem frühen E oder dem späten R gehört). Entscheidend ist immer, welche Vorstellung von einem »sinnvollen Text« zugrunde gelegt wird, d. h., welches Referenzmodell quasi als Suchschablone angelegt wird, um zu »ursprünglich einheitlichen Texten« zu kommen. Wenn man das Kriterium der absoluten Widerspruchsfreiheit anlegt, dann werden die rekonstruierten Texteinheiten relativ klein ausfallen und zugleich u. E. wenig (theologisch) Aufregendes bieten können. (Ende des Exkurses)

Kommen wir nun zu einem Beispiel für die *Komposition eines prophetischen Textes*:

Beispiel 22: Komposition und Redaktion im Hoseabuch

J. JEREMIAS[44] versteht die Kap. 4-11 als eine Komposition, die von Schülern Hoseas aus einzelnen Worten des Propheten zu einer »strengen Einheit« zusammengestellt wurde.

Hos 4,4-10: (Übersetzung J. Jeremias)
Verknüpfende Einschreibung durch Schüler Hoseas
(4,4a) Jedoch: Nicht irgend jemand soll man verklagen,
nicht irgend jemand verurteilen,
1. Spruch Hoseas
(4b) sondern dir mache ich den Prozeß, Priester!
(5) Am hellichten Tag wirst du stolpern,
    Spätere Redaktion
    mit dir stolpert auch der Prophet bei Nacht;
ich richte deine Mutter zugrunde,

---

44. J. JEREMIAS, Der Prophet Hosea, ATD 24,1, Göttingen 1983, 63ff.

(6) ging doch mein Volk zugrunde,
weil ihm die Erkenntnis fehlt.
Weil du die Erkenntnis verworfen hast,
verwerfe ich dich als meinen Priester;
weil du die Weisung deines Gottes vergessen hast,
bin ich es nun, der deine Söhne vergißt.

2. Spruch Hoseas

(7) Je mehr ihrer wurden, desto mehr verfehlten sie sich gegen mich:
Ihre Ehre tauschten sie gegen Schande ein,
(8) nähren sie sich doch von der Verfehlung meines Volkes,
gieren sie doch nach seiner Verschuldung.

Verknüpfende Einschreibung durch Schüler Hoseas

(9) Dann ergeht's Volk wie Priester:
Ich ahnde seinen Wandel an ihm,
lasse seine Taten sich an ihm auswirken.

Spätere Redaktion

(10) Sollen sie sich nähren – ohne satt zu werden,
Unzucht treiben – ohne sich auszubreiten,
denn JHWH haben sie verlassen, um der Unzucht die Treue zu halten.

(1) V. 4-6 ist eine Rede Gottes (V. 5: »ich«) an (einen) Priester (Sg.); V. 7-8 ist im beschreibenden Stil der 3. P. Pl. gehalten; V. 9 kehrt wieder zum Sg. 1. P. zurück; V. 10 benutzt erneut den Plural der 3. P.; JHWH ist Objekt des Satzes 10c.

(2) JEREMIAS deutet diesen Befund folgendermaßen: »Diese Stilwechsel hat man sich vermutlich so zu erklären, daß hinter V. 4-6 und V. 7f. zwei ursprünglich selbständige mündliche Hoseaworte stehen, das eine öffentlich verkündet (V. 4-6), das andere in sachlichem Anschluß daran vor den Schülern bzw. Vertrauten gesprochen (V. 7f.), während V. 9f. zusammen mit 4a Hoseaschülern zur Verknüpfung dieser Worte mit dem vorausgehenden (Thema: Prozeß) und dem folgenden Stück (Thema: hurerischer Kult) diente. Mit der dreiaktigen Abfolge: Anklage gegen die Priester als Hauptschuldige (V. 4-6) – Klage über ihr Treiben (V. 7f.) – Identifikation von Priestern und Volk (V. 9f.) wiederholt 4,4-10 im Kleinen den Aufbau der Großeinheit 4,4-19.«[45] Elemente in 5a und der V. 10 sind späteren, vermutlich »judäischen« Redaktoren aufs Konto zu setzen. Mithin enthält dieser Abschnitt in der literarhistorischen Interpretation eine bearbeitete Komposition zweier (ursprünglich mündlicher!) Prophetensprüche mit einer späteren Redaktion dieser dann bereits zum Grundtext gewordenen Komposition.

2.4 Rekonstruktion des Historischen Ortes

Wenn es gelungen ist, in Vernetzung aller bisher erarbeiteten Ergebnisse den Text bzw. die literarkritisch ermittelten Teiltexte jeweils einer bestimm-

---

45. Ebd., 65; für die detaillierte Argumentation vgl. 65-68.

ten Quelle, Fortschreibung, Redaktion oder Komposition zuzuweisen, dann kann (und sollte) jetzt die historische Ernte eingefahren werden.

Mit den erarbeiteten Daten wird es möglich, den »Historischen Ort« des Textes und seiner (mündlichen und) schriftlichen Vorstufen zu bestimmen. D. h., wir können den zeitlichen Kontext der Entstehung (die politischen, sozialen, religiösen, theologischen Bedingungen) näher beschreiben und damit den Text, der ja in der einen oder anderen Weise davon geprägt ist, als »Kind seiner Zeit« würdigen. Damit läßt sich der Gefahr begegnen, biblische Texte vorschnell als allgemein gültige Wahrheiten mißzuverstehen, die jenseits von Zeit und Raum immer und überall wortwörtlich so gelten, wie sie geschrieben stehen. Welche Erträge hier zu erwarten sind, soll noch einmal an der Erzählung von der Geburt der beiden Söhne von Isaak und Rebekka gezeigt werden.

Beispiel 23: Rekonstruktion des/der Historischen Orte(s) von Gen 25,19-26

Der textanalytische Befund der Kohäsionen und Inkohäsionen sowie der Kohärenzen und Inkohärenzen von Gen 25,19-26 läßt sich unter literarkritischen Gesichtspunkten folgendermaßen deuten:
(1) Wie Textanalyse und Überlieferungsgeschichte gezeigt haben (vgl. oben, Beispiel 13), handelt es sich bei den V. 19.20 und 26d um relativ selbständige Elemente aus der Gattung Toledot, die charakteristisch für die Materialien der Priesterschrift ist, übrigens unabhängig davon, ob man den Pentateuch von einem Urkundenmodell oder einem redaktions- bzw. einem kompositionsgeschichtlichen Modell her versteht. Damit ist auch gesagt, daß diese Textteile »spät«, in exilisch-nachexilischer Zeit, in den Text gekommen sind.
(2) In Beispiel 13 wurde der wahrscheinliche Gehalt der mündlichen Vorstufe ermittelt: V. 21.24.25*.26a-c.
(3) Der verbleibende Textbestand V. 22-23.25* und die Ersetzung der ursprünglichen Gottesbezeichnung durch JHWH in V. 21 dürfte mit großer Wahrscheinlichkeit in einem frühen Stadium der Verschriftlichung in den Text gekommen sein.
Für die Zuweisung dieses Textanteiles ist von Belang, daß JHWH als Gottesbezeichnung gewählt wurde. Damit fallen (nach den Vorgaben der Urkundenhypothese) sowohl P (JHWH erst ab Ex 6) als auch E aus. Es bleibt zunächst der »Jahwist«, wobei noch offen ist, in welcher Datierung.
Entscheidet man sich für J in der traditionellen Datierung, dann wurde der Text mit großer Wahrscheinlichkeit bereits in der frühen staatlichen Zeit erstmals schriftlich niedergelegt; allerdings kann auch – wie wir gleich sehen werden – ein »Historischer Ort« in exilisch-frühnachexilischer Zeit erwogen werden.

Gen 25,19-26 mit literargeschichtlichen Zuweisungen:
P:
(19) Und dies ist das Geschlechtsregister Isaaks, Sohn des Abraham: Abraham zeugte Isaak.
(20) Und Isaak war 40 Jahre, als er Rebekka, die Tochter Bethuels, des Aramäers von Padan Aram, die Schwester Labans, des Aramäers, zur Frau nahm.

---

§ 7 Die Geschichte des Textes

Mündliche Vorstufe:

(21) Und Isaak bat JHWH (J oder spätere Überlieferung) *für seine Frau, denn sie war unfruchtbar. Und es ließ sich JHWH* (J oder dtr.) *von ihm bitten. Und Rebekka, seine Frau, wurde schwanger.*

J oder spätere Überlieferung:

(22) Und die Söhne stießen sich in ihrem Leib, und sie sprach:
»Wenn das so (ist), warum geschieht mir dies?«
Und sie ging, zu befragen JHWH.
(23) Und JHWH sprach zu ihr:
»Zwei Völker (sind) in deinem Schoß.
Und zwei Nationen werden sich aussondern von deinem Mutterleib.
Und eine Nation wird stärker sein als die (andere) Nation.
Und ein Älterer wird dienen einem Jüngeren.«

Mündliche Vorstufe:

(24) Und es wurden voll ihre Tage zu gebären.
Und siehe: Zwillinge waren in ihrem Schoß.
(25) Und der erste kam heraus:

J oder später?   *rötlich, ganz wie ein Fellkleid.*

Mündliche Vorstufe:

Und sie nannten ihn Esau.
(26) Und danach kam sein Bruder heraus,
und seine Hand hielt die Ferse Esaus.
Und er nannte ihn Jakob.

P: *Und Isaak (war) 60 Jahre bei ihrer Geburt.*

(4) Zur Klärung des Historischen Ortes der mündlichen Überlieferung ist oben in Beispiel 13 unter (2) bereits alles gesagt, was sich sagen läßt.

(5) Zur Klärung der offenen Frage, ob ein früher oder später J anzunehmen ist, kann ein Blick in die Geschichte des Verhältnisses zwischen Israel und Edom weiterhelfen:

Der Text des Orakels hebt auf ein spannungsreiches Verhältnis beider Völker ab. Zweimal in der Geschichte spielte dieses Verhältnis eine Rolle:

(a) In der frühen Königszeit gab es eine Vormachtstellung Judas/Israels gegenüber Edom (II Sam 8,13 f.). Während der Regierungszeit des Salomo wurde diese gebrochen (I Kön 11,14 ff.).

(b) Im Zusammenhang mit der Eroberung Jerusalems (587/6) hat Edom offenbar die Schwäche Judas ausgenützt und sich an den Resten des zerstörten Staates vergriffen. In prophetischen Texten wird Edom dafür die Strafe Gottes angedroht (Ez 35,1-15; Obd 10-14).

In beiden – um Jahrhunderte auseinanderliegenden – Situationen gewönne der Text eine Funktion: Bereits in den gemeinsamen Anfängen ist das künftige Verhältnis von Gott selbst festgelegt worden. Das kann im Fall (a) als Begründung für das Recht der frühen Monarchie angeführt werden, Herrschaft über Edom auszuüben; im Fall (b) wäre das Orakel als eine Verankerung des künftigen Schicksals Edoms bereits in »grauer Vorzeit« zu verstehen.

(6) Nach diesen Voraussetzungen läßt sich der Text in seiner ersten schriftlichen Fassung entweder als eine machtpolitische Funktionalisierung der Überlieferung

270   § 7 Die Geschichte des Textes

oder als Begründung einer Hoffnung auf ein künftiges Ende der Bedrängnis durch Edom lesen.

U. E. (und nach Anschauung vieler neuerer Kommentare) ist ein »Historischer Ort« im Sinne der früheren Situation (a) wahrscheinlicher. Dazu würde sich auch die folgende Überlegung fügen: Die Autoritäten der frühen Königszeit hatten ein besonderes Interesse daran, die Familien- und Sippenüberlieferungen zu sammeln, unter den neuen Bedingungen der staatlichen Existenz neu zu erzählen und auf die innen- und außenpolitische Identität des davidisch-salomonischen Staatswesens und seiner Nachfolgestaaten hin auszulegen.

Das schließt keineswegs aus, daß der Text in der Situation (b) noch einmal neu gelesen und verstanden wird – allerdings ist dazu keine neue Einschreibung in den Text nötig.

(7) Bleibt noch die Frage nach dem Historischen Ort von P: Traditionell wird P in spätexilische oder frühnachexilische Zeit datiert. Das Interesse am genauen Herkunftsnachweis bestimmter Personen läßt sich auch in den Büchern I und II Chr sowie Esra und Nehemia beobachten.

Das Interesse an den Zahlen läßt sich durchgängig bei P beobachten. Für unseren Text allerdings kann man es auch inhaltlich deuten, besonders dann, wenn man eine spätexilische Datierung annimmt. Die Angaben zum Lebensalter Isaaks in V. 20 und 26d zeigen, daß das Paar zwanzig Jahre auf die Erfüllung des Kinderwunsches und damit auf die Garantie der fortdauernden Existenz der Sippe warten mußte. Das läßt sich auch als ein bewußt intendierter Hinweis lesen, daß geduldiges Ausharren eine Verheißung in sich trägt. In der Situation der Exulanten ist dies eine Hoffnungsbotschaft.

2.5 Realien

Literatur:
O. KEEL/M. KÜCHLER/C. UEHLINGER, Orte und Landschaften der Bibel. Ein Handbuch und Studienreiseführer zum Heiligen Land, Band 1: Geographisch-geschichtliche Landeskunde, Zürich und Göttingen 1984
G. LEHMANN/D. VIEWEGER, Einführung die biblische Archäologie, Tübingen 1999
H. WEIPPERT, Palästina in vorhellenistischer Zeit. Handbuch der Archäologie, Vorderasien II,1, München 1988

Noch ein kurzes Wort zu den sogenannten »Realien«. Realien sind Gegenstände wie handwerkliches Gerät, Musikinstrumente, Waffen, usw., Maße und Gewichte, sowie auch topographische und geographische Gegebenheiten. Auch das weite Feld der »Biblischen Archäologie« kann in diesem Zusammenhang gesehen werden. Wo es für das Verständnis des Textes notwendig ist, sollten diese (Er-)Klärungen im Zusammenhang mit der Frage nach dem historischen Ort geleistet werden. Unter Umständen sind Erkennisse zu den im Text aufscheinenden Realien auch für die historische Einordnung des Textes hilfreich. In der Regel hilft hier ein Lexikon (Biblisches Reallexikon § 1 – 4.3.4), eines der oben genannten Handbücher oder ein historischer Atlas weiter.

> **Beispiel 24: Die Wanderbewegungen Israels beim Auszug aus Ägypten**
>
> Erst eine genauere Bestimmung der Ortsangaben machen die (nicht nur Pharao, sondern auch moderne Leser) verwirrenden Bewegungen und damit die Vorgehensweise deutlich, mit der JHWH Pharao in die Wüste lockt.
>
> Ex 13,17-14,4:
> *(17) Als nun der Pharao das Volk hatte ziehen lassen –,*
> *aber Gott führte sie nicht den Weg* **ins Land der Philister**, *der am nächsten war;*
> *denn Gott dachte, es könnte das Volk gereuen, wenn sie Kämpfe vor sich sähen,*
> *und sie könnten wieder nach Ägypten umkehren –*
> *(18) da ließ Gott das Volk sich wenden zum* **Weg der Wüste des Schilfmeers**.
> *Und Israel ging streitgerüstet herauf aus* **Ägyptenland**.
> ...
> *(20) So zogen sie aus von* **Sukkot** *und lagerten sich in* **Etam** *am Rande der Wüste.*
> ...
> *(14,1) ...*
> *Und JHWH redete mit Mose und sprach:*
> *(2)* »*Rede zu den Israeliten und sprich,*
>   *daß sie umkehren und sich lagern bei* **Pi-Hahirot** *zwischen* **Migdol** *und dem* **Meer**,
>   *vor* **Baal-Zefon**; *diesem gegenüber sollt ihr euch lagern.*
>   *(3) Der Pharao aber wird sagen von den Israeliten:*
>   ›*Sie haben sich verirrt im Lande; die Wüste hat sie eingeschlossen.*‹
>   *(4) Und ich will sein Herz verstocken, daß er ihnen nachjage,*
>   *und will meine Herrlichkeit erweisen an dem Pharao und aller seiner Macht,*
>   *und die Ägypter sollen innewerden, daß ich der HERR bin.*«
> *Und sie taten so.*
>
> Erst ein Blick auf die Karte zeigt, daß Israel auf Gottes Geheiß zuerst statt nach Osten (auf dem nächsten Weg) in Richtung Südosten aufbrach, um dann umzuschwenken und nach Norden bis ans Mittelmeer (Sirbonischer See) zu marschieren. Damit wird deutlich, warum der Pharao vermuten konnte, die Israeliten hätten sich verirrt.

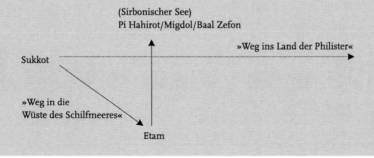

§ 7 Die Geschichte des Textes

> Es geht hier nicht um die Rekonstruktion der womöglich tatsächlich historischen Route, sondern um die Rekonstruktion der geographischen Vorstellungen des Textes in seiner vorliegenden Gestalt!

3. Anwendung

> Prämisse der Frage nach der »Geschichte des Textes«:
> Alttestamentliche Texte in ihrer vorliegenden Endgestalt sind in der Regel komplexe Texte:
> - Sie sind nicht aus *einer* Hand.
> - Sie sind nicht aus *einer* Zeit.
> - Sie haben eine Lese- und – davon abhängig – eine Wachstumsgeschichte.

3.1 Begrifflichkeit und Methoden im Überblick

3.1.1 Begrifflichkeit

Einheitlichkeit:	Kohäsion/Kohärenz eines Textes, die sich literarkritisch erklären läßt.
Uneinheitlichkeit:	Inkohärenz oder Inkohäsion eines Textes, die sich literarkritisch als
Spannung/Bruch:	erklären läßt.
Dublette:	Eine inhaltliche Doppelung, die nicht auf den Gestaltungswillen eines Autors zurückzuführen ist (wie das z. B. bei einem Refrain der Falle wäre) und sich literarkritisch erklären läßt.
Quelle/Urkunde:	Ein größerer selbständiger Erzähl- oder Textzusammenhang, der »einheitlich« ist und deshalb einem (impliziten) Autor zugeschrieben wird.
Kompilation:	Harmonisierende Zusammenarbeitung von Urkunden/Quellen ohne weitere Bearbeitung.
Komposition:	Zusammenstellung von Grundtexten, meist mit Bearbeitung.
Bearbeitung:	Einschreibung nichtselbständiger Texte in einen Grundtext

§ 7 Die Geschichte des Textes

		im Rahmen von Glossierung, Fortschreibung, Redaktion oder Komposition.

Glosse: Eine kurze Einschreibung, die deutlich erklärenden Charakter hat.

Fortschreibung: Eine aus dem bereits vorliegenden Text entwickelte und häufig aktualisierende Ergänzung.

Redaktion: Eine Bearbeitung von Texten und »Zwischentexten« (eventuell mit eigenen verbindenden Texten): Ein roter Faden ist bereits durch die Texte (oder einen von ihnen) vorgegeben.

Redaktionsschicht: Eine weitere Textstrecken umfassende redaktionelle Bearbeitung, die einer »Schule« oder einem identifizierbaren theologischen Konzept zu verdanken ist.

Historischer Ort: Der Kontext (politisch, gesellschaftlich, religiös, theologisch, literaturgeschichtlich ...) der Entstehung eines Textes und der rekonstruierbaren Arbeit an ihm.

3.1.2 Die Methoden im Überblick

– Kritik (Analyse)		– Geschichte (Synthese)
Überlieferungskritik	für die mündliche Weitergabe	**Überlieferungsgeschichte**
Literarkritik	für die schriftliche Weitergabe	**Literargeschichte** *insbesondere:*
Redaktions-/ Kompositionskritik	für den Prozeß der Kombination von Texten	**Redaktions-/ Kompositionsgeschichte**

Die Begriffe der Übersicht sind oben unter 1.4 ausführlich und im Zusammenhang erläutert; fettgedruckt sind jene Begriffe, für die im Beschreibungsteil Textbeispiele gegeben sind.

Würde man streng nach der Systematik der Begrifflichkeit vorgehen, dann müßte jeweils einem »Kritik- oder Analyse-Element« ein entsprechendes »Geschichte- oder Synthese-Element« gegenüberstehen, also der Überlieferungskritik eine Überlieferungsgeschichte, der Literarkritik eine Literargeschichte und der Redaktions- oder Kompositionskritik eine Redaktions- oder Kompositionsgeschichte. Wir haben hier die Elemente der Analyse in einem Arbeitsschritt, der Literarkritik, zusammengefaßt.

Unter Einschluß der Textgeschichte (§3) läßt sich die »Geschichte des Textes« samt den Methoden ihrer Rekonstruktion umfassend nun folgendermaßen darstellen (vgl. schon die Graphik in §3 – 1.2):

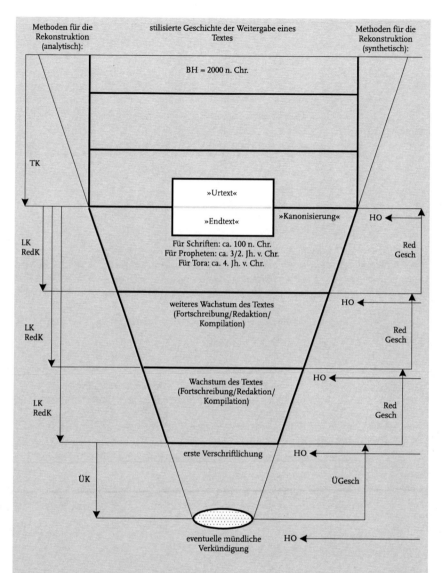

Erklärung der Abkürzungen: TK = Textkritik; LK = Literarkritik; RedK = Redaktionskritik; RedGesch = Redaktionsgeschichte; ÜK = Überlieferungskritik; ÜGesch = Überlieferungsgeschichte; HO = Historischer Ort

§ 7 Die Geschichte des Textes

3.2 Literarkritik

3.2.1 Arbeitsschritte

Text	(1)	Klären der Frage nach dem Zusammenhang des ganzen Textes mit seinem literarischen Kontext: Abgrenzung zum engeren und weiteren literarischen Kontext.
Bereits geleistete Arbeit		Dazu die Textanalyse, ggf. auch die Textkritik nach einschlägigen Beobachtungen überprüfen und diese ggf. einbringen. → *(In-)Kohärenzen bzw. (In-)Kohäsionen zum literarischen Kontext?*
Text	(2)	Klären der Frage nach den zusammengehörenden Teilen eines Textes: die Frage nach der »Einheitlichkeit« oder »Uneinheitlichkeit« des Textes.
Bereits geleistete Arbeit		Ergebnisse der Textanalyse heranziehen: Oberfläche: Inkohäsionen/Kohäsionnen Tiefenstruktur: Inkohärenzen/Kohärenzen Wenn relevant, dann Ergebnisse der Gattungs- und Traditionskritik zu diesen Fragen berücksichtigen.
Text	(3)	Ordnen von zusammengehörenden Stücken im Text: Wie ergeben sich Argumentationszusammenhänge? Wo werden Verbindungen hergestellt? Wo wird erklärt oder kommentiert? (Bearbeitung, Redaktion, Komposition)
Bereits geleistete Arbeit		Ergebnisse der Textanalyse (besonders Wortfelder und Propositionen), ggf. Gattungs- und Traditionskritik beachten!
Text	(4)	Relative Chronologie der Textteile anhand der inneren Textlogik erstellen: Welche Textanteile setzten andere voraus?
Text	(5)	Probeweise Einordnung der Textteile oder -stoffe ins mündliche oder schriftliche Stadium der Überlieferung«.

Die Ergebnisse von 4 und 5 als resümierende *Texthypothese* formulieren.

3.2.2 Arbeitsfragen

- Gab es im Rahmen der Textgeschichte und -kritik Hinweise auf eine »Geschichte des Textes«?
  - Gibt es antike Varianten des Textes (z. B. in der LXX), die in seine vorkanonische Zeit verweisen?
  - Gibt es im Alten Testament (oder in seiner Umwelt) Texte, die vom auszulegenden Text abhängig sind (z. B. die Samuel-Königebücher

und die Chronikbücher; oder Psalmen in den Geschichtsbüchern und im Psalter [z. B. Ps 18 in II Sam 22])?
– Läßt sich das literargeschichtliche Verhältnis der beiden Texte bestimmen?
– Wie lassen sich die Prozesse der Veränderung des älteren Textes durch den jüngeren beschreiben?

Zu (1): Abgrenzung des Textes

- Welche Ergebnisse brachte die Textanalyse im Blick auf die Abgrenzung des Textes?
  – Gibt es auf der Oberfläche Hinweise für Kohäsion oder Inkohäsion zwischen dem Text und seinem engeren (jeweils nächster Vers) bzw. seinem weiteren (jeweils nächste Texteinheit) Kontext?
    – Gibt es grammatikalische Strukturen, die Kohäsion oder Inkohäsion anzeigen?
    – Gibt es Subjektwechsel?
    – Gibt es phorische Elemente, die über den Text hinaus in seinen Kontext weisen?
    – Gibt es gleiche Wurzeln, die den Text mit seinem Kontext verbinden?
  – Gibt es in der Tiefenstruktur des Textes Hinweise für Kohärenz oder Inkohärenz zwischen dem Text und seinem engeren (jeweils nächster Vers) bzw. seinem weiteren (jeweils nächste Texteinheit) Kontext?
    – Gibt es semantische Felder, die den Text mit seinem Kontext verbinden?
    – Setzt der Text ein neues Setting (Ort, Zeit, Personage) voraus?
    – Beginnt der Text mit einer neuen Überschrift?
    – Gibt es thematische Verbindungen zwischen dem Text und seinem Kontext (vgl. die Ergebnisse der thematischen Reduktion)?
- Welche Ergebnisse brachte die gattungskritische Frage im Blick auf die Abgrenzung des Textes?
  – Gibt es Hinweise darauf, daß der Text von einem Gattungsformular geprägt ist, das über den Text hinausreicht?
- Welche Ergebnisse brachte die traditionskritische Frage im Blick auf die Abgrenzung des Textes?
  – Gibt es Hinweise auf Traditionen, die über die Textgrenzen hinausreichen?

Zu (2): Literarische Einheitlichkeit oder Uneinheitlichkeit des Textes

Stellen Sie alle Fragen zur Abgrenzung nun auch im Blick auf die »Einheitlichkeit« oder »Komplexität« des Textes in sich; insbesondere:

§ 7 Die Geschichte des Textes

- Welche Ergebnisses der Textanalyse können für die Literarkritik relevant sein?
- Finden sich im Text Anwendungsfälle für die klassischen Kriterien der Literarkritik, nämlich
  - Doppelungen oder Dubletten,
  - Doppel- oder Mehrfachüberlieferungen,
  - besondere, identifizierbare Redeweise und Stil,
  - besondere Wort- und Namenswahl und schließlich ganz allgemein
  - inhaltliche Spannungen oder Widersprüche?

Zu (3): Ordnen der zusammengehörenden Teile des Textes

- Lassen sich einzelne ermittelte Teile des Textes zu zusammengehörenden Erzähl- oder Argumentationsfäden ordnen?
  - Gibt es semantische Felder, die bestimmte Teile des Textes miteinander verbinden?
  - Gibt es Propositionen oder Makropropositionen, die bestimmte Teile des Textes miteinander verbinden?
  - Gibt es Traditionen, die bestimmte Teile des Textes miteinander verbinden?
  - Gibt es Gattungselemente, die bestimmte Teile des Textes miteinander verbinden?
- Welchen Charakter haben die einzelnen ermittelten Teile des Textes?
  - Gibt es einen oder mehrere Erzählfäden im Text?
  - Gibt es Teile, die zwei oder mehrere Teiltexte verbinden?
  - Gibt es Teile, die kommentieren oder erklären?

Zu (4): Relative Chronologie

- Wie lassen sich die einzelnen Teile relativ zueinander chronologisch ordnen?
  - Gibt es Teile im Text, die andere Teile voraussetzen?
    - Bietet die innere Logik des Textes (Textanalyse) für diese Frage Anhaltspunkte?
    - Greifen Teile des Textes auf Stichworte oder Themen anderer Teile zurück?
    - Bietet die Traditionsgeschichte für diese Frage Anhaltspunkte?
      - Gibt es im Text Ausformungen einer Tradition, die traditionsgeschichtlich jünger sind als andere Ausformungen dieser Tradition im Text?
    - Bietet die Gattungsgeschichte für diese Frage Anhaltspunkte?

Zu (5): Probeweise Einordnung ins mündliche oder schriftliche Stadium der Überlieferung bzw. Zuordnung zu den literargeschichtlichen Grundvorgängen:

- Zur Frage einer mündlichen Vorgeschichte: Welche Elemente des Textes kommen einer Gattung der alltäglichen Kommunikation (§ 5) besonders nahe?
- Welche Textteile sind (im Verhältnis zu den anderen Textteilen) am besten als Grundtext, als kompilierter Text oder als Bearbeitung erklärbar?
  - Welcher Typus von Bearbeitung liegt vor:
    - Fortschreibungen,
    - Redaktionsschichten,
    - Komposition?

3.3 Überlieferungsgeschichte

Für eine Reihe von Texten des Alten Testaments gilt, daß sie anfangs in mündlicher Kommunikation entstanden und weitergegeben wurden (manchmal auch dann noch, als sie bereits schriftlich vorlagen).
Häufig geschah dies in geprägten Formen (Gattungen) und unter den Bedingungen ihres jeweiligen »Sitzes im Leben«. Nur wenn mündlich überlieferte Texte so entstanden und überliefert wurden, läßt sich ihre Gestalt auch rekonstruieren. Andernfalls sind wir auf bloße Vermutungen angewiesen (vgl. oben die Beschreibung in 2.3).

3.3.1 Arbeitsschritte

Bisher geleistete Arbeit	(1)	Rückgriff auf die Literarkritik: Welche Teile des Textes gehören mit hoher Wahrscheinlichkeit schriftlichen Stadien der Geschichte des Textes an?

Wenn der Text als ganzer dem schriftlichen Stadium angehört, und dies ist bei den meisten alttestamentlichen Texten der Fall, dann ist die Untersuchung hier zu Ende!

Text, bisherige Arbeit	(2)	Rückgriff auf die Ergebnisse der Gattungskritik: Ist der älteste ermittelte schriftliche Text geprägt durch eine mündliche Gattung oder zumindest einige ihrer Elemente (z. B. Sagen, Gebete, Rechtssätze, Lieder, bestimmte prophetische Gattungen)?

Wenn dies nicht der Fall ist, dann ist die Untersuchung hier zu Ende!

Literatur	(3)	Im Rückgriff auf Traditionskritik und die exegetische Literatur: Versuch einer Zuordnung der rekonstruierten mündlichen Textgestalt zu bestimmten »Sitzen im Leben«, Träger-

§ 7 Die Geschichte des Textes

279

		gruppen und Epochen der Geschichte Israels (Datierung); *vgl. Historischer Ort.*
Text, bisherige Arbeit	(4)	In seltenen Fällen ist auch noch eine Wachstumsgeschichte des Textes innerhalb der Phase der mündlichen Überlieferung erkennbar.

3.3.2 Arbeitsfragen

Zu (1-2): Läßt sich überhaupt eine mündliche Phase der Überlieferung rekonstruieren?

- Gehört der Text ganz oder teilweise dem schriftlichen Stadium der Geschichte des Textes an?
- Welche Ergebnisse erbrachte die Gattungskritik im Hinblick auf die Frage nach Spuren einer mündlichen Gattung im Text?

Nur wenn diese Frage Ergebnisse zeitigt, wird auch die weitere überlieferungskritische Analyse zu Ergebnissen führen.

- Gibt es Übereinstimmungen zwischen den Ergebnissen der Literarkritik und der Gattungskritik?
  - Ist die rekonstruierte älteste Gestalt des Textes geprägt durch eine mündliche Gattung?
  - Sind andere rekonstruierte Textgestalten geprägt durch eine oder mehrere mündliche Gattungen?
  - Lassen sich auf der Basis dieser Vergleiche eine oder mehrere Textgestalten mündlicher Überlieferung im Text markieren?

Zu (3): Überlieferungsgeschichte und Historischer Ort

- Welche Hinweise bieten die Ergebnisse der Frage nach dem Sitz im Leben und die Literatur auf eine mögliche Trägergruppe dieser mündlichen Überlieferung(en)?
  - Gibt es Hinweise, die in die Familienreligion und damit in die Sippe deuten?
  - Gibt es Hinweise, die in die Kultätiologie und damit auf ein Heiligtum und seine Priester(innen) deuten?
  - Gibt es Hinweise, die auf die Ätiologie eines Ortsnamens und damit auf eine bestimmte seßhafte Bevölkerung deuten?
  - Gibt es Hinweise, die auf das Rechtsleben und damit auf die entsprechende Trägergruppe deuten?
  - Gibt es Hinweise, die auf den Kult (Lieder, Priesterweisungen ...) an einem Heiligtum verweisen?
  - Gibt es Hinweise, die auf die prophetische Verkündigung deuten?

- Gibt es Hinweise, die auf weisheitliche Kommunikationssituationen und damit auf die Sippe, den Hof oder die »Schule« als Trägergruppe deuten?
- Lassen sich diese Hinweise mit Hilfe der Literatur oder des Textes und seines Kontextes zur Datierung der mündlichen Überlieferung auswerten?
- Läßt sich der Historische Ort der Entstehung der mündlichen Gestalt beschreiben?

Zu (4): In sich differenzierte Überlieferungsgeschichte und Historischer Ort

- Bietet die Literarkritik Ergebnisse, die sich als Indizien für eine Veränderung der Textgestalt in der Phase der mündlichen Überlieferung deuten lassen?
- Lassen sich die Historischen Orte der Entstehung und der Veränderung der mündlichen Gestalt beschreiben?

3.4 Literargeschichte und Historischer Ort

Die »Geschichte des Textes« und die Frage nach seinem Historischen Ort (wenn der Text einheitlich ist) bzw. nach den Historischen Orten seiner Elemente hängen eng miteinander zusammen. Jede produktive Arbeit am Text, seine ursprüngliche Abfassung und seine Bearbeitungen gehen auf »Autoren« mit ihren jeweiligen historischen Orten zurück (vgl. dazu oben 1.4.2). Wir behandeln die beiden Gesichtspunkte deshalb hier zusammen, dies kann auch in einer Exegese so geschehen.

Literargeschichte greift auf Modellvorstellungen von literarischem Wachstum (2.3.1) und auf konkrete Hypothesen zur Entstehung der alttestamentlichen Literatur zurück (wie z. B. die Quellenschriften oder Kompositions- oder Redaktionswerke des Pentateuch bzw. der Geschichtsbücher). Die Exegese eines Textes wird versuchen, sich an diesen Modellen und Hypothesen zu orientieren. Dabei kann es aber nicht darum gehen, ein bereits existierendes Modell zur Wachstumsgeschichte alttestamentlicher Texte zu »beweisen«. Man wird auch nur in Ausnahmefällen und keinesfalls im Rahmen einer Proseminararbeit versuchen, ein neues Modell zu entwickeln. Vielmehr soll die ganze Bandbreite der von der Forschung angebotenen Modelle als Hilfe herangezogen werden, die »Geschichte Ihres Textes« angemessen zu rekonstruieren und zu interpretieren. Machen Sie also zu Beginn deutlich, mit welchem Modell (welchen Modellen) Sie arbeiten. Entscheidend sind und bleiben aber Ihre textanalytischen und literarkritischen Beobachtungen am Text. Nach diesen Beobachtungen werden Sie auch das Erklärungsmodell auswählen.

§ 7 Die Geschichte des Textes

3.4.1 Arbeitsschritte

Text, bisherige Arbeit	(1)	Versuch der Zuordnung der Teile des Textes entsprechend der Texthypothese der Literarkritik zu größeren alttestamentlichen Literaturwerken (Autoren, Quellen, Schulen) mit Hilfe der exegetischen Literatur.
Literatur		Z. B.: Identifikation von »Verantwortlichen« für einzelne Textschichten: Für Pentateuch: z. B.: »Quellenschichten«: J, E, Dtr, P, Redaktionen, Kompositionen. Für Prophetie: z. B.: Prophet X, Schule des Propheten X, Überarbeitung durch Dtr. Für Texte aus den Geschichtsbüchern: z. B.: Vorlage für DtrG, DtrG (H,P,N), Weiterarbeit an DtrG.
Text, bisherige Arbeit, Literatur	(2)	Vergleich der Zuweisung zu »Literaturwerken« mit den Ergebnissen der »relativen Chronologie« der Literarkritik Welche/s Modell/e leistet/n für den Text am meisten in bezug auf die Erklärung der Entstehung der Endgestalt des Textes?
Literatur	(3)	Versuch einer (annähernden) absoluten Datierung der Textanteile entsprechend ihrer Zuordnung zu Quellen, Schichten oder Schulen
Literatur	(4)	Rekonstruktion des Historischen Ortes (HO) für *jede* Phase des Wachstums (und damit auch der »Endredaktion«) – Was war »los«? (politische, soziale, religiöse Geschichte Israels) – Welche Veränderungen gab es? – Wie wurde darauf reagiert (auch von anderen theologischen Positionen und deren Texten aus)?
Literatur		Wenn nötig: feststellen und erklären von Realien
Text	(5)	Versuch einer Erklärung der einzelnen Phasen der Wachstumsgeschichte aus den jeweiligen Kontextbedingungen
Text	(6)	Nachzeichnen der Entwicklung der Textaussage(n) (Funktion/Intention) → Was bleibt gleich? (»roter Faden« durch die Geschichte des Textes) → Was ändert sich? (Hinweis für jeweils »aktuelle Auslegung«)

3.4.2 Arbeitsfragen

> Arbeitshypothese: Ein Text wird dann »bearbeitet«, wenn er seine Funktion (Deutung der Wirklichkeit, Zur-Sprache-bringen von [religiöser] Erfahrung) nicht mehr oder nicht mehr hinreichend erfüllt, und/oder wenn er nicht mehr verstanden werden kann.

> Leitende Fragestellung: Wodurch wurde Bearbeitung des Textes ausgelöst?
> Veränderung des Verstehenshorizontes:
> Neue Erfahrungen bewirken, daß ein Text anders gelesen wird.
> Neue Erfahrungen bewirken, daß ein Text so »nicht mehr paßt«.

Zu (1): Zuordnung zu alttestamentlichen Literaturwerken

- Gibt es in der Literatur Beschreibungen von Literaturwerken, die sich mit den Ergebnissen Ihrer bisherigen literarkritischen Analyse (Texthypothese) ganz oder teilweise decken?
  - Gibt es im Text Begriffe, Gottesbezeichnungen, Formeln, Themen oder Gattungen, die in der Regel einem bestimmten Autor, einer Quelle (z. B. der Priesterschrift), einer Schule, einer Redaktion (Dtr!) oder einer Komposition zugeschrieben werden?

Zu (2): Vergleich der erarbeiteten Zuweisungen der Teile des Textes mit den von der Forschung angebotenen Modellen oder Hypothesen zur »Wachstumsgeschichte« alttestamentlicher Texte

- Welches Modell oder welche Hypothese bietet die größte Plausibilität im Blick auf die Entstehung des komplexen Textes nach Ihrer Texthypothese?
- Lassen sich die ermittelten Teile Ihres Textes und Ihre Texthypothese mit den Angeboten der Forschung zur Deckung bringen?
- Gibt es Übereinstimmung zwischen der von Ihnen ermittelten relativen Chronologie und einem Modell bzw. einer Hypothese der exegetischen Forschung?

§ 7 Die Geschichte des Textes

Zu (3): Datierung entsprechend ihrer Zuweisungen in (1–2)

- Welche Informationen bietet die Literatur (Kommentare, Monographien, Artikel) zur Datierung der einzelnen Teile des Textes?

Zu (4): Historischer Ort

- Welche Informationen bietet die Literatur (Geschichte, Literaturge-schichte, Religionsgeschichte, Sozialgeschichte Israels) zur Beschreibung der Historischen Orte der einzelnen Teiltexte bzw. Wachstumsphasen des Textes?
  – Welche politischen, sozialen, religiösen Rahmenbedingungen herrsch-ten zu dieser Zeit?
  – Welche Veränderungen der Rahmenbedingungen lassen sich aus-machen?
    – Hat sich die politische Organisationsform verändert (z. B. Verlust der Eigenstaatlichkeit)?
    – Hat sich die religiöse Situation verändert (z. B. Zentralisation des Kultes in Jerusalem)?
    – Haben sich die Rechtsinstitutionen verändert?
    – Haben sich die sozialen Verhältnisse verändert?
  – Gibt es alttestamentliche Texte, die Reaktionen auf diese Veränderun-gen zeigen (z. B. die im Exil entstandenen Texte, die auf die Zerstörung Jerusalems und des Tempels und den Verlust der Eigenstaatlichkeit reagieren)?
- Welche erklärungsbedürftigen Realien werden im Text genannt?
  – Wo finde ich Erklärungshilfen (Lexika, Kommentare, Atlanten, Archäo-logie, ...)?
  – Gibt es topographische oder geographische Angaben?
  – Werden Gegenstände des täglichen Lebens erwähnt?
  – Werden Gegenstände erwähnt oder als bekannt vorausgesetzt, die mit einem Ritual, einer Zeremonie zu tun haben?
  – Gibt es Schilderungen architektonischer Art?
  – Gibt es Maße oder Gewichte, die genannt oder vorausgesetzt werden?
  – Bieten die Erkenntnisse über die Realien weitere Datierungshilfen?

Zu (5-6): Rekonstruktion der Geschichte des Textes

- Welche bisher ermittelten Ergebnisse tragen etwas aus zur Nachzeich-nung der »Geschichte des Textes«?
  – Was tragen die Informationen zum HO für das Verständnis der ermit-telten Quellen aus?

- Gibt es erkennbare Herausforderungen, auf die der Text reagiert?
- Was tragen die Informationen zum HO für das Verständnis der Kompilation einzelner Teiltexte aus?
- Was tragen die Informationen zum HO für das Verständnis einer Fortschreibung des Textes aus?
- Was tragen die Informationen zum HO für das Verständnis einer neuen Komposition von Texten aus?
- Was tragen die Informationen zum HO für das Verständnis der Endgestalt des Textes aus?

- Läßt sich in der Geschichte des Textes ein durchgehender »roter Faden« erkennen?
  - Gibt es Aussagen und Positionen des Textes, die in allen Phasen seiner Geschichte relevant bleiben?
  - Gibt es im Lauf der Geschichte des Textes neue Pointierungen, Verschiebungen der Intention?
  - Hat der Text in allen Phasen seiner Geschichte die gleiche Funktion?

§8 Resümierende und weiterführende Interpretation

> *»Jene Gläubigen werden vom Buchstaben getötet,*
> *die nicht dem Geist der heiligen Schrift zu folgen wünschen,*
> *sondern nur wissen wollen,*
> *wie die Wörter lauten und wie man sie anderen auslegen möge.«*
> (Franz von Assissi)

> *»Der Text ist immer klüger als der Autor.«*
> (Heiner Müller)

1. Die Interpretation als Ziel der exegetischen Arbeit

Das eigentliche Ziel der exegetischen Beschäftigung mit einem Text ist mit der »Erledigung« der einzelnen methodischen Schritte noch nicht erreicht! Diese sind vielmehr die Voraussetzung für eine Interpretation des Textes, die auf bloße Behauptungen verzichtet und ihre Ergebnisse, wenn schon nicht objektiv beweisbar, so doch intersubjektiv nachvollziehbar darstellen will. Damit sind dann auch die Voraussetzungen für ein fruchtbares Gespräch mit anderen Interpreten und Interpretinnen des Textes gegeben.

1.0 Zwei Fragerichtungen der Interpretation

Odo Marquard[1] hat u. E. eine hilfreiche Unterscheidung für die zwei Fragerichtungen bei der Interpretation eines Textes vorgeschlagen:
(1) Biblische Texte sind nicht »vom Himmel gefallen«, sondern unter ganz bestimmten Bedingungen, in häufig erst noch zu rekonstruierenden Kontexten entstanden. Man kann sie als Reaktion auf Herausforderungen und immer wieder neu auftauchende Fragen verstehen. Diese Fragen werden selten in den Texten ausdrücklich (»explizit«) benannt, aber die Beschäftigung und Verarbeitung, die Suche nach Antworten und Lösungen schlägt

---

1. O. Marquard, »Felix culpa? – Bemerkungen zu einem Applikationsschicksal von Genesis 3, in: Poetik und Hermeneutik, Bd. IX, München 1981, 53-71, beide Zitate 53; vgl. auch H. R. Jauss, Wege des Verstehens, München 1994, 85-87.

sich ihnen nieder. Um Texte zu verstehen, kann es daher hilfreich sein, diesen »Problemhorizont« zu rekonstruieren.

Marquard faßt dies in folgenden Satz zusammen:

> Es geht um die Rekonstruktion des »Ensemble(s) der im Text nicht ausdrücklichen Fragen, auf die der Text die Antwort war«.

Für diese (historische) Rekonstruktion wurden in den §§ 5-7 methodisch kontrollierte Beobachtungsmöglichkeiten vorgestellt. Für die abschließende Interpretation ist es sinnvoll, die wesentlichen Ergebnisse dieser Beobachtungen noch einmal zusammenzufassen, zu resümieren.

Die Ergebnisse dieser resümierenden Interpretation ermöglichen dann auch eine exegetisch verantwortete und gleichzeitig den Textgestaltungsregeln der deutschen Sprache verpflichtete »endgültige Übersetzung«.

Das eigentliche Ziel einer *theologischen* Exegese ist aber auch mit der Vernetzung aller methodisch gewonnenen Erkenntnisse über den Text noch nicht erreicht. Vielmehr gilt es ja immer wieder neu, ihn in unsere Zeit hinein und auf unsere Fragen bezogen auszulegen – auf unseren Kontext zu applizieren, anzuwenden.

(2) Texte werden deshalb in neuen Kontexten durch Leser und Leserinnen mit Fragen konfrontiert, die bei ihrer Entstehung noch keine Rolle spielten, noch nicht den Problem- und Fragehorizont bildeten. Auch diese Fragen werden im Text (natürlich!) nicht ausdrücklich benannt.

Um sich aber über den Kontext, der durch Interpreten und Interpretinnen an den Text herangetragen wird, bewußt zu werden, sind auch diese Fragen festzuhalten, d. h. das Vorverständnis zu benennen.

Marquard faßt dies in folgendem Satz zusammen:

> Es geht um die Rekonstruktion des »Ensemble(s) der im Text nicht ausdrücklichen Fragen, auf die der Text noch nicht die Antwort war und sein konnte, weil es diese Fragen noch nicht gab, als der Text entstand«.

Die Rekonstruktion dieser Fragen, die von Leserinnen und Lesern an den Text herangetragen werden, hilft, die Rezeptionsgeschichte eines Textes zu schreiben und zu verstehen: Warum hat jemand in einer bestimmten Zeit unter bestimmten Voraussetzungen einen Text so und nicht anders gelesen und ausgelegt? Welche Fragen haben ihn oder sie dabei geleitet (vgl. unten 2.)? Auch Ihre eigene Auslegung ist Teil der Rezeptionsgeschichte des Textes, ja gewissermaßen deren aktuelle Spitze, insbesondere wo sie über die historische Rekonstruktion hinausgeht. Um sie nachvollziebar zu machen, müssen Sie auch über Ihre eigenen Fragen an den Text, die nicht nur

§ 8 Interpretation

historischer Natur sind, Rechenschaft ablegen. Dann wird Ihre aktuelle Auslegung des Textes, das (eigentliche?) Ziel einer theologischen Exegese, auch für andere diskutierbar (vgl. unten 3.)

1.1 Resümierende Interpretation

In einem ersten Schritt sollten die bisher erzielten Ergebnisse zusammengefaßt, gewissermaßen ihr Ertrag gesichert werden. Dabei kann auf Wiederholungen verzichtet werden. Statt dessen sollten die Ergebnisse der einzelnen Schritte miteinander vernetzt werden. Dabei können
(a) die wesentlichen Linien, wie z. B. die Argumentations- oder Erzählstruktur, der Spannungsbogen oder einzelne thematische Linien, die sich durch den ganzen Text oder einzelne seiner Teile ziehen, herausgestellt werden (»Schlußexegese«)
und bzw. oder
(b) am Text entlang, Vers für Vers, gewichtige Beobachtungen und Ergebnisse benannt werden (»Einzelexegese«).
In welcher Weise Sie Ihr Resümee darstellen, hängt von der Gattung und vom Ziel Ihrer Arbeit ab. Wir skizzieren dazu drei Möglichkeiten (vgl. dazu auch § 9):
(a) In Kommentaren werden die Ergebnisse der einzelnen methodischen Fragestellungen zusammengefaßt, dann (oder dabei) wird Vers für Vers ausgelegt: Den Hauptanteil hat also die »Einzelexegese«. Wird ein Text im Zusammenhang mit einer thematischen Fragestellung ausgelegt, werden ebenfalls keine methodischen Schritte vorgeführt, sondern die erarbeiteten Einzelergebnisse im Blick auf die leitende Fragestellung dargeboten.
(b) Im Studium und auch in der Praxis der Unterrichts- oder Predigtvorbereitung, dem Bibelgespräch oder einer systematischen oder ethischen Fragestellung verhält es sich ebenso: Es geht *nicht* um die Dokumentation der einzelnen methodischen Schritte in der dem Text angemessenen Reihenfolge, sondern um ihren Ertrag für das Ziel der jeweiligen Arbeit.
(c) Im Proseminar und in der Proseminararbeit dagegen, die ja der ganzen Bandbreite möglicher Beobachtungen und ihrer methodischen Überprüfbarkeit dienen, werden die Erträge sinnvollerweise bereits im Zusammenhang der jeweiligen Arbeitschritte »eingefahren« (dies gilt etwas eingeschränkt auch für Examensexegesen). Deshalb wird die resümierende Interpretation einer Proseminararbeit sinnvollerweise knapp bleiben und nur die wesentlichen Erträge noch einmal bündeln und miteinander vernetzten.
Jedenfalls soll das Resümee, wie überhaupt die Ergebnisse der Arbeit am

Text ihren Ausdruck in einer *endgültigen Übersetzung* (vgl. dazu oben § 2) des Textes finden.

1.2 Rezeptionsgeschichte

Bevor Sie zu Ihrer eigenen weiterführenden Interpretation kommen, kann es hilfreich sein, bereits vorliegende Interpretationen des Textes, also dessen »Rezeptionsgeschichte«, in den Blick zu nehmen. Im Rahmen eines Proseminars kann dies natürlich, wenn überhaupt, dann nur exemplarisch geschehen. Im Rahmen einer Hauptseminararbeit aber, oder in einem kirchengeschichtlichen oder praktisch-theologischen Seminar, kann die Rezeptionsgeschichte auch zu einem Schwerpunkt werden.

Zumindest ein Seitenblick ins Neue Testament mit Hilfe einer Konkordanz oder des Registers in den Editionen von Nestle/Aland[2] ist aber (fast) immer sinnvoll: Gibt es im Neuen Testament Rezeptionen des untersuchten Textes?[3] Auch ein Blick in die Gesangbücher (vgl. die Konkordanz zum »Evangelischen Gesangbuch«) ist oft sehr erhellend. Für die gegenwärtige Rezeption und Auslegung findet sich in der Literatur der Predigt- und Unterrichtshilfen reiches und leicht zugängliches Material. Manchmal zeitigt auch ein Blick in die Bibelstellenregister von Dogmatiken und Ethikentwürfen überraschende und erhellende Einsichten.

Folgende *Leitfrage* ist für die Rekonstruktion der Rezeptionsgeschichte hilfreich:

> Wie wurde der Text im Verlauf der Geschichten der Völker Gottes gelesen und verstanden?

Im Grunde werden damit die Fragen nach dem »Sitz im Leben« (§ 5 – 1.1.1) und dem Historischen Ort (§ 7 – 2.4) aus der Entstehungsgeschichte des Textes in seine Rezeptionsgeschichte hinein »verlängert«.

1.3 Weiterführende Interpretation

Ist ein Resümee gezogen und erfolgte eventuell auch ein Seitenblick in die Rezeptionsgeschichte, dann können und sollen Sie persönlich als Theologe

---

2. Zu finden unter Überschrift: »III: LOCI CITATI VEL ALLEGATI – A. EX VETERE TESTAMENTO.
3. Auch bei M. Öhler (Hg.), Alttestamentliche Gestalten im Neuen Testament. Beiträge zur biblischen Theologie, Darmstadt 1999, finden Sie hilfreiches Material.

und Theologin Ihre Sicht des Textes formulieren. Denn Auslegen biblischer Texte heißt schließlich, sich den Fragen, Problemhorizonten und Lösungsangeboten zu stellen, die die Texte anbieten und die durch die Exegese freigelegt wurden. An ihrem vorläufigen Ziel ist die theologische Exegese erst dann, wenn Sie als Leser oder Leserin, als Exegetin oder Exeget eine solche eigene, am Text nachvollziehbare Stellung dazu bezogen haben (vgl. schon oben § 1 – 1.). Dabei kann es unter Umständen notwendig werden, am Text und seiner Position (seinen Positionen) *Sachkritik* zu üben. D. h.: Wenn Sie auf der Basis Ihrer theologischen Position Kritik am Text und seinen Aussagen üben wollen oder müssen, dann ist hier der Ort dafür. Daß sie dabei Rechenschaft über Ihre Position geben, ist für eine wissenschaftliche Interpretation selbstverständlich.

Vor allem in einer Proseminararbeit werden Ihre Ausführungen dazu nicht sehr umfangreich ausfallen können. Das schmälert aber nicht die Bedeutung dieser Überlegungen. Im Zusammenhang einer systematisch-theologischen oder ethischen Diskussion oder Arbeit können und sollen sie dann ja auch ganz in den Mittelpunkt gerückt werden.

2. Beschreibungen

Um den Rahmen nicht zu sprengen, verweisen wir hier lediglich auf eine Kommentarreihe (BK) und einige Möglichkeiten aus der Predigtliteratur, an denen ablesbar ist, wie eine resümierende und weiterführende Interpretation aussehen könnte.

Auf dem deutschsprachigen Buchmarkt werden eine Reihe von Predigthilfen angeboten, die jeweils einem homiletischen Konzept verpflichtet sind. Sie bieten unterschiedliche Interpretationen biblischer Texte, die der evangelischen oder katholischen Perikopenordnung (Vorschlag für den Predigttext eines bestimmten Sonn- oder Feiertages) entnommen sind. Ein Blick in die Gattung »Predigtliteratur« kann für Ihre Auslegung auch dann sehr hilfreich werden, wenn Sie nicht gerade an der Vorbereitung einer Predigt arbeiten (ähnliches gilt auch für viele Unterrichtsentwürfe, die von biblischen Texten ausgehen). In der Regel haben diese Reihen jeweils nach Abschluß eines Durchgangs durch die Perikopenordnung (sechs Jahre) einen Registerband, so daß Sie »Ihren« Text relativ leicht finden können.

Im einzelnen kommen die folgenden Werke in Frage:

(1) Biblischer Kommentar (BK)[4]

Die Auslegungen in dieser Kommentarreihe folgen immer einem bestimmten Schema:

Literaturhinweise	Zur Perikope
Übersetzung	Mit Fußnoten, in denen die Textkritik und Übersetzungsfragen verhandelt werden; manchmal werden hier auch schon erste literarkritische Debatten geführt.
»*Form*«:	Darstellung der Ergebnisse der Form- und Gattungskritik sowie der Frage nach dem Sitz im Leben; manchmal auch textanalytische Beobachtungen.
»*Ort*«:	Fragen der Literarkritik, der Verfasserfrage und des Historischen Ortes.
»*Wort*«:	Vers-für-Vers-Auslegung (besonders mit Traditionskritik und -geschichte).
»*Ziel*«:	Eine häufig sehr knappe Zusammenfassung des »Skopus«, manchmal mit der Markierung von Anknüpfungspunkten für eine weitere theologische Auslegung.

(2) Calwer Predigthilfen[5]

Gliederung der Interpretation:
1. Annäherung
2. Biblische Zusammenhänge
3. Auslegung
4. Theologische Entscheidungen
5. Homiletisch-seelsorgerliche Erwägungen
6. Anregungen, Anstöße, Kontraste
7. Zur Predigt

(3) Göttinger Predigt-Meditationen (GPM)[6]

Die Gliederungen der Meditationen sind variabel. Aber Sie finden hier immer ein Referat der exegetischen Diskussion und eigene exegetische Beobachtungen (teilweise auch Exkurse zu den Schwerpunktthemen der Exegese), eine systematisch-theologische Reflexion zu Fragen, die durch den Text

---

4. Der »Biblische Kommentar – Altes Testament« begründet von M. Noth erscheint seit 1961 im Neukirchner Verlag in Neukirchen-Vluyn und wird von S. Herrmann, A. Meinholdt, W. H. Schmidt, W. Thiel und H. W. Wolff † herausgegeben.
5. H. Barié (Hg.), Calwer Predigthilfen, Neue Folge, Stuttgart 1990ff.
6. M. Fischer (Hg.), Göttinger Predigt-Meditationen (GPM), Göttingen 1946/47ff.

ins Spiel gebracht sind, sowie knappe Hinweise für eine denkbare homiletische Umsetzung.

(4) Predigtstudien (PrSt)[7]

Diese Reihe ist aus dem homiletischen Konzept von E. LANGE entwickelt worden, das besonderen Wert auf den Dialog zwischen der »Welt des Textes« und der »Welt der Hörerinnen und Hörer« legt. Der Prediger, die Predigerin werden verstanden als AnwältInnen des Textes in der Konfrontation mit der aktuellen Situation und AnwältInnen der ZeitgenossInnen in der Begegnung mit der biblischen und christlichen Tradition.

Entsprechend ist auch die jeweilige angebotene Interpretation als Dialog aufgebaut:[8]

Bearbeiter A: Wie höre ich den Predigttext?		
I. Annäherung an die Predigtaufgabe Erste Eindrücke und Einfälle. Perspektiven für die Textbefragung, Schlüsselfragen zur Predigt	*II. Begegnung mit dem Predigttext* Exegetische Arbeit. Die Eigenaussage des Textes in homiletischer Sicht	*III. Folgerungen für die Predigt* Kontrolle der eigenen Einfälle. Homiletische Bilanz: Worauf es in der Predigt ankommt.

Offene Fragen an B Bearbeiter B: Wie rede ich mit dem Predigthörer?		
IV. Anknüpfung an A Zustimmung und Abgrenzung. Dialog über Textverständnis und Predigtaufgabe	*V. Verständigung mit dem Hörer* Zugänge zur homiletischen Situation. Erfahrungsfelder, Lebensbezüge, Sprache. Systematische Überlegungen	*VI Predigtskizze* Predigtaufriß mit ausformulierten Leitsätzen. Erzähltexte, Lieder und Lesungen

Beispiel 1: Eine politisch-theologische Debatte um die Interpretation von Jes 2,1-5[9]

Wie eine Debatte über die Auslegung eines biblischen Texte ausgetragen wird, die bis zur Legitimation aktueller politischer Positionen führen kann, zeigt eine Kontroverse aus der Hochzeit des »Kalten Krieges« in den 8oer Jahren des 20. Jh.s zwischen einer prominenten und streitbaren Vertreterin protestantischer Theologie und drei nicht minder ausgewiesenen Kollegen.

7. Predigtstudien, hg. von P. KRUSCHE †, D. RÖSSLER und R. RÖSSLER, mitbegründet von E. LANGE †, Stuttgart 1968ff.
8. Vgl. zu diesem Schema Seite 4 des jeweiligen Bandes der Predigtstudien.
9. Die Debatte wird bei R. OECHSLEN, GPM 41/3 (1987), 327-32, pointiert referiert.

D. Sölle hatte in der Debatte über den sogenannten »Nato-Doppelbeschluß« in öffentlicher Rede die Devise »Schwerter zu Pflugscharen« (Jes 2,4) ins Spiel gebracht, um die Position der »einseitigen Abrüstung« als notwendige Vorleistung des Westens für einen Friedensprozess auch biblisch zu begründen.

Der Systematiker T. Rendtorff fragte daraufhin unter Verweis auf Joel 4,10 (»Macht eure Pflugscharen zu Schwertern!«) im Magazin »Der Spiegel« ironisch an: »Auf welchen Propheten sollen wir hören?«[10]

Der Alttestamentler H. W. Wolff griff ebenfalls mit einem Aufsatz in der Zeitschrift »Evangelische Theologie« in die Debatte ein und regierte auf den besorgten Systematiker. Sein Titel: »Schwerter zu Pflugscharen – Mißbrauch eines Prophetenwortes?«[11]

Der Systematiker W. Pannenberg schließlich meldete sich nur wenige Seiten später in derselben Zeitschrift zu Wort: »Wer meint, er könne die gegensätzlichen Rechtsvorstellungen und Rechtsansprüche der Völker sowie ihre Zusammenhänge mit Religionen und Ideologien auf sich beruhen lassen, um statt dessen mit der Abrüstung zu beginnen, der kann sich nicht auf Jes 2 und Mi 4 berufen.«[12]

In der Diskussion wird deutlich, welche entscheidende Rolle die jeweilige eigene Position spielte: Hier die in der Friedensbewegung Engagierten oder ihr Nahestehende, die das prophetische Wort als Handlungsaufforderung verstehen wollten – dort diejenigen, die für die Doppelstrategie von Verhandeln und Dagegenhalten votierten und in Frage stellten, ob man biblische Texte *so* beim Wort nehmen kann und darf.

Inzwischen haben sich die Wogen geglättet und es wird wieder mit Abstand und differenzierter mit dieser Frage umgegangen. Wenn Sie selbst in die Debatte eingreifen wollen, dann empfehlen wir eine Exegese von Jes 2,1-5 und die Lektüre der aktuellen Predigtmeditationen zur Perikope.

(5) Ausgewählte Predigthilfen und Bibelarbeiten aus feministischer Perspektive

S. Ahrens u. a.(Hg.), Und schuf sie als Mann und als Frau. Eine Perikopenreihe zu den Lebenswirklichkeiten von Frauen und Männern für die Sonn- und Feiertage des Kirchenjahres, Gütersloh 1995.

Eine feministisch-theologische Perikopenreihe für das gesamte Kirchenjahr mit bisher wenig beachteten biblischen Texten, die die Lebenswirklichkeiten von Männern und Frauen in ihrer Verschiedenartigkeit zur Sprache bringen.

E. R. Schmidt u. a. (Hg.), Feministisch gelesen. 32 ausgewählte Bibeltexte für Gruppen, Gemeinden und Gottesdienste, Stuttgart 1988.

Für die 32 ausgewählten Bibeltexte, von denen die meisten nicht in den

---

10. Vgl. Der Spiegel, Jg. 37, Nr. 41, und ZEE 27 (1983), 137-155, bes. 137-139.
11. H. W.Wolff, Schwerter zu Pflugscharen. Mißbrauch eines Prophetenwortes? Praktische Fragen und exegetische Klärungen zu Joel 4,9-12; Jes 2,2-5 und Mi 4,1-5, in: EvTh 44 (1984), 280-92.
12. W. Pannenberg, Diskussionsbeitrag, in: EvTh 44 (1984), 293-97.

§ 8 Interpretation

Perikopenreihen vorkommen, werden die wichtigsten exegetischen Befunde mitgeteilt, sowie Anhaltspunkte für eine feministische Interpretation gegeben. Dazu finden sich Anregungen für die Gestaltung von Gottesdiensten, für Gruppenarbeit und andere Veranstaltungsformen.

(6) Auslegung für die Gemeindearbeit

S. BERG, Kreative Bibelarbeit in Gruppen, München/Stuttgart, 1991.
Das Buch bietet Praxisbeispiele für kreative Bibelarbeiten zu Texten aus dem Alten und Neuen Testament, die immer wieder in der Gemeindearbeit, theologischen Erwachsenenbildung, Bibelkreisen und außerschulischer Jugendarbeit vorkommen. Die wesentlichen Anlässe des Kirchenjahres sind umgesetzt und werden als klar durchstrukturierte Hilfen mit methodischen Anregungen, Arbeitsblättern und Bildern sowie knappen exegetischen Informationen dargeboten.

3. Anwendung

Arbeitsgrundlage

Synoptische Gliederung entsprechend §4 – 3.4.1) und Ergebnisse entsprechend §§ 5-7.
Eventuell auch, wenn schriftlich vorhanden: Interpretation Ihrer Gliederung und erste Notizen vor Beginn oder während der exegetischen Arbeit.

3.1 Resümierende Interpretation

Die resümierende Interpretation kann aufgefaßt werden als Rekonstruktion »des Ensemble(s) der im Text nicht ausdrücklichen Fragen, auf die der Text die Antwort war« (O. MARQUARD – vgl. oben 1.1) und als Schluß- oder als Einzelexegese von Vers zu Vers gestaltet sein.

Ziel ist die Zusammenfassung der Arbeitsergebnisse,
jedoch *nicht* als Wiederholung alles bisher schon Geschriebenen oder Nacherzählung des Textes, *sondern* als ein Nachzeichnen der Erzähl- bzw. Argumentationsstruktur des Textes unter Berücksichtigung seiner Funktion(en) und Intention(en).

3.2 Rezeptionsgeschichte

An einem oder mehreren Beispielen aus dem Alten Testament, Neuen Testament oder der Kirchengeschichte sowie Texten der Systematischen Theologie oder der kirchlichen Praxis. Auch die bildende Kunst, die Literatur oder der Film bieten reiche Befunde zur Rezeptionsgeschichte biblischer Texte und Gestalten.

In der Proseminararbeit gar nicht oder nur exemplarisch!

3.3 Weiterführende Interpretation

In der weiterführenden Interpretation sind Sie als theologische Exegetin oder als theologischer Exeget noch einmal persönlich herausgefordert: Wie lesen Sie (nach der Exegese!) den Text heute in Ihrem aktuellen Kontext? Es geht um die Rekonstruktion »des Ensemble(s) der im Text nicht ausdrücklichen Fragen, auf die der Text noch nicht die Antwort war ...« (O. MARQUARD, vgl. oben 1.1).

- Nehmen Sie die (grundlegenden) Problemstellungen, Herausforderungen und Fragen des Textes noch einmal auf.
- Würdigen Sie diese kritisch in bezug auf aktuelle Problemlagen, Herausforderungen, Fragen ...
- Nehmen Sie in Zustimmung oder Kritik Stellung zu den »Lösungsangeboten« des Textes.
- Begründen Sie Ihre Position, auch unter Zuhilfenahme anderer theologischer Disziplinen oder Fragestellungen (Befreiungstheologie, Feministische Theologie, ...), soweit das Ihr bisheriges Studium schon möglich macht.
- Benennen Sie die Arbeitsfelder und theologischen (eventuell auch nichttheologischen) Disziplinen, in denen Sie an der Fragestellung weiterarbeiten würden.

§ 8 Interpretation

§ 9 Exegese in Studium, Examen und Beruf

Literatur
G. Fischer, Wege in die Bibel. Leitfaden zur Auslegung, unter Mitarbeit von B. Repschinski und A. Vonach, Stuttgart 2000, 147-172: Teil IV, Bibel studieren – Bibel leben

1. Eine kleine Praxis-Theorie der Exegese

Der folgende und abschließende Paragraph sieht die Exegese noch einmal »ganz praktisch« und gibt Hinweise für die Erarbeitung einer Exegese unter verschiedenen denkbaren Bedingungen im Studium, im Examen und im späteren Berufsleben. Trotz dieser Ausrichtung auf die Praxis wollen wir dem Konzept des Buches treu bleiben und auch diesen Paragraphen mit Überlegungen einleiten, die die exegetische Praxis ein wenig grundsätzlicher reflektieren.

1.1 Exegese und Zeit

Bei allem, was wir in den vorhergehenden Abschnitten durchdacht sowie an den Texten entfaltet und belegt haben, gehen wir davon aus, daß es grundsätzlich »praxisrelevant« ist – wenn man die Texte des Alten Testaments gleichsam als Gegenüber im Leseprozess akzeptiert. Allerdings gehören zu einer Partnerschaft immer mindestens zwei, d. h. den Texten stehen Leserinnen und Leser mit ihren ganz praktischen Rahmenbedingungen und Bedürfnissen gegenüber. Gerade auch in ihrer Differenz sind Texte und LerserInnen »unter einen Hut« zu bringen. Wir hoffen in den vorhergehenden Kapiteln diese Differenzen wenn nicht ausgeräumt, so doch immer wieder »überbrückt« zu haben. Eine – und nicht die geringste – Differenz zwischen den alttestamentlichen Texten und ihren Leserinnen und Lesern soll nun noch einmal zu Sprache kommen: Es ist die Differenz der Zeit in einem ganz praktischen Sinne.
Die Texte der Bibel sind nicht nur uralt, sie haben auch noch sehr viel Zeit vor sich. Sie können warten, bis sie jemand liest, und sie – so könnte man

geradezu meinen – »wissen«, daß eine eingehende Lektüre nahezu unendlich viel Zeit wenn nicht erfordert, so doch zumindest verträgt. Eine berühmte rabbinische Legende zum Ezechielbuch bringt das auf den Punkt: »Rabbi Jehuda sagte im Namen Rabhs: Zum guten sei jenes Mannes gedacht, namens Hanina ben Hizqija, denn wenn nicht er (gewesen wäre), würde man das Buch Jehesqel (= Ezechiel, A. N.) versteckt haben, weil seine Worte der Tora widersprechen. Was tat er? Er brachte dreihundert Maß (Krüge) Öl auf den Söller, ließ sich da nieder und erklärte es.«[1] Nur wenige Leserinnen und Leser, Exegetinnen und Exegeten des Alten Testaments haben die Muße, sich – wie Rabbi Hanina ben Hizqija – viele Wochen und Jahre zur Erklärung eines schwierigen Textes in eine Dachkammer zurückzuziehen. Das bedeutet: Die knappste und am schwierigsten zu »handelnde« Ressource der praktischen Auslegung ist die Zeit. Die Texte haben sie und fordern sie, die Leserinnen und Leser haben sie nur mehr oder weniger beschränkt. Deshalb gliedern wir unsere praktischen Hinweise (2.»Beschreibung und Anwendung«) nach zwei Hauptgesichtspunkten. Wir unterscheiden Exegesen, für die ein höheres Zeitbudget, im Umfang von einigen Tagen, Wochen oder Monaten, zur Verfügung steht (2.1 »Exegesen ohne Zeitdruck«), von Exegesen, die mit einem engeren Zeitrahmen von vielleicht ein paar Stunden auskommen müssen (2.2 »Exegesen unter Zeitdruck«). Unter die erste Rubrik fallen alle jene Exegesen, die sich in wissenschaftlichen Arbeiten, von der Proseminararbeit bis hin zur wissenschaftlichen Hausarbeit, niederschlagen. Die Exegesen der zweiten Art nehmen einerseits die Exegese der Examensklausur in den Blick, in der der Zeitdruck ja noch durch den ganz existenziellen Druck der Examenssituation verstärkt ist (2.2.1). Andererseits geht es um die Alltagsexegesen zur Vorbereitung von Predigten, Unterrichtsstunden oder Veranstaltungen der Erwachsenenbildung (2.2.3). Wir sind die der Meinung, daß die Exegese auch in diesen »Drucksituationen« des beruflichen Alltags weder »Luxus« noch Zeitverschwendung ist, sondern – effektiv eingesetzt – Hilfe.

1.2 Exegese des Alten Testaments ohne Hebräischkenntnisse

Dieses Arbeitsbuch wendet sich an alle Bibelleser und -leserinnen, auch an solche, die das biblische Hebräisch nicht gelernt oder es wieder verlernt haben. Das ist ernst gemeint!
Gewiß gehen wir über weite Strecken etwa der Textkritik (§3) und der Textanalyse (§4) vom hebräischen Text aus. Dabei haben wir uns aber durch Übersetzungen, Umschriften und Erläuterungen bemüht, das Arbeitsbuch

---

1. W. ZIMMERLI, Ezechiel 1, BK XIII,1, Neukirchen-Vluyn 1969, 115*.

auch in diesen Passagen für alle Leserinnen und Leser benutzbar zu machen; ja unser Ziel war (und ist) es, die hebräische Sprach- und Textwelt für alle zu erschließen – deshalb sollten sich der biblischen Sprache Unkundige von den auf der ersten Blick vielleicht wie Geheimschrift wirkenden hebräischen Zitaten nicht schrecken lassen.

Im übrigen sind weite Strecken des Arbeitsbuches – etwa im Bereich der §§5 und 5a zu den Gattungen der alttestamentlichen Literatur, aber auch im §7 zu den Umständen ihrer Entstehung durchaus auch am Text einer guten deutschen Übersetzung (z. B. der Elberfelder Bibel oder auch der Übersetzung in einem Kommentar) nachvollziehbar. Wenn Sie sich anhand einer solchen Übersetzung eine Gliederung Ihres Textes mit Hilfe der wichtigsten unserer Arbeitsschritte und Arbeitsfragen in §4 – 3. erarbeitet haben und diese dann so interpretieren, daß Sie sich über Ihre Fragen an den Text, seine Welt und seine Geschichte Klarheit verschaffen, dann wird es Ihnen auch gelingen, die diachrone Analyse des Textes in Angriff zu nehmen oder sie in der einschlägigen Literatur nachzuvollziehen.

Schließlich haben wir in den Theorieteilen aller Kapitel dieses Buches die Beispiele sehr bewußt aus der zeitgenössischen deutschsprachigen Literatur gewählt. Grundprobleme und Grundmuster der literarischen Kommunikation sind, so meinen wir, von der Einzelsprache unabhängige Phänomene und mithin auch für »nichthebräische« Leser des Alten Testaments darstellbar.

1.3 Klärungen

Die Entscheidung, welchen praktischen Weg der Exegese Sie einschlagen, hängt ab von einer Reihe von Faktoren, über die Sie sich jeweils Klarheit verschaffen sollten, und die wir nun in einer Art »Checkliste« zusammenstellen:

(1) Klärung der Zielsetzung und des Kontextes Ihrer Exegese

- Sollen (oder wollen) Sie Ihre Exegese in einer schriftlichen Arbeit oder einem mündlichen Vortrag zur Diskussion stellen?
- Welchem Zweck dient Ihre Exegese?
  - Wollen Sie mit ihr eine Predigt, eine Unterrichtseinheit, eine Bibelarbeit oder eine andere Form der Vermittlung eines biblischen Textes (Bibliodrama, Seelsorge, ...) vorbereiten?
  - Hat sie zum Ziel, einem oder mehreren biblischen Texten in einer thematisch orientierten (mündlichen oder schriftlichen) Debatte Gehör zu verschaffen, z. B.

- in einer Diskussion zu einem traditions-, religions- oder theologie-geschichtlichen Thema (oder auch in einer dogmatischen, ethischen oder religionswissenschaftlichen Diskussion)
- oder in einer Bibelarbeit?
- Soll sie dazu dienen, relevante Texte zu einer thematisch-exegetischen Fragestellung zu untersuchen, d. h.: Ist nur ein bestimmter Teil eines Textes relevant für Ihr Ziel?
- Sollen (oder wollen) Sie mit Hilfe der Exegese Ihre exegetische Kompetenz unter Beweis stellen (zum Beispiel im Rahmen einer Prüfungsklausur oder einer wissenschaftlichen Hausarbeit)?

(2) Klärung der Voraussetzungen und der Arbeitsbedingungen

- Welche Sprachkenntnisse haben Sie?
- Wieviel Zeit haben Sie für die Arbeit?
- Welche Hilfsmittel stehen Ihnen zur Verfügung?

Wählen Sie je nach Klärung dieser Fragen aus der Palette der Analyse- und Beschreibungsmöglichkeiten, die in diesem Buch vorgestellt werden, jene Bereiche aus, die für Ihre Zielsetzung hilfreich sind und die Sie unter Ihren Voraussetzungen und Arbeitsbedingungen bewältigen können.

Für die notwendige Entscheidung bieten wir Ihnen die folgenden »Beschreibungen und Anwendungen« an. In ihnen haben wir zusammengetragen, was sich in den letzten Jahren unter den verschiedensten Herausforderungen als hilfreich erwiesen hat. Zusätzlich können Ihnen die Abschnitte »Anwendung« (jeweils Kap. 3 eines Paragraphen) Hilfestellung leisten.

Für alle Situationen, in denen Sie exegesieren, ist u. E. ein Minimum an Textanalyse sehr hilfreich, ja eigentlich eine Selbstverständlichkeit. Man sollte nur über solche Texte reden oder schreiben, die man auch inhaltlich zur Kenntnis genommen hat. Je nach Ihren Voraussetzungen kann dies unter Berücksichtigung des hebräischen Textes und/oder auf der Basis einer vorgegebenen guten Übersetzung geschehen.

§ 9 Exegese in Studium, Examen und Beruf

2. Beschreibung und Anwendung

2.1 Exegesen ohne Zeitdruck

2.1.1 »Standards« wissenschaftlicher Exegesen: Der Umgang mit Quellen und Sekundärliteratur

Wissenschaftliche Exegesen »aller Klassen« von der Proseminararbeit bis zur Doktorarbeit unterliegen den Standards der wissenschaftlichen Kommunikation, die darauf abgestellt sind, die Voraussetzungen der Arbeit, also vor allem ihre Quellen und Bezüge für den Leser im Einzelnen durchschaubar und nachvollziehbar zu halten. Diesem Ziel dient der »Apparat« einer wissenschaftlichen Arbeit, also die Anmerkungen und das Literaturverzeichnis, in denen die Bezüge zu Quellen und Sekundärliteratur dokumentiert werden.

(1) Zum Umgang mit Sekundärliteratur

Nicht jede wissenschaftliche Arbeit ist in gleicher Weise auf Sekundärliteratur gewiesen. Für die Proseminararbeit etwa (siehe unten 2.1.2) gilt die Faustregel: Lieber zu wenig Sekundärliteratur als zu viel; Vorrang hat die Arbeit am Text. Andere wissenschaftliche Arbeiten müssen – je nach Fragestellung – die in der Sekundärliteratur dokumentierte Forschungslage eingehender darstellen und kritisch würdigen. Doch auch dann sollten weder die Leser noch der zu exegesierende biblische Text mit Sekundärliteratur »zugeschüttet« werden.

Im einzelnen mögen folgende Gesichtspunkte für die Auswahl und Bearbeitung von Sekundärliteratur hilfreich sein:

(a) Was trägt der jeweilige Titel aus der Sekundärliteratur im Blick auf den zu bearbeitenden Text sowie auf die Problemstellung, die Methodik und die Ergebnisse in meiner Arbeit aus?

(b) Nach welcher Problemstellung, welcher Methodik, welchem Erklärungsmodell arbeiten die Verfasser, zu welchen Ergebnissen und Thesen kommen sie? Wie verhalten sich die Problemstellungen, die Methodik und die Ergebnisse der Literatur zur eigenen Fragestellung? Was habe ich kritisch dazu zu sagen?

(c) Welche Titel sind repräsentativ für einen breiten Konsens der Wissenschaft (»Standardwerke«)? Welche Titel formulieren qualifizierte Minderheitsmeinungen? Je nach Ihren theologiegeschichtlichen Vorkenntnissen kann die Frage nach dem wissenschafts- und geistesgeschichtlichen Kontext des Titels sinnvoll sein. Dies läßt sich durch Rezensionen feststellen, die jeweils 1 bis 2 Jahre nach Erscheinen des Buches veröffentlicht werden (vor allem in der Theologischen Literaturzeitung [ThLZ], der »Biblischen Zeitschrift« [BZ] und in der »Zeitschrift für die Alttestamentliche Wissenschaft« [ZAW]).

Grundsätzlich gilt die wissenschaftliche Sorgfaltspflicht: Dokumentieren Sie jede Bezugnahme auf Sekundärliteratur in der Arbeit. Setzen Sie alle wörtlichen Zitate in Anführungszeichen und weisen Sie den jeweiligen Fundort so nach, daß er über das Literaturverzeichnis identifizierbar und wiederzufinden ist. Führen Sie dann alle verwendeten Quellen (z. B. Textausgaben) und Literaturtitel zusammengefaßt in einem Literaturverzeichnis auf. Verweise auf Sekundärliteratur, die sich auf kein wörtliches Zitat beziehen, werden durch die Abkürzung »vgl.« (= vergleiche!) eingeleitet.

(2) Zu den Anmerkungen

Anmerkungen dienen der Dokumentation der Bezüge zur Sekundärliteratur sowie dazu, Nebengedanken und weiterführende, einschränkende oder sonstige Hinweise des Verfassers, der Verfasserin aufzunehmen. Zitieren Sie Sekundärliteratur in den Anmerkungen so, daß – im Zusammenhang mit dem Literaturverzeichnis – die Nachweise eindeutig sind. Dabei sind Kurzformen zweckmäßig, von denen zwei besonders gebräuchlich sind:

> 1. die Form: Autor, Kurztitel, Seite:
> M. NOTH, Exodus, 82.

oder

> 2. die Form: Autor (^{Auflage}Erscheinungsjahr) Seite:[2]
> M. NOTH (^{8}1988) 82.

In diesem Arbeitsbuch ist die Form 1 gewählt. Weniger empfehlenswert sind Verweise, durch die innerhalb der Anmerkungen auf bereits zitierte Titel verwiesen wird, sowie z. B. »a. a. O.« (= »am angegebenen Ort«); sie führen häufig zu längeren – und bisweilen erfolglosen – Suchbemühungen des Lesers oder der Leserin.

---

2. Wollen Sie mehrere Titel eines Autors aus demselben Erscheinungsjahr zitieren, so werden diese durch Indizes unterschieden, z. B. 1988a, 1988b.

§ 9 Exegese in Studium, Examen und Beruf

(3) Zum Literaturverzeichnis

Es empfiehlt sich, das Literaturverzeichnis in Rubriken zu gliedern, etwa in:
- »Textausgaben« oder »Quellen«,
- »Hilfsmittel« (z. B. verwendete Grammatiken, Konkordanzen),
- »Kommentare«,
- »Sonstige Literatur« (z. B. Monographien, Aufsätze, Lexikonartikel).

Innerhalb dieser Rubriken gilt die alphabetische Ordnung nach AutorInnen-, bzw. HerausgeberInnen (vgl. das Literaturverzeichnis in §1 – 4. in diesem Arbeitsbuch).[3]

Im Literaturverzeichnis wird – anders als in den Anmerkungen – vollständig bibliographiert. Auch dabei sind verschiedene Gestaltungen der Zitierung möglich. Wir haben in diesem Arbeitsbuch die u. E. einfachste gewählt.

(a) Bei Kommentaren und Monographien:
Autor(en), vollständiger Titel, ggf. die Reihe, in der das Werk erschienen ist, in Abkürzung[4], Bandzahl der Reihe, Erscheinungsort ggf. Auflage Erscheinungsjahr:
M. NOTH, Das zweite Buch Mose – Exodus, übersetzt und erklärt, ATD[5] 5, Göttingen [8]1988

(b) Bei Aufsätzen aus Zeitschriften, auch Lexikon- und Wörterbuchartikel:
Autor, Titel des Aufsatzes/Artikels, Zeitschrift/Wörterbuches in Abk., Bandnummer der Zeitschriften bzw. des Wörterbuchbandes, Erscheinungsjahr, Seiten- bzw. Spaltenzahlen des gesamten Aufsatzes bzw. Wörterbuchartikels:
H. STRAUSS, Das Meerlied des Mose – ein ›Siegeslied‹ Israels? (Bemerkungen zur theologischen Exegese von Ex 15,1-19.20f), ZAW[6] 97 (1985), 103-109

---

3. Dieses Arbeitsbuch enthält aus Platzgründen kein umfassendes Literaturverzeichnis. Die Literatur wird an drei Stellen vollständig bibliographiert und nachgewiesen:
   1. Im Verzeichnis des §1 – 4.
   2. In den »Kästen« mit grundlegender Literatur jeweils am Beginn der §§3-7.
   3. Bei »lokal«, d. h. innerhalb eines Paragraphen, zitierter Literatur jeweils in der Anmerkung, in der der Titel erstmals erscheint.
4. Vgl. S. SCHWERTNER, Abkürzungsverzeichnis der Theologischen Realenzyklopädie [TRE] oder S. SCHWERTNER, Internationales Abkürzungsverzeichnis für Theologie und Grenzgebiete, Berlin [2]1992.
5. ATD = Altes Testament Deutsch.
6. ZAW = Zeitschrift für alttestamentliche Wissenschaft.

(c) Bei Aufsätzen aus Sammelbänden (z. B. Festschriften):
Autor, Titel des Aufsatzes, Titel des Sammelbandes, Herausgeber des
Sammelbandes, ggf. Reihe in Abkürzung, Bandzahl, Erscheinungsort,
Erscheinungsjahr, Seitenzahlen des gesamten Aufsatzes:
J. SCHARBERT, Das Schilfmeerwunder in den Texten des Alten Testa-
ments, Mélanges bibliques et orienteaux en l'honneur de M. Henri Ca-
zelles, ed. A Caquot et M. Delcor, AOAT[7] 212, Kevelaer/Neukirchen-
Vluyn 1981, 395-417

Sie müssen diesen Formen natürlich nicht folgen, sollten aber auf durch-
gängige Einheitlichkeit achten. Entscheidende Kriterien sind die Lese-
freundlichkeit und Überprüfbarkeit: Lassen sich mit Ihren Angaben alle
Zitate und Nachweise ohne Probleme nachvollziehen?

2.1.2 Die Proseminararbeit

2.1.2.1 Ziel und Durchführung

Ziel der alttestamentlichen Proseminararbeit ist die exemplarische Exegese
eines Textes unter den Fragestellungen und in Anwendung der Methodik folgender Schritte: Textkritik (§3), Textanalyse (§4), Gattungs- und Traditionskritik (§§5 und 6) sowie für Erzählungen die Erzähltextanalyse (§5a), Geschichte des Textes (§7), sowie der (endgültigen) Übersetzung (§§2 und 8).
In der Zusammenschau der unter diesen Aspekten gewonnen Ergebnisse
soll ein Gesamtverständnis des Textes im Rahmen des Alten Testaments
und seiner Geschichte angestrebt werden, das in einer »Interpretation« (§8)
formuliert wird. Darüber hinaus soll der Ertrag der Arbeit »eingefahren«
und die Interpretationen von Leserinnen und Lesern der Vergangenheit in
ihren je aktuellen, für uns aber immer schon historischen Kontexten nach-
gezeichnet werden. Ziel der Interpretation aber ist das »Gespräch« zwischen dem Text und dem jeweils aktuellen Kontext der Interpretin, des Interpreten.
Es empfiehlt sich, die leitenden Fragestellungen, den methodischen Gang
und die erzielten Ergebnisse für jeden Arbeitsschritt kurz zu formulieren.
In der Proseminararbeit soll ja gerade deutlich werden, daß Sie Fragestellungen und Methodik verstanden haben und damit am Text umgehen
können.
Berücksichtigen Sie dabei bitte: Auch negative Ergebnisse sind Ergebnisse.
Nicht jeder methodische Gesichtspunkt muß für jeden Text zu einem auf-

---

7. AOAT = Alter Orient und Altes Testament.

weisbaren Ergebnis führen. Es gibt wichtigere und weniger gewichtige Gesichtspunkte (insbesondere Kategorien der Textanalyse). Wählen sie dementsprechend aus!

2.1.2.2 Exegetisches Arbeiten und Proseminararbeit

Bei der Abfassung einer Proseminararbeit ist es wesentlich, zwischen den vorbereitenden exegetischen Arbeiten am Text und der Darstellung der Exegese in einer schriftlichen Proseminararbeit zu unterscheiden. Für die *Analyse* eines Textes empfiehlt sich in der Regel ein Vorgehen, wie wir es in diesem Buch vorgestellt haben; d. h., im Wissen um die Vernetzung der einzelnen Arbeitsbereiche und Methoden hat sich in der Regel die Reihenfolge bewährt, die hier gewählt wurde. Für die *Darstellung* dieser exegetischen Arbeit am Text und vor allem Ihrer Ergebnisse ist dann aber zweierlei zu berücksichtigen:

(1) Verwechseln Sie Ihre Proseminararbeit nicht mit einer möglichst genauen und unter Umständen auch noch spannenden Dokumentation Ihrer Erlebnisse bei den vorbereitenden Analysen. Die Proseminararbeit ist »gattungskritisch« gesehen kein Verlaufsprotokoll, sondern ein Diskussionsbeitrag zur Interpretation eines Textes. Damit liefern Sie dann auch den geforderten Nachweis, daß Sie einen Text unter Zuhilfenahme der einschlägigen Methoden eigenständig und nachvollziehbar interpretieren können.

(2) Es kann in der Darstellung auch eine gegenüber Ihrer »Arbeitschronologie« abweichende Reihenfolge der »Schritte« gewählt werden, wenn sich dies nahelegt. Kriterium sollte dabei immer sein, den Leserinnen und Lesern eine möglichst große Chance zu geben, Ihrer Argumentation zu folgen. Im Einzelnen können sich folgende »Umstellungen« nahelegen:

(a) Der chronologische Ort der (endgültigen) Übersetzung liegt am Ende Ihrer exegetischen Arbeit. Es empfiehlt sich aber, diese Übersetzung an den Anfang der Proseminararbeit zu plazieren.

(b) Es kann sich unter Umständen anbieten, wesentliche Ergebnisse eines Arbeitsbereiches in einer knappen Darstellung voranzustellen, damit bei der Lektüre der Gesamtrahmen der folgenden Einzelbeobachtungen präsent ist. Zum Beispiel kann es sinnvoll sein, die Proseminararbeit nach den vorbereitenden Schritten (Arbeitsübersetzung und Textkritik) mit der in der Textanalyse erarbeiteten Gliederung (§ 4 – 3.4) zu eröffnen, die dann im folgenden mit den Beschreibungsmöglichkeiten der Textanalyse begründet wird. Ebenso kann sich aber auch die umgekehrte Reihenfolge nahelegen.

(c) Auch die Umstellung der von uns vorgeschlagenen Reihenfolge der §§ 5-7, also die Vorordnung der Geschichte des Textes vor die Gattungs- und Traditionsgeschichte kann für die Darstellung eines bestimmten Textes angebracht sein, wenn es denn für die Analyse wesentlich erscheint, die (Wachstums-) Geschichte des Textes (§7) im Blick zu haben.

(d) Wichtige Detailergebnisse können auch (besonders in Gestalt von Graphiken und – eventuell farbigen – Textmarkierungen) in einen Anhang aufgenommen werden, um die Darstellung selbst übersichtlich zu halten.

2.1.3 Hauptseminararbeit und wissenschaftliche Hausarbeit

Bei der Erstellung einer Hauptseminararbeit und auch bei der ihr grundsätzlich vergleichbaren wissenschaftlicher Hausarbeit bzw. Zulassungs- oder Diplomarbeit im Rahmen von Examina haben Sie in der Regel wenig Zeitdruck; im Unterschied zur Proseminararbeit bleibt es aber meist nicht bei der Beschäftigung mit nur einem überschaubaren Text.

In einem Bild ausgedrückt: Das Proseminar läßt sich mit dem Fahrunterricht vergleichen. Die komplexen Vollzüge beim unfallfreien Lenken eines Fahrzeugs im Straßenverkehr werden in viele kleine Abschnitte zerlegt, die einzeln eingeübt werden können. Das ist manchmal mühsam, aber es führt dann in der Regel dazu, daß diese einzelnen Handgriffe, Blicke und Bewegungen so selbstverständlich werden, daß Sie beim Fahren nicht mehr darüber nachdenken müssen, wie und in welcher Reihenfolge ein Linksabbiegen aus einer nachrangigen Straße auf eine Hauptverkehrsader erfolgt (ohne Gewähr für die Vollständigkeit: Runterschalten, dabei Spiel zwischen Kupplung, Gas und Schalthebel, Blicke nach Rückwärts, bzw. in den Spiegel, Blinker betätigen, Bremsen, Auskuppeln, Stehenbleiben, Blicke, Anfahren, Lenkrad einschlagen, Beschleunigen ...).

Die Proseminararbeit wäre die – zugegeben – manchmal stressige Fahrprüfung in Theorie und Praxis. Eine Hauptseminararbeit wäre dann – um im Bild zu bleiben – eine mittlere »Expedition«, bei der die Beherrschung Ihres Fahrzeuges Voraussetzung des Erfolges ist. Für eine Examensarbeit gilt dies noch einmal verstärkt. Ist die Examensarbeit allerdings Ihre erste »Expedition« (im oben skizzierten Bild), dann birgt die mangelnde »Fahrpraxis« natürlich ein gewisses Risiko. Deshalb empfiehlt es sich, auf jeden Fall schon mindestens eine Hauptseminararbeit geschrieben zu haben, bevor Sie sich an eine wissenschaftliche Hausarbeit heranwagen.

Ziel wissenschaftlicher Arbeiten auf dem Niveau von Hauptseminar- oder Examensarbeiten ist es meist, ausgehend von einem selbst gewählten oder auch vorgegebenen Thema, in eigener Verantwortung eine erkenntnisleitende Fragestellung zu entwickeln und diese dann an alttestamentlichen Texten zu verfolgen. Dazu müssen Sie zuerst den Problemhorizont eingrenzen und ihn in seinem weiteren Kontext einordnen und dabei die Quellen und die Sekundärliteratur sichten. Ein weiterer unerläßlicher Schritt ist die

§9 Exegese in Studium, Examen und Beruf

Operationalisierung der Fragestellung, d. h. diese wird in eine Reihe von sinnvoll aufeinander aufbauenden Einzelfragen aufgelöst, die zu einer ersten Gliederung der Arbeit führen.

Auch hier gilt: Unterscheiden Sie bitte zwischen der Erarbeitung des Themas und der Darstellung Ihrer Ergebnisse in der dann vorgelegten Arbeit (vgl. oben 2.1.2.2).

Beispiel 1: Entwicklung der Fragestellungen für eine Hauptseminararbeit

(Angenommenes) Thema: Die Exodustradition in der exilischen und nachexilischen Prophetie

Zu Texten und Literatur:
Vgl. oben § 4 – Beispiele 14, 44, 45; § 5a – Beispiele 9 und 14; § 6 – Beispiele 6, 7; § 7 – Beispiele 11a, 14.

Mögliche Fragestellung:
Welche Funktion(en) hat die Berufung auf die Exodustradition in der nachexilischen Prophetie? (§ 6 mit Beispielen!)

Skizzierter Problemhorizont:
In exilischer und nachexilischer Zeit wird die Rückkehr in das Land zuerst erhofft und dann auch realisierbar. Um dies zur Sprache zu bringen, werden eine Reihe von bereits in der Tradition vorliegenden Konzepten aufgegriffen und unter den aktuellen Herausforderungen neu formuliert. Je nach Perspektive (Verlassen des Exilslandes oder Probleme bei der Neuinbesitznahme des Landes) geschieht das in »Neu-Erzählungen« der Landnahmetraditionen durch deuteronomistische Kreise und durch die Priesterschrift oder eben auch durch Rückgriff auf die Exodustradition.

Mögliche Einzelfragen:
(1) Welche Herausforderungen an die Rede von Gott als dem Herrn der Geschichte Israels gibt es im Exil und in frühnachexilischer Zeit?
(2) Wie wird die Katastrophe von 587/6 (Zerstörung Jerusalems und des Tempels; Verlust der eigenstaatlichen Existenz) theologisch verarbeitet? (vgl. DtrG, Klagelieder, Ezechiel)
(3) Wie wird neue Hoffnung aussagbar? Wie wird die Hoffnung in der neuen Situation nach dem Sieg des Persers Kyros über Babylon konkretisiert? (vgl. Ezechiel, Deutero-Jesaja)
(4) Wie wird die Spannung zwischen der überwältigenden Schau Deutero-Jesajas und der tatsächlichen Situation nach der Rückkehr zur Sprache gebracht? Kommt es zu einer Eschatologisierung und Individualisierung der Tradition?
(5) Welche Veränderungen erfährt die Exodustradition dieser Zeit im Vergleich mit älteren Texten?
(6) In welchen Textbereichen außerhalb der prophetischen Literatur spielt die Exodustradition in dieser Zeit noch eine Rolle? (vgl. Psalmen, Pentateuch, Geschichtsbücher)
(7) Welche theologischen Schlußfolgerungen für die Kunst, in einer aktuellen politischen Situation von der Hoffnung auf Gottes »Mit-Sein« und heilvolles Handeln zu reden, lassen sich ziehen?

Vgl. Sie dazu die Artikel »Exodus/Exodusmotiv« in den theologischen Nachschlage-
werken TRE oder RGG⁴ (dort auch weitere Literatur).

Exegese im Rahmen einer solchen Arbeit bedeutet dann, daß Sie die in Frage kom-
menden Texte, die Sie vor allem durch Konkordanzarbeit (vgl. § 6 – Beispiel 5 zu den
Leitworten der Exodustradition) entdecken können, unter den für die Arbeit relevanten Fragestellungen exegesieren und diese Ergebnisse dann diskutieren und interpretieren.
D. h.: Sie benötigen eine Textanalyse (§ 4), eventuell auch Elemente einer Erzähltextanalyse (§ 5a), um den Text jeweils wahrnehmen zu können und ziehen dann aus
den §§ 5 und 6 (Gattungs- und Traditionskritik) und § 7 (Geschichte des Textes) jene
Methoden heran, die Ihnen bei der Klärung Ihrer Fragestellung weiterhelfen können
(d. h. aber nicht, daß Sie auch alle Detailergebnisse Ihrer exegetischen Beschäftigung mit den jeweiligen Texten im Stil einer Proseminararbeit vorstellen).

2.2 Exegesen unter Zeitdruck

Die am häufigsten anzutreffende Situation für die Beschäftigung mit einem
Bibeltext ist jene, in der nur vergleichsweise wenig Zeit zur Verfügung
steht. Aber auch wenn Sie unter den Bedingungen des Studienbetriebs,
der Berufspraxis oder auch des Examens nur wenige Stunden zur Verfügung haben, wird es sich – so meinen wir – letztlich lohnen, bei der Auslegung biblischer Texte aus den Angeboten dieses Arbeitsbuches für eine
methodisch geleitete Exegese zu schöpfen.
Um aus unserem Angebot sinnvoll auswählen zu können, ist dann wieder
die vorab geleistete Klärung entscheidend, mit welchem Ziel, welcher Fragestellung Sie diese Exegese betreiben und welchen Text Sie vor sich haben.
Immer aber bewährt sich auch hier zum Einstieg eine, wenn auch natürlich
knappere, Textanalyse und daraus entwickelte Gliederung zu erstellen. Für
die innere Logik der weiteren exegetischen Schritte sei hier auf den Vorschlag zur Erstellung einer exegetischen Klausur verwiesen (unten 2.2.1
Beispiel 3).

2.2.1 Die exegetische Examensklausur

Der extremste Zeitdruck innerhalb des Studiums und der Ausbildung ent-
steht bei den Klausuren der schriftlichen Prüfungen. Hier haben Sie zur
Erarbeitung einer Exegese in der Regel drei bis maximal vier Stunden Zeit.
Deshalb gilt hier in besonderer Weise die Empfehlung, sich klar zu ma-
chen, was das Ziel der jeweiligen Exegese sein soll.
Einiges läßt sich vorab klären, dabei bieten Prüfungsordnungen eine erste

§ 9 Exegese in Studium, Examen und Beruf

Orientierung. Manche Prüfungsordnungen schränken die Aufgabenstellung ein, so daß nicht der gesamte »Methodenkanon« abgefragt ist. Aber auch wenn die Aufgabenstellung uneingeschränkt ist und etwa lautet: »Übersetzen und exegesieren Sie den Text xy«, dann kann das nicht bedeuten, daß in vier Stunden und mit nur wenigen Hilfsmitteln eine – einer Proseminararbeit vergleichbare – bis ins Detail verästelte Auslegung erwartet wird.

In dieser Situation können zunächst folgende Faustregeln hilfreich sein:

(1) Nehmen Sie den Text selbst wahr. Das ist ein durch viele Examenskorrekturen abgesichertes Plädoyer für eine sorgfältige Textanalyse.

(2) Kaum ein Text erfordert die gleichermaßen intensive Durchführung aller in diesem Buch vorgestellten methodischen Beobachtungsmöglichkeiten. Manche Schritte (z. B. die Textkritik) können exemplarisch an einem Beispiel durchgeführt werden, andere sind knapp zu halten oder auch, mit einem hinweisenden Satz begründet, ganz auszulassen, weil der Text keine Anhaltspunkte bietet, und sie somit zu dessen Auslegung nichts beitragen können.

(3) Machen Sie sich schon im Vorfeld der Prüfung mit den zugelassenen Hilfsmitteln vertraut.

Beispiel 2: Die durch die Prüfungsordnung der Evangelisch-Lutherischen Kirche in Bayern zugelassenen Hilfsmittel und ihre Möglichkeiten

(a) Das hebräische Lexikon von *Gesenius/Buhl* (17. Auflage – vgl. §1 – 4.3.1). Hilfe beim Überprüfen der Übersetzung bietet der deutsche Index des Lexikons im Vergleich mit der ebenfalls zugelassenen Konkordanz des Luther-Textes (allerdings übersetzt Luther manchmal nach LXX oder Vulgata und nicht nach dem hebräischen Text).

(b) Die *Calwer Konkordanz* kann beim Übersetzen als Kontrollinstanz genutzt werden, wenn Sie bereits einen Teil des Satzes mit einem entsprechenden Stichwort übersetzt haben. In Verbindung mit dem deutschen Index des Lexikons gibt es auch Möglichkeiten, die Wurzeln schwacher Verben zu eruieren.

(c) Das *griechische Neue Testament* in der Ausgabe von Nestle/Aland bietet auf den Seiten 738-769 eine Liste der Zitate und Anspielungen von AT-Stellen im Neuen Testament. Dies kann für die Rezeptionsgeschichte oder auch für die biblisch-theologischen Fragen im Essay hilfreich sein.

(d) Das *Evangelische Gesangbuch* bietet eine ganze Reihe von alttestamentlichen Texten (in Auswahl, nach Lutherübersetzungen), z. B. die Psalmen auf Seiten 1267-1343 (mit thematischen Zuordnungen Seite 1267). Weitere Bibeltexte sind über das ganze Buch verstreut. Luthers Auslegung des Dekalogs findet sich auf den Seiten 1552-1557.

(e) Die *griechische Synopse der Evangelien* bietet keine Hilfe für die alttestamentliche Exegese.

(4) Zeitplan

Bereiten Sie einen Zeitplan für die Klausur vor. Je nach der in den Prüfungsordnungen vorgesehenen Gewichtung kann dieser Zeitplan verschieden aufgebaut sein (vgl. dazu unten, Beispiel 3). In jedem Fall aber sollten Sie mit den Zeitvorgaben trainieren, d. h. Probeklausuren unter den zeitlichen Bedingungen des Examens schreiben. Dabei lassen sich auch einzelne Abschnitte einüben, wie zum Beispiel Übersetzung mit Textkritik und Textanalyse. Bei Überschreitung des Zeitplans ist es sinnvoll, möglichst rasch den Schritt abzubrechen und weiterzumachen. Wenn auch ein Essay gefordert wird, halten Sie immer genügend (je nach Gewicht des Essay) Zeit dafür bereit.

(5) Gliederung der Prüfungsarbeit

Es empfiehlt sich, eine Gliederung und einleitende Sätze für die einzelnen Schritte schon parat und auch die Fragestellung präzise durchdacht zu haben, um ohne langes Nachdenken jeweils gleich einsteigen zu können. Wo im Rahmen der Examensexegese keine Lösung der Fragen und Problemstellungen möglich ist, sollte zumindest die jeweilige Fragestellung genau beschrieben werden.

(6) Noch ein formaler Hinweis, der die Arbeit sehr erleichtern kann: Schreiben Sie die Übersetzung und die Textkritik auf die Innenseite eines eigenen Doppelblattes, damit Sie die Übersetzung, ohne zu blättern, immer vor Augen haben können.

2.2.2 Aufbau und Zeitplan einer exegetischen Klausur

Wir gehen auch hier von jener Reihenfolge der Schritte aus, wie sie in diesem Buch vorgestellt wurde. Auf diese Weise haben Sie, wenn Sie zu § 7 (Geschichte des Textes) kommen, bereits einen Überblick über den Text und vor allem aus der Traditionskritik und -geschichte (§ 6) Datierungshilfen. Natürlich sind aber auch andere Reihenfolgen der exegetischen Schritte denkbar und sinnvoll.

Beispiel 3: Vorschlag für Aufbau und Zeitplan einer Examensexegese nach der Prüfungsordnung der Evangelisch-Lutherischen Kirche in Bayern

Im theologischen Abschlußexamen der Evangelisch-Lutherischen Kirche in Bayern wird in der Regel eine Übersetzung und Exegese eines ca. sechs bis sieben Zeilen umfassenden Textes verlangt. Dazu kommt ein Essay zu einem Thema, das mit dem Text zusammenhängt. Die Gewichtung für die Bewertung ist in etwa je ein Drittel Übersetzung und Textkritik, Exegese und Essay.
Die Zeitangaben im folgenden Schema stellen Hinweise dar, die helfen sollen, die zur Verfügung stehende Zeit sinnvoll einzuteilen. Im Einzelfall kann es natürlich

§ 9 Exegese in Studium, Examen und Beruf

vorkommen, daß Sie schneller vorankommen – umso besser. Sie sollten aber so »trainieren«, daß Sie die unten angegebenen Zeitspannen nicht wesentlich überschreiten. Im ungünstigen Fall brechen Sie lieber einen Abschnitt ab, damit Sie auf jeden Fall noch bis zur Schlußexegese und zum Essay kommen.

I. Übersetzung *(vgl. oben §§ 2 und 3)*
Ihre Übersetzung sollte einen lesbaren und grammatikalisch korrekten deutschen Text ergeben, dabei sollten aber die hebräische Satzstellungen, Zeitfolgen, Gliederungssignale und ähnliches erkennbar bleiben.
Oft sind an jenen Stellen, an denen Sie Probleme beim Übersetzen haben, auch textgeschichtliche Varianten im Apparat der BHS angemerkt. Markieren sie diese gleich für die Textkritik.
Auch wenn Sie mit einer deutschen Übersetzung arbeiten dürfen, ist es sinnvoll, wenigstens die Struktur des hebräischen Textes anzuschauen.

II. Textkritik *(vgl. oben § 3)*
Bearbeiten Sie nur einige interessante Anmerkungen; auf jeden Fall aber jene, in denen Sie vom MT abweichen.

Zeitaufwand bis hierher: maximal 1.15 Stunden

III. Analyse des Textes *(vgl. oben § 4 und evtl. § 5a)*
→ auf dem Weg zu einer Gliederung ←

1. Textoberfläche	nur Kohäsion/Inkohäsion auf Satz- und Textebene
2. Texttiefenstruktur	vor allem Kohärenz/Inkohärenz auf Wort- und Textebene
3. evtl. Erzähltextanalyse	stellen Sie nur die Frage nach Akteuren, Schauplätzen, Zeitangaben und der Erzählsituation
4. Gliederung!	

Zeitaufwand bis hierher: maximal 2.00 Stunden

IV. Gattungs- und Traditionskritik *(§§ 5 und 6)*
1. Gattungskritik → Gattungsformulare, evtl. nur in Teilelementen und verfremdet ←
Untersuchen Sie die bis dahin (III.) ermittelten »Einheiten« daraufhin, ob sie bestimmte Gattungsmerkmale aufweisen (z. B. Sage, Drohwort, Heilswort, Lied, Hymnus, prophetische Gattung, weisheitlicher Spruch, ...).
Wenn diese Untersuchung erfolgreich war, fragen Sie weiter:
- »Normal«fall des Gattungsformulars oder eines Gattungselements?
- Was fällt heraus, was ist verändert? (z. B.: Ist noch ein interpretierender Satz an eine Sage angehängt?).
- Frage nach der institutionellen Verankerung der Gattung: Sitz im Leben: Wer erzählt, singt, schreibt wem in welcher Situation? (z. B. im Tor, im Kult, am Lagerfeuer, in der häuslichen Unterweisung, ...)
- Stimmen die Funktion der Gattung, ihr Sitz im Leben einerseits und die Aussageintention des konkreten Textes andererseits überein?

Wenn Sie überhaupt Ergebnisse erzielen, dann sind diese auch oft für die Überlieferungsgeschichte (V. 2) weiterführend.

> Wichtig: Was trägt das eben Ermittelte für die resümierende und wei-
> terführende Interpretation des Textes aus?

2. *Traditionskritik/-geschichte*   → geprägte Vorstellungen ←
Fragen Sie nach prägenden Leitworten (»Begriffen«), Leitwortverbindungen, (theologischen) Themen und Erzählmotiven, die der Text bei den Rezipierenden in der
ursprünglichen Kommunikationssituation als bekannt voraussetzt. Identifizieren
sie daran die im Text präsente(n) Tradition(en).
Skizzieren Sie kurz die Tradition und ihre Geschichte.
Verorten Sie das Verständnis der Tradition im vorliegenden Text in dieser Traditionsgeschichte. Anhaltspunkte dafür sind oft: über die Tradition oder das Motiv hinaus-
schießende Verwendung derselben.
Hier erhalten Sie evtl. erste Hinweise für eine relative oder absolute Datierung des
Textes, wenn es sich um in bestimmte Epochen (vorstaatlich, staatlich, exilisch,
nachexilisch) datierbare Traditionen handelt.

> Wichtig: Was trägt das eben Ermittelte für die resümierende und weiter-
> führende Interpretation des Textes aus?

V. Geschichte des Textes (§ 7)
                    → Mögliche Entstehungsgeschichte des Textes bis in seine Endgestalt ←
1. Literarkritik
(a) Einordnung in den engeren (vgl. schon III. Textanalyse) und weiteren Kontext
(besonders wichtig bei einheitlichen Texten, die in größere Zusammenhänge wie
das DtrG oder »Quellenschriften wie »J«, »P« eingebracht wurden)
(b) Aufnahme der beobachteten Spannungen (vgl. dazu III.1: Inkohärenzen, III.2:
Inkohäsionen)
(c) Versuch zu klären, welche Teile des Textes zusammengehören
(d) Frage nach der *ersten* (ältesten) schriftlichen Form
(e) Versuch einer Texthypothese mit relativen Chronologie: Was war zuerst, was
setzt bereits andere Textteile voraus?

2. Überlieferungsgeschichte
Fragen Sie nach möglichen mündlichen Überlieferungen vor der Verschriftlichung –
hier kann die Gattungskritik (siehe IV. 1) weiterhelfen: Die Rekonstruktion einer
mündlichen Gestalt ist nur dann möglich, wenn im Text eine mündliche Gattung
erkannt wurde; andernfalls müssen Sie sich auf die Benennung von Inhalten beschränken, die auf einer postulierten mündlichen Vorstufe enthalten sein konnten.
Häufig wird dieser Gesichtspunkt auch mit einer einfachen Fehlanzeige abzugelten
sein. Die Texte des Alten Testaments gehen auf weite Strecken auf eine rein schriftliche Entstehung zurück!

3. Mögliche Geschichte der Entstehung der Endgestalt
Redaktions-/Kompositionsgeschichte. Versuchen Sie, die ermittelten Wachstums-
schichten unter Angabe des Modells, das Sie verwenden, Quellen, Schichten, Redaktionen oder Fortschreibungen zuzuschreiben. Begründen Sie diese Zuschreibung.
Machen Sie dabei deutlich, wie eine Stufe aus der vorhergehenden herauswächst, in

§ 9 Exegese in Studium, Examen und Beruf

welchem historischen, sozialen und theologischen Kontext (Historischer Ort!) was jeweils neu dazu kommt.

Zeitaufwand bis hierher: maximal 3.10 Stunden

VI. Schluß- und Einzelexegese *(§ 8)*
Bieten Sie in der Einzelexegese keine Nacherzählung, sondern stellen Sie den Text in seiner Endgestalt dar (Gliederung zu Hilfe nehmen).
Achten Sie dabei auf die Strukturen des Textes (Argumentation, Erzählkomposition, Spannungskurve, ...).
Beziehen Sie ihre »Merkposten« aus der Gattungs- und Traditionsgeschichte mit ein.
Dieser Teil bietet auch die Möglichkeit, bisher Übersehenes oder Vergessenes noch nachzutragen, wenn dies nicht durch Zusatzblätter als Ergänzung der bisherigen Schritte möglich war.
Wenn Sie unter Zeitdruck stehen, dann können Sie die Einzel- und die Schlußexegese zusammenziehen.

Zeitaufwand bis hierher: maximal 3.25 Stunden

Sie haben jetzt noch mindestens 35 Minuten für den Essay. Zugegeben, das ist knapp. Aber die Themenstellung hängt ja eng mit dem gerade exegesierten Text zusammen. Deshalb sind Sie in der Thematik sozusagen schon »drin«, haben vielleicht sogar schon an der entsprechenden Stelle in der Exegese einen Hinweis eingebaut, daß dieser Aspekt dann im Essay behandelt wird. So wird die Aufgabe noch leistbar.
Wenn dem Essay durch die Prüfungsordnung mehr Gewicht gegeben wird, dann muß sich natürlich der oben markierte Zeitaufwand entsprechend verschieben.

Einige Tips für den Essay:
Formulieren Sie zu Beginn auf jeden Fall Ihre Fragestellung: Spitzen Sie dabei die vorgegebene Themenstellung zu und grenzen Sie diese entsprechend Ihrer Darstellung auch ein. Dazu hilft oft eine kurze (!) Exegese der Themenstellung: Worum geht es? Unter welchen Aspekten soll das Thema dargestellt werden? Wird eine sinnvolle Reihenfolge der Behandlung schon angedeutet?
So vermeiden Sie eine Themaverfehlung. Zugleich bietet die Themenformulierung häufig auch ein Gliederungsangebot.
Wenn man auf die Schnelle keine »geniale« eigene Gliederung findet, kann es häufig hilfreich sein, den Essay folgendermaßen aufzubauen:

Vorschlag für eine »Standard-Gliederung« eines Essays

1. Fragestellung: eigene Zuspitzung der Themenstellung im Problemhorizont
2. Befund: Text oder Themen? Zuspitzen auf das Gebiet, das man behandeln will
3. Geschichte des Begriffes, der Tradition, des Themas im Alten Testament (vorstaatlich? – staatlich? – exilisch? – nachexilisch? – Ausblick ins Neue Testament)
4. Deutungen: Positionen im Alten Testament und/oder in der Forschung – dann auch die eigene! (evtl. auch unter 5.)
5. Resümee

Wenn Ihnen der Überblick in Beispiel 3 zu knapp ausgefallen ist, blättern Sie bitte noch einmal zu den jeweiligen Abschnitten »3. Anwendung« der einzelnen Paragraphen zurück: Die grau unterlegten »Arbeitsschritte« werden Ihnen ebenso weiterhelfen wie die dort zusammengestellte »Begrifflichkeit« bei der Entschlüsselung von Fachbegriffen.

2.2.3 Exegese im Studium

Hier können wir nur dafür werben, sich überall dort, wo biblische Texte explizit oder implizit eine Rolle spielen, Zeit für eine Kurzexegese zu nehmen. Mehr Zeit als im Examen werden Sie in der Regel auch nicht haben (3-4 Stunden), deshalb wird sie ähnlich aussehen wie die Exegese im Examen (2.1.1, besonders Beispiel 3) – mit zwei Unterschieden allerdings: Sie haben die Gelegenheit, Literatur zur Unterstützung heranzuziehen, und Sie können sich Ihre Arbeit zeitlich selbst einteilen.
Häufig besteht die Tendenz, gleich zum erstbesten Kommentar zu greifen, der zur Hand ist. Dies führt allerdings nicht selten zu Frustrationen, da sich dessen Darstellung in der Regel nur dann erschließt, wenn man bereits mit dem Text vertraut ist.
Deshalb unser Tip: Nehmen Sie sich die Zeit (eine Stunde genügt häufig schon), wo immer möglich mit dem hebräischen Text und jedenfalls mit Hilfe einer guten Übersetzung ansatzweise eine Textanalyse (§ 4) und gegebenenfalls auch eine Erzähltextanalyse (§ 5a) vorzunehmen. Erarbeiten Sie sich eine eigene Gliederung und interpretieren Sie diese. Formulieren Sie Fragen an den Text und lesen dann den Kommentar – oder, wenn Sie noch Zeit haben, arbeiten Sie weiter in den Bereichen »Gattungs- und Traditionskritik« (§§ 5 und 6) und/oder »Geschichte des Textes« (§ 7) (die Abschnitte »3. Anwendung« können Ihnen hier weiterhelfen).
Sie werden in mindestens dreierlei Hinsicht Gewinn davon haben:
(a) Es wird immer wieder Situationen geben, in denen sich Ihnen aus dem Reichtum eines biblischen Textes etwas erschließt, das Sie so nirgends nachlesen können.
(b) Sie werden im Lauf der Zeit Übung bekommen, und dann macht die Kurzexegese noch weniger Mühe und die Examensexegese wird Sie so wenig schrecken wie eine vierstündige Fahrt in eine andere Stadt!
(c) Eventuell wird Ihnen die Übung, Texte sehr sorgfältig zu lesen und ihre innere Struktur und Intention im Laufe der Zeit schnell zu erkennen, auch bei der Lektüre nichtbiblischer Texte hilfreich werden. Gerade das Studium der Theologie macht ja mit Texten bekannt, die sich nicht immer auf den ersten Blick erschließen. Auch da kann eine kleine Exegese manchmal weiterhelfen.

§ 9 Exegese in Studium, Examen und Beruf

2.2.4 Exegese in der Berufspraxis (Predigt, Unterricht, Bildungsarbeit)

Für die Exegese in der wie auch immer gearteten Berufspraxis gilt ähnliches wie für jene im Studium, vielleicht noch mit dem Unterschied, daß der Zeitdruck in der Regel etwas stärker ins Gewicht fällt.

Auch hier unser Tip: Fangen Sie, wenn immer möglich, nicht mit einem Kommentar an; auch nicht mit einer Predigtmeditation oder einem Unterrichtsentwurf. Zuerst der Text und Ihre Beobachtungen an ihm, sinnvollerweise einigermaßen methodisch kontrolliert! Als Mindeststandard empfehlen wir eine stringente, in sich stimmige Gliederung. Und damit sind Sie bereits mitten in der von uns vorgeschlagenen Textanalyse. Wenn Sie so Ihre eigenen Fragen präzisiert haben und benennen können, lesen Sie alle Literatur über den Text mit wesentlich mehr Gewinn.

Haben Sie etwas mehr Zeit, rentiert es sich, mit Hilfe jener Methoden, die sich Ihren Fragen zuordnen lassen, selbst noch weiter zu arbeiten. Dabei können Ihnen die Abschnitte »3. Anwendung« der jeweiligen Paragraphen weiterhelfen.

Auch hier möchten wir noch einmal auf 2.2.1.1 (Beispiel 3) »Aufbau und Zeitplan einer Examensexegese« verweisen.

Verzeichnis der Beispiele und ihrer Themen

§ 3 Textkritik

1	Jes 9,8	Verwechslung ähnlicher Buchstaben
2	Ps 19,5	Verwechslung ähnlicher Buchstaben
3a	Jes 5,8 /1QIs^a	Auslassung eines Buchstabens
3b	Jes 26,3b-4a/1QIs^a	Auslassung von Worten
4	Jes 30,30/1QIs^a	Doppelschreibung eines Wortes
5	Jes 4,5-6/1QIs^a	Ausfall eines Wortes
6	Jes 14,21b/1QIs^a	Mechanische Verderbnis des Schreibuntergrundes
7	Jes 19,25b/1QIs^a/LXX	Textänderung durch theologische Interpretation
8	Gen 32,23	Text und Apparat der BHS
9	Gen 32,23	Bezeugung nach den kritischen Textausgaben
10a	Gen 32,29b	Lesarten, ihre Klassifikation und Gewichtung
10b	Gen 32,29b	»Innere Kritik«
10c	Gen 32,29b	Textkritische Entscheidung

§ 4 Die Textanalyse

1	»Das große Lalula« (C. Morgenstern)	Was ist eine Textoberfläche?
2		Rekurrenz
3		Junktion
4		Deixis/Phorik
4a	R. Kessler, Micha	»Thematische Entfaltung«
5	Der gestiefelte Kater	»Thematische Progression«
6	Zeitungsartikel	Inkohäsion durch Zufall
7	G. Grass, Ein weites Feld (Romananfang)	Inkohäsion als Kunstgriff
8	Jer 22,10-12	Inkohäsion/Inkohärenz durch Bearbeitung in der Geschichte des Textes
9	Gen 32,25 f.	Inkohäsion/Inkohärenz als Kunstgriff mit theologischen Obertönen
10	G. Kunert, SCHREIBTISCH AM FENSTER	Handlungsgehalt (Pragmatik) eines Gedichts

(2. Beschreibungen – 2.1 Textoberfläche)

11	Ps 122,6-7	Lautebene: Alliterationen
12	Ps 104,1-5	Wortebene: Gehäuftes und an Mustern orientiertes Auftreten von Partizipien
13	Ex 21,12-17	Wortebene: Regelmäßiges Auftreten bestimmter Wortgruppen
14	Ex 2,23-3,8	Wortebene: Häufung von Verben und Nomina der sinnlichen Wahrnehmung
15	Gen 25,24	Verbalsatz
16	Gen 25,23	Nominalsatz
17	Gen 25,28	Partizipialsatz
18	Gen 25,25	Formation wayyiqtol-x
19	Gen 25,26	Formation (w-)x-qatal
20	Gen 25,23	Formation (w^e-)x-yiqtol
21	Hos 2,1	Formation (w^e)yiqtol-x
22	Hos 2,2	Formation w^{e}qatal-x
23	Gen 47,31	Formation q^{e}tol-x, Aufforderung
24	Gen 25,22	Fragesatz
25	Gen 1,10	Objektsatz
26	Gen 25,20-26	Kohäsion durch Satzreihen
27	Mi 2,3-5	Kohäsion/Inkohäsion durch anaphorische Pronomina
28	Gen 32,30	Textgliederung durch Renominalisierung
29	Ps 13	Kataphorische Frage- und Aufforderungssätze
30	Spr 10,1	Explizite Textgliederung
31		Textgliederung durch Formeln
32		Verzeitungsformeln
33	Ps 33,3-4	Textgliederung durch die Partikel כִּי
34	Mi 4,9-5,5	Textgliederung durch die Partikel עתה

(2.2. Texttiefenstruktur)

35	Num 23,7f.	Wort- und Sinnspiele (Paronomasien)
36	Jes 5,7	Wort- und Sinnspiele (Paronomasien)
37	Gen 25-32	Leitwortverbindungen in der Jakob-Esau-Erzählung
38	Mi 3,5-8	Wortfelder
39	Hos 2,4.7.16-18	Wortfelder und Metaphorik
40	Num 22,5-11	Parallelismen
41	Ps 93,4	Klimaktischer Parallelismus
42	Spr 10,1	Antithetischer Parallelismus
43	Sach 9,9/Mk 11,7par	Ein Mißverständnis bei der Rezeption eines Parallelismus Membrorum
44	Ex 2,23-3,8	Thematische Organisation und Reduzierung (tiefenstrukturelle Gliederung)
45	Ex 2,23-3,8	Eine inhomogene Gliederung

(2.3. Pragmatische Ebene)

46   Ps 3   Pragmatik eines Psalms

(3. Anwendung)

47   Gen 25,20-28   Einrichten der Arbeitsübersetzung

§ 5 Gattungskritik

1	Orson Welles	Bedeutung der Gattungskompetenz
2	II Sam 7 – I Kön 2	Fiction oder Geschichtsschreibung – Gattungskompetenz und Geschichte Israels
3		Eheschließung als institutioneller »Sitz im Leben«
4		Gattungen des »Sitzes im Leben« Eheschließung
5a,b	Hochzeitsanzeigen	Das Gattungsformular und geprägter Einzeltext
6a	Todesanzeige	
	»Deutscher Wald«	Verfremdung eines Gattungsformulars
6b	Die Behörde	
	(C. Morgenstern)	Poetische Verfremdung von Gattungselementen
7a	Gen 16,1-15	Die Gattungskritik der Erzählung von Hagars Vertreibung
7b	Erzväter- und müttererzählungen	Die Gattung der (ätiologischen) Sagen und ihr Sitz im Leben
7c	Gen 16,1-15/ Mausinselsage	Zur Gattungsgeschichte der (ätiologischen) Sage
8	Mi 2,1-2	Der Weheruf in der Prophetischen Literatur als verfremdete Gattung
9	Am 7,16-17	Die Botenformel in prophetischen Texten
10a	Gen 32,45 f.	Die Botenformel in mündlicher Übermittlung
10b	Maribrief (TUAT II,93)	Die Botenformel in schriftlicher Überlieferung
11	Jer 1,11	Wortereignisformel
12	Am 3,9-11	Prophetisches Gerichtswort
13	Am 5,4-6	Prophetischer Mahnspruch
14	Jes 49,14 f.	Disputationswort
15	Jes 41,8-13	Prophetische Heilszusage
16	Jer 1,4-10	Einsetzungsbericht/Berufungserzählung
17	Jer 1,11-12	Visionsbericht

Verzeichnis der Beispiele und ihrer Themen

§ 5a Die alttestamentliche Erzählung

1	Josephserzählung	Erzählung einer Erzählung
2	I Sam 17	Geschichte der Erzählungen einer Erzählung
3	Th. Mann, Buddenbrooks, 11. Teil	Leerstellen und Erzählstrategie
4a	Th. Mann, Doktor Faustus	Kommunikationsebenen im Roman: expliziter und realer Autor
4b	II Kön 18,19 f.	Kommunikationsebenen der ABBJ – Erzählung nach C. Hardmeier
5	»Besteigung des Eiger« »Big Brother« (TV-»Erzählungen«)	Erzählung und Zeit (Anisochronie)
6	II Sam 11	Erzählzeit und erzählte Zeit
7	Jona 2,4 ff.	Der Jonapsalm als Analepse
8	Gen 50,15-18	Narrative Rückverweise in der Josephserzählung
9	Ex 13,17-14,31	Schauplätze in der Meerwunder-Erzählung
10	Ri 11/ L. Feuchtwanger, Jefta	Unmittelbare und mittelbare Charakterisierung in der biblischen und einer nichtbiblischen Jefta-Erzählung
11	Gen 22	Charakterisierung in der Erzählung von der »Bindung Isaaks«
12	Rut 1/Hiob 1	Perspektivische Erzählanfänge
13a	Gen 16,1-6	Perspektive und Perspektivenwechsel
13b	Gen 16,1-6	Der Plot von Gen 16,1-6
14	Ex 1-14	Die Exoduserzählung als Krisengeschichte
15	Neh/Hos 3/Jes 6 u. a./ Jer 1,4 ff./Ez 1-3	»Ich-Erzählsituationen« in atl. Erzählungen
16	Jos 8,28/Ri 17,6	Erzählerkommentare
17a	Gen 32,23-33	Unbestimmtheit
17b	Texte zu David	Leerstellen durch Bewertungsangebote in Erzählerkommentaren
17c	Gen 22/ S. Kierkegaard, Furcht	Leerstellen und Erzählstil in der Erzählung von »Isaaks Bindung« und ihrer Rezeption

§ 6 Traditionskritik und -geschichte

1	Zeitungsmeldung	Politische Traditionen und Trägergruppen
2	Ein südbayerischer »Bierdeckel«	Spiel mit Traditionen
3a	J. Rau, Antrittsrede vom 23.05.1999	Traditionsgeschichte – Traditionales »Denkmodell«
3b	Die Exodustradition	Traditionsgeschichte einer Befreiungstradition
4	Leitwort זֶרַע	Traditionskritik, Rekonstruktion einer geprägten Vorstellung

5		Exodustradition	Leitworte, Erzählmotive, Verknüpfungen
6			Skizze der Geschichte der Exodustradition
7		Jes 43,(14 f.)16-21	Traditionsgeschichte und Einzeltext: Exodus und Schöpfung

§ 7 Die Geschichte des Textes

1	F. Dürrenmatt, Der Pensionierte	Geschichte eines modernen Buchtextes
2	Jer 36	Die Geschichte eines alttestamentlichen Buchtextes in dessen eigener Sicht
3	II Kön 22	Das Heiligtum als Ort der Überlieferung
4	Jes 39,8-40,2	Literarkritik als Abgrenzung
5	Gen 25-33	Literarkritik und weiterer Kontext (»Kotexte«)
6	Gen 37; 39 i.A.	Eine Dublette in der Josephserzählung
7a	Gen 12,10-20/Gen 20/ Gen 26,1-11	Mehrfach überlieferte Erzählungen
7b	Ex 20/Dtn 5	Die beiden Überlieferungen des Sinai-Dekaloges
8	Jona, Hiob	Stil- und Diskursartenwechsel
9	Ex 6,2-8 u.a.	Stil als Kohärenzkriterium
10		Wechsel von Gottesnamen und -bezeichnungen
11a,b	Ex 14,21 f.	Spannungen beim »Durchzug durchs Meer«
12		Biblische Texte und außerbiblische Stoffe
13	Gen 25,19-26	Versuch der Rekonstruktion der mündlichen Vorstufe eines schriftlichen Erzähltextes: Die Geburtssage hinter Gen 25,19-26
14	Ex 13,17-14,31	Kompilation nach dem Urkundenmodell (M. Noth)
15	Gen 32,33	Eine Glosse
16	Am 1,3-2,16	Fortschreibung
17	II Kön 18,1-16	Redaktionelle Bearbeitungen
18	Ex 13,19-14,31	Redaktion, Kompilation und Bearbeitung (T. Krüger)
20	Ex 14,19-31	Kompositionsgeschichte (E. Blum)
21	Ex 14,19-31	Noth, Blum und Krüger im Vergleich
22	Hos 4,4-11	Komposition und Redaktion im Hoseabuch
23	Gen 25,19-26	Rekonstruktion des/der Historischen Orte(s)

§ 8 Resümierende und weiterführende Interpretation

1	Jes 2,1-5	Interpretationen

Verzeichnis der Beispiele und ihrer Themen   319

§ 9 Exegese in Studium, Examen und Beruf

1	Exodustradition in der Prophetie	Entwicklung der Fragestellungen für eine Hauptseminararbeit
2		Zugelassene Hilfsmittel einer exegetischen Examensklausur
3		Aufbau und Zeitplan einer Examensexegese

Schlagwortregister

Abgrenzung (von Texten) 59, 103, 105, 107, 233, 267, 276 f.
Alliteration 77 f., 106, 132
Amarnabriefe 136
Analepse 163 f., 184
Arbeitsübersetzung 24, 33, 102 f., 304
Archäologie 128, 218, 271, 284
Assonanz 77, 106, 132, 145
Ästhetik 132, 218
–, Text als literarisch-ästhetisches Subjekt 63 f.
–, s. Rezeptionsästhetik
Aufklärung 17, 214.
Auslassung (als Mittel der Erzählung) 161, 184
Auslegung, 15 ff., 18, 20 ff., 25 ff., 44, 76, 111, 115, 179, 213 ff., 255, 287 ff.
Auslegungsgeschichte 178, 213.
Autor, Autoren 16, 18 ff., 64, 72, 154 ff., 158 f., 181 ff., 217, 219 f., 222, 225 f., 228, 230, 273, 281 ff., 301 ff.
–, Expliziter Autor 154, 158 f., 181 f.
–, Impliziter Autor 154, 158 f., 181 f., 217
–, Realer Autor 158 f., 177, 181 f., 217

Bearbeitung (in der Geschichte des Textes) 220, 224, 227, 247 ff., 255, 257 ff., 261, 273 f., 276, 279, 281, 283, 300
–, s. a. Fortschreibung, Komposition, Redaktion
Bewertungsangebot 178
–, s. a. impliziter Leser, Rezeptionsästhetik
Botenformel 135 ff.

Charakterisierung (einer Erzählfigur) 167 ff., 174, 176
Chronistisches Geschichtswerk 217
Chronologie (der Textentstehung) 276, 278, 282 f., 311

Datierung (von Texten und Traditionen) 19, 148, 269, 271, 280 ff., 311
David 115, 122, 152, 162, 176, 179, 202, 216, 258
Dehnungen (als Mittel des Erzählens) 161 ff., 184

Deixis, deiktisch 66, 86, 308
Dekalog, Zehn Gebote 15, 237, 308
Deuternomistisches Geschichtswerk, deuteronomistisch, DtrG, DtrH, DtrN 179, 238, 257 ff., 282 f., 306, 311
Diachron, Diachronie 20 f., 24 f., 60, 195, 298
–, s. a. Synchronie
Dichtung 123 f.
–, s. a. Poesie, Volkspoesie
Diskursart, Diskursarten 90, 126 f., 162, 233 f., 237
Disputationswort 141
Dittographie 47, 58
Doppel- oder Mehrfachüberlieferungen 229, 236 f., 243, 278
Doppelung, Doppelungen (auch: Dublette) 235, 250, 273, 278
Drama, Dramatik dramatisch 114, 132 f., 141, 146, 204
dramatis personae 85, 233
dramatic novel 176

editio princeps 219 f., 227
Einheitlichkeit 229 f., 233, 235, 273, 276 f., 303
Einschreibung, Einschreibungen 224, 248, 252, 255, 262, 267 f., 273 f.
Einsetzungsbericht 143 f.
Einzelexegese 288, 294, 312
Elohist, elohistisches Geschichtswerk 18, 238, 250, 252
Empirische Literarkritik 217
–, s. Literarkritik
Endtext, Endgestalt 18, 24 f., 35 f., 38, 39 ff., 42 f., 55, 64, 214, 217 ff., 227, 229 ff., 235, 250, 273, 275, 282, 285, 311 f.
Ergänzung (als Vorgang der Geschichte des Textes) 224, 258, 259, 274
Ergänzungshypothese 255
Erlöser 205 f.
Erzählen, Erzählung 24, 84 f., 90, 92 f., 104 ff., 126 f., 143 ff., 150-186, 201 ff., 241 ff.
Erzähler 129, 153 ff. 171 f., 176, 181 ff., 217
Erzählerkommentar 168, 177 ff., 184

Erzählhaltung, Erzählhaltungen 156, 177, 182 ff.

Erzählmotive 198, 209

Erzählphasen 70, 173 ff., 182, 185

Erzählsituation (Ich – , auktoriale –, personale –) 152, 154, 158, 173, 176, 177, 181, 182, 183, 185, 186, 310

–, s. a. Narration

Erzählsyntax 84 f., 174, 182 f.

Erzählte Zeit 150, 162 f., 175, 177, 181 f., 184

–, s. a. Erzählzeit

Erzähltext 83, 106, 110, 124, 132, 150 ff., 158, 160 ff., 166, 170, 174, 176, 181 ff., 244

Erzähltextanalyse 152 f., 157, 173, 180, 183, 303, 307, 310, 313

–, Pragmatische – 157 f., 160

Erzählzeit 162 f., 175, 181 f., 184

Examen, Examensklausur 24 f., 27, 76, 114, 288, 296 f., 305, 307 ff., 313

Exodus 92, 194, 201 ff., 205 ff., 250, 301 f., 307

Exoduserzählung 23, 92, 100, 122, 165, 176, 194, 201, 203, 237

Exodustradition 190, 193 f., 198 ff., 201 ff., 205 ff., 306 f.

Expliziter Leser 181

Feministische Auslegung 293

Fiction 114 f.

Figur, Figuren (des Textes, der Erzählung) 23, 127 f., 151, 154, 156 ff., 166, 167 ff., 176 ff., 181 ff., 201, 238

–, (Stil-)Figur 95, 97

Folklore 243

–, s. a. Volkspoesie

Formation (syntaktische) 81-85, 103, 105, 110, 120 f., 126, 171

Formel, Formeln 70 88, 92, 94, 105, 113 f., 142, 147, 177, 190 f., 198, 209, 237 f., 256, 283

–, – der prophetischen Rede 135 ff.

Formkritik 19, 147 f.

–, s. a. Gattungskritik

Fortschreibung 19, 247 ff., 255 ff., 274 f., 279, 285, 311.

Fragmentenhypothese 261

Gattung, Gattungen 60, 113 - 149, 187 f., 190 f., 198, 241 f., 279 f., 298

–, Gattungen der institutionellen Kommunikation 24, 116 ff.

–, s. a. Sitz im Leben

–, Gattungen der poetischen Kommunikation 115, 122 ff.

–, s. a. Genre

–, Gattungen der prophetischen Literatur 131 ff.

Gattungsformular, 118 ff., 128 ff., 133, 135, 138, 142 f., 147 ff., 189, 195, 244, 277, 310

Gattungsgeschichte 24 f., 125, 129, 148, 149, 278, 304

Gattungskompetenz 113 ff.

Gattungskritik 19, 24 f., 113 ff., 125 ff., 147 ff., 182, 185, 195 f., 231, 279 f., 291, 303 f., 310 f.

Gedicht 16, 23, 65 f., 71, 75, 89, 113 f., 121

Genesis 54, 130, 151, 196, 198, 236, 238, 242

Genre 60, 90, 114, 115, 122 ff., 132 f., 153

geprägte Vorstellungen (Traditionen als –) 24, 93, 187 ff., 195 ff., 196, 209, 310

Gerichtswort, Gerichtsankündigung 133, 137 ff.

Geschichte des Textes 25, 55, 57, 73, 111, 183, 185 f., 213-285, 303 ff., 307, 309 ff.

Gliederung (des Textes) 60, 66, 70, 84, 87 f., 90, 92, 97, 100, 102 ff., 109 ff., 110, 111, 148, 160 ff., , 182, 291, 294, 298, 304, 306, 307, 309, 310, 312, 313, 315

–, Erzähltextgliederung 173 ff.

Glosse 248, 255, 274

Gottesnamen 137, 238 f., 246

Gottesrede 139, 146, 235

Grundtexte 247 ff., 257 ff.

Handschriften 18, 28, 35 ff., 56 f.

Haplographie 47, 49, 58

Hauptseminararbeit 289, 305 f.

Hebräische Bibel 15, 18, 21, 24 ff., 28 f., 33, 35 f., 39, 42, 43

Hebräisch (als Sprache), Hebräischkenntnisse 15, 33, 297

Heiligtum (auch Tempel) 122, 200, 206, 208, 225 f., 243, 259, 280

Heilswort, 133, 138, 141 f., 310

Heilszusage 142

Historischer Ort 19 116, 124, 183, 186, 195, 209, 232, 241, 268 - 271, 274 f., 280 ff., 289, 291, 312

Historische Kritik, historisch-kritisch 17, 18, 21, 111, 154, 213, 214, 216, 241

Hörer 16 f., 61 ff., 72 ff., 100 f., 109, 114, 117, 134 f., 141, 153, 155, 158 f., 171, 178, 292

322   Schlagwortregister

Inkohärenz 60 f., 70 ff., 99, 102, 107, 110, 230, 273, 277, 310
Inkohäsion 60 f., 66, 70 ff., 78, 84, 86, 92, 103, 106, 110, 230, 247, 273, 277, 310
Institution(en), institutionelle Welt s. Sitz im Leben
Interpretation 20 ff., 25, 44, 49 ff., 58 f., 109, 193 f., 200 ff., 226 ff., 254, 264, 286-295, 303 f.
Intertextualität, intertextuell 214, 233, 237

Jahwist, jahwistisches Geschichtswerk 18, 130, 238 f., 250, 252, 265, 269
Jakob, Jakobserzählungen 54, 73, 79, 80, 84, 87, 91 ff., 96, 98, 104, 127, 136, 142, 151, 165, 178, 197 f., 203, 234 f., 245 f., 255, 270
Jehowist 250
Joseph, Josephserzählung 140, 151, 164 f., 178
Junktion 66, 88

Ketib-Qere 40
Kohärenz 60 f., 65 ff., 70, 78, 90 f., 95, 102, 107, 110, 167, 182, 230, 273, 277, 310
Kohärenzbögen 165, 234
Kohäsion 60 f., 65 f., 70, 77 f., 83 ff., 92, 103, 106 f., 110, 184, 230, 273, 277, 310
Kommunikation, auch: Kommunikations- ebenen, Kommunikationssituationen) 16, 24, 61 ff., 76, 113-124, 188 ff., 230, 241, 279, 298, 300, 311.
–, s. a. Narrative Kommunikation
Kompilation 18, 239, 248 ff., 259 f., 266, 273, 275, 279, 285
Komposition, Kompositionsgeschichte 19, 39, 103, 110, 130, 146, 181, 196, 224, 226, 233, 240, 247 ff., 257 ff., 261 ff., 267 ff., 274, 276, 279 ff.
Konkordanz, Konkordanzen 31, 196, 219 f., 289, 302, 307 f.
Konsonantentext 40, 214
Kotexte, Kotexten 214, 229 f., 233 f.
Krisengeschichte 176

Lautebene 77 f., 102 f., 105 ff.
Leerstelle, Leerstellen 156 f., 170, 178 ff.
Leitwort, Leitwortgruppen, Leitwortver- knüpfungen 90-93, 107 f., 164 f., 172, 180, 182, 184, 190, 196 ff., 209 f., 237, 307, 311

Leser, Leserinnen 15 ff., 63 f., 71 f., 87, 101 f., 108, 117, 135, 153, 155-159, 164 f., 169 f., 178 ff., 194, 213, 216 ff., 226, 230, 240, 255, 272, 287, 304
–, Expliziter Leser 158, 181, 183, 186
–, Heutiger Leser 15 ff., 218, 290
–, Impliziter Leser 155, 178, 186, 230
–, Realer Leser 155 f., 158, 181 f., 186
–, Wissenschaftlicher Leser 230, 240
Literargeschichte 20, 44, 183, 227, 231 f., 241, 247, 274, 281
Literarkritik 19, 51, 60, 64, 69, 103, 217, 229 ff., 247, 259, 273-282, 291, 311
–, s. Empirische Literarkritik
Literatur, Literaturgeschichte (atl., antik) 16, 21, 26, 28, 114 f., 122 ff., 129 ff., 137, 141, 143, 145, 163, 176, 187, 214, 217, 232, 241, 243 f., 254, 281 ff., 296, 298, 306
–, Literatur (modern) 15, 20 f., 26, 129 f., 154 f., 168, 298
–, Literaturwissenschaft 17, 21, 26, 30, 124, 154 f., 176.
Literaturverzeichnis 28, 300 f.
–, s. a. Sekundärliteratur
LXX s. Septuaginta

Mahnspruch 140
Makroproposition, Makropositionen 67 ff., 97 ff., 103, 107 ff., 126, 174, 183, 278
Makrostruktur 63, 100
Maribriefe 136
Masora, Masoreten, masoretisch 38, 40 ff., 52
Mehrfachüberlieferung 229, 236 f.
–, s. a. Doppel- und Mehrfachüberlieferun- gen
Mehrungstradition, Mehrungsverheißung 130, 196 ff.
Metaphorik 94, 122
Mose 18, 36, 64, 79, 98, 99 f., 144, 166 f., 194, 199 ff., 218, 226, 237 ff., 250 ff., 258-267, 272
Motiv, Motive 127, 130, 190, 198, 207 ff., 234, 236, 244, 311
Mündlichkeit 130, 214, 241 ff.
Mythos 173

Nachzeitigkeit 82, 103, 105
Narration 150, 152, 153, 158, 181
–, s. a. Erzählung
Narrator 153, 158, 181 f., 185 f.
Narrative Kommunikation 153, 157 ff.
Nominalsatz 80, 104 f., 138, 251

Schlagwortregister

Oberflächenstruktur 61, 63, 100, 251
Orakel 132, 136, 245, 270
Orient 115, 303
Originalität (der Autorschaft) 19, 225

Parallelismus, Parallelismus Membrorum
    95 ff., 108, 123, 132
Paronomasien 90, 92
Partizipialsatz 80 f., 103 f.
Pentateuch 36, 38 f., 51 f., 123, 218, 232,
    238, 240, 250, 254, 261 f., 269, 281 f.,
    306
Pentateuchkritik 235, 240, 255, 261
Perspektive 21, 24 f., 100, 156, 159, 170 ff.,
    181 ff., 240, 293, 306
Phorik, phorisch 66, 73, 85, 86, 104, 105,
    110, 233
Plot 132, 150 ff., 161, 166, 173 ff., 181 f.
Poesie, poetisch 18, 23, 95, 114, 122 ff., 132,
    216, 237
Point of View 170, 173
Pragmatik, Textpragmatik 61, 73 f., 88, 100,
    109 f.
Predigt 15 ff., 27, 60, 76, 114, 150, 289 ff.,
    298, 315
Priesterschaft 226
Priesterschrift, priesterschriftlich 18, 238 f.,
    250, 252, 264, 269, 283, 306
Prolepsen 163, 184
Prophetenbücher 123, 132, 133, 137, 142,
    171
Prophetie 94, 122, 125, 131, 132, 133, 134,
    139, 157, 160, 161, 164, 179, 203, 213,
    242, 275, 282, 306
Proposition, Propositionen 67 ff., 97 ff.,
    107 f., 110, 126, 182 f., 276, 278
Prosa 114, 123, 155, 223, 237
Proseminar, Proseminararbeit 15, 30, 201,
    281, 288 ff., 295, 297, 300, 303 ff., 307 f.

Quellen, 16, 18, 29, 38, 50, 115, 206, 218,
    219, 235, 300, 301, 302, 305, 311
Quellenschriften 73, 218, 232, 240, 250,
    253 f., 259 f., 273
Qumran 28, 35, 36, 38, 39, 46, 47, 48, 49,
    52, 56, 57, 217

Raffung (als Mittel des Erzählens) 161 f.,
    175, 184
Redaktion, redaktionsgeschichtlich 18 f.,
    36, 179, 217, 226, 232, 235 ff., 247 f.,
    250 ff., 257 ff., 262, 267 ff., 274 ff.,
    282 ff., 311

Redaktionsschicht, Redaktionsschichten
    249, 258, 274, 279
Redaktor 249, 258 f.
Redegattung, Redegattungen 133, 137
Reim 66, 77, 105 f.
Rekurrenz 66, 77, 91 f.
Relief (kompositionsgeschichtliches)
    261
Renominalisierung 87
Rezeption 15 ff., 20, 23, 26, 54, 59, 96, 152,
    156, 227, 289
Rezeptionsästhetik 155, 178, 218
Rezeptionsgeschichte 26, 44, 49, 227, 287,
    289, 295, 308
Rhema 69
–, s. a. Thema
Ritual, Rituale 117, 146, 284
Roman 114, 123, 151, 156, 159, 161, 169, 176,
    222, 292
Rückverweis 164 f.
–, s. a. Analepse

Sage 128 ff., 144, 176, 242, 244 ff., 310
Samaritanus 50, 52 ff.
Sammler 130, 226
Satzebene 80, 83, 90, 95, 102 ff., 107 f.
Satzfunktion 83
Schauplatz 127, 166 f., 174, 180, 182, 184
Schlußexegese 288, 310, 312
Schöpfung 49 f., 205, 207
Schreibfehler 46, 58
Schriftlichkeit 214, 231, 242 f.
Schriftrolle 223, 224
Schriftsteller 131, 209, 242
–, s. a. Autor
Sekundärliteratur 126, 128, 148 f., 201,
    210 f., 300 f., 305
–, s. a. Literaturverzeichnis
Septuaginta, 29, 36, 38 ff., 50 ff., 55, 217
Sitz im Leben 19, 116 ff., 124, 128 ff. 147 f.,
    185, 188, 195, 241, 243, 244, 246, 279 f.,
    289, 291, 310
Soziomorphem 206
Spannung, Spannungen 71, 110, 156, 162,
    176, 230, 239, 244, 251, 260, 273, 278,
    306, 311
Stichwortverbindungen 99, 234
–, s. a. Leitworte
Stil 33, 60, 90, 114, 163, 237, 238, 268, 278,
    307
Story, Stories 59, 85, 150 ff. 161 ff., 170, 173,
    175, 176, 180 ff., 190, 194 f., 243 f., 246
Synagoge 26, 40

324   Schlagwortregister

Synchronie, synchron 20 f., 24, 60, 112
–, s. a. Diachronie

Targum 53
Tempusmarker 82, 84 f., 88, 103 ff., 171
Textanalyse 24 ff., 59-112, 118, 125 f., 147 f.,
    174, 180, 182 f., 190, 196, 209 f., 233, 235,
    252, 254, 269, 276 ff., 297, 299, 303 f.,
    307 ff., 311, 313, 315
Textebene 76, 83 f., 87, 90, 97 ff., 102 ff.,
    107 f., 310
Textgeschichte 35-43, 44, 55 f., 227, 274,
    276
Textgliedernde Elemente 88 f., 233
Texthypothese 230 f., 241, 247, 276, 282 f.,
    311
Textkritik 19, 24 f., 35, 40, 43-58, 71, 275 f.,
    291, 297, 303 f., 308 ff.
Textoberfläche 63, 65 ff., 70, 76 ff., 84, 92,
    99, 103, 105, 110, 118, 147, 182 f., 229,
    233, 310
Texttheorie 62, 134, 213, 227
Texttiefenstruktur, Tiefenstruktur 61 ff.,
    67, 70, 76, 90 ff., 103, 107 ff., 148, 182 f.,
    209, 233, 251, 277, 310
Texturkunden 18, 38 f., 42 ff., 51, 56 f., 71,
    222, 227 f.
Textverderbnis 46, 48 f., 55, 58
Textvorstellung 218, 230, 235
Textwissenschaft 30, 61
Thema, Thematik, Textthema 61-70, 90 ff.,
    97, 99 ff., 107 f., 110, 112, 125, 127, 132,
    174, 182 f., 187, 190, 196, 198 f., 216,
    229, 233 ff., 246, 255, 277, 299, 305 f.,
    312
–, s. a. Texttiefenstruktur
Thematische Progression 69, 100, 233
Theologie, theologisch 15, 17 f., 23, 49 f.,
    53 f., 73, 100, 111, 123, 188, 194, 198,
    201 f., 205, 213, 215 f., 258, 267, 269,
    274, 282, 287 ff., 292 ff., 302, 306, 311 ff.
Theophanie 143
Thronratsszene 143
Traditionen 43, 93, 187- 212, 277 f., 311
Traditionsgeschichte 25, 188 f., 192, 195,
    200 ff., 209 ff., 278, 304, 311, 312
Traditionskritik 19, 24, 187, 196 ff., 204,
    209 ff., 276, 279, 291, 303, 307, 309 ff.
Trägergruppen 188 f., 200, 209 f.

Überlieferung 18 f., 21, 25 f., 35 f., 40, 43 f.,
    49, 55, 71, 97, 129 f., 136, 189, 217, 223,

227 f., 231, 241 ff., 246 f., 262, 270, 276,
    279 ff.
Überlieferungsgeschichte 25, 148, 227, 231,
    232, 241, 269, 274, 275, 279 ff., 310
Übersetzung 22, 24, 28 f., 33 ff., 42 f.,
    48, 50, 52 ff., 57, 78, 90, 136, 140 ff.,
    146, 205, 218, 225, 250 f., 257 f., 267,
    287, 289, 291, 298 f., 303 f., 308 f., 310,
    313
Ugarit 226
Unbestimmtheit, Unbestimmtheitsstellen
    72, 155, 156, 178, 179, 186
Uneinheitlichkeit 229, 233, 235, 273, 276,
    277
Unterricht 15, 315
Urkunden 38, 43, 227, 238, 247 ff., 250,
    252, 259, 273
Urkundenmodell, Urkundenhypothese
    18 f., 73, 236, 249 f., 254, 255, 261,
    269
Urtext 40, 43, 44, 45, 48, 49, 51, 52, 53, 54,
    55, 56, 275

Vätergeschichte, Vätergeschichten 122,
    128, 130, 196, 261
Verbalsatz 80, 104, 105
Verfremdung, verfremdet 120 ff., 133, 135,
    142
Verschriftung 232, 242, 243
Verse, Versdichtung 41, 56, 57, 75, 123, 138,
    162, 262
Visionserzählung 144
Vokalisierung 40, 43
Volkspoesie 122
Vorlagen 38, 42, 219, 220, 247
Vorzeitigkeit 82 f., 85, 103
Vulgata 42 f., 52 ff., 308

wayyiqtol 81 ff., 88, 103 f., 126 f., 171, 234,
    251 f.
Weheruf 133 f., 137
Weisheit 123, 204, 211
Welt des Textes 24, 109, 111, 187, 292
Wörterbücher 31, 95, 108, 187, 196, 209
Wortereignisformel 137, 144, 145
Wortfeld, Wortfelder 90 ff., 94 f., 101, 107,
    164 f., 182, 184, 196 ff., 209 f., 276
Wortspiel 90 ff., 145, 246

Zeichenhandlung 145, 146, 147
Zeitsystem 162, 174, 175
Zion, Zionstradition 89, 97, 141 f., 209

Schlagwortregister

Bibelstellenregister

Reihenfolge und Einteilung der Bücher folgen der Hebräischen Bibel. **Fett** gedruckt sind Stellen, die im Rahmen der Beispiele ausführlicher behandelt sind.

Tora

Genesis (1. Mose)

Gen 1,1-2,4a	238, 249
Gen 1-3	41, 238
Gen 1,11 f.	197
Gen 1,26	84
Gen 1,21.27	207
Gen 1,29	197
Gen 2,4a	238
Gen 2,4	207
Gen 2,4b-3,24	249
Gen 3,15	197
Gen 4,25	197
Gen 5,1	238
Gen 5,1 f.	207
Gen 6,7	207
Gen 6,9	169
Gen 6,9	238
Gen 7,3 f.	197
Gen 8,22	197
Gen 9,9	197
Gen 9,9	198
Gen 11,26	238
Gen 12,ff	127
Gen 12,1	164
Gen 12,7	197 f.
Gen 12,10-20	236 f.
Gen 13,15 f.	197 f.
Gen 14	128
Gen 15,3-5	196
Gen 15,3 f.	197 f.
Gen 15,5	197 f.
Gen 15,18	197 f.
Gen 16,1-15	**126, 172, 174**
Gen 16,5	178
Gen 16,10	130
Gen 16,10	196 ff.
Gen 16,14	130
Gen 17,7 f.	197 f.
Gen 17,10.12	197 f.
Gen 17,19 f.	197 f.
Gen 18	244
Gen 18,1-15	127

Gen 18,10	164
Gen 19,32.34	197 f.
Gen 20	129, 236 f.
Gen 21,12 f.	197 f.
Gen 22	**170,179**
Gen 22,17	131
Gen 22,17 f.	197 f.
Gen 23	129
Gen 24,7	197
Gen 24, 7	198
Gen 24,60	197 f.
Gen 25-33	234 f.
Gen 25,19 ff.	234
Gen 25,19-26	**244-247, 269**
Gen 25,19	238,244
Gen 25,19 f.26	245
Gen 25,19.20.26d	269
Gen 25,20-26	**84**, 127
Gen 25,20-28	**103**
Gen 25,20	271
Gen 25,21	269
Gen 25,21.24.25.26	269
Gen 25,22	83, 245
Gen 25,22-23.25	269
Gen 25,23	80, 82, 235, 244
Gen 25,24	80
Gen 25,25	82, 245
Gen 25,26	82, 92
Gen 25,26d	271
Gen 25,26	244
Gen 25,28	80
Gen 25,30	234
Gen 25,33	83
Gen 26,1-11	236 f.
Gen 26,3-4.12.24	197 f.
Gen 27	235
Gen 27,36	93
Gen 27,37	235
Gen 28,10-22	127
Gen 28,14	235
Gen 28,4.13 f.	197 f.
Gen 29,31-30,24	246
Gen 29,32 ff.	246
Gen 30,6.ff	246

Gen 32,4 f.	136		Ex 12,33	199, 208
Gen 32,12a	234		Ex 12,35	199
Gen 32,13	131		Ex 12,37	238
Gen 32,13	197 f.		Ex 13,3	199
Gen 32,23	**51 f., 54**		**Ex 13,17-14,31**	**166 f., 250 ff.**
Gen 32,23-33	**178, 234**		**Ex 13,17-14,4**	**272**
Gen 32,25	93		Ex 13,17	251, 235 f.
Gen 32,25-26	**73**		**Ex 13,19-14,31**	**259-267**
Gen 32,27	234		Ex 13,20	238
Gen 32,29	**53 ff.**		Ex 14	166 f., 239
Gen 32,30 f.	**87**		Ex 14,5 ff.	208
Gen 32,31	234 f.		Ex 14,19.25a	252
Gen 32,33	**255**		Ex 14,19-31	251, 235 f.
Gen 33,3	235		Ex 14,19 ff.	262
Gen 33,10	234 f.		Ex 14,20-23	251
Gen 33,16	234		**Ex 14,21 f.**	**239 f. 241, 263**
Gen 33,17 ff.	234		Ex 14,21-29	251, 263
Gen 34	54		Ex 14,22	207
Gen 35,11 f.	197 f.		Ex 14,22b	251
Gen 35,18	246		Ex 14,23a	251
Gen 37;39-50	**151**		Ex 14,24-31	251
Gen 37,1-11	164		Ex 14,29b	251
Gen 37,12 ff.	165		Ex 14,30a	251
Gen 37,25-28.30	**236**		Ex 14,30-31	262
Gen 38,8	197 f.		Ex 15	237
Gen 39,1	236		Ex 15,11	207
Gen 42,24	165		Ex 15,20 f.	202
Gen 43,30	165		Ex 15,22 ff.	207
Gen 44,14	165		Ex 17,1-7	207
Gen 44,18 ff.	178		Ex 19	237
Gen 45,14-16	165		Ex 19,2	200
Gen 46,6 f.	198		**Ex 20**	**237**
Gen 47,19 ff.	198		Ex 20,2	201
Gen 48,11.19	198		**Ex 21,12-17**	**78**
Gen 50,15-20	**164 f.**		Ex 32,1-6	202
			Ex 32,8	200
Exodus (2. Mose)			Ex 32,13	198
Ex 1 ff.	176		Ex 33,1	198
Ex 1-14	201			
Ex 1-14	204		Leviticus (3. Mose)	
Ex 1-15	203		Lev 17-26	207
Ex 2 f.	67, 98, 100		Lev 25,25 ff.	205
Ex 2,23-3,8	**79 f., 98 ff.**			
Ex 3,8 f.	200		Numeri (4. Mose)	
Ex 3,9-12	144		**Num 23,5-11**	**95**
Ex 3,10	199		**Num 23,7 f.**	**91**
Ex 3,1.3.12.	200			
Ex 4,18	239		Deuteronomium (5. Mose)	
Ex 5,6 ff.	202		Dtn 1,8	198
Ex 6	238,269		Dtn 5	237
Ex 6,1-8	238		Dtn 31,9-11	226
Ex 12	199		Dtn 32,24 f.	226
Ex 12,27	238			

Bibelstellenregister

Vordere Propheten

Josua
Jos 4,1-9	127
Jos 8,28	177
Jos 24	178
Jos 24,3	198

Richter
Ri 11	244
Ri 11,1-3	**168**
Ri 11,15-27	169
Ri 17,6	177

I Samuelis
I Sam 8,13 f.	270
I Sam 12	178
I Sam 17	**152**
I Sam 18,6 f.	202

II Samuelis
II Sam 3,31	134
II Sam 6 - I Kön 2	**115**
II Sam 11	**162**
II Sam 11,2	169
II Sam 11,27	179
II Sam 13,32	163
II Sam 14,32	163

I Könige
I Kön 1,13	163
I Kön 1,46 ff.	163
I Kön 1,51	163
I Kön 15,5	179
I Kön 14,8	179
I Kön 9,15 ff.	202
I Kön 11,6	179
I Kön 11,14 ff.	270
I Kön 12	202
I Kön 12,28	202
I Kön 13,30	134
I Kön 16,30	177
I Kön 22,18 ff.	144

II Könige
II Kön 18,1-16	**258 f.**
II Kön 18,3	179
II Kön 18,19 ff.	**160**
II Kön 22,2	179
II Kön 22,3-13	**225 f.**
II Kön 25	260

Hintere Propheten

Jesaja
Jes 2,1-5	**293 f.**
Jes 2,4	293
Jes 4,5 f.	**48**
Jes 5,7	91
Jes 5,8	**47**
Jes 5,8 -24	133
Jes 6	144 f., 177
Jes 6,1-5	206
Jes 9,8	**46**
Jes 10,1-4	133
Jes 11 ff.	204
Jes 14,21	**49**
Jes 19,25	**49**
Jes 20,1-6	**146**
Jes 26,3 f.	47
Jes 28,1 ff.	133
Jes 28,23-29	141
Jes 30,12-14	139
Jes 30,30	47
Jes 39,8-40,2	**37, 233 f.**
Jes 40,26 ff.	207
Jes 41,8-13	142
Jes 41,14	206
Jes 41,17-20	**142 f.**
Jes 41,20	207
Jes 42,14-17	142
Jes 43,1	206
Jes 43,1.7	207
Jes 43,14-21	**205-208**
Jes 43,14	206
Jes 43,14 ff.	207
Jes 43,15	206
Jes 43,15	207
Jes 43,16-21	142
Jes 43,16	199, 207
Jes 43,17	207 f.
Jes 43,18 f.	207
Jes 43,18	207
Jes 43,19 f.	207
Jes 43,20	208
Jes 43,21	207
Jes 44,2	207
Jes 44,6 f.	206 f.
Jes 45,11	207
Jes 45,14-17	142
Jes 45,18	207
Jes 47,4	206 f.
Jes 48,17	206 f.
Jes 49,7-12	142
Jes 49,7	207

Jes 49,14 f.	**141**		Hos 5,8-10	243
Jes 52,7	206		Hos 5,14	133
Jes 52,7 f.	208		Hos 9,3	202
Jes 52,11 f.	208		Hos 11,5	202
Jes 56,8	137		Hos 11,11	202
Jes 63,12-14	204		Hos 12,13 f.	200
			Hos 13,4	201
Jeremia			Hos 13,15	240
Jer	254			
Jer 1,4 ff.	177		Amos	
Jer 1,4-10	**144**		**Am 1,3-2,16**	**256 f.**
Jer 1,11	137		Am 1,3	256
Jer 1,11-12	145		Am 1,6	256
Jer 4,23-26	145		Am 1,9	256
Jer 22,10-12	**72**		Am 1,11	256
Jer 22,10 f.	224		Am 1,13	256
Jer 22,10 f.	235		Am 2,1	256
Jer 28,11	135		Am 2,1-6	257
Jer 28,15	135		Am 2,4	256
Jer 32,6 f.	205		Am 2,6	256
Jer 33,22.26	198		Am 2,10	200
Jer 36	**222-25**		Am 2,11	137
Jer 36	241		**Am 3,9-11**	**138**
Jer 36,1-4	223		Am 4,1-3	139
Jer 36,23 ff.	224		Am 4,13	207
Jer 36,32	224, 227		**Am 5,4-6**	**140**
			Am 5,16	134
Ezechiel			Am 5,18	133
Ez 1 ff.	145, 177		Am 7,7-9	145
Ez 20	**203 f.**		**Am 7,16-17**	**135 f.**
Ez 20	208		Am 8,1-3	145
Ez 27,26	240			
Ez 28,13	207		Obadja	
Ez 35,1 - 15	270		Obd 10-14	270
Hosea			Jona	
Hos 1-3	**94 f.**		Jona	244
Hos 2,1 f.	82		Jona 2	237
Hos 2,4 f.	95		**Jona 2,4.7**	**163**
Hos 2,4-7	95			
Hos 2,7-9	139		Micha	
Hos 2,16-17	95		**Mi**	**68**
Hos 2,16	202		Mi 1,10-16	48
Hos 2,17	200		**Mi 2,1.3-5**	**86**
Hos 3	177		**Mi 2,1-2**	**133 f.**
Hos 4-11	267		Mi 3,5 ff.	100
Hos 4,4-18	268		**Mi 3,5-8**	**94**
Hos 4,4 -6	268		Mi 4	293
Hos 4,4a	268		**Mi 4,9-5,5**	**89**
Hos 4,4-10	**267 f.**			
Hos 4,5	268		Sacharja	
Hos 4,7 f.	268		Sach 1,9	145
Hos 4,9 f.	268		Sach 2,2	145

Bibelstellenregister

Sach 9,9	96
Maleachi	
Mal	141
Schriften	
Psalmen	
Ps 3,2-9	**101**
Ps 13	**87**
Ps 19,5	**46**
Ps 33,3-4	89
Ps 40,8-10	243
Ps 93	207
Ps 94,4	96
Ps 95-99	207
Ps 104,1-5	**77**
Ps 104,30	207
Ps 105,6	198
Ps 105,27-35	199
Ps 105,36 f.	199
Ps 122,4	200
Ps 122,6 f.	**77**
Hiob	
Hiob 1	237
Hiob 1,1	169, **171**
Hiob 2-42	237

Sprüche	
Spr 10,1	88, 96
Spr 16,3	140
Spr 22,6	140
Spr 22,10	140
Spr 22,17-23,11	244
Spr 22,20	140
Spr 25,16 f.	140
Rut	
Rut 1,1	**171**
Rut 4	205
Kohelet (Prediger)	
Koh 1,12	180
Koh 4,11	119
Daniel	
Dan 6,8	25
Nehemia	
Neh 5,19	177
Neh 13,14 ff.	177
Chronik	
II Chr 20,7	198